“新商科”跨境电子商务系列教材

U0878219

跨境电子商务基础

主　编　宗胜春　戴庆玲
副主编　闫静雯　蒋贵琴　孙　妤
高腾飞　丛　萍　许传强
张安梅

中国商务出版社
CHINA COMMERCE AND TRADE PRESS

图书在版编目（CIP）数据

跨境电子商务基础／宗胜春，戴庆玲主编. —北京：中国商务出版社，2021.7（2024.7 重印）
“新商科”跨境电子商务系列教材
ISBN 978-7-5103-3848-9

Ⅰ.①跨… Ⅱ.①宗… ②戴… Ⅲ.①电子商务—教材 Ⅳ.①F713.36

中国版本图书馆 CIP 数据核字（2021）第 136264 号

跨境电子商务基础
KUAJING DIANZI SHANGWU JICHU
宗胜春　戴庆玲　**主编**

出　　版：中国商务出版社
地　　址：北京市东城区安定门外大街东后巷 28 号　　**邮政编码**：100710
网　　址：http://www.cctpress.com
电　　话：010-64212247（总编室）　010-64515164（事业部）
　　　　　010-64208388（发行部）
印　　刷：北京印匠彩色印刷有限公司
开　　本：787 毫米×1092 毫米　1/16
印　　张：20.25
版　　次：2021 年 8 月第 1 版　　印　　次：2024 年 7 月第 3 次印刷
字　　数：545 千字　　定　　价：48.00 元

版权所有　侵权必究　盗版侵权举报可发邮件至 cctp@cctpress.com。
购买本社图书如有印装质量问题，请与本社印制部（电话：010-64248236）联系。

“新商科” 跨境电子商务系列教材编委会

主　任：

武汉软件工程职业学院	肖新梅
广东南华工商职业学院	杨鹏强
山东外贸职业学院	杨丽敬

副主任：

武汉软件工程职业学院	谢荣军
山东外贸职业学院	宗胜春
南京技师学院	王　娜
广东外语艺术职业学院	罗　艳
湖州职业技术学院	戴庆玲
北京财贸职业学院	王　剑
广西商业学校	黄强新

委　员：

湖州职业技术学院	蒋贵琴
郑州信息工程学院	卢梦华
郑州信息工程学院	藏亚静
武汉软件工程职业学院	吕枚芹
武汉软件工程职业学院	战　菲
武汉软件工程职业学院	胡　莹
天津商务职业学院	邢　丽
山东外贸职业学院	闫静雯
山东外贸职业学院	孙　妤
山东外贸职业学院	许传强
烟台工程职业技术学院	丛　萍
莱芜职业技术学院	张安梅
广东南华工商职业学院	王晓晴
广西商业学校	刘继周
广西商业学校	杨钟林
《新京报》记者	李凯祥
广州菜鸟大卖供应链管理有限公司	吕昊霖
湖北众所周知国际贸易有限公司	周革新
武汉世慕科技有限公司	李学世
武汉彤文希科技有限公司	郭从军
青岛跨境电商孵化基地有限公司	高腾飞
青岛跨境电商孵化基地有限公司	肖　文
深圳星商电子商务有限公司	吕建军

前言

在本书编写过程中，编写团队力求以任务驱动的方式，按照跨境电子商务岗位要求，结合初级、中级跨境电商数据运营职业技能等级人才标准进行编写，以速卖通、亚马逊、eBay 等主流运营平台为主，岗课赛证深度融合，多维度培养学生从事跨境电商的职业能力，帮助学生了解跨境电子商务专业和行业领域的国家战略、法律法规和相关政策，引导学生深入社会实践、关注现实问题，培育学生经世济民、诚信服务、德法兼修的职业素养。高校使用中建议以速卖通和 eBay 平台作为学生的实战平台，速卖通平台可以更好融合“1+X”跨境电商 B2C 数据运营初级和中级职业技能等级证书标准，eBay 平台可以更好对接“E 青春”创业孵化项目和由其主办的全国跨境电子商务创业大赛。

本书由山东外贸职业学院宗胜春、湖州职业技术学院戴庆玲负责框架设计，拟定编写大纲，负责项目统筹与统稿工作；山东外贸职业学院闫静雯、湖州职业技术学院蒋贵琴、山东外贸职业学院孙妤、青岛跨境电商孵化基地有限公司总经理高腾飞、山东外贸职业学院许传强、烟台工程职业技术学院丛萍、莱芜职业技术职业学院张安梅任副主编。具体分工如下：项目一和项目四由山东外贸职业学院宗胜春编写；项目二由山东外贸职业学院闫静雯编写；项目三和项目五由湖州职业技术学院戴庆玲编写；项目六由山东外贸职业学院许传强编写；项目七中任务一与任务三由山东职业学院孙妤编写，任务二由山东外贸职业学院孙妤和青岛跨境电商孵化基地有限公司高腾飞共同编写；项目八由湖州职业技术学院蒋贵琴编写；烟台工程职业技术学院丛萍、莱芜职业技术职业学院张安梅协助做好各项目统稿工作。

本书在编写过程中得到了青岛跨境电商孵化基地有限公司总经理高腾飞、经理肖文与深圳星商电子商务有限公司山东区总监吕建军的大力支持，对项目选择、任务实训提出了宝贵意见与建议，并提供了大量客服案例等实训素材，在此一一表示感谢。

本书编写过程中参阅了大量的平台资源，如速卖通平台、亚马逊平台、eBay 平台以及网络信息资料（如雨果网、中国电子商务研究中心等），由于篇幅有限未能一一列出，在此一并表示感谢。

跨境电子商务发展十分迅速，各个跨境电商平台的新规则、新操作不断迭代更新，由于编者水平和经验有限，书中难免有欠妥之处，恳请读者批评指正！

作　者

2021.5

目 录

项目一

初识跨境电子商务 …… 1

任务一 认识跨境电子商务 …… 2

任务二 跨境电子商务的发展现状和趋势 …… 14

任务三 跨境电子商务岗位及职业能力 …… 34

项目二

跨境电子商务平台 …… 44

任务一 进口跨境电子商务平台 …… 45

任务二 出口跨境电子商务平台 …… 56

任务三 跨境电子商务平台选择 …… 79

项目三

跨境电子商务市场调研与选品 …… 88

任务一 主要跨境电商市场发展概况 …… 89

任务二 主要跨境电商市场的消费者行为 …… 105

任务三 跨境电商平台的选品原则和方法 …… 114

项目四

跨境电子商务营销 …… 125

任务一 跨境电子商务站内营销推广 …… 126

任务二 跨境电子商务站外营销推广 …… 158

项目五

跨境电子商务物流 …… 181
任务一 跨境电子商务物流发展现状 …… 182
任务二 跨境电子商务的物流模式 …… 188
任务三 主流跨境电商平台的物流方式 …… 213
任务四 跨境电子商务物流风险与防范 …… 224

项目六

跨境电子商务支付 …… 229
任务一 跨境电子商务支付概况 …… 230
任务二 跨境电子商务支付工具 …… 236
任务三 跨境电子商务支付的风险与防范 …… 246

项目七

跨境电子商务客户服务 …… 255
任务一 跨境电子商务客户服务概述 …… 256
任务二 跨境电子商务平台客服 …… 262
任务三 跨境电子商务客户关系管理 …… 279

项目八

跨境电子商务法律问题与知识产权 …… 287
任务一 跨境电子商务法律法规概述 …… 288
任务二 跨境电子商务知识产权 …… 297
任务三 主流跨境电商平台知识产权保护规则 …… 305

参考文献 …… 315

项目一

初识跨境电子商务

学习目标

【知识目标】

- 理解跨境电子商务概念。
- 掌握跨境电子商务模式分类。
- 了解我国跨境电子商务发展现状与趋势。
- 熟悉我国跨境电子商务政策。
- 了解跨境电子商务岗位及职业能力。

【能力目标】

- 能够理清跨境电子商务与国际贸易、电子商务的差异。
- 能够分析跨境电子商务发展现状及趋势。
- 能够解读我国跨境电子商务发展政策。

【素质目标】

- 增强学生国家自豪感、责任感。
- 树立服务社会、服务地方的职业自信心。
- 坚定从事跨境电子商务服务国家发展战略的理想。

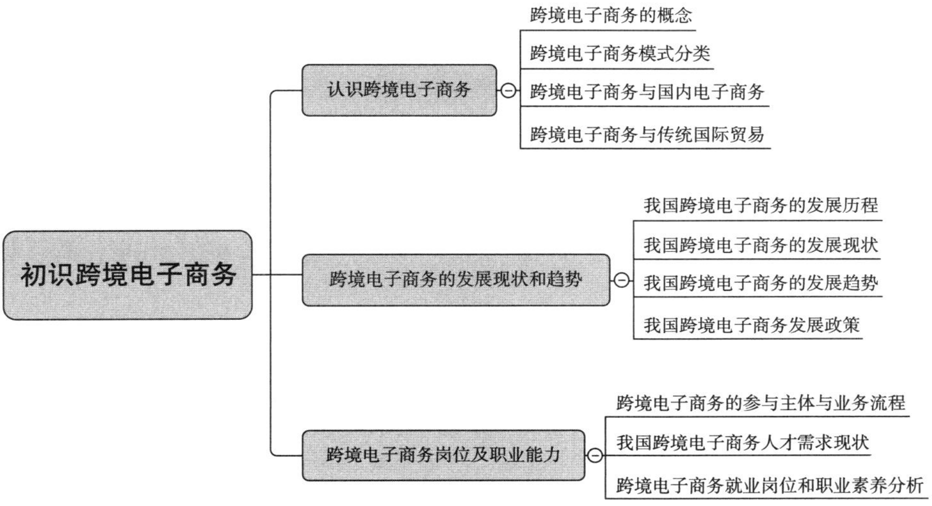

任务一　认识跨境电子商务

跨境电子商务作为新兴贸易业态，在畅通国内国际双循环、促进传统产业转型升级、推动贸易高质量发展、培育参与国际经济合作和竞争新优势、服务构建新发展格局方面具有重要作用。在 2021 年 7 月 12 日举行的国务院政策例行吹风会上，商务部有关负责人表示，我国跨境电商 5 年增长了 10 倍，跨境电商已经成为外贸发展的新动能、转型升级的新渠道和高质量发展的新抓手。

任务描述

青岛 ABC 电子商务有限公司目前在亚马逊、eBay、速卖通等跨境电商平台的销售额保持了高速增长，客户遍布全球。从事跨境电子商务以来，经营的范围包括游戏配件、电脑配件、手机配件、家居、健康/美容、汽车配件、摄影器材、影音视频、激光/LED、服饰、玩具、户外等数十个品类，数万种商品。小雯是刚刚入职青岛 ABC 电子商务有限公司的跨境电商运营人员，因为没有工作经验，经理让小雯从跨境电商运营助理岗位开始做起，因此，全面深刻认识跨境电子商务成为小雯的首要任务。

任务分析

小雯想要深刻认识跨境电子商务，首先，要了解什么是跨境电子商务，有哪些跨境电子商务模式；其次，要了解我国跨境电商发展的现状及趋势；最后，要理解跨境电子商务与国内电子商务、传统国际贸易的区别。

相关知识

一、跨境电子商务的概念

跨境电子商务（Cross-border E-commerce），简称“跨境电商”（本书有时使用简称），是指分属不同关境的交易主体，通过电子商务平台达成交易、进行支付结算，并通过跨境物流送达商品、完成交易的一种国际商业活动。

具体来说，跨境电子商务的概念有狭义和广义之分。

狭义的跨境电子商务是指跨境电子商务零售业务，实际上指的就是跨境零售，其消费者主要是个人。从严格意义上说，随着跨境电子商务的发展，跨境零售消费者中也有一些碎片化小额买卖的 B 类商家（以下简称小 B 商家），但现实中这类商家和 C 类个人消费者很难区分，也很难对小 B 商家和 C 类个人消费者进行严格界限，所以，从总体来讲，跨境电子商务零售也包含这部分对小 B 商家的销售。

广义的跨境电子商务是指外贸电子商务，泛指电子商务在国际进出口贸易领域的应用，是传统国际贸易流程的网络化、电子化和数字化，涉及货物的电子贸易、在线数据传递、电子资金划拨、电子货运单证等内容。

知识链接

关境与国境

“关境（Customs Territory）”一词是现代国际通行的海关术语，亦称税境、海关领土或关税领土，是执行统一海关法令的领土范围。海关合作理事会（Customs Co-operation Council，CCC）对关境的定义是“完全实施同一海关法的地区”，“实施同一海关法”这是定义关境的关键。

国境是指一个国家行使全部国界主权的空间，包括领陆、领海、领空。

1. 关境与国境一致

海关法作为调整、规范海关行政管理关系的法律，其适用的范围通常与国家主权行使的范围（国家领土）相一致，即关境等于国境。

2. 关境大于国境

我国不少的教科书都认为两个或两个以上国家结成关税同盟后，形成同盟的共同关境。各成员国的关境将不再存在，关税同盟的关境即是每一个成员国的关境。因此，各成员国的关境大于其国境。经查阅有关资料得出的结论是关税同盟成立后形成共同关境，但各成员国的关境并不一定因此而取消，是否取消取决于关税同盟的立法。《共同体海关法典》规定，《共同体海关法典》自1994年1月1日起适用于共同体关境全境。各成员国海关成为统一执行《共同体海关法典》的执法机构。这时，各成员国之间取消海关边界，各成员国海关所管辖的地域在《共同体海关法典》意义上不再是关境，而只是欧共体关境中的一个关区。这里关税同盟成员国各自的关境才取消，这种情况下，对于关税同盟成员国而言，关境是大于国境的。

此外，导致一个国家的关境大于其国境的情况还有由于某些历史、地理或海关管理方面的原因，一些国家间签订条约将其中一国的一部分领土划入另一国关境。

3. 关境小于国境

对外经济贸易大学何晓兵在《关于关境概念的再认识》一文中将关境小于国境的情况总结为4种：

（1）该国设立自由区，并在其海关法或关税法中明确规定。

（2）历史原因。

（3）地理位置原因。

（4）国家间条约。

想一想：我国关境与国境的关系。

二、跨境电子商务模式分类

跨境电子商务模式可以按照不同的标准进行分类，其分类标准包括进出口方向、交易主体、平台服务类型、平台运营方式，如图1-1所示。

（一）按进出口方向分类

1. 出口跨境电子商务（Export Electronic Commerce）

出口跨境电子商务是指境内生产或加工的商品通过跨境电子商务平台达成交易，并通过跨境物流输往境外市场销售的一种国际商业活动，代表平台有速卖通、阿里巴巴国际站、Wish、

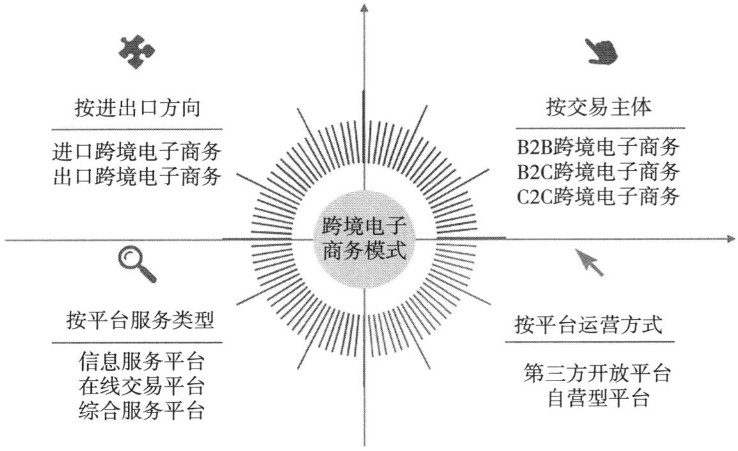

图 1-1　跨境电子商务模式分类

eBay、敦煌网、兰亭集势等。中国电子商务研究中心监测数据显示，目前，我国进出口结构的占比总体较为稳定，出口跨境电子商务仍处于主导地位，出口跨境电子商务在我国交易规模进出口结构中占比呈逐渐下降趋势，如图 1-2 所示。

2. 进口跨境电子商务（Import Electronic Commerce）

进口跨境电子商务是指境外的商品通过跨境电子商务平台达成交易，并通过跨境物流输入境内市场销售的一种国际商业活动，代表平台有洋码头、网易考拉海购、天猫国际、亚马逊海外购等。中国电子商务研究中心监测数据显示，目前，进口跨境电子商务在我国交易规模进出口结构中占比稳步提高，呈上升趋势，如图 1-2 所示。

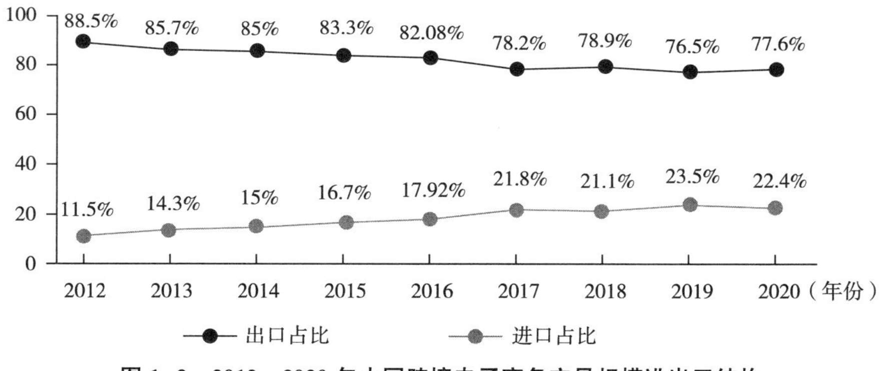

图 1-2　2012—2020 年中国跨境电子商务交易规模进出口结构

数据来源：中国电子商务研究中心。

（二）按交易主体分类

跨境电子商务主要的交易主体为企业商户（Business）和个人消费者（Customer）。目前，我国跨境电子商务按照交易主体进行分类，可分为企业对企业（Business to Business，B2B）跨境电子商务、企业对个人（Business to Customer，B2C）跨境电子商务和个人对个人（Customer to Customer，C2C）跨境电子商务 3 种类型，其中后两类属于跨境网络零售的范畴。

1. B2B 跨境电子商务

B2B 跨境电子商务的买卖双方都是企业或者集团。目前，B2B 跨境电子商务的市场交易规模占跨境电子商务市场交易总规模的 75%以上（见图 1-3），处于市场主导地位，其代表平台有中国制造网、阿里巴巴国际站、环球资源网等。

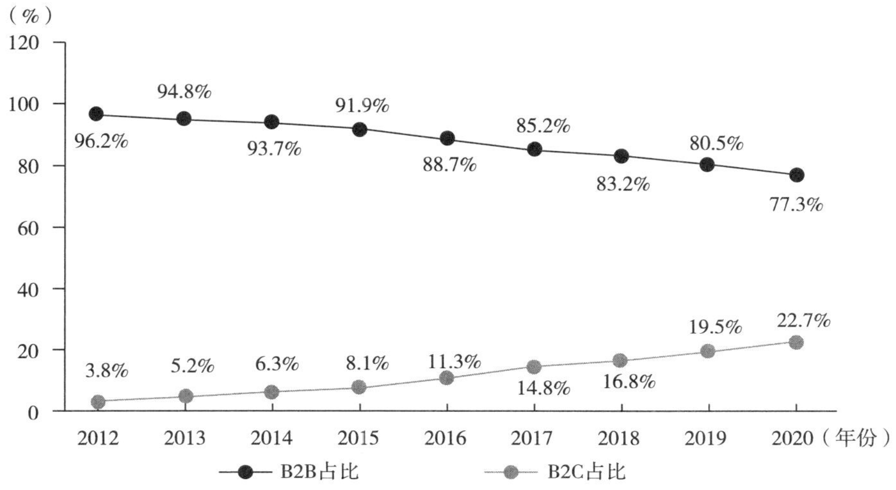

图 1-3 2012—2020 年中国跨境电子商务进出口交易 B2B 与 B2C 结构

数据来源：中国电子商务研究中心。

2. B2C 跨境电子商务

B2C 跨境电子商务的卖方是企业，买方为个人消费者，是企业以零售方式将商品销售给消费者的模式。目前 B2C 模式在跨境电子商务市场占比并不大，但有不断上升的趋势（见图 1-3）未来发展空间巨大，其代表平台有速卖通、亚马逊、兰亭集势等。

3. C2C 跨境电子商务

C2C 跨境电子商务的买卖双方都是个人，即经营主体是个人，面向的也是个人消费者。这种模式初始主要用来处理个人的闲置物品，像 eBay 平台的初始阶段，主要是个人卖家与个人消费者在平台上进行交易，但是现在企业卖家的销售规模占据 eBay 主要地位，消费者亦不是单纯的个人消费者，有部分小 B 商家亦在 eBay 平台进行采购，原有的 C2C 概念网站基不存在了。

（三）按平台服务类型分类

1. 信息服务平台

信息服务平台主要是通过为供应商及采购者提供信息服务促成双方完成交易的平台。信息服务模式是 B2B 跨境电子商务的主流模式，代表平台有阿里巴巴国际站、环球资源网、中国制造网等。阿里巴巴国际站现在仍以展示产品并提供相关的信息服务为主，采购商可以通过单击“Chat Now”“Contact Supplier”按钮直接向企业询单，如图 1-4、图 1-5 所示。阿里巴巴国际站平台现在对一小部分较标准化的产品开通了线上交易功能，能够直接下单，如图 1-6 所示。中国制造网于 2020 年 12 月 1 日推出了在线交易测试功能，目前正处于测试阶段。

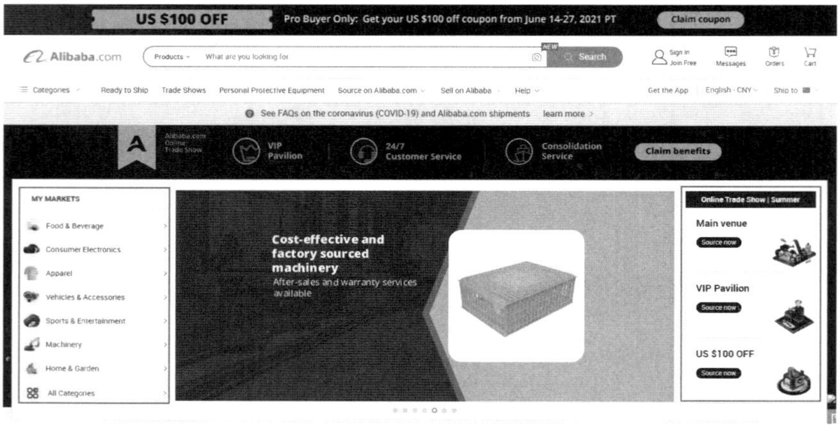

图 1-4　阿里巴巴国际站首页产品展示界面（一）

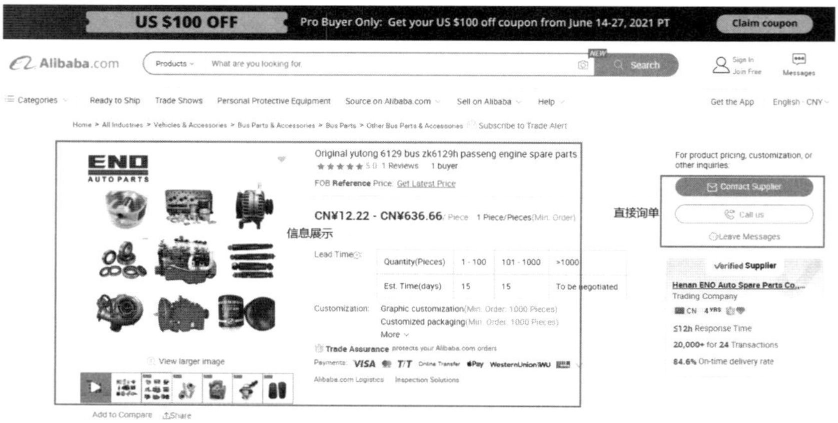

图 1-5　阿里巴巴国际站首页产品展示界面（二）

图 1-6　阿里巴巴国际站线上交易展示界面

2. 在线交易平台

在线交易平台通过产品、服务等多方面的信息展示，让消费者在平台即可完成搜索、咨询、下单、支付结算、确认收货、评价等各个购物环节。在线交易模式是零售跨境电子商务（B2C 和 C2C）的主流模式，代表平台有亚马逊、eBay、速卖通、敦煌网等。

3. 综合服务平台

综合服务平台服务提供商能够提供"一站式"跨境电子商务综合解决方案，包括为企业提供境外商标注册代理、通关、物流、海外仓、结算、退税、保险、融资等一系列的服务，帮助企业高效便捷地完成商品进口或出口的流通环节，解决企业跨境贸易中的各项难题，其代表平台有阿里巴巴一达通、派安盈和递四方等。

（四）按平台运营方式分类

1. 自营型平台

自营型平台是自己整合资源、寻找货源、采购商品，并且通过自己的平台售卖商品，赚取商品差价的平台，代表平台有兰亭集势、米兰网、大龙网等。

2. 第三方开放平台

第三方开放平台是指在线上搭建商城，通过对物流、支付等资源进行整合，吸引商家入驻，为商家提供跨境电子商务交易服务的平台。交易成功以后，第三方开放平台从中获取佣金或服务费，代表平台有亚马逊、eBay、速卖通、Wish、阿里巴巴国际站等，如表 1-1 所示。

表 1-1　自营型平台与第三方开放平台对比分析

平台类型	特点	盈利模式	代表企业
自营型平台	在线上搭建平台，整合供应商资源，以较低的进价采购商品，然后以较高的售价出售商品。	主要以商品差价作为盈利	兰亭集势、米兰网、大龙网、炽昂科技、FocalPrice 等
第三方开放平台	在线上搭建商城，并整合物流、支付、运营等服务资源，吸引商家入驻，为其提供跨境电子商务交易服务。	以收取商家佣金以及增值服务佣金作为主要盈利	速卖通、敦煌网、环球资源、阿里巴巴国际站等

三、跨境电子商务与国内电子商务

跨境电子商务作为一种新型贸易模式继承了国内电子商务的特征，比如普遍性、方便性、整体性等，同时，跨境电子商务比传统电子商务更复杂，主要表现在业务环节、交易主体、交易环境、交易风险、适用规则方面，如表 1-2 所示。

表 1-2　跨境电子商务与国内电子商务区别

区别	跨境电子商务	国内电子商务
业务环节	业务环节更多、更复杂，包含报关通关、检验检疫、外汇结算、出口退税、进口征税等环节。通过跨境电商物流运送货物，物流方式较多，比如海外仓发货、保税备货等，运输环节多，时间长，货物易损，运费高，对货物规格、材质限制较多	业务环节较跨境电子商务少，不涉及进出口相关业务 物流运输距离短，到货时间短，货损概率低

续 表

区别	跨境电子商务	国内电子商务
交易主体	交易主体双方处于两个不同的关境，交易主体遍及全球	交易主体双方处于同一关境
交易环境	交易主体双方面临的交易环境更复杂，各国消费者的消费习惯、语言、生活习俗、文化心理、政治、运输、法律等方面存在很大差异	交易主体双方面临的交易环境较跨境电子商务要简单得多，国内电商消费者在生活习俗、文化、语言、政治、法律等方面差异性非常小
交易风险	跨境电子商务面临的交易风险更大，比如：汇率变动风险、运输风险、政治风险、知识产权纠纷风险等	国内电子商务面临的交易风险要小很多，不涉及汇率变动、通关检疫等风险
适用规则	跨境电子商务比国内电子商务所需要适应的规则更多、更细、更复杂，跨境电子商务各个平台的规则差异较大	国内电商平台因为交易双方主体所处的环境差异较小，适用的规则差异较小

四、跨境电子商务与传统国际贸易

跨境电子商务与传统际贸易模式相比，受到地理范围的限制较少，受各国（地区）贸易保护措施影响较小，交易环节涉及中间商少，因而跨境电子商务有成本低、利润率高的特点。但是，跨境电子商务同时也存在不足之处，例如，跨境电子商务在通关、结汇和退税环节仍然存在障碍，其贸易争端处理机制也不尽如人意，正在逐步完善过程中。将传统国际贸易与跨境电子商务进行对比，两种贸易形态的差异，如表 1–3 所示。

表 1–3　传统国际贸易与跨境电子商务对比

贸易形式 对比项目	传统国际贸易	跨境电子商务
运作模式	基于商务合同的运作模式	需要借助互联网电子商务平台
订单类型	批量大、批次少、订单集中、周期长	批量少、批次多、订单分散、周期较短
产品类目	产品类目少、更新速度慢	产品类目多、更新速度快
规模、增速	市场规模大但受地域限制，增长速度相对缓慢	面向全球市场，规模大，增长速度快
交易环节	涉及中间商多，交易环节多且复杂	涉及中间商较少，交易环节简单
通关时间	线下报关，通关慢	电子报关，通关快速便捷
支付方式	传统贸易支付（汇付、托收、信用证）	借助第三方支付工具支付结算
物流方式	海运、空运、铁路运输、多式联运等，物流因素对交易主体影响不明显	邮政小包、商业快递、专线物流、海外仓等，物流因素对交易主体影响明显
海关监管方式	0110、0130、0214	9610、1210、1239、9710、9810
交易方式	签订采购合同、销售合同	直接下订单：点击购买、付款
交货方式	FOB、CFR、CIF 三个贸易术语中规定的交货是象征性交货	实际交货：货送到消费者手上
单据要求	商业单据、运输单据、金融单据、报关单据等	跨境物流面单（含报关单）；商业发票、报关单

归纳来看，跨境电子商务相比传统国际贸易主要有以下新特点：

1. 多边化

“多边化”是指跨境电子商务贸易过程相关的信息流、商流、物流、资金流已由传统的双边逐步向多边的网状结构演进。传统的国际贸易主要表现为两国（地区）之间的双边贸易，即使有多边贸易，也是通过多个双边贸易实现的，呈线状结构。而跨境电子商务可以通过A国（地区）的交易平台、B国（地区）的支付结算平台、C国（地区）的物流平台，实现不同国家（地区）间的直接贸易。

2. 小批量

随着中小企业纷纷涌入跨境电子商务市场以及B2C跨境电子商务的迅速发展，跨境电子商务呈现出订单“小批量”化的特点。而传统国际贸易主要为B2B模式，因此单笔订单批量较大。跨境电子商务相比传统国际贸易，具有产品类目多、更新速度快、商品信息量大、广告推送个性化、支付方式简便多样等优势。同时，基于对客户数据的分析，跨境电子商务企业能设计和生产出差异化、定制化的产品，更好地为客户提供服务。

3. 高频度

“高频度”是指跨境电子商务能够实现单个企业或消费者即时按需采购、销售或消费，不像传统国际贸易受交易规模的限制。跨境电子商务将信息流、资金流和物流集合在一个平台上，交易效率的提高促使买卖双方的交易频率大幅度提高。

4. 透明化

“透明化”是指跨境电子商务通过电子商务交易与服务平台实现多国（地区）企业之间、企业与最终消费者之间的直接交易。这种直接交易，让供求双方的贸易活动采用标准化、电子化的合同、提单、发票和凭证，使得各种相关单证在网上即可实现瞬间传递。这种标准化、电子化的信息传递增加了贸易信息的透明度，减少了信息不对称造成的贸易风险。传统贸易中一些重要的中间角色被弱化甚至替代，国际贸易供应链更加扁平化，形成了生产商/制造商和消费者的“双赢”局面。跨境电子商务平台大大降低了国际贸易的门槛，使得贸易主体更加多样化，丰富了国际贸易的主体阵营。

5. 品牌化

“品牌化”是指跨境电子商务企业开始走品牌化运营路线。一些较大的企业开始规模化经营，自建或入驻跨境电子商务平台，将品牌推向境外市场，提升品牌价值及产品利润。而在传统国际贸易中，大多数外贸企业是以销售物美价廉的产品及代工为主，没有打造出自己的品牌。

知识链接

跨境电子商务海关监管代码含义

1.“9610”的含义

海关总署公告2014年第12号《关于增列海关监管方式代码的公告》：增列海关监管方式代码“9610”，全称“跨境贸易电子商务”，简称“电子商务”，适用于境内个人或电子商务企业通过电子商务交易平台实现交易，并采用“清单核放、汇总申报”模式办理通关手续的电子商务零售进出口商品［通过海关特殊监管区域或保税监管场所一线的电子商务零售进出口商品除外］。

2.“1210”的含义

海关总署公告2014年第57号《关于增列海关监管方式代码的公告》：增列海关监管方式代码“1210”，全称“保税跨境贸易电子商务”，简称“保税电商”。适用于境内个人或电子商务企业在经海关认可的电子商务平台实现跨境交易，并通过海关特殊监管区域或保税监管场所进出的电子商务零售进出境商品［海关特殊监管区域、保税监管场所与境内区外（场所外）之间通过电子商务平台交易的零售进出口商品不适用该监管方式］。

3.“1239”的含义

海关总署公告2016年第75号《关于增列海关监管方式代码的公告》：增列海关监管方式代码“1239”，全称“保税跨境贸易电子商务A”，简称“保税电商A”。适用于境内电子商务企业通过海关特殊监管区域或保税物流中心（B型）一线进境的跨境电子商务零售进口商品。天津、上海、杭州、宁波、福州、平潭、郑州、广州、深圳、重庆10个城市开展跨境电子商务零售进口业务暂不适用“1239”监管方式。

4.“9710”的含义

海关总署公告2020年第75号《关于开展跨境电子商务企业对企业出口监管试点的公告》：增列海关监管方式代码“9710”，全称“跨境电子商务企业对企业直接出口”，简称“跨境电商B2B直接出口”，适用于跨境电商B2B直接出口的货物。

5.“9810”的含义

海关总署公告2020年第75号《关于开展跨境电子商务企业对企业出口监管试点的公告》：增列海关监管方式代码“9810”，全称“跨境电子商务出口海外仓”，简称“跨境电商出口海外仓”，适用于跨境电商出口海外仓的货物。

思政园地

数字经济赋能全球复苏　中国角色更加重要

2020年11月23日，“世界互联网大会·互联网发展论坛”在浙江乌镇开幕，聚焦数字赋能、共创未来，携手构建网络空间命运共同体。国家主席习近平向论坛致贺信指出，中国愿同世界各国一道，把握信息革命历史机遇，培育创新发展新动能，开创数字合作新局面，打造网络安全新格局，构建网络空间命运共同体，携手创造人类更加美好的未来。

备受国际社会关注的世界互联网大会已成功举办六届，影响力与日俱增。2020年以来，新冠肺炎疫情在全球蔓延，国际形势发生了复杂深刻的变化，诸多大型国际会议被迫推迟甚至取消。在此背景下，一以贯之秉承“携手构建网络空间命运共同体”理念，如约开启“乌镇时间”显得尤为重要，这不仅助推全球网络空间向更加包容、平衡、共赢方向发展，还可为世界各国经济社会恢复发展注入信心与力量。

北京师范大学“一带一路”学院教授万喆表示，党的十九届五中全会已明确提出，坚持创新在中国现代化建设全局中的核心地位。高度重视创新驱动发展战略，中国互联网技术无疑将迎来更大发展机遇。而放眼世界，疫情发生以来，在线教育、网络购物、远程办公、远程医疗等得到广泛应用，在保障各国经济社会运行、推动国际抗疫合作等方面发挥了不可替代的作用，互联网的重要性越发凸显。在这一背景和趋势下，中国举行世界互联网大会正当其时。

数字经济正在成为全球经济增长的新引擎，中国近年来在该领域做出了突出贡献。特别是2020年以来，疫情给全球经济社会带来巨大冲击，数字经济成为对冲疫情影响、稳定经济社会发展的重要力量。论坛发布的《中国互联网发展报告2020》指出，2019年，中国数字经济规模达 35.8 万亿元，占 GDP 比重达 36.2%，中国数字经济总量和增长速度位居世界前列。

中国数字经济快速发展，对世界意味着什么？

首先，中国拥有世界上最大电子商务市场，跨境电商等新业态新模式加快发展，为世界各国提供巨大机遇。比如说中国不断推进与“一带一路”相关国家电子商务领域政策沟通，逐步建立并完善了“一带一路”电商合作机制。如今，包括意大利、哥伦比亚、乌兹别克斯坦等在内的“丝路电商”伙伴国已经遍及五大洲，将世界通过电商平台串联起来，为新时代的数字经贸合作做出重要示范，更为相关国家和地区的人民生活带来实实在在的福祉。

其次，中国在移动支付等技术运用方面走在世界前列，为正在搭建数字金融基础设施的国家提供了一个可以借鉴的有效模式。中国人民银行发布的《2019 年支付体系运行总体情况》显示，2019 年，中国移动支付业务量增速相对较快，达 1014.31 亿单，金额达 347.11 万亿元，同比分别增长 67.57%和 25.13%。《经济学人》在一篇观察文章中指出，在全球金融数字化重塑的背景下，真正的革命正在小额支付领域发生。得益于无现金化程度高的经济环境及巨大的国内市场，中国企业正在移动支付的全球软硬件竞争中崭露头角。

最后，中国在娱乐、教育、文化、新闻等方面，已形成很好的互联网生态，为塑造全球数字化格局贡献了重要力量。比如，在疫情期间，社交媒体、短视频、在线教育、人工智能等大放异彩，为中国人民生活带来诸多便利。而从全球来看，数字化的进程方兴未艾，未来大有可为，中国在其中将发挥更加重要的作用。

随着大数据等互联网技术广泛应用，电商下乡等将进一步深挖内需，市场化要素配置将更加合理，区域性差异将进一步缩小；而通过电子商务、线上医疗等方式，数字经济合作也将进一步加强中国同其他国家在信息社会中的互联互通。

（资料来源：海外网，2020-11-25，作者：栾雨石）

任务实训

搜集有关跨境电商企业案例

一、实训目的

了解不同商业模式的典型跨境电商企业发展情况。

二、实训内容

表 1-4 跨境电商企业案例分析

商业模式	企业名称	发展历程及现状
B2B（Business to Business）		
B2C（Business to Customer）		
C2C（Customer to Customer）		

三、实训步骤

步骤一：登录中国电子商务研究中心网站、中国商务部网站、学习强国平台等，获取跨境电商企业案例。

步骤二：登录企业官方网站，了解其发展历程和现状。

同步测试

一、单项选择题

1. 我国关境与国境的关系正确的是（　　）。

A. 国境大于关境　B. 关境与国境相同　C. 关境大于国境　D. 以上说法都对

2. 欧盟成员国的关境与国境的关系正确的（　　）。

A. 国境大于关境　B. 关境与国境相同　C. 关境大于国境　D. 以上说法都对

3. 跨境电子商务任何一笔交易都包含（　　）。

A. 信息流、物流、资金流　B. 信息流、产品流、物流

C. 产品流、技术流、资金流　D. 信息流、产品流、技术流

4. 以下不是跨境电子商务出口平台的是（　　）。

A. 亚马逊　B. 速卖通　C. 天猫国际　D. eBay

5. 下列不属于跨境电子商务和境内电子商务区别的是（　　）。

A. 交易主体差异　B. 业务环节差异

C. 计算机网络技术差异　D. 交易风险差异

二、多项选择题

1. 跨境电子商务的新特点（　　）。

A. 全球性　B. 即时性　C. 大数据　D. 无纸化

2. 下列关于跨境电子商务与传统国际贸易的描述，正确的是（　　）。

A. 传统国际贸易受到地域的限制，通常其贸易伙伴是固定的，而跨境电子商务充分利用互联网，其贸易伙伴可以不受地域的限制，选择范围很广

B. 随着计算机网络技术的发展，跨境电子商务将完全取代传统国际贸易

C. 传统国际贸易具有小批量、多批次、周期长的特点

D. 跨境电子商务交易环节简便，中间商少

3. 与传统国际贸易相比，跨境电子商务的优势有（　　）。

A. 跨境电子商务通过企业内部网与互联网的无缝对接，加快了信息流动，具有信息畅通优势

B. 跨境电子商务中间商少，实物设施及文件处理沟通等成本降低，具有成本低优势

C. 跨境电子商务节省了单据运输时间，并减少反复录入数据可能导致的错误，具有效率高优势

D. 跨境电子商务能为消费者提供全天式购物服务

4. 跨境电子商务未来的发展趋势包括（　　）。

A. 交易产品向多品类延伸，交易对象向多区域拓展

B. 跨境电商的发展能促使小型出口企业向综合型跨国企业转型

C. 跨境电商正从 PC 端发展到移动端

D. 为适应跨境电商的需求，兼顾成本、速度、安全，甚至包含更多售后内容的物流服务产品应运而生

5. 以下属于跨境电子商务 B2C 模式的平台有（ ）。

A. 阿里巴巴国际站 B. 中国制造网 C. 亚马逊 D. 速卖通

三、判断题

1. 在中国跨境电子商务进出口交易规模、进出口结构占据主体地位的是 B2C 跨境电子商务。（ ）

2. 跨境电子商务比传统电子商务更复杂，主要体现在交易环境、交易主体、交易规则等方面。（ ）

3. 跨境电子商务概念中“境”是指国境。（ ）

4. 跨境电子商务“9610”适用于跨境电子商务企业出口。（ ）

5.“9810”适用于跨境电商出口海外仓的货物，是指境内企业将出口货物通过跨境物流送达海外仓，通过跨境电商平台实现交易后从海外仓送达购买者。（ ）

四、案例分析题

贸易方式报错有惩罚

根据中华人民共和国阿拉山口海关行政处罚决定书（阿关简罚字〔2021〕0001 号）内容，根据查验要求，现场查验关员在对阿拉山口市金港龙翔贸易有限责任公司的 1 箱箱号：HNKU6053082，提运单号：13410881，申报贸易方式为跨境电商“9610”出口模式货物查验时，发现该批货物订单收货信息均为亚马逊电商平台海外仓，不符合贸易方式为“9610”相关要求。贸易方式申报错误，影响海关统计准确性。

以上行为有装箱单、发票、跨境出口订单数据、当事人情况说明等材料为证。当事人的上述行为违反了《中华人民共和国海关法》第二十四条第一款，根据《中华人民共和国海关行政处罚实施条例》第十二条之规定，当事人的上述行为属于违反海关监管规定的行为。根据《中华人民共和国海关法》第八十六条第三款，《中华人民共和国海关行政处罚实施条例》第十五条第一款、第十七条规定，决定对当事人做出如下行政处罚：可处罚款人民币 0.1 万元整。

当事人应当自本处罚决定书送达之日起 15 日内，根据《中华人民共和国行政处罚法》第四十四条、第四十六条、第四十八条的规定，履行上述处罚决定。当事人不服本处罚决定的，依照《中华人民共和国行政复议法》第九条、第十二条，《中华人民共和国行政诉讼法》第四十六条之规定，可自本处罚决定书送达之日起 60 日内向乌鲁木齐海关申请行政复议，或者自本处罚决定书送达之日起 6 个月内，直接向博尔塔拉蒙古自治州中级人民法院起诉。

根据《中华人民共和国行政处罚法》第五十一条规定，到期不缴纳罚款的，每日可以按罚款数额的百分之三加处罚款。根据《中华人民共和国海关法》第九十三条、《中华人民共和国海关行政处罚实施条例》第六十条的规定，当事人逾期不履行处罚决定又不申请复议或者向人民法院提起诉讼的，海关可以将扣留的货物、物品、运输工具依法变价抵缴，或者以当事人提供的担保抵缴；也可以申请人民法院强制执行。

（资料来源：中华人民共和国乌鲁木齐海关）

请根据以上案例回答下列问题。

1. 什么是“9610”？

2. 阿拉山口市金港龙翔贸易有限责任公司应该采用哪种海关监管方式代码？为什么？

任务二　跨境电子商务的发展现状和趋势

2020年，我国全年进出口总值超过32万亿元。其中，跨境电商市场规模达12.5万亿元，同比增长19.04%。国家政策的支持以及各地多举措发展贸易新业态有利于加速打造跨境电商发展生态，促进了跨境电商的快速发展，据不完全统计，全国外贸综合服务企业已超1500家，服务客户数量超20万家，海外仓数量超1900个。国务院办公厅印发的《关于加快发展外贸新业态新模式的意见》(国办发〔2021〕24号）中提出，到2025年，我国外贸新业态新模式发展的体制机制和政策体系将更为完善，到2035年，实现发展水平位居创新型国家前列的目标。

任务描述

跨境电子商务发展日新月异，小雯初步了解跨境电子商务基本概念及模式后，需要了解我国跨境电子商务的发展情况，熟悉我国跨境电子商务相关政策，才能全面分析跨境电子商务发展的宏观环境，从而更好地抓住跨境电子商务发展机遇。

任务分析

小雯想要了解我国跨境电子商务的发展情况，一是要了解我国跨境电子商务发展的历程；二是需要了解我国跨境电子商务发展的现状；三是要了解我国跨境电子商务的发展趋势，从而对我国跨境电子商务的发展情况全面认识。

相关知识

一、我国跨境电子商务的发展历程

跨境电子商务的发展历程也可理解为外贸电子商务的发展历程。我国跨境电子商务起步较晚，最早可追溯到20世纪90年代的“金关工程[①]”。随着互联网在国内的兴起，我国跨境电子商务得到了快速发展。中国跨境电商经历了网上黄页模式、网上交易模式及外贸综合服务模式，具体可分别从出口跨境电子商务发展历程和进口跨境电子商务发展历程两方面来分析。

（一）我国出口跨境电子商务发展历程

出口跨境电子商务源于出口跨境贸易，其发展历程主要可以分为4个阶段，如图1-7所示。

1. 出口跨境电子商务1.0时代（1999—2003年）

出口跨境电子商务1.0时代的主要商业模式是网上展示、线下交易的外贸信息服务模式。20世纪初，中国电子商务迈入发展阶段，越来越多的企业意识到网络的优势。网络黄页成为

① 1993年国务院提出实施“金关工程”，2001年正式启动。“金关工程”的目标是要建设现代化的外贸电子信息网，在海关、商检、外经贸、金融、外汇管理和税务等部门实现计算机联网，用EDI的方式进行无纸贸易，全面实现国家进出口贸易业务的计算机化。“金关工程”留下来的机构和成果，最突出的是中国电子口岸、中国国际电子商务中心。

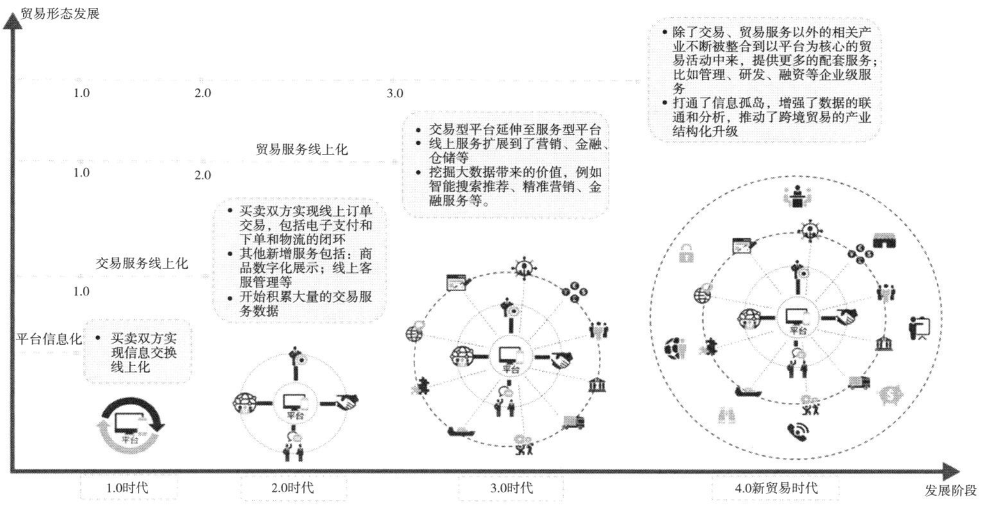

图 1-7　跨境电子商务发展历程

资料来源：埃森哲与敦煌网共同发布的《新贸易时代：重塑 B2B 商业生态圈》。

当时继网站建设和搜索引擎后，企业网络应用的第三大热点。网络黄页有帮助企业建站和上网的功能，又有网络营销和业务推广的功能，极大降低了中小企业业务运营成本，为其提供了与大企业平等竞争的机会，是广大中小企业的优先选择，这使网络黄页网站飞速发展起来。

知识链接

黄页

传统黄页指国际通用按企业性质和产品类别编排的工商企业电话号码簿，以刊登企业名称、地址、电话号码为主体内容，相当于一个城市或地区的工商企业的户口本，按国际惯例用黄色纸张印制，故称黄页。

网络黄页即传统黄页在互联网上的延伸和发展，可大致分为 3 种形式。

（1）电信部门推出的黄页：如中国电信黄页、网通黄页、铁通黄页等。

（2）各大门户网站推出的黄页：如新浪黄页、搜狐黄页、网易黄页。

（3）专业的网络黄页：如全球黄页、经贸大黄页、网库黄页。

网络黄页提供电话、短信、电子邮件等多种客户沟通方式，随时更新和发布企业简介、企业商情和产品动态等。

对外贸企业来说，网络黄页的推广包括加入面向全球市场的国家级黄页和世界级黄页目录，在目标市场的黄页上做广告。

阿里巴巴成立于 1999 年，以网络信息服务为主，是中国最大的外贸信息黄页平台之一。环球资源网于 1971 年成立，前身为 Asian Source，是亚洲较早的贸易资讯提供者，于 2000 年 4 月在纳斯达克证券交易所上市。在此期间还出现了中国制造网、韩国 EC21 网等大量以供需信息交易为主的跨境电子商务平台。这些平台都采用了网上黄页的模式，为中小企业提供商品信息展示、交易撮合等基础服务，但不涉及任何交易环节。

此阶段平台的盈利模式主要是为企业提供信息展示服务，收取会员费或服务费。在出口跨境电子商务 1.0 时代的发展过程中，也逐渐衍生出竞价推广、咨询服务、广告等信息增值服务。此阶段虽然通过互联网实现了将中国企业和产品信息推向全世界，但是依然无法完成在线交易，在外贸电商产业链上仅完成了信息流的整合环节。

2. 出口跨境电子商务 2.0 时代（2004—2012 年）

2004 年，出口跨境电子商务平台开始摆脱纯网络黄页的展示模式，实现交易、支付、物流等流程的电子化，逐步发展为在线交易平台，标志着出口跨境电子商务正式进入 2.0 时代。与 1.0 时代相比，2.0 时代更能体现电子商务的本质，借助于电子商务平台，整合服务与资源，有效地打通了上下游供应链。在 2.0 时代，B2B 是跨境电子商务的主流模式，实现了中小企业商户的直接对接。

随着互联网的普及，网民数量呈爆发式增长，个人网络支付和物流快递业务服务升级使越来越多的消费者养成网络购物习惯。在这种趋势下，B2C 出口跨境电子商务应运而生。2002 年 eBay 收购易趣网，亚马逊紧随其后于 2004 年收购卓越网，两大国际电商巨头为中国境内卖家与境外消费者搭建了直接交易的平台，也成为我国 B2C 出口跨境电子商务发展的起点。在 B2C 出口跨境电子商务发展初期，产业配套设施不完善，交易规模小，卖家主要是小批发商，商品主要集中在单价较高、具有性价比优势的 3C 类产品。2007 年开始，兰亭集势、环球易购等自营 B2C 平台相继出现，B2C 出口跨境电子商务行业进入企业主导阶段。

这一阶段 B2C 企业发展的策略是以量取胜，凭借高性价比的产品迅速抢占境外市场，通过增大交易量来获取利润。此时，B2C 出口跨境电子商务规模初显，商品也扩大到了服饰鞋帽、家居商品、3C 产品等品类。在 2.0 时代，企业做跨境电子商务有两种途径：一是平台电商模式，即在第三方平台上开设网络店铺；二是自建网站电商模式，即构建自己的品牌，搭建自己的网站并推广，如兰亭集势、大龙网等。在此阶段，第三方平台实现了营收的多元化和后向收费模式，盈利以“会员收费”为主转变为按成交效果收取“交易佣金”。

3. 出口跨境电子商务 3.0 时代（2013 年至今）

2013 年左右，大量 B2C 出口跨境电子商务企业兴起，行业竞争加剧。企业开始注重打造自有品牌壁垒，虽“以量取胜”仍占主导，但是开始重视“以质取胜”。大多数企业仍以亚马逊、eBay、Wish、速卖通等平台作为主要销售渠道，也有部分企业开始自建平台，提供差异化商品。

出口跨境电子商务 3.0 时代实现了贸易服务的线上化，平台由交易型平台延伸至服务型平台，线上服务扩展到了营销、互联网金融、仓储和网络配套服务等。同时，平台通过对积累的大量交易数据进行大数据挖掘，向商家提供智能搜索推荐、精准营销等增值服务。

4. 出口跨境电子商务新贸易时代

展望未来，新贸易时代以技术为驱动，贸易流程中的各个环节被数字化。贸易服务得到进一步延展，催生出新的商业模式与参与主体，贸易生态被重塑。

海关总署、国家质量监督检验检疫总局、国家税务总局、国家外汇管理局（简称关、检、税、汇）等监管部门政策下放，为生产商和海外终端客户打破信息不对称，打通信息孤岛，提供端到端的商务、仓储、物流、金融、信保等配套服务，缩小需求与供给缺口，为资源缺乏的中小企业提供了管理、研发、融资等服务，促进了跨境贸易结构化升级。

（二）我国进口跨境电子商务发展历程

以典型进口跨境电子商务平台上线时间为节点，可将中国进口跨境电子商务发展分为 3 个阶段：进口跨境电子商务 1.0 时代（代购时代）、进口跨境电子商务 2.0 时代（海淘时代）和进口跨境电子商务 3.0 时代（跨境进口时代），如图 1-8 所示。

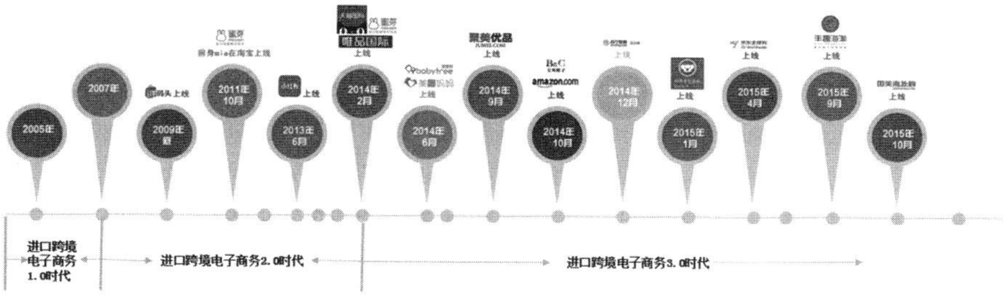

图 1-8　中国进口跨境电商发展历程

数据来源：中国电子商务研究中心。

1. 进口跨境电子商务 1.0 时代（代购时代：消费者集中、小众、普及度不高）

以 2005 年为分界线，2005 年之前，只有较少国内消费者对国外的商品有一定认知，获取国外商品的渠道主要是通过国外亲朋好友“人肉”带回或者自己出国进行采购。这一时期还没有出现专门的进口跨境电子商务平台，更没有形成相关行业，这个时期可以看作进口跨境电子商务的萌芽阶段。2005 年之后，个人代购进入国内消费者视野，成为国内消费者购买海外商品的重要渠道。通常情况下，一些经常出国的人员（比如导游、空姐、留学生等）承担起“卖方”的角色，而“买方”大多是“卖方”的亲朋好友，消费群体未能形成规模，因主要采用邮寄或“人肉”配送方式，产品配送周期长、成本高，产品质量缺乏保障，难以满足国内消费群体对海外商品日益增长的需求，部分人群逐渐变身为职业买手，并借助淘宝等电商平台销售海外商品，这也是早期进口跨境电子商务的雏形。

2. 进口跨境电子商务 2.0 时代（海淘时代：形成常规的买方市场和卖方市场）

2007 年，以淘宝全球购为代表的 C2C 海淘网站上线，意味着进口跨境电子商务步入了 2.0 时代——海淘时代。淘宝全球购平台的目标是帮助会员实现“足不出户，淘遍全球”。一方面，淘宝全球购为入驻的卖家提供了发布境外商品的平台，使卖家的销售范围不再局限于自己的社交圈；另一方面，平台对卖家进行审核、管理，打消了买家的购买疑虑。平台上呈现丰富多样的商品，吸引了更多的买家来平台消费。在这一时期，逐渐形成了常规的买卖双方市场。跨境网购用户的消费渠道逐渐从海淘代购转向跨境进口电商平台。2010 年 9 月，我国调整了进出境个人邮递物品管理政策：取消进出境个人邮递物品可享部分税额免征的规定，增加了免税限额规定，此政策的调整增加了海淘和代购的成本和风险。

想一想：代购和海淘分别指的是什么？有什么区别？

3. 进口跨境电子商务 3.0 时代（跨境进口时代——平台模式多样化，跨境网购常态化）

2012 年，国家开放了第一批进口跨境电子商务试点城市。2013 年，政府出台了支持跨境电子商务便利通关的政策。2014 年，进口跨境电子商务开始合法化。在政策利好的背景下，进口跨境电子商务大发展，进口跨境电子商务平台不断涌现，越来越多的消费者选择在进口跨境电子商务平台购买境外商品。进口跨境消费渠道逐渐从海淘代购转向进口跨境电子商务平台，跨境购物开始走向规模化、规范化，进口跨境电子商务进入 3.0 时代。

二、我国跨境电子商务的发展现状

（一）我国跨境电子商务发展整体现状

1. 跨境电子商务市场交易规模

近年来，在传统贸易增长缓慢甚至出现下滑的背景下，跨境电子商务行业快速发展，保持高速增长态势。2020 年受新冠疫情影响，线下消费受到抑制，为线上消费带来了机遇。与此同时，国家政策支持促进了跨境电商快速发展。中国电子商务研究中心监测的数据显示，2020 年中国跨境电商市场规模达 12.5 万亿元，同比增长 19.04%，预计 2021 年市场规模将达 14.6 万亿元，如图 1-9 所示。

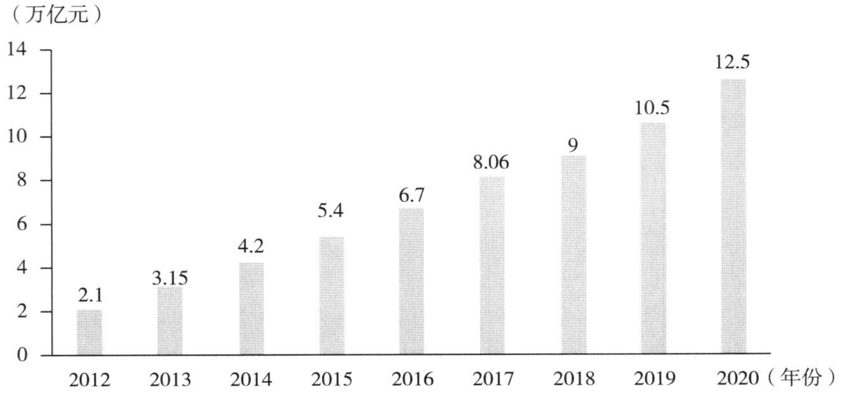

图 1-9　2012—2020 年中国跨境电子商务交易规模

数据来源：中国电子商务研究中心发布的《中国跨境电商市场数据检测报告》。

2. 跨境电子商务进出口结构

在跨境电子商务进出口结构上，中国电子商务研究中心监测的数据显示，2020 年中国跨境电商的进出口结构上出口占比达到 77.6%，进口比例 22.4%。2020 年受新冠疫情影响，出口电商快速发展，出口占比出现小幅上升。行业加速发展有多方因素，包括：政策加持、外贸加快转型、电商需求增长等。2012 年至 2020 年统计数据显示，在跨境电子商务进出口结构上，进口跨境电商的比例正逐步扩大，如图 1-10 所示。

3. 跨境电子商务模式结构

跨境电子商务模式结构上，中国电子商务研究中心监测的数据显示，2020 年，中国跨境电子商务的交易模式中跨境电子商务 B2B 交易占比达 77.3%，跨境电子商务 B2C 交易占比 22.7%，如图 1-11 所示。2020 年，B 端线上销售与采购习惯加速养成，大量 B 端商家将销售行为转到线上，以无接触采购方式来满足下游买家的采购需求，带动 B2B 电商平台上游供应商与下游用户规模的基数增长。

从 2012 年至 2020 年的中国跨境电子商务 B2B 与 B2C 结构统计数据中可以看出，跨境电子商务 B2B 模式依然占据跨境电子商务的主导地位。该模式产业链条长，服务需求多，包括营销、支付、供应链金融、关检税汇、物流仓储、法律法规等各种服务。从国家及地方的跨境电子商务政策来看，跨境电子商务 B2B 模式受到政府的重点关注和扶持，也是未来跨境电子商务发展的重要商业模式。

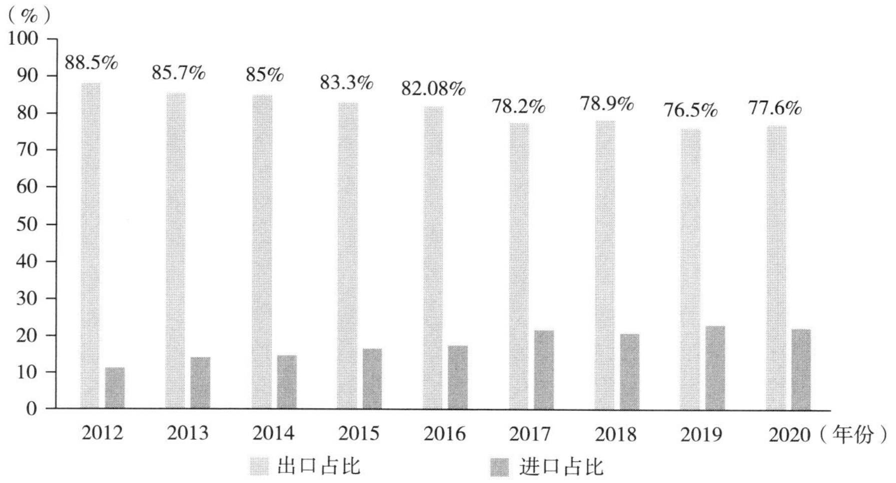

图 1-10　2012—2020 年中国跨境电子商务交易规模进出口结构

数据来源：中国电子商务研究中心发布的《中国跨境电商市场数据检测报告》。

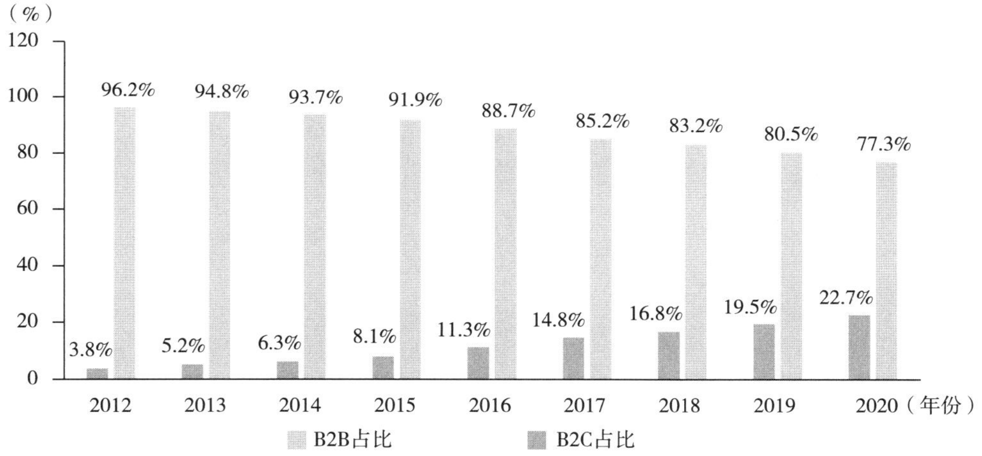

图 1-11　2012—2020 年中国跨境电子商务 B2B 与 B2C 结构

数据来源：中国电子商务研究中心发布的《中国跨境电商市场数据检测报告》。

跨境电子商务 B2C 模式虽占比不大，但近年来发展迅猛，国内消费升级和海外新兴市场崛起引发零售跨境电子商务热潮。总体来看，跨境电子商务 B2B 和跨境电子商务 B2C 发展不是彼此孤立，而是相互影响、相互促进的。

（二）我国出口跨境电子商务发展现状

1. 出口跨境电子商务交易规模

近年来，无论是在欧美、日韩等发达国家，还是在新兴市场，网购覆盖人群越来越广，尤其是新兴市场的网购用户对中国制造青睐有加。同时，“一带一路”建设为中国跨境电商卖家提供了快速布局沿线国家市场的机会。2020 年受新冠疫情影响，随着全球线上购物模式的兴起以及国家对跨境电商利好政策的先后出台，加之消费者对产品品质、功能的要求不断提升，跨境电商发展迅速。中国电子商务研究中心发布的《2020 年度中国跨境电商数据报告》

显示，2020 年中国出口跨境电商市场规模 9.7 万亿元，较 2019 年的 8.03 万亿元增长 20.79%，如图 1-12 所示。

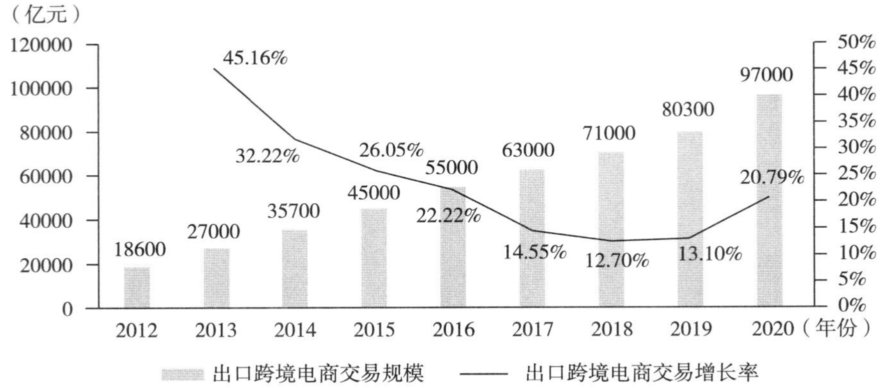

图 1-12　2012—2020 年中国出口跨境电子商务市场规模及其增长率

数据来源：中国电子商务研究中心发布的《中国跨境电商市场数据检测报告》。

出口跨境电子商务 B2B 由于交易量级较大且订单比较稳定，在可预见的未来仍然是中国企业开拓海外市场的最重要模式，占据主导地位，如图 1-13 所示，但是随着互联网、电子商务的发展以及中国产品质量和服务的提升，境外消费者对中国品牌的认可度逐步提高，未来零售份额有望得到进一步提高。2019 年，中国出口跨境电子商务 B2B 与零售占比分别为 78.5%和 21.5%。

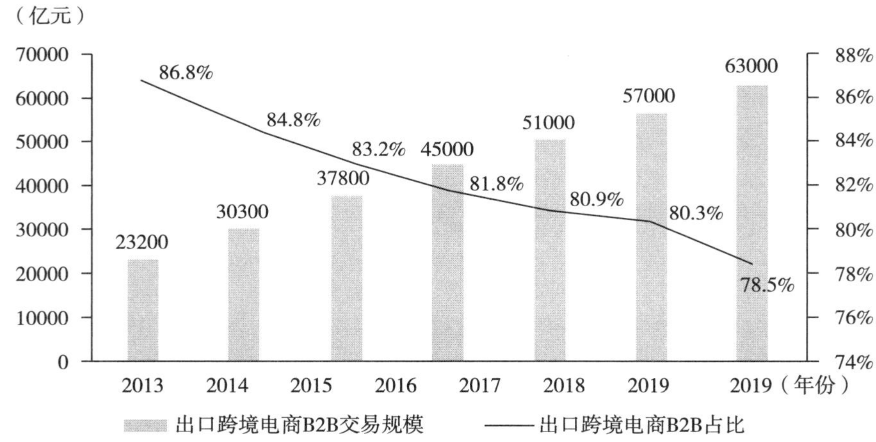

图 1-13　2013—2019 年中国出口跨境电商 B2B 交易规模及其在出口规模中的占比

数据来源：中国电子商务研究中心发布的《中国跨境电商市场数据检测报告》。

2. 我国出口跨境电子商务卖家及国家分布

当前中国出口跨境电商卖家主要还是聚集在长三角和珠三角地区，尤其以广东、浙江、江苏最为集中，这些地区同时也是传统国际贸易最为发达的地区，有着良好的传统国际贸易基础。随着跨境电商卖家群体规模的不断壮大，卖家群体向更多有着外贸发展基础及互联网发展较为发达的地区延伸。中西部地区跨境电商同样具有较大的发展空间及后发潜力。截至 2022 年 11 月，我国已经设立 165 个跨境电商综合试验区，覆盖 31 个省区市，基本形成了陆海内外联动，东西双向互济的发展格局。

知识链接

中国165个跨境电商综合试验区获批历程

时间	数量	试验区
2015年3月	1	杭州
2016年1月	12	宁波、天津、上海、重庆、合肥、郑州、广州、成都、大连、青青岛、深圳、苏州
2018年7月	22	北京、呼和浩特、沈阳、长春、哈尔滨、南京、南昌、武汉、长沙、南宁、海口、贵阳、昆明、西安、兰州、厦门、唐山、无锡、威海、珠海、东莞、义乌
2019年12月	24	石家庄、太原、赤峰、抚顺、珲春、绥芬河、徐州、南通市、温州、绍兴、芜湖、福州、泉州、赣州、济南、烟台、洛阳、黄石、岳阳、汕头、佛山、泸州、海东、银川
2020年4月	46	雄安新区、大同、满洲里、营口、盘锦、吉林、黑河、常州、连云港、淮安、盐城、宿迁、湖州、嘉兴、衢州、台州、丽水、安庆、漳州、莆田、龙岩、九江、东营、潍坊、临沂、南阳、宜昌、湘潭、郴州、梅州、惠州、中山、江门、湛江、茂名、肇庆、崇左、三亚、德阳、绵阳、遵义、德宏傣族景颇族自治州、延安、天水、西宁、乌鲁木齐
2022年2月	27	鄂尔多斯市、扬州市、镇江市、泰州市、金华市、舟山市、马鞍山市、宣城市、景德镇市、上饶市、淄博市、日照市、襄阳市、韶关市、汕尾市、河源市、阳江市、清远市、潮州市、揭阳市、云浮市、南充市、眉山市、红河哈尼族彝族自治州、宝鸡市、喀什地区、阿拉山口市
2022年11月	33	廊坊市、沧州市、运城市、包头市、鞍山市、延吉市、同江市、蚌埠市、南平市、宁德市、萍乡市、新余市、宜春市、吉安市、枣庄市、济宁市、泰安市、德州市、聊城市、滨州市、菏泽市、焦作市、许昌市、衡阳市、株洲市、柳州市、贺州市、宜宾市、达州市、铜仁市、大理白族自治州、拉萨市、伊犁哈萨克自治州

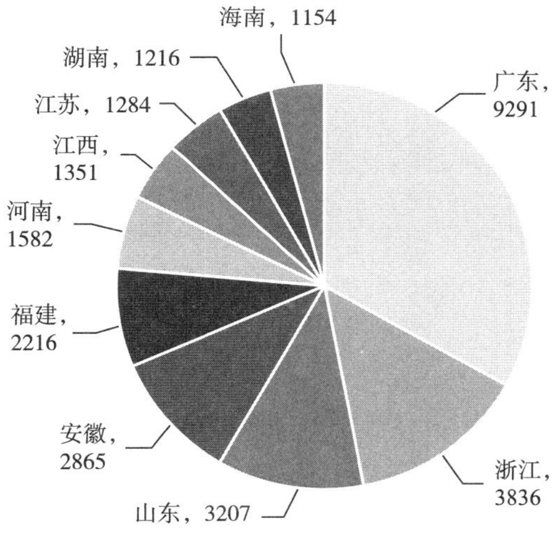

图1-14 2022年中国跨境电商相关企业地区分布前十名企业数量（个）

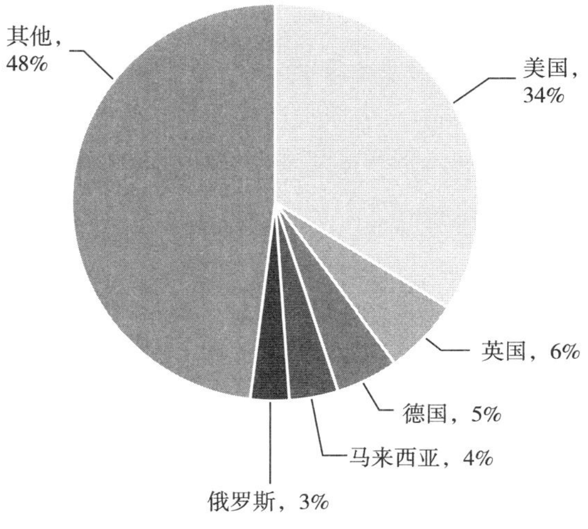

图1-15 2022年中国出口跨境电子商务主要面向国家分布

我国出口跨境电子商务面向全球200余个国家或地区，约70亿消费者，从主要国家及地区分布来看，美国、法国等发达国家依然是中国出口跨境电商的主要市场，近年来，俄罗斯、巴西、印度等新兴市场蓬勃发展，吸引了大量的中国电商企业及卖家布局。随着发达国家网购人群消费升级的加快，新兴市场网购人群规模的不断壮大，促使出口跨境电商市场继续保持强劲的发展势头。

3. 我国出口跨境电子商务品类分布

在品类上，服装服饰配件、3C电子产品等消费品一直是全球跨境电商平台最畅销的品类，据海关总署发布的数据显示，2022年中国跨境电商出口商品中，消费品占92.8%，其中，服饰鞋包、手机等电子产品及家居家纺用品占比较高，如图1-16所示。近几年，国内传统优势产业基础正在快速赋能跨境电商发展，除当前主要品类外，将带动更多品类实现出海。

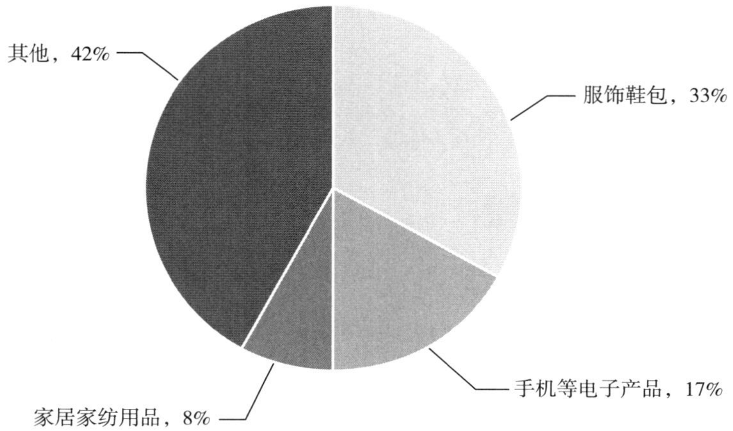

图1-16　2022年中国出口跨境电子商务主要品类分布

数据来源：中华人民共和国海关总署。

（三）我国进口跨境电子商务发展现状

1. 进口跨境电子商务交易规模

2013年后，随着各大进口跨境电子商务平台的陆续上线，跨境网购用户逐年增加，我国进口跨境电子商务市场规模也有了迅猛增长，从2012年的2400亿上升至2020年的2.8万亿，进口跨境电子商务市场规模扩大了11.6倍，如图1-15所示。2014—2015年，由于政府出台了多项利好政策，进口跨境电子商务呈爆发式增长。2016年，进口跨境电子商务在激烈竞争中不断提升用户体验、扩展商品品类、完善售后服务。2019年，电商法正式实施，进口跨境电商迎来合规化发展阶段，行业发展环境不断优化。2020年，中国进口跨境电商增长速度稳定，随着中国经济的复苏，国内消费升级，内需不断扩大，交易规模再创新高。

据中国电子商务研究中心发布的数据显示，2020年中国进口跨境电商市场规模2.8万亿元，较2019年的2.47万亿元同比增长13.36%。

2. 进口跨境电子商务用户

（1）进口跨境电子商务用户规模

中国电子商务研究中心发布的数据显示，2020年，中国进口跨境电商用户规模1.4亿人，较2019年的1.25亿人增长11.99%，较2013年中国进口跨境电商用户规模扩大了14倍，如图

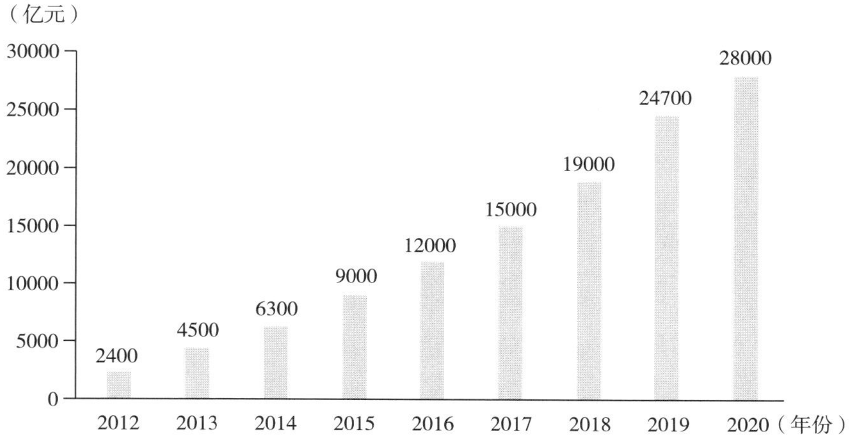

图 1-17　2012—2020 年中国进口跨境电商行业交易规模

数据来源：中国电子商务研究中心发布的《中国跨境电商市场数据检测报告》。

1-18 所示。2020 年，中国进口跨境电商用户规模保持稳定增长，其主要归因 3 个方面：一是国内网购用户规模增长也带动海淘用户增长；二是受国家跨境电商相关政策以及地方政策支持推动，进口跨境电商发展迅速，越来越多的消费者开始在跨境电商平台购物；三是跨境物流配送效率不断提高，跨境网购商品配送周期大大缩短。随着用户基数日趋庞大，用户规模增长率会逐渐降低，然后趋于缓和。

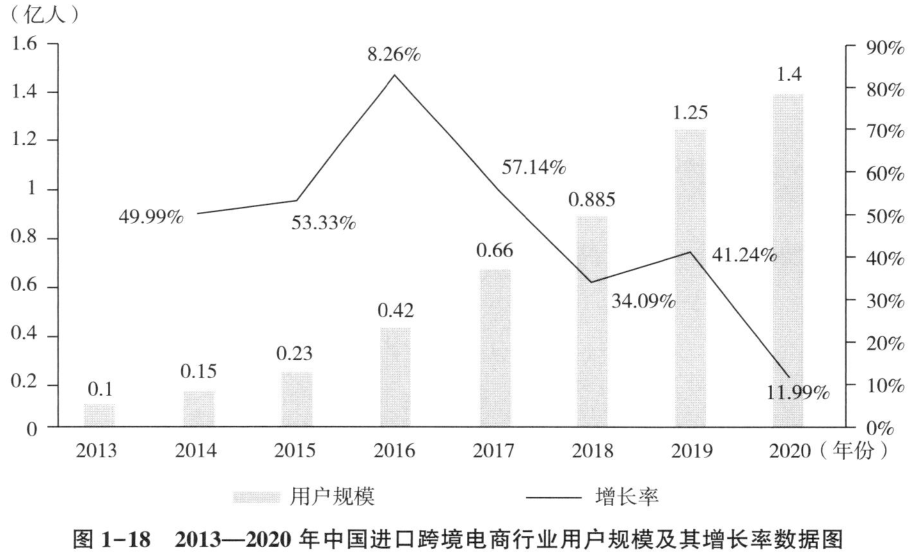

图 1-18　2013—2020 年中国进口跨境电商行业用户规模及其增长率数据图

数据来源：中国电子商务研究中心发布的《中国跨境电商市场数据检测报告》。

（2）进口跨境电子商务用户年龄、性别和分布

iiMedia Research（艾媒咨询）2021 年 1 月份调查数据显示，67. 1%的受访用户有在跨境电商平台购买产品的经历。其中，男性占 49. 3%，女性占 50. 7%，相差无几。在中国进口跨境电商用户中，26~30 岁的用户群体占据主体，占比达 34. 2%，其次是 31~40 岁群体，相比国内电商用户，购买进口品的跨境电商用户更追求品质生活，其消费能力和资力更强，中年群体占比

更高。

iiMedia Research 2021 年 1 月份调查数据显示，在进口跨境电商用户区域分布排名中，华东、华南、华北分列前三，分别占比 34.9%、20.8%、15.4%，而在城市分布中，北京、上海、广州、深圳四座城市的用户占将近三成。总体而言，跨境网购用户主要集中在进口跨境电子商务起步较早、经济较发达的地区。与往年数据相比较可知，各地区之间的差距正在缩小，侧面说明进口跨境电子商务行业正在全国范围内迅速发展。

3. 进口跨境电子商务的主要平台

随着行业“马太效应”① 加剧，一些中小平台逐渐被淘汰出市场。据中国电子商务研究中心发布的进口跨境电商市场份额占比情况，我国进口跨境电商平台可以划分为“三个梯队”。第一梯队为“头部平台”，在进口跨境电商市场中处于“领先地位”，依次为：考拉海购、海囤全球、天猫国际，具有规模大、营收高，人气旺、口碑好，实力强、现金流充沛，流量大、品牌多等特征。第二梯队为“准一线平台”，包括洋码头、唯品会、小红书、聚美极速免税店。第三梯队为“二线平台”，包括蜜芽、贝贝、宝宝树、宝贝格子等平台，大多是母婴类产品平台，如图 1-19 所示。

图 1-19　2018 年中国进口跨境电商整体市场梯队分布

数据来源：中国电子商务研究中心发布的《中国跨境电商市场数据检测报告》。

三、我国跨境电子商务的发展趋势

2020 年，中国跨境电商行业在政策方面不断释放各种利好消息，进口跨境电商环境继续得到改善。经国务院批准，2020 年 1 月 17 日，商务部、国家发展改革委、财政部、海关总署、税务总局、市场监管总局等六部委联合印发《关于扩大跨境电商零售进口试点的通知》（商财发〔2020〕15 号），将石家庄等 50 个城市（地区）及海南全岛纳入跨境电商零售进口试点范围，跨境电商零售进口试点范围将从 37 个城市扩大至包括海南全岛的 87 个城市。自《关于扩大跨境电商零售进口试点的通知》印发之日起，相关城市和地区可按照 2018 年六部委联合印发的《关于完善跨境电子商务零售进口监管有关工作的通知》（商财发〔2018〕486 号）要求，开展网购保税进口（海关监管方式代码 1210）业务。

① 马太效应意指强者愈强、弱者愈弱的现象。

知识链接

跨境电商零售进口试点批复历程

批复时间	批复文件	试点城市
2012 年 8 月	发改办高技〔2012〕2218 号	郑州、杭州、重庆、上海、宁波
2013 年 9 月		广州
2014 年 7 月		深圳
2014 年 9 月	海关总署批文	天津
2015 年 12 月	署办科函〔2015〕30 号	福州、平潭
2018 年 1 月	商国部新闻发方人谈话形式	合肥、成都、大连、青岛、苏州
2018 年 12 月	商财发〔2018〕486 号	北京、呼和浩特、沈阳、长春、哈尔滨、南京、南昌、武汉、长沙、南宁、海口、贵阳、昆明、西安、兰州、厦门、唐山、无锡、威海、珠海、东莞、义乌
2020 年 1 月 17 日	商财发〔2020〕15 号	石家庄、秦皇岛、廊坊、太原、赤峰、抚顺、营口、珲春、牡丹江、黑河、徐州、南通、连云港、温州、绍兴、舟山、芜湖、安庆、泉州、九江、吉安、赣州、济南、烟台、潍坊、日照、临沂、洛阳、商丘、南阳、宜昌、襄阳、黄石、衡阳、岳阳、汕头、佛山、北海、钦州、崇左、泸州、遵义、安顺、德宏、红河、拉萨、西宁、海东、银川、乌鲁木齐等 50 个城市（地区）和海南全岛
2021 年 3 月 18 日	商财发〔2021〕39 号	所有自贸试验区、跨境电商综试区、综合保税区、进口贸易促进创新示范区、保税物流中心（B 型）所在城市（及区域）

2020 年受新冠疫情影响下，出口跨境电商行业在全维度、全产业链上都发生了显著变化，诞生了新玩家、新玩法、新渠道、新流量、新技术、新市场、新服务。进口跨境电商的货源采集供应链受到一定程度影响。跨境供应链遇阻，加剧行业“马太效应”，对平台抵御风险能力有较高要求，一些中小平台逐渐被淘汰出市场。国家政策推动进口跨境电商迅速发展，进入该领域的拼多多一年多的时间业务就增长数十倍，字节跳动正布局跨境电商业务“福巷海购”，抖音也将于 2021 年正式入局，携程推出跨境直邮平台。

根据中国电子商务研究中心发布的《2020 年中国跨境电商市场数据检测报告》和深圳市行云跨境电商研究院发布的《2020 中国跨境电商市场发展报告》，可以分析出我国跨境电子商务的发展呈现以下趋势。

1. 全渠道模式，跨境电商线上线下融合加深

随着消费者对“随时随地购物”的需求越来越高，持续向线上渠道和 O2O（线上到线上 Onlime To Offline，O2O）渠道转移，品牌要注重为消费者提供无缝的、整合的全渠道购物体验。未来跨境电商线上线下之间的融合将不断加深，线下门店也将更注重商品池的打通并利用

科技助力体验。

2. 跨境电商的竞争已经从前端的销售转移到后端供应链的竞争

后疫情时代，跨境电商的竞争已经从前端的销售竞争转移到后端供应链的较量。随着经济全球化程度的加深，企业要在全球市场、全球企业的竞争中获取优势，就必须整合全球资源，在全球范围内开展供应链上、中、下游企业合作，协调运作过程，把产品的竞争形态从“企业与企业”转变为围绕核心企业打造的“供应链与供应链”之间的竞争。未来行业竞争的重点将会更加聚焦于供应链环节，在该环节取得优势的企业将领先跨境电商市场。

3. 新型获客方式成为跨境电商发展的新动能

随着互联网技术的发展，以直播和社交为特征的新型获客方式成为跨境电商标配，给消费者带来更直观、生动的购物体验，转化率高，营销效果好，逐渐成为跨境电商平台的新增长动力。“90 后”新型消费群体日渐崛起，年轻用户群体的消费潜力不断被挖掘、释放，契合年轻用户消费需求、文化价值的，集社交互动、内容营销、多端渠道于一体的场景化跨境电商消费趋势也日渐显著。

4. 产品贸易转向服务贸易

随着跨境电商产业的不断发展，对于 B 端卖家、C 端消费者而言，跨境电商已不再是纯粹的商品贸易，由物流、客服、支付方式等一系列叠加而成的服务贸易正成为当下跨境电商的新形式。伴随服务需求、服务价值的提升，未来跨境电商服务红利有望持续扩大。

在工业 4. 0 的时代，物联网、智能化等新技术使得制造业向智能化转型，供给端生产由需求端决定，国民的消费升级使得跨境电商的发展转向精细化和垂直化，以满足消费者的个性化需求。

5. 跨境电商趋于合规化、稳定发展

电商法及系列跨境电商新政的出台约束和规范了整个市场，提升市场整体品质，保障商品来源透明化、安全化，并对税收、物流、售后等消费者关心的方面做了明确规定。保障消费者合法权益的同时也鼓励并支持跨境电商行业的发展，使企业有章可循、规范发展，推动市场有序竞争。同时，也加强了对消费者权益的保护，有利于促进购买，消费潜力不断被挖掘、释放，契合年轻用户消费需求、文化价值的，集社交互动、内容营销、多端渠道于一体的场景化跨境电商消费趋势也日渐显著。2020 年中国跨境电商行业动向如图 1-20 所示。

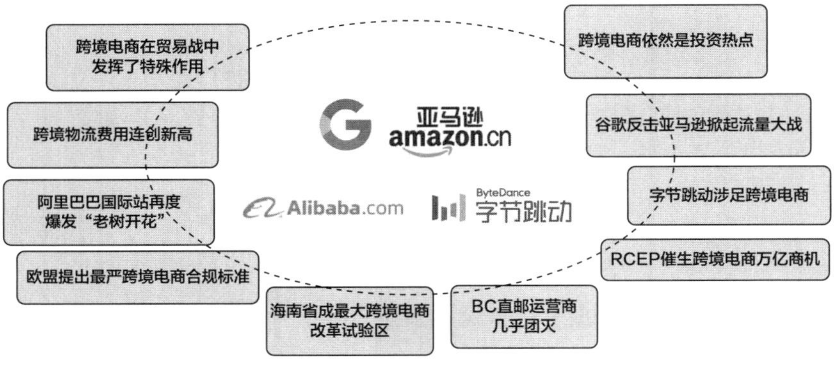

图 1-20　2020 年中国跨境电商行业十大动向

资料来源：中国电子商务研究中心发布的《中国跨境电商市场数据检测报告》。

思政园地

我国加快发展外贸新业态新模式

2021 年 7 月 12 日，国务院办公厅印发《关于加快发展外贸新业态新模式的意见》。国新办举行政策例行吹风会，介绍有关情况。

近年来，我国已初步构建了适应外贸新业态、新模式发展的政策框架。2020 年，我国跨境电商进出口额达到 1.69 万亿元，增长 31.1%，跨境电商规模 5 年增长近 10 倍。市场采购规模 6 年增长 5 倍，2020 年突破 7000 亿元。据不完全统计，全国外贸综合服务企业已超 1500 家，服务客户数量超 20 万家，海外仓数量超 1900 个。

商务部原部长助理任鸿斌介绍，到 2025 年，我国外贸新业态新模式发展的体制机制和政策体系将更为完善，到 2035 年，实现发展水平位居创新型国家前列的目标。

“展望全年外贸走势，我们认为机遇大于挑战。”任鸿斌表示，2021 年 6 月，世界银行预测 2021 年全球经济将增长 5.6%，高于年初预测值 1.6 个百分点，世界经贸复苏加快。商务部近期问卷调查显示，约 40%的外贸企业新签出口订单同比增长，外需出现好转迹象，企业竞争力增强。同时也要看到，我国外贸发展形势依然错综复杂。从国际看，全球疫情形势依然严峻，经济复苏存在不确定性。从国内看，我国外贸企业面临四大突出困难，一是国际海运效率低、价格高；二是人民币汇率波动加大，企业出现了“有单不敢接、出口不盈利”的问题；三是原材料价格上涨，提高企业成本；四是部分地区招工难、用工贵。

下一步，商务部将与各相关部门和单位密切配合，加强形势研判，出台针对性的政策，帮助企业纾困解难。

落实完善支持政策。保持外贸外资政策的连续性，推动相关政策落地。加强政策宣传解读，引导企业用足用好政策。

促进外贸创新发展。深入实施优进优出、贸易产业融合、贸易畅通 3 个计划，提升出口质量，推动品牌建设，增加优质产品进口，建设国家进口贸易促进创新示范区。

推动高水平对外开放。进一步缩减全国和自贸试验区版外资准入负面清单。推动服务业扩大开放综合示范试点，总结形成新一批试点。赋予自贸试验区更大改革自主权，稳步推进海南自由贸易港建设。

稳定外贸外资产业链供应链。落实《鼓励外商投资产业目录》，引导外资更多投向高端制造业等领域。加强产业链招商，对重点企业、重点外资项目开展个性化服务，稳住产业链骨干。

推动全球化贸易投资自由化、便利化。坚定维护多边贸易体制，实施自贸区提升战略，推动区域全面经济伙伴关系协定（RCEP）如期生效实施。积极考虑加入全面与进步跨太平洋伙伴关系协定（CPTPP），加快推动中、日、韩等自贸谈判。

（资料来源：人民日报，记者罗珊珊）

四、我国跨境电子商务发展政策

自 2012 年起，我国陆续出台若干政策引导鼓励跨境电子商务发展，随着我国跨境电子商务的发展，其政策制定呈现出明显的阶段性特征。综合考虑我国跨境电子商务政策阶段性特点、年度发布数量以及关键政策发布节点，可将跨境电子商务政策发展过程划分为蓄势期、红利期、监管过渡期、规范发展期 4 个阶段。

1. 政策蓄势期（20 世纪末至 2011 年）

我国跨境电子商务起步于 20 世纪末，以阿里巴巴国际站、中国制造网等为代表的平台为跨境出口企业提供在线展示、交易撮合等信息服务，不提供在线交易业务，2004 年敦煌网上线，标志着跨境电子商务从单纯的信息服务升级为交易、支付、物流、通关等全流程电子化的在线交易。在此期间，国家相继出台《中华人民共和国电子签名法》《国务院办公厅关于加快电子商务发展的若干意见》等法规和政策，电子商务法规环境与支撑体系逐步建立，电子商务创新应用不断加强，跨境电子商务作为电子商务领域的新兴业态逐步兴起。发布了《跨境贸易人民币结算试点管理办法》《物流业调整和振兴规划》两项跨境电子商务政策措施，规范跨境结算业务，发展国际物流，鼓励企业利用电子商务平台开展对外贸易，为跨境电子商务行业大发展积蓄了产业力量和政策基础。

2. 政策红利期（2012—2015 年）

在当时受经济危机影响全球进出口贸易不景气的背景下，小额化、碎片化订单逐渐成为推动进出口贸易增长的力量。2012 年，商务部、国家发展和改革委员会办公厅先后出台《关于利用电子商务平台开展对外贸易的若干意见》《关于组织开展国家电子商务示范城市电子商务试点专项的通知》，鼓励和引导传统进出口企业转型升级，并针对以快件或邮件方式通关的跨境电子商务，由海关总署组织有关电子商务示范城市开展跨境电子商务试点专项工作。2013 年，《国务院办公厅转发商务部等部门关于实施支持跨境电子商务零售出口有关政策意见的通知》提出要在示范城市完善支付、税收、检验检疫等支持政策，国家外汇管理局、原国家质量监督检验检疫总局、国家税务总局等部门迅速响应，出台相关措施推动跨境电子商务零售出口业务发展。2014 年，海关总署相继出台 12 号、59 号、56 号、57 号等文件，把跨境电子商务正式纳入海关监管，并创新性地提出跨境电子商务零售进口商品应按照个人物品进行监管。2015 年，跨境电子商务政策密集出台，外汇支付、检验检疫、海关监管等相关政策相继发布，中国（杭州）跨境电子商务综合试验区获批，推动交易、支付、物流、通关、退税、结汇等环节的监管模式与信息化建设先行先试。在政策红利下，跨境进出口平台不断涌现，跨境电子商务迅速发展。

3. 监管过渡期（2016—2018 年）

跨境电子商务在政策引导下迅速发展，特别是在跨境电子商务零售进口商品按照个人物品进行监管的政策红利下，跨境电子商务进口需求不断增加，因此需要进一步完善对跨境个人消费品的监管。2016 年 3 月，财政部、海关总署、国家税务总局联合发布《关于跨境电子商务零售进口税收政策的通知》，实施跨境电子商务零售进口税收新政，把之前的个人行邮税调整为按（消费税+增值税）×70%的标准征收。政策规定，在跨境电子商务零售进口监管过渡期内，对保税进口和直邮进口商品按税收新政征税，但海关监管仍然按税收新政之前的模式进行监管，对部分商品暂不执行跨境零售进口商品清单进口许可批件、注册备案要求。海关总署、原国家质量监督检验检疫总局等部门相继发文，针对税收新政的实施进行相关业务部署。监管过渡期的截止日期一再延长，2016 年海关总署正式发文将过渡期的截止日期规定为 2017 年 5 月 11 日，2017 年国务院常务会议决定将之延长到 2018 年底。同时，设立跨境电子商务综合试验区，重点针对 B2B 出口业务环节，在技术标准、业务流程、监管模式、信息化建设等方面先行先试，将“两平台”（跨境电子商务线上综合服务平台、线下产业园区平台）及“六体系”（信息共享体系、金融服务体系、智能物流体系、电商信用体系、统计监测体系、风险防控体系）等成熟做法向全国复制推广。在监管过渡期内，跨境电子商务综合试验区进一步扩容，自 2015 年杭州被设立为全国首个跨境电子商务综合试验区，至 2020 年国务院已经分批次设立了

105 个跨境电子商务综合试验区，覆盖 30 个省、自治区和直辖市，充分体现了国家对跨境电子商务新业态、新模式包容审慎的监管态度。

4. 规范发展期（2019 年以来）

跨境电子商务零售进口监管过渡期后，海关、税收、检验检疫等各环节的监管进一步规范。2018 年 8 月 31 日，第十三届全国人民代表大会常务委员会第五次会议通过《中华人民共和国电子商务法》，自 2019 年 1 月 1 日起施行，明确了跨境电子商务经营者、平台经营者等的权利和义务，积极推动跨境电子商务各环节监管的规范化和信息化发展。2018 年 11 月 28 日，商务部、国家发展和改革委员会、财政部、海关总署、国家税务总局、国家市场监督管理总局联合印发《关于完善跨境电子商务零售进口监管有关工作的通知》，对监管过渡期后的跨境电子商务零售进口监管工作做了进一步安排，规定自 2019 年 1 月 1 日起正式实施，明确了跨境电子商务企业、跨境电子商务平台及境内服务商、消费者、政府部门等各参与主体责任和义务，为保障政策规范实施和进行有效监管提供了决策依据。

知识链接

2012—2020 年我国跨境电子商务相关政策

序号	政策样本名称	发文机构	发布时间
1	关于促进电子商务健康快速发展有关工作的通知	国家发展和改革委员会办公厅等	2012-02-06
2	关于利用电子商务平台开展对外贸易的若干意见	商务部	2012-03-12
3	电子商务“十二五”发展规划	工业和信息化部	2012-03-27
4	关于组织开展国家电子商务示范城市电子商务试点专项的通知	国家发展和改革委员会办公厅	2012-05-08
5	国家跨境贸易电子商务服务试点工作部署会议	国家发展和改革委员会等	2012-12-19
6	支付机构跨境电子商务外汇支付业务试点指导意见	国家外汇管理局综合司	2013-02-01
7	关于进一步促进电子商务健康快速发展有关工作的通知	国家发展和改革委员会办公厅等	2013-04-15
8	关于促进进出口稳增长、调结构的若干意见	国务院办公厅	2013-07-26
9	关于促进信息消费扩大内需的若干意见	国务院	2013-08-08
10	关于实施支持跨境电子商务零售出口有关政策的意见	国务院办公厅等	2013-08-21
11	关于促进电子商务应用的实施意见	商务部	2013-10-31
12	关于支持跨境电子商务零售出口的指导意见	国家质量监督检验检疫总局	2013-11-11
13	关于跨境电子商务零售出口税收政策的通知	财政部等	2013-12-30
14	关于增列海关监管方式代码的公告（12 号）	海关总署	2014-01-24
15	关于跨境贸易电子商务服务试点网购保税进口模式有关问题的通知	海关总署	2014-03-04
16	关于支持外贸稳定增长的若干意见	国务院办公厅	2014-05-04
17	关于跨境贸易电子商务进出境货物、物品有关监管事宜的公告（56 号）	海关总署	2014-07-23

续 表

序号	政策样本名称	发文机构	发布时间
18	关于增列海关监管方式代码的公告（57号）	海关总署	2014-07-30
19	关于印发物流业发展中长期规划（2014 — 2020年）的通知	国务院	2014-09-12
20	关于开展支付机构跨境外汇支付业务试点的通知	国家外汇管理局	2015-01-20
21	支付机构跨境外汇支付业务试点指导意见	国家外汇管理局	2015-01-20
22	关于加快培育外贸竞争新优势的若干意见	国务院	2015-02-12
23	关于同意设立中国（杭州）跨境电子商务综合试验区的批复	国务院	2015-03-07
24	关于深化检验检疫监管模式改革支持自贸试验区发展的意见	国家质量监督检验检疫总局	2015-03-09
25	关于改进口岸工作支持外贸发展的若干意见	国务院	2015-04-01
26	2015年电子商务工作要点	商务部	2015-04-03
27	关于大力发展电子商务加快培育经济新动力的意见	国务院	2015-05-04
28	关于调整跨境贸易电子商务监管海关作业时间和通关时限要求有关事宜的通知	海关总署	2015-05-08
29	“互联网+流通”行动计划	商务部办公厅	2015-05-13
30	关于进一步发挥检验检疫职能作用促进跨境电子商务发展的意见	国家质量监督检验检疫总局	2015-05-14
31	关于加强跨境电子商务进出口消费品检验监管工作的指导意见	国家质量监督检验检疫总局	2015-06-09
32	关于促进跨境电子商务健康快速发展的指导意见	国务院办公厅	2015-06-16
33	关于积极推进“互联网+”行动的指导意见	国务院	2015-07-01
34	加强跨境电商网购保税进口监管工作的函（58号）	海关总署	2015-09-10
35	关于进出口货物报关单修改和撤销业务无纸化相关事宜的公告（55号）	海关总署	2015-12-04
36	关于中国（杭州）跨境电子商务综合试验区出口货物有关税收政策的通知	财政部等	2015-12-18
37	关于加快推进重要产品追溯体系建设的意见	国务院办公厅	2015-12-30
38	关于同意在天津等12个城市设立跨境电子商务综合试验区的批复	国务院	2016-01-12
39	全国电子商务物流发展专项规划（2016—2020年）	商务部等	2016-03-17
40	2016年电子商务和信息化工作要点	商务部	2016-03-23
41	关于跨境电子商务零售进口税收政策的通知	财政部等	2016-03-24
42	关于公布跨境电子商务零售进口商品清单的公告	财政部等	2016-04-06

续 表

序号	政策样本名称	发文机构	发布时间
43	关于跨境电子商务零售进出口商品有关监管事宜的公告（26 号）	海关总署	2016-04-06
44	关于修改进出口货物报关单和进出境货物备案清单格式的公告（28 号）	海关总署	2016-04-15
45	关于公布跨境电子商务零售进口商品清单（第二批）的公告	财政部等	2016-04-15
46	关于执行跨境电商税收新政有关事宜的通知	海关总署办公厅	2016-04-20
47	关于跨境电商零售进口通关单政策的说明	国家质量监督检验检疫总局	2016-05-15
48	关于执行跨境电子商务零售进口新的监管要求有关事宜的通知	海关总署办公厅	2016-05-24
49	关于明确跨境电商进口商品完税价格有关问题的通知	海关总署关税征管司等	2016-07-06
50	关于发布修订后的《出口退（免）税企业分类管理办法》的公告	国家税务总局	2016-07-13
51	关于跨境电子商务进口统一版信息化系统企业接入事宜的公告（57 号）	海关总署	2016-10-12
52	关于延长跨境电商零售进口监管过渡期的谈话	商务部	2016-11-15
53	电子商务“十三五”发展规划	商务部等	2016-12-01
54	关于增列海关监管方式代码的公告（75 号）	海关总署	2016-12-05
55	中华人民共和国海关暂时进出境货物管理办法（157 号）	海关总署	2017-03-03
56	关于跨境电商零售进出口检验检疫信息化管理系统数据接入规范的公告	国家质量监督检验检疫总局	2017-06-06
57	关于将跨境电商零售进口监管过渡期政策延长至 2018 年底的决定	国务院常务会议	2017-09-20
58	关于调整部分消费品进口关税的通知	国务院关税税则委员会	2017-11-22
59	关于复制推广跨境电子商务综合试验区探索形成的成熟经验做法的函	财政部等	2017-11-27
60	关于修改进出口货物报关单和进出境货物备案清单格式的公告	海关总署	2018-06-21
61	关于扩大进口促进对外贸易平衡发展意见的通知	商务部等	2018-07-02
62	关于同意在北京等 22 个城市设立跨境电子商务综合试验区的批复	国务院	2018-07-24
63	关于跨境电子商务综合试验区零售出口货物税收政策的通知	财政部等	2018-09-28

续 表

序号	政策样本名称	发文机构	发布时间
64	关于印发优化口岸营商环境促进跨境贸易便利化工作方案的通知	国务院	2018-10-13
65	完善出口退税政策加快退税进度的措施	国务院常务会议	2018-10-18
66	中华人民共和国电子商务法	全国人民代表大会常务委员会	2019-01-01
67	关于实时获取跨境电子商务平台企业支付相关原始数据有关事宜的公告	海关总署	2019-01-01
68	关于调整跨境电子商务零售进口商品清单的公告	财政部等	2019-01-01
69	关于完善跨境电子商务零售进口监管有关工作的通知	商务部等	2018-11-28
70	关于完善跨境电子商务零售进口税收政策的通知	财政部等	2019-01-01
71	关于扩大跨境电商零售进口试点的通知	商务部等六部委	2020-01-17
72	关于跨境电子商务零售进口商品退货有关监管事宜公告	海关总署	2020-03-28
73	推出增设跨境电商综合试验区、举办网交会等系列措施	国务院常务会议	2020-04-07
74	关于同意在雄安新区等46个城市和地区设立跨境电子商务综合试验区的批复	国务院	2020-05-06
75	关于支持贸易新业态发展的通知	国家外汇管理局	2020-05-20
76	关于开展跨境电子商务企业对企业出口监管试点的公告	海关总署	2020-06-12
77	加快推动跨境电商健康有序发展	商务部	2020-07-02
78	区域全面经济伙伴关系协定	15国组织	2020-11-05

任务实训

中国出口跨境电商行业主要动向

一、实训目的

了解中国出口跨境电子商务发展情况及趋势。

二、实训内容

表 1-5 中国出口跨境电商行业主要事件

时间	事件	主要内容

三、实训步骤

步骤一：登录中国电子商务研究中心网站、中国商务部网站、学习强国平台等，获取2020年出口跨境电商行业事件。

步骤二：登录搜索引擎，如百度，或登录企业官方网站，了解事件主要内容。

同步测试

一、单项选择题

1. 关于我国跨境电子商务进出口结构说法错误的是（　　）。

A. 出口占主导地位　　B. 进口占主导地位

C. 出口占比较大　　D. 进口占比呈上升趋势

2. 关于我国跨境电子商务模式结构说法错误的是（　　）。

A. B2B占主导地位　　B. B2C占主导地位

C. B2B占比呈下降趋势　　D. B2C占比呈上升趋势

3. 目前，我国有跨境电子商务综合试验区（　　）。

A. 105个　　B. 100个　　C. 165个　　D. 59个

4. 进口跨境电子商务用户主要群体年龄分布（　　）。

A. 1~20岁　　B. 20~40岁　　C. 40~60岁　　D. 60~80岁

5. 2022年我国出口品类占比最高的是（　　）。

A. 3C电子产品　　B. 服饰鞋包　　C. 家居园艺　　D. 户外运动

二、多项选择题

1. 我国跨境电子商务的趋势（　　）。

A. 全渠道模式，跨境电商线上线下融合加深

B. 跨境电商的竞争已经从前端的销售转移到后端供应链的竞争

C. 新型获客方式成为跨境电商发展的新动能

D. 产品贸易转向服务贸易

2. 我国出口跨境电子商务主要卖家的地区有（　　）。

A. 广东省　　B. 浙江省　　C. 江苏省　　D. 上海市

3. 我国出口跨境电子商务的主要出口国家有（　　）。

A. 美国　　B. 法国　　C. 俄罗斯　　D. 英国

4. 中国跨境电子商务主要特点有（　　）。

A. 交易市场比较分散　　B. 交易产品种类较多

C. B2B占据主导地位　　D. 地区集中度比较大

5. 以下拥有进口试点资格的城市有（　　）。

A. 重庆　　B. 上海　　C. 杭州　　D. 郑州

三、判断题

1. 在我国跨境电子商务进出口交易规模、进出口结构占据主体地位的是B2B跨境电子商务。（　　）

2. 跨境电子商务相关政策已经进入规范发展期。（　　）

3. 我国目前是全球跨境电商的主要平台方所在国，也是全球跨境电商交易的主要市场。（　　）

4. 我国跨境电子商务进出口结构中 B2B 占比越来越大。（　　）

5. 我国跨境电子商务交易规模呈增长趋势。（　　）

四、案例分析题

2020 年中国海关采取系列措施促进跨境电商发展

2020 年，受新冠疫情的影响下，跨境电商作为新业态，实现了飞速发展。作为新兴贸易业态，跨境电商在疫情期间进出口贸易额出现了不降反升的迹象，成为稳外贸的一个重要力量。中国海关一直在积极适应和促进跨境电商的发展，不断创新优化监管制度，支持跨境电商等新业态有序发展。以下是我们采取的措施：

一是全面推广跨境电商出口商品退货监管措施，优化跨境电商零售进口退货措施，解决跨境电商出口商品退货难的问题，全力支持跨境电商出口企业“卖全球”。优化跨境电商零售进口退货措施，帮助企业克服疫情导致的物流延迟等问题，助力企业完善售后服务体系。

二是创新开展跨境电商 B2B 出口试点，我们增设了“9710”“9810”海关监管方式代码，现已在北京等 22 个直属海关开展试点，将跨境电商监管创新成果从 B2C 推广到 B2B 领域，并配套便利通关措施。试点企业可享受“一次登记、一点对接、优先查验、允许转关、便利退货”等通关便利化措施。

三是拓展畅通跨境电商物流通道。受新冠疫情影响，2020 年国际航班大面积停航减班，传统运力骤减，海关总署及时出台支持中欧班列发展十条措施，支持利用中欧班列运力开展跨境电商、邮件等运输业务。疫情期间，海关支持邮政部门开通进出境临时邮路，累计开通临时出境口岸 15 个、临时进境口岸 13 个，积极疏运进出境邮件和跨境电商商品，确保产业链供应链稳定。

四是全力保障“双 11”等跨境电商业务高峰商品有序通关。2020 年，跨境电商增长迅猛，通过海关跨境电子商务管理平台验放进出口清单达 24.5 亿票，同比增加了 63.3%。2020 年“双 11”期间，全国通过海关跨境电商进、出口统一版系统共处理进出口清单 5227 万票，较上年增加 25.5%；处理清单峰值达 3407 票/秒，增长了 113.2%，各项指标均创新高。

五是完善跨境电商统计。为全面反映跨境电商整体进出口情况，海关总署充分借鉴我国《电子商务法》以及世界海关组织对跨境电商的定义，探索建立了跨境电商统计体系。据海关初步统计，2020 年我国跨境电商进出口 1.69 万亿元，增长了 31.1%，其中出口 1.12 万亿元，增长 40.1%，进口 0.57 万亿元，增长 16.5%。

下一步，海关将继续聚焦新业态的发展和企业关切问题，持续强化监管，优化服务，进一步完善监管和统计制度，不断推动跨境电商新业态的高质量发展。

（资料来源：“学习强国”学习平台，2021-01-14）

请根据以上案例回答下列问题。

1. 我国海关系列措施会对促进跨境电子商务发展产生哪些影响？

2. 结合本案例谈谈你对我国跨境电子商务发展的认识。

任务三　跨境电子商务岗位及职业能力

随着跨境电子商务的迅速发展，相关企业对跨境电子商务人才需求量非常大，跨境电子商务岗位也越来越细化。

任务描述

小雯作为一名刚刚从事跨境电子商务的人员，已经了解了什么是跨境电子商务以及我国跨境电子商务的发展历程、现状及趋势。她非常着急想要开始操作具体业务，领导建议她先了解一下跨境电子商务业务流程，知晓跨境电子商务岗位需要及其对职业能力的要求。

任务分析

小雯从事跨境电商行业，首先，对跨境电子交易的环节以及业务流程要有清楚的认知；其次，明确了解跨境电子商务岗位需求以及对跨境电子商务人才职业能力的要求。

相关知识

一、跨境电子商务的参与主体与业务流程

（一）跨境电子商务的参与主体

跨境电子商务交易环节比较复杂，除了有跨境电商企业、支付机构、消费者、跨境物流外，还会涉及税务、海关等政府部门，因此，与国内电商相比，它所涉及的参与主体更加多样化，也更复杂。

1. 自建网站或通过第三方平台进行跨境电商经营的企业

一般为商品的货权所有人，这类主体又可以分为以下 4 种类型，如图 1-21 所示。

图 1-21　自建网站或通过第三方平台进行跨境电商经营的企业类型

2. 跨境电子商务第三方平台经营者（跨境电商平台企业）

跨境电商第三方平台经营者是指为交易双方（消费者和跨境电商企业）提供网页空间、虚拟经营场所、交易规则、交易撮合、信息发布等服务，设立供交易双方独立开展交易活动的信息网络系统的经营者，包含 B2B 平台、B2C 平台等。

3. 跨境电子商务第三方服务企业

根据中国电子商务研究中心发布的《2020 年中国跨境电商产业链图谱》（见图 1-22）中可以看出，第三方服务企业包括信息服务、物流服务、金融支持等。信息服务类主要包含综合服务企业（阿里巴巴一达通、世贸通、嘉云数据等）、IT、营销以及代运营等服务企业；物流服务主要包含物流服务整合商（出口易、递四方等）和物流服务商（中国邮政、UPS、DHL

等)；金融支持包含支付企业（PayPal、易宝支付、连连支付等)、融资企业（中国银行等）及保险企业等。

除了以上各类参与主体，跨境电子商务还会涉及政府部门，比如税务部门、互联网信息主管部门、工商行政部门、央行外汇管理局、海关与商检等政府部门。

图 1-22　2020 年中国跨境电子商务产业链图谱

资料来源：中国电子商务研究中心。

（二）跨境电商的业务流程

生产商或制造商将生产的商品在跨境电商企业平台上展示，在商品被选购下单并完成支付后，跨境电商企业将商品交付给物流企业进行投递，经过两次（出口国和进口国）海关通关商检后，最终送达消费者或企业手中，有的跨境电商企业直接与第三方综合服务平台合作，让第三方综合服务平台代办物流、通关商检等一系列业务，从而完成跨境电子商务交易过程。跨境电子商务业务流程如图 1-23 所示。

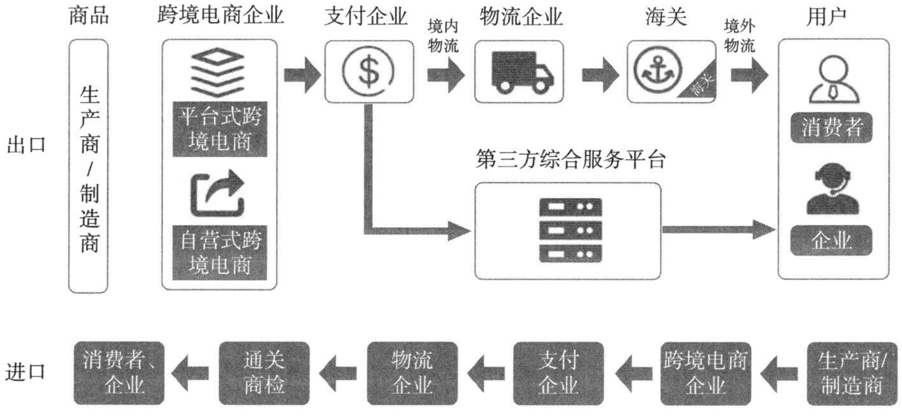

图 1-23　跨境电子商务业务流程

二、我国跨境电子商务人才需求现状

随着跨境电子商务的快速发展，各地人才市场需求信息显示跨境电子商务专业人才存在很大的缺口，无法满足跨境电子商务企业的用人需求。

目前，跨境电子商务的从业人员主要是高校国际贸易专业、电子商务专业和外语类专业毕业生，但是跨境电商所需要的人才和传统贸易、英语、电商人才差异较明显，跨境电商专业人才不仅需要通晓电子商务专业知识，熟悉企业电子商务运营和管理，能够从事电子商务系统设计、电子商务解决方案策划、网络营销、国际物流、跨境支付、跨国管理，更需要具有良好的外语能力，还要有国际贸易实务知识和国际市场营销技能。

为了促进跨境电子商务发展，解决人才缺口，2019 年，教育部面向中职、高职、本科增设“跨境电子商务专业”，“跨境电子商务专业”已经作为独立专业进行招生。近几年企业对跨境电子商务人才的需求不断增加，要求不断提高。对前程无忧、智联招聘等主流招聘网站的招聘信息进行统计，发现跨境电子商务企业最紧缺的是平台操作、运营推广和业务处理三类岗位的人才。在当下精细化运营的阶段，如何开好店铺、增加曝光量和点击量，如何进行推广增加流量、提高转化率，如何合法经营、高效通关、增加利润，是相关企业对三类岗位人才的职业技能要求。

三、跨境电子商务就业岗位和职业素养分析

（一）跨境电子商务就业岗位

对前程无忧、智联招聘等主流招聘网站的跨境电子商务招聘信息进行统计，发现亚马逊、速卖通等平台运营岗位的招聘信息最多，其次是运营助理、客服、物流、推广等相关岗位，结合整个供应链与企业现有工作岗位情况，将跨境电商岗位归纳为 7 个：产品开发岗、产品采购岗、产品编辑岗、平台运营岗（以亚马逊为例）、客服岗（以亚马逊为例）、海运操作岗、海外推广岗。

1. 产品开发岗位

（1）岗位职责

①了解市场行情，具备开发有市场潜力的新产品的能力；

②根据市场需求，开发在跨境电子商务 B2C 市场上符合公司产品规划方向的新产品；

③根据业务部门的需求开发对应的产品，分析供应商信息、产品线发展方向，开发同类热卖产品；

④追踪、搜集、分析、汇总及考察评估新产品的信息，开发新的产品线；

⑤进行网络开发，寻找并筛选合适的供应商，跟供应商进行价格和交期等方面的谈判；

⑥核算产品成本，控制产品风险；

⑦对已开发产品及时维护，做好供应商和产品信息的记录，完善好产品各方面信息；

⑧完成公司布置的开发（产品引进）和销售、利润等目标；

⑨协助其他部门解决好产品相关问题，及时解决客服收到的问题并进行反馈，提升客户消费体验。

（2）任职条件

①大专及以上学历，市场营销、工商管理、电子商务、互联网应用等相关专业优先；

②较强的调研分析能力，钻研精神；

③较强的执行能力，妥善管理好产品从进库到销售、售后的各个环节；

④较强的沟通协调能力，能与销售，客服，采购，物流，质检等多个部门有效沟通；
⑤能承受相当的工作压力，具有高效工作能力及团队合作精神。

2. 产品采购岗

（1）岗位职责
①负责产品线上采购工作；
②根据跨境电商业务需求，制订采购计划和明细；
③跟供应商询价、议价；
④向供应商下单、跟单，保证交期和数量质量无误；
⑤与供应商沟通协调，解决采购过程中遇到的问题。
（2）任职条件
①大专以上学历；
②富有计划性和统筹性，良好的沟通协调能力；
③严谨仔细，责任心强，良好的职业道德；
④有一定的抗压能力。

3. 产品编辑岗

（1）岗位职责
①了解产品，分析与整理产品信息；
②对产品的英文标题、特点、描述进行编辑；
③上传产品到平台；
④对产品资料进行检查和优化；
⑤完成上级交代的其他工作。
（2）任职条件
①大专以上学历，英语四级或以上，或英语读写熟练；
②有团队合作精神，吃苦耐劳，耐心细致；
③熟练使用 Excel 办公软件；
④会熟练使用 Photoshop；
⑤具备良好的心理素质，能适应快节奏、高效率的工作环境。

4. 平台运营岗（以亚马逊为例）

（1）岗位职责
①独立管理亚马逊店铺，维持店铺运行状态优良；
②针对每款产品制定价格、推广、优化计划，做好竞争对手分析；
③用心关注产品在平台的销售与排名情况，及时对计划做出调整；
④制订年、季、月度销售计划并落地实施；
⑤配合完成公司必要的工作。
（2）任职条件
①大专或以上学历，英语四级以上，商务英语，国际贸易相关专业优先；
②对待工作认真负责，肯用心；
③有志向、有梦想、目标清晰明确；
④良好的沟通能力，与上下级、同事都能通过良好的沟通解决遇到的问题。

5. 客服岗（以亚马逊为例）

（1）岗位职责

①受理客户邮件，能够及时发现客户问题并给出正确和满意的回复；

②与客户建立良好的联系，熟悉并挖掘客户需求；

③具备处理问题、安排进展、跟进进程、沟通及解决疑难问题的意识和能力，最大限度地提高客户满意度；

④遇到不能解决的问题按流程提交相关人员或主管处理，并跟踪进展直至解决。

（2）任职条件

①专业不限，英语六级及以上，大专以上学历；

②英语读写熟练，熟悉 Office 办公软件；

③良好的语言表达能力及较强的沟通能力，工作认真细致，积极进取，善于学习与创新。

6. 海运操作岗

（1）岗位职责

①主要负责安排电商货物的海运散货、整柜的出口事宜；

②根据客户提供的出口资料与船代订舱、安排船期及相关资料核对；

③负责出口电商货物的跟进及对异常情况的协调、处理；

④对经手的文件进行存档和保管；

⑤领导交代的其他事宜。

（2）任职条件

①熟悉海运进出口操作流程，能独立处理异常情况；

②有两年或以上拼箱操作经验者优先考虑；

③工作认真负责，具备协调以及解决问题的能力，有较强的应变能力；

④大专或以上学历，英语四级或以上。

7. 海外推广岗

（1）岗位职责

①负责在 Google+、Twitter、Facebook、Instagram、Linkedin 等搜索引擎和 SNS 平台进行日常推广；

②熟悉 Google Adwords 运用且有实际操作经验与技巧；

③利用 Facebook、YouTube 等平台，联络衔接海外科技媒体和网红，增加产品曝光度，为公司产品引流；

④了解竞争产品动态与行业发展，分析推广效果，改进优化。

（2）任职条件

①跨境电子商务、商务英语或相关专业，CET-6 以上；

②有独立站运营、海外推广两年以上工作经验者优先考虑；

③熟悉 SEM/SEO、SNS、EDM、Facebook 等的推广；

④对国际化网络营销推广工作有热情；善于分析数据，较强的独立思考能力和学习能力。

通过上述跨境的电子商务需求岗位我们可以发现，跨境电人才需求岗位的共同特征是端正的职业态度、良好的沟通能力，尤其突出对外语水平的重视，能够具备与时俱进的学习能力，良好的数据思维分析能力等。

（二）跨境电子商务人才应具备的职业能力

从事跨境电商行业，要具备多项综合能力，能够服务跨境电商的国家战略，紧跟跨境电商发展趋势，满足跨境电商行业发展需求，具有国际化视野和跨文化交际意识，具备用商务英语进行沟通、谈判和处理网店事务的能力，熟悉国际贸易和跨境电商交易基本流程，了解跨境电商平台、国际产权和国际物流知识，具备跨境电商平台操作、客户开发和维护、询盘和订单处理、网络营销和推广能力。

1. 综合素质

从事跨境电子商务行业要具备一定的综合素质，拥有国际化视野和创业意识，如表 1-6 所示。

表 1-6　跨境电子商务人才需要具备的综合素质

综合素质	素质要求
思想政治素质	树立马克思主义科学世界观、人生观和价值观。有坚定跟着共产党走中国特色社会主义道路的信心和决心，有热爱祖国、服务人民的理想信念。具有社会责任感，能积极践行社会主义核心价值观，拥有能够支撑职业和人生发展的思想政治素质。
职业素质	具有良好的职业态度和职业道德修养，正确的择业观和创业观。坚持职业操守，爱岗敬业、诚实守信、办事公道、服务群众、奉献社会；具备从事职业活动所必需的基本能力和管理素质；脚踏实地、严谨求实、勇于创新；具备经世济民、诚信服务、德法兼修的职业素养。
人文素养与科学素质	具有融合传统文化精华、当代中西方文化潮流的宽阔视野；文理交融的科学思维能力和科学精神；具有健康、高雅、勤勉的生活工作情趣；具有适应社会核心价值体系的审美立场和方法能力；奠定个性鲜明、善于合作的个人成长成才的素质基础。
身心素质	具有一定的体育运动和生理卫生知识，养成良好的锻炼身体、讲究卫生的习惯，掌握一定的运动技能，达到国家规定的体育健康标准；具有坚韧不拔的毅力、积极乐观的态度、良好的人际关系、健全的人格品质。
国际化视野	具有国际化的意识和胸怀，对不同文化背景的人能够理解和沟通，在竞争中善于把握机会、争取主动。
电子商务和跨境电商意识	了解在电子商务时代外贸行业“危”和“机”并存现状，充分认识到跨境电商不再只是一种营销途径和方法，而是一种经营模式和理念。
创业意识	了解跨境电商对于国际贸易的影响、跨境电商背景下创业的特点、趋势、方法和技巧。

2. 职业能力

跨境电子商务人才要具备该行业相关职业能力，如表 1-7 所示。

表 1-7　跨境电商行业人才职业能力要求

职业能力	具体要求
职业通用能力	在跨境电商各种情境下熟练的商务英语沟通能力
	具备国际贸易知识和流程
	跨文化意识和交际能力
	基本办公软件（Word、Excel、PowerPoint、Photoshop 等）的熟练应用能力
	具备国际贸易地理、国际船务航线和国际快递知识并熟练应用

续 表

职业能力	具体要求
职业专门能力	熟悉各种跨境电商平台、定位和各自的经营模式
	网店选品和定价
	图片处理
	产品上传和优化
	物流公司、物流模式和物流定价
	熟知国际知识产权、商标、专利等的法律法规，具备风险识别、侵权和侵权处理能力
	熟练应用站内外推广工具
职业综合能力	利用各种工具和平台进行有效客户开发、维护和管理
	根据具体平台和店铺采取有效站内外和全网营销和推广
	店铺询盘、订单、物流综合管理
	跨境电商创业意识和创业项目可行性分析能力
职业拓展能力	国际船务和货代处理能力
	国际会展策划、组织、接待、协调能力
	跨境电商网页设计能力
	移动跨境电商能力

任务实训

出口跨境电子商务岗位调研

一、实训目的

通过网络调研，了解出口跨境电子商务人才需求情况，包括招聘的岗位和职责、技能要求、职业发展路径。

二、实训内容

表 1-8　出口跨境电子商务岗位调研

招聘网站	招聘岗位	主要职责	技能要求	职业发展路径

三、实训步骤

步骤一：登录智联招聘、前程无忧、BOSS 直聘等网站，查找出口跨境电子商务人才需求相关岗位。

步骤二：逐一浏览各岗位具体需求，并完成表 1-8。

同步测试

一、单项选择题

1. 以下不是跨境电子商务交易主体的是（　　）。
   A. 外贸进出口企业　　B. 跨境电商平台企业
   C. 第三方跨境电商服务企业　　D. 淘宝
2. 以下不属于进口跨境电子商务交易流程的是（　　）。
   A. 海关通关　　B. 检验检疫　　C. 外汇结算　　D. 出口退税
3. 关于跨境电子商务人才需求说法错误的是（　　）。
   A. 不需要学习英语、西班牙语等外语，用翻译软件就可以
   B. 需要掌握良好的外贸业务知识
   C. 跨境电商需求的是复合型人才
   D. 需要有与时俱进的学习能力
4. 以下不属于跨境电子商务支付企业的是（　　）。
   A. PayPal　　B. 易宝支付　　C. 连连支付　　D. 递四方

二、多项选择题

1. 跨境电子商务出口流程包含（　　）。
   A. 支付　　B. 境内物流　　C. 海关通关　　D. 外汇结算
2. 我国出口跨境电子商务岗包含（　　）。
   A. 客服岗位　　B. 运营岗位　　C. 推广岗位　　D. 美工岗位
3. 跨境电子商务人才职业专门能力包含（　　）。
   A. 熟悉各跨境电商平台经营模式　　B. 能进行选品与定价
   C. 能处理编辑图片视频　　D. 能进行站内推广
4. 跨境电子商务人才需要具备的综合素质（　　）。
   A. 拥有国际化视野　　B. 良好的职业道德修养
   C. 良好的创新意识　　D. 健全的人格品质
5. 关于跨境电子商务业务流程说法正确的是（　　）。
   A. 跨境电子商务业务流程相比国内电子商务环节要复杂
   B. 跨境物流配送所需时间相比国内要长
   C. 跨境支付面临汇率波动风险
   D. 跨境售后服务成本相对要高

三、判断题

1. 目前我国跨境电子商务人才能够满足企业用人需求。（　　）
2. 跨境电子商务人才不仅要懂电子商务还要精通国际贸易。（　　）
3. 跨境电子商务业务流程环节与国内电子商务相比要更复杂。（　　）

4. 我国跨境电子商务人才需求主要集中在华南、华东地区。 （ ）

5. 整个跨境电子商务业务流程贯穿了贸易层、资金层、信息层和物流层四大网络。

（ ）

四、案例分析题

跨境电子商务专业——教育部2019年新增专业

根据《普通高等学校高等职业教育（专科）专业设置管理办法》，在相关学校和行业提交增补专业建议的基础上，教育部组织研究确定了2019年度增补专业共9个，跨境电子商务专业就是新增专业之一，自2020年起执行并开始首批招生。对教育部2021年3月1日发布的《2020年度普通高等学校本科专业备案和审批结果》进行统计后发现，共有42个本科院校开设跨境电子商务专业。

（资料来源：教育部网站）

请结合以上资料回答下列问题。

1. 为什么要增设跨境电子商务专业？

2. 跨境电子商务人才应该具备哪些职业能力？

项目二

跨境电子商务平台

学习目标

【知识目标】

- 了解进口跨境电子商务模式。
- 熟悉主流进口跨境电子商务平台。
- 了解主流出口跨境电子商务平台。
- 掌握各出口跨境电子商务平台的特点。
- 掌握跨境电子商务平台的选择策略。

【能力目标】

- 能够熟练操作各跨境电子商务平台界面。
- 能够对比分析主流进口跨境电子商务平台的模式。
- 能够对比分析主流出口跨境电子商务平台的特点。
- 能够结合实际情况选择跨境电商平台。

【素质目标】

- 通过对我国跨境电商平台发展情况的了解，树立大国自信和民族自豪感。
- 培养学生的创新思维和创业精神。
- 培养学生的规则意识，养成遵守规则的良好习惯。

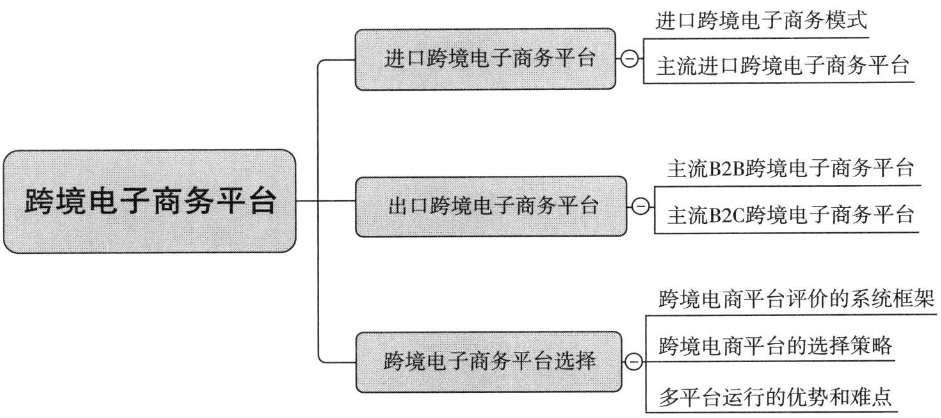

任务一　进口跨境电子商务平台

近些年，随着消费环境的变化、网络购物习惯的养成、进口消费意识的建立，购买进口商品成为人们的购物新常态，人们对进口商品的需求越来越大。这吸引了各家电商巨头、资本和海外品牌纷纷加入进口跨境电子商务的行列，越来越多的进口跨境电子商务平台可供消费者选择。

任务描述

青岛 ABC 电子商务有限公司近日获得了海外某品牌宠物食品的品牌授权，想要在国内进行该产品的销售。跨境电商部的小张主要负责出口跨境电商业务，经理让小张负责进口业务。销售进口产品，小张需要了解目前主流的跨境进口平台有哪些，适用哪一种进口模式，如何结合产品特点选择合适的电商平台。

任务分析

小张想要完成该进口产品的销售，首先要了解进口跨境电商的模式，商品分别可以选择通过什么模式进入国内市场；其次，需要了解目前主流的进口跨境电商平台，了解各平台的运作方式、优势特点和客户群体；最后，根据企业实际情况选择合适的进口跨境电商平台。

相关知识

一、进口跨境电子商务模式

进口跨境电子商务根据入境清关和发货模式的不同，可以分为一般贸易、直邮进口、直邮集货和保税备货 4 种模式。

（一）一般贸易模式

在进口跨境电子商务这个概念没出现之前，进口产品一直存在，它们是以正常通关、商检、缴纳进口税的一般贸易进口形式入境的。现在部分进口跨境电商平台销售的商品也是先通过一般贸易方式批量进口，再销售给消费者。二者的区别是，有的平台是境外直采、自主通关及运输；有的平台则是向境内的贸易商、代理商采购已经通关入境的商品。

一般贸易模式在防止假货和质量溯源上有明显优势，商品要经过合法授权经销及海关商检的合规查验，用户维权可完全遵循境内消费规则，流程清晰、运作成熟。但是，这种方式投入最大，库存和资金压力也较大。由于网络条件下商品价格非常透明，各方的利益空间趋紧。一般贸易模式只在境内段采用了电子商务手段，因此并不能算是严格意义上的跨境电子商务。

（二）直邮进口模式

直邮进口模式，是指境内消费者通过跨境电子商务交易平台购买境外商品后，卖家在境外打包商品，并通过国际物流运输到境内关口，以个人包裹的形式入境，入境时会在检验检疫、海关等部门完成通关、查验、征税等环节，直至完成清关，最后通过国内物流直接配送至消费者手中，如图 2-1 所示。

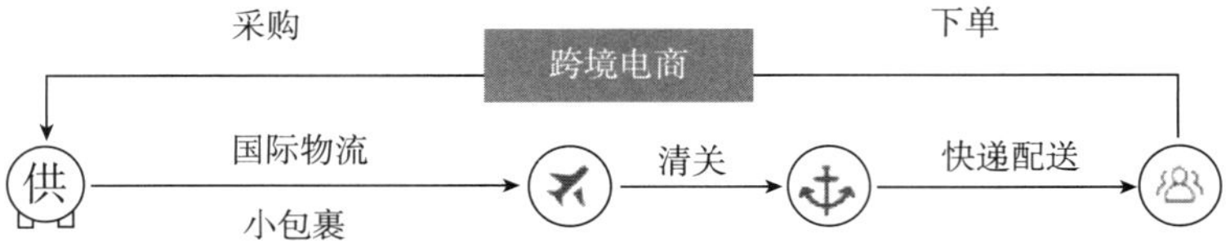

图 2-1　直邮进口模式的基本流程

直邮进口模式是卖家直接从境外发货，买家可以在境内的跨境电子商务交易平台购买商品，也可以直接在境外网站购买商品，还可以请人代购商品。与其他进口模式相比较，直邮进口模式的特点是商品种类丰富多样，不受通关单的限制，能够满足消费者的多元化需求，买家可以直接购买境外稀缺、优质、新奇的商品。但这种模式的运费较高，商品运输时间也较长，消费者对此的满意度不高。

（三）直邮集货模式

直邮集货模式，是指消费者在跨境电商平台下单后，由境外供应商集中订单，集中采购，集中发货到海外仓，以集运代替零售运输的模式，商品统一经海关清关，最后快递至消费者手中，如图 2-2 所示。直邮集货模式物流成本有所降低，相当于直邮进口模式的升级版，是 B2C 模式下常用的物流模式。

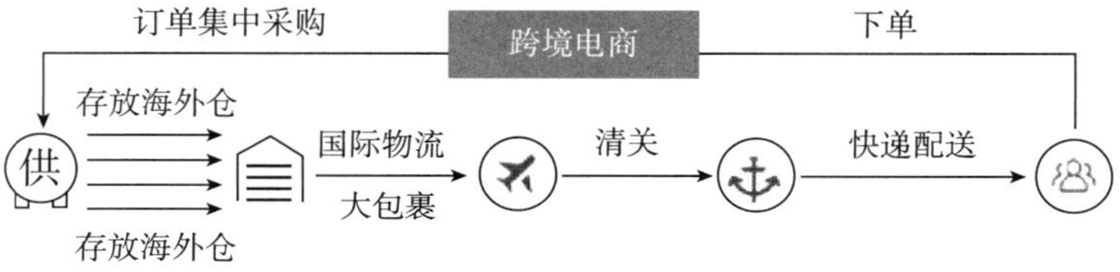

图 2-2　直邮集货模式的基本流程

直邮集货模式相比直邮进口模式的优势在于依托实力强大的海外仓和干线运输等资源，节省物流成本，缩短物流时效，使得消费者的满意度大幅提升。但集货直邮模式需在境外完成打包操作，人工成本高，且从境外发货相对境内保税仓发货物流周期长。

直邮集货模式适用于“9610”监管方式，全称“跨境贸易电子商务”，适用于个人通过电子商务交易平台实现交易，“清单核放、汇总申报”模式办理通关手续的电子商务零售进出口商品（通过海关特殊监管区域或保税监管场所一线的电子商务零售进出口商品除外）。

知识链接

1. 海淘是否等同于跨境电商？

其实海淘并不等于跨境电商。海关对跨境电商和海淘商品的准入，分别实行不同的监管模式。跨境电商零售进口实行“正面清单”管理，基本涵盖了绝大部分的个人日常消费品，只有在清单范围内的商品，才允许经跨境电商渠道进口。海关对海淘商品则实行“负面清单”管理，主要对动植物及动植物产品禁止进口。从范围上说，海淘的选择更加广泛。

2. 什么是跨境电商零售进口？

跨境电商零售进口，是指中国境内消费者通过跨境电商第三方平台经营者自境外购买商品，并通过“网购保税进口”或“直购进口”运递进境的消费行为。其中，“网购保税进口业务”，是指在海关特殊监管区域或保税物流中心（B型）内以保税模式开展的跨境电子商务零售进口业务。

3. 可以购买的跨境电商零售进口商品有哪些？

《跨境电子商务零售进口商品清单》又称海淘免税“白名单”，列入《跨境电子商务零售进口商品清单（2019年版）》的商品均可以通过跨境电商渠道购买。

《跨境电子商务零售进口商品清单（2019年版）》已于2020年1月1日起正式实施，清单增加了92类商品，包括冷冻水产品、酒类、自行车等，清单中的部分商品标注仅限网购保税模式。

《跨境电子商务零售进口商品清单（2019年版）》下载链接：http：//cws.mofcom.gov.cn/article/swcjzc/202001/20200102929369.shtml，也可以扫描二维码下载。

4. 购买跨境电商零售进口商品需要缴税吗？

海关按照国家关于跨境电子商务零售进口税收政策征收关税和进口环节增值税、消费税，完税价格为实际交易价格，包括商品零售价格、运费和保险费。单次交易在限值以内进口的跨境电子商务零售进口商品，关税税率暂设为0；进口环节增值税、消费税取消免征税额，暂按法定应纳税额的70%征收。

5. 跨境电商交易是否有限额？

目前单次交易限额为人民币5000元，年度交易限值为人民币26000元。完税价格超过5000元单次交易限值但低于26000元年度交易限值，且订单仅为一件商品时，可以自跨境电商零售渠道进口，按照货物税率全额征收关税和进口环节增值税、消费税，交易额计入年度交易总额，但年度交易总额超过年度交易限值的，应按一般贸易管理。

（资料来源：福州海关，2021年7月9日，作者：洪伟）

（四）保税备货模式

保税备货模式，是指跨境电商卖家通过集中采购的方式，从海外大批量采购商品，并将商品运送至国内的保税仓暂存。待买家在电商网站下单后，将商品从保税仓中取出进行清关出区，然后通过国内物流运送到买家手中，基本流程如图2-3所示。

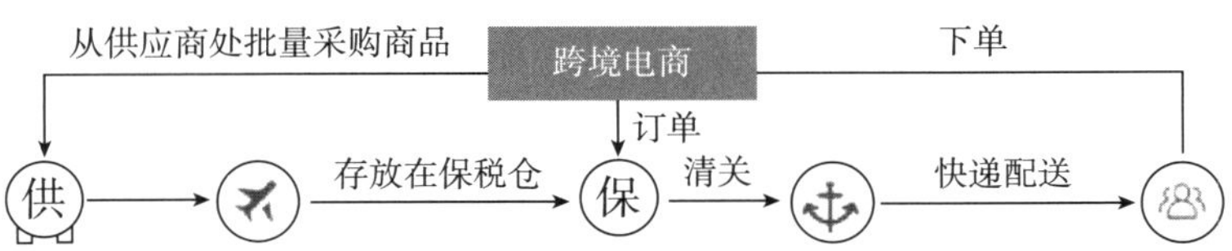

图2-3　保税备货模式的基本流程

在保税备货模式中，卖家卖出一件商品就清关一件，没有卖掉的商品可以直接存在保税仓内。由于商品是从境内的保税仓发货的，所以与直邮进口模式相比，保税备货模式的物流时效更高。

保税备货模式适用于“1210”监管方式，全称“保税跨境贸易电子商务”。适用于境内个人或电子商务企业在经海关认可的电子商务平台实现跨境交易，并通过海关特殊监管区域或保税监管场所进出的电子商务零售进出境商品［海关特殊监管区域、保税监管场所与境内区外

（场所外）之间通过电子商务平台交易的零售进出口商品不适用该监管方式］。

在 2016 年 4 月 8 日之前，保税备货模式与一般贸易模式相比，头程运输相似，但从保税仓发货后按照个人物品形式入境，只支付行邮税，节省了税收成本，从而造成了与一般贸易进口的不公平竞争。因此，国家税务总局发布了跨境电子商务零售进口税收新政，以及相应的两批进口跨境电子商务零售“正面清单”（白名单），要求跨境电子商务从境外采购商品，品类在“正面清单”之内，行业内俗称“四八新政”。

与直邮进口模式相比，保税备货模式的优势在于物流成本低、周期较短，但劣势是资金占用大，商品品类丰富度欠缺，且受仓储成本、汇率、滞销和库存风险的影响较大。

（五）多种模式对比

常见的进口跨境电子商务模式在成本、清关速度、收货速度、适用品类等多方面存在差异，具体如表 2-1 所示。

表 2-1　进口跨境电子商务模式对比

模式	海外直邮模式		保税备货模式
	直邮进口模式	直邮集货模式	
物流模式	国外供应商—国际物流—海关清关—快递—消费者	国外供应商—海外仓库—国际物流—海关清关—快递—消费者	保税仓—海关清关—快递—消费者
成本	海外仓建设成本、非规模化运营阶段的成本，但模式较为灵活		商品囤放在保税仓，如商品过期，需要在海关监督下进行销毁，跨境电商平台和商家要承担商品销毁的成本
包裹大小	小包裹	大包裹	小包裹
清关速度	较慢		较快
消费者收货速度	较慢，等待收货时间长	最慢，等待收货时间最长	最快
适用品类	• 非标品 • 处于测试阶段的新品 • 品类多样		• 标品 • 受到市场检验认可的热款 • 大众商品

资料来源：艾瑞咨询报告。

二、主流进口跨境电子商务平台

（一）天猫国际

天猫国际隶属于阿里巴巴，2014 年正式上线，是平台招商型进口跨境电子商务平台。天猫国际是国内最大的 B2C 平台，平台特征明显，吸引了众多海外商家入驻，例如好多市、梅西百货、维多利亚的秘密、LG 等，消费者可以在天猫国际实现跨境商品“一站式”购买。目前共有来自美国、英国、日本、韩国等 87 个国家和地区的 29000 多个海外品牌入驻，覆盖了 5800 多个品类，其中 8 成以上品牌首次进入中国。图 2-4 是天猫国际的首页界面。

入驻天猫国际的商家均为中国大陆以外的公司实体，具有海外零售资质；销售的商品均原产或销售于海外，通过国际物流经中国海关正规入关。入驻天猫国际的品类和品牌覆盖如图 2-5 所示。

图 2-4　天猫国际首页界面

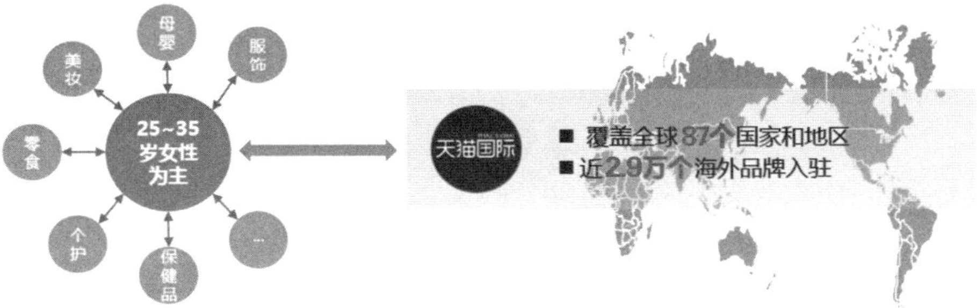

图 2-5　天猫国际的品类及品牌覆盖

（二）考拉海购

考拉海购是阿里巴巴旗下以跨境业务为主的电商平台，成立于 2015 年，属于综合自营型跨境电商平台，销售品类涵盖母婴、美容彩妆、家居生活、营养保健、环球美食、服饰箱包、数码家电等。图 2-6 是考拉海购的首页界面。

考拉海购自成立起一直以 B2C 自营直采和保税区模式为主，能够从商品、定价、仓储、物流到售后等各个环节进行把控，考拉海购的正品保障措施如图 2-7 所示。考拉海购在美国、德国、意大利、日本、韩国、澳大利亚、中国香港、中国台湾设有分公司或办事处，深入产品原产地直采高品质、适合中国市场的商品，从源头杜绝假货。在保障商品品质的同时省去诸多中间环节，直接从原产地运抵国内，在海关和国检的监控下，储存在保税区仓库。货源通过海外原产地直采，品质控制做到自营 100% 入库全检、保税区国检、第三方（国际检测公司）抽检，国家跨境监测中心送检。除此之外，考拉海购上线蚂蚁区块链溯源系统，严格把控产品质量。

考拉海购已建成和在建的保税仓面积位居行业第一，有 15 个国内自营保税仓，并在全球范围内建立了 18 个海外仓，还有先进的物流云系统，涵盖海外直邮、海外集货、保税进口等多种物流形式，物流全程可追溯。除布局国内保税仓和海外仓之外，还自行开发了智能化管理系统“祥云”和 TMS 系统“瑞麟”，并向上下游合作商进行全面开放。

图 2-6　考拉海购首页界面

图 2-7　考拉海购的正品保障措施

（三）小红书

小红书创立于 2013 年，以购物分享社区起家，以积累的社区数据驱动精准选品，以社区的口碑推荐获得高转化率。同时，针对用户特点不断加强创新型营销，为社区引流。小红书是内容社交中的佼佼者，依托 UCG/PCG 生产内容，制造场景化购物引导和口碑营销，实现了社区向电商的流量转化。截至 2019 年 10 月，小红书月活跃用户数已经过亿，其中 70% 用户是“90 后”，并持续快速增长。

小红书成立之初，只是一个境外旅游购物指南类 App。2014 年，小红书推出了用户原创内容分享互动的社区功能，形成了明确的 UGC（用户原创内容）模式。2015 年，小红书成功上线电商平台——“福利社”，并在此后建立并完善了平台跨境物流供应系统，实现了“社区+电商”的商业闭环。小红书的社区界面和商城界面如图 2-8 所示。

图 2-8 小红书的社区界面和商城界面

小红书的电商平台目前采用的是海外直邮模式和保税备货模式，与海外品牌商或代理商合作，有效避免了假货流入，而这样的供应链模式也有效地帮助消费者平摊跨境物流费用并节省物流时间。小红书采取的自营仓模式是由自身团队来运营，在保证商品品质的同时也节省了发货时间。这样的自营跨境电商模式让消费者既节省了资金也购买了正品保障的货品，增加了消费者的信任度和忠诚度。

（四）洋码头

洋码头成立于 2009 年，是海外直邮进口的购物平台。该平台上的卖家可以分为两类，一类是个人买手卖家，即 C2C 模式；另一类是商户，即 M2C 模式。平台以 C2C 模式为主，M2C 模式为辅，在 C2C 平台上销售的商品多为个性化的非标品，能够满足用户的多元化需求。同时，它围绕着直播、粉丝等社交功能增强用户黏性及体验。洋码头的平台界面和个人买手卖家界面如图 2-9 所示。

洋码头在发展初期即确立了“轻平台，重物流”的建设策略。

“轻平台”，即洋码头为国内消费者与国外的买手搭建平台，将海外商品由自营的贝海国际物流运送至国内通关，再经国内物流公司送至消费者手中。其创新性的买手模式是洋码头平台的最大特色之一。目前，平台覆盖 83 个国家或地区，有 6 万多个认证买手，目前平台有 400 多个品类。其创立海外场景式购物模式，通过买手直播真实的购物场景，在移动 App 端设置“扫货直播”频道，通过买手直播真实的购物场景建立信任。

“重物流”是指自 2010 年 3 月成立之初，洋码头就开始布局自营跨境贝海国际物流。截至目前已在全球建立了 15 个国际物流中心，覆盖美国、欧洲等地，服务于 20 多个国家和地区，每周 90 多个全球班次航线入境，保证所有商品通过直邮进口/保税备货的方式送达。洋码头的

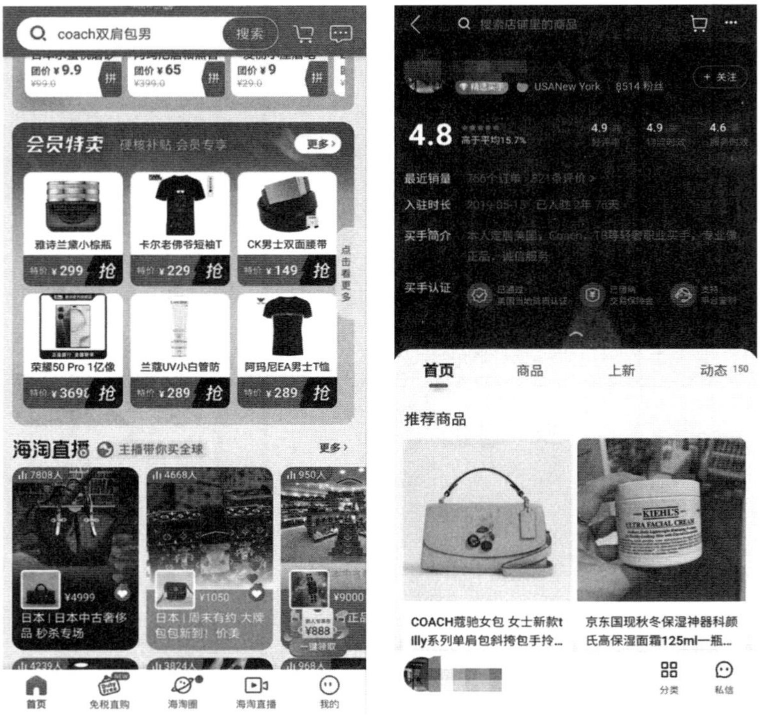

图 2-9 洋码头的平台界面和个人买手卖家界面

跨境交易体系如图 2-10 所示。

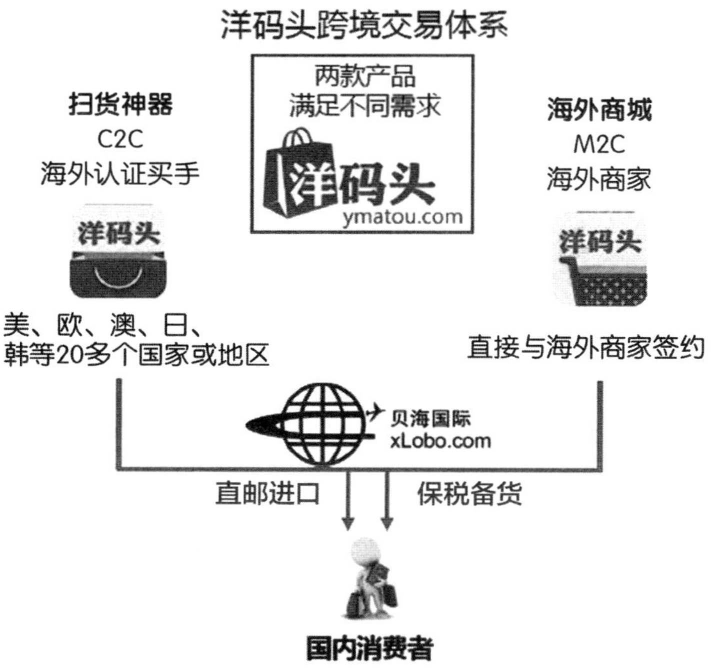

图 2-10 洋码头的跨境交易体系

思政园地

数字经济助力跨境电商构筑“云”上“贸易高速”

2020年11月8日，工业互联、智能制造、“云”端销售……穿行在第三届中国国际进口博览会（以下简称，进博会）展馆间，一个个颠覆想象的数字化产品及方案迎面扑来。犹如插上“数字翅膀”，张开双臂的“四叶草”不断激发创新活力，点亮未来。

跨境电商构筑“云”上“贸易高速”，“你们的展品怎么买?”“可以扫描二维码，进入我们的线上海外旗舰店购买产品，几天就能邮寄到家。”

在进博会上，记者在不少品牌的展台前都听到了这样的对话。近几年来，跨境电商等贸易新业态蓬勃发展，成为许多海外品牌进入中国市场的快车道。通过“云”上“贸易高速”，越来越多的全球好物加速进入中国消费者的购物车，成为中国百姓的“家常菜”。

来自非洲埃塞俄比亚的Gera牌耶加雪菲及西达摩咖啡签约入驻天猫国际，让展品一键变商品，消费者第一时间就能在网上买到“进博同款”。

苏宁控股集团董事长张近东说，苏宁已经连续3年参加进博会，苏宁平台今年上线的“意大利国家馆”已引进119个意大利品牌，采购总金额超过1.2亿元，预计到年底采购总金额将超过3亿元。

受新冠肺炎疫情影响，进口消费“线上化”加速。商务大数据对重点电商零售进口平台监测显示，2020年前三季度跨境电商零售进口额同比增长超过17%。

“跨境电商让更多海外好物进入中国，有助于进一步满足国内消费升级需求。通过本土化全场景智慧零售解决方案，也能帮助海外品牌打开在中国市场的知名度，更精准地触达中国消费者。”张近东说。

北京大学光华管理学院助理教授雷莹说：“中国数字经济发展启动早、环境好，业态和模式创新活跃，未来数字贸易必将成为推动我国对外开放格局向更深层次拓展的重要抓手。”

（资料来源：新华社，2020-11-08，记者魏玉坤等）

首届中国国际消费品博览会激活全球精品消费

2021年5月10日，首届中国国际消费品博览会（以下简称：消博会）闭幕，共有70个国家和地区的1505家企业、2628个消费精品品牌参展，发布新品超过550个；21个国家近50位使节到会观展，各类采购商和观展商超3万人，进场观众超24万人次……

海控全球精品免税城免税展台前，人们踊跃尝试香水试香机、彩妆魔镜……消博会上，中国消费者迸发出对优质国际精品的渴求和强劲的消费能力。

海关总署的统计数据显示，2021年一季度中国货物贸易进出口总值达8.47万亿元，同比增长29.2%。同期，海南自贸港免税品进口增长162.5%。消博会现场的火热为数字的急速增长做了生动诠释。

“中国市场已经成为全球品牌寻求增长的‘机遇之地’。”法国知名生态纸尿裤企业BB-Distribe虽然首次到中国亮相，却是有备而来。该企业首席执行官柏纪言说：“我们认真做了市场调查，中国纸尿裤市场的销售有一半以上来自于线上，都是国际品牌，虽然竞争激烈，但中国市场足够大，我们有信心。”

展会期间，京东、考拉海购、洋码头、全球精品（海口）免税城等大型跨境电商平台纷纷举办专场活动，连接全球知名品牌。截至5月10日下午5时，消博会组委会的精品直播间，观看人数达1600多万，总引导成交额6800万元。

（资料来源：人民日报，2021-05-12，记者赵鹏 周亚军）

任务实训

进口跨境电商平台分析

一、实训目的

了解进口跨境电商平台情况，包括平台的发展历程、运营模式、操作界面等，并能够总结各个进口跨境电商平台的特点和优劣势。

二、实训内容

选取几个具有代表性的进口跨境电商平台，浏览并使用平台，对比分析不同平台的运营模式、特点，并总结其优劣势，完成表格 2-2。

表 2-2 进口跨境电商平台分析表

跨境电商平台名称	运营模式	特点	优劣势

三、实训步骤

在搜索引擎中输入想要浏览的跨境电商平台的名称，如考拉海购，在搜索结果页面中单击其网址，浏览其页面，下载考拉海购 App，浏览其移动端使用界面。结合所学进口跨境电商平台模式，对所选平台进行分析，找到其特点，总结其优劣势。

同步测试

一、单项选择题

1. 下列有关进口跨境电子商务平台描述错误的是（　　）。
   A. 洋码头认证买手扫货直播模式是基于 C2C 的进口跨境电子商务
   B. 唯品国际是特卖模式平台
   C. 天猫国际属于 C2C 进口跨境电子商务平台
   D. 考拉海购是阿里巴巴旗下的综合自营型跨境电商平台
2. 以借助海外购物分享社区和用户口碑提高转化率，以内容引导消费，实现自然转化。采用这种模式的典型企业是（　　）。
   A. 亚马逊　　B. 小红书　　C. 考拉海购　　D. eBay
3. 下列进口模式中消费者收货最快的是（　　）。
   A. 一般贸易模式　B. 保税备货模式　C. 直邮集货模式　D. 直邮进口模式
4. 2014 年 1 月，海关总署增列海关监管方式代码（　　）适用于境内个人或电子商务企业通过电子商务交易平台实现交易，并采用“清单核放、汇总申报”模式办理通关手续的电子商务零售进出口商品。

A.“1210”　B.“1220”　C.“9610”　D.“9620”

5. 商品提前通过大宗进口备货至境内保税仓，在保税仓进行拆包、检验，待客户下单购买后分拣、打包和清关，再通过境内物流公司寄送到消费者手中的进口跨境电商模式是（　　）。

A. 一般贸易模式　B. 保税备货模式　C. 直邮集货模式　D. 直邮进口模式

二、多项选择题

1. 下列表述错误的是（　　）。

A.“1210”和“9610”监管方式的主要区别是“1210”适用于跨境出口的监管，“9610”适用于跨境进口的监管

B. 划归为“9610”的商品，在进出口报关时采用“清单核放、汇总申报”模式办理通关手续

C.“1210”与“9610”监管方式的主要区别是“1210”适用于跨境直购进口的监管，“9610”适用于跨境保税进口的监管

D. 2016 年 1 月 1 日以后，跨境电子商务进口的产品需要缴纳综合税

2. 下列关于进口跨境电商平台描述正确的是（　　）。

A. 淘宝全球购属于海外代购模式　B. 中粮我买网属于垂直型自营 B2C 平台

C. 什么值得买属于导购/返利平台　D. 洋码头属于自营 B2C 平台

3.（　　）属于进口跨境电子商务平台。

A. 敦煌网　B. 洋码头　C. 兰亭集势　D. 考拉海购

4. 下列属于进口跨境电子商务模式的是（　　）。

A. 一般贸易模式　B. 保税备货模式　C. 直邮集货模式　D. 直邮进口模式

5.（　　）品类的商品适用于保税备货模式。

A. 标品　B. 处于测试阶段的新品

C. 受到市场验证的热款　D. 大众商品

三、判断题

1. 直邮集货模式相比直邮进口模式的优势在于依托实力强大的海外仓和干线运输等资源，节省物流成本，缩短物流时效，使得消费者的满意度大幅提升。（　　）

2. 直邮进口模式的通关速度较快。（　　）

3. 考拉海购是以购物分享社区起家的跨境电子商务平台。（　　）

4. 洋码头的买手模式是洋码头平台的一大特色。（　　）

5. 唯品国际从成立之初就开始布局自营跨境物流“贝海国际”。（　　）

四、案例分析题

2020 年“十一”和中秋“双节”共度，出国旅游仍受新冠疫情影响，跨境线上消费出现高增速，境外消费回流效果明显。

洋码头“十一”消费数据显示，2020 年 10 月 1 日—8 日，洋码头平台销售额同比增长 58%，其中美妆个护、潮流服饰、健康营养、钟表首饰和箱包手袋是增幅较高的品类，面膜销量增长 341%，箱包增长 165%，保健品增长 109%，主要来自日本、美国和韩国。

“十一黄金周”是各平台直播间流量争夺重点。数据显示，10 月 1 日—8 日，洋码头平台

上共进行了超 2000 场直播，观看直播的用户总数超 100 万人，在 10 月 4 日达到顶峰，观看人数最多的直播品类是日本中古、珠宝首饰和潮流服饰。

不同于其他直播间，洋码头的海淘直播是目前直播电商中唯一一家做场景交付的，其主播均是平台上独有的素人买手，这些买手覆盖全球六大洲 83 个国家，他们在欧洲的古董店、日本的中古店、美国奥特莱斯、韩国免税店等海外独特的消费场景里直播，满足了消费者“逛全球、买全球”的需求。

除了满足“云逛街”的需求，在 10 月 1 日—8 日，洋码头首家以“CHANGE · 洋物运动”为主题的快闪店入驻上海世贸广场，在活动期间，消费者在洋码头快闪店内购买指定商品可享 85 折优惠，趣味的玩法、多样性的商品，给海淘爱好者带来了全新的消费体验。数据显示，在活动期间，洋码头快闪店客流量超 20000 人。

（资料来源：雨果跨境，https://www.cifnews.com/article/79506）

请根据以上资料回答下列问题。

1. 洋码头属于什么类型的进口跨境电子商务平台？

2. 根据资料，简述洋码头平台的特点。

任务二 出口跨境电子商务平台

想要做好跨境电商，熟悉目前主流的跨境电子商务平台非常重要。跨境出口的各大平台都有自己的特点、行业优势以及客户群，想要选择一个适合自己行业、适合自己产品、适合自己需求的跨境电子商务平台，务必要了解每个平台的具体情况。

任务描述

跨境电商行业近些年飞速发展，可供选择的跨境电商平台越来越多。青岛 ABC 电子商务公司小雯刚刚加入公司，分配到跨境电商部。结合公司的业务情况和产品特点，小雯需要选择在哪个平台上进行产品销售。接下来，小雯需要了解的出口的跨境电商平台有哪些？不同平台有哪些特色，如何为店铺选择合适的销售平台。

任务分析

小雯想要选择一个合适的出口跨境电子商务平台，首先，需要了解目前主流的出口跨境电商平台有哪些；其次，需要了解不同平台的目标客户、业务特色、界面情况、销售方式等相关内容；最后，根据不同平台的情况，对比分析平台特点，明确不同平台的区别。

相关知识

一、主流 B2B 跨境电子商务平台

（一）阿里巴巴国际站

阿里巴巴国际站成立于 1999 年，是阿里巴巴集团第一个业务单元，现已成为全球领先的跨境电商 B2B 平台，累计服务 200 余个国家和地区的超过 2600 万活跃企业买家，近 3 年支付买家的复合增长超过 100%。

1. 阿里巴巴国际站的特点

与其他B2B跨境电子商务平台相比，阿里巴巴国际站的特点表现在以下几个方面。

（1）访问流量大，在境外颇具知名度

阿里巴巴国际站创立于国际电子商务发展早期，经历了电子商务行业发展的高潮期和寒冬期，在境外采购商中形成了一定的影响力。阿里巴巴国际站平台上的商品类别超过5900种，销售范围覆盖全球200多个国家和地区。平台的注册会员超过1.5亿人，拥有2000多万活跃的境外采购商，每天能产生近30万笔询盘订单。近年来，阿里巴巴国际站在境外的知名度进一步提升，经过20多年的发展，阿里巴巴国际站在境外形成了较高的知名度，成为阿里巴巴集团的支柱业务之一。

（2）功能完善，服务系统化

阿里巴巴国际站不仅能够为卖家提供“一站式”的店铺装修、商品展示、营销推广、生意洽谈等服务和工具，还能为卖家提供较新的行业发展和交易数据信息，帮助卖家寻找更多的商机。此外，阿里巴巴国际站能够为卖家提供专业的培训，帮助卖家全方位提高运营技能。

（3）大数据优势明显，形成数字化格局

借助阿里云、达摩院等一系列数字分析工具，阿里巴巴国际站能够为卖家提供客观、详细的行业动态分析，帮助卖家实现更加精准的营销。

2019年6月，阿里巴巴国际站正式启动“数字化出海2.0”计划，该计划覆盖了跨境贸易全链条，对阿里巴巴国际站在信用担保、支付金融、基础物流和跨境供应链等环节的既有商品和服务矩阵进行了全面的数字化升级。其中最核心的是分国家、分行业定向引流，让买卖双方精准匹配，旨在为卖家提供数字化交易、营销、金融服务及供应链服务等一系列数字化外贸解决方案。

2. 阿里巴巴国际站的服务内容

阿里巴巴国际站的定位是全国中小企业的网上贸易市场，其服务对象是从事全球贸易的中小企业。阿里巴巴国际站坚持以“数字化人货场”为内环、“数字化履约服务”为外环、“数字化信用体系”为连接纽带的矩阵布局，为企业打造外贸领域内的数字化“商业操作系统”。阿里巴巴国际站提供的服务内容主要包括以下几种。

（1）商机获取服务

阿里巴巴国际站通过构建数字化及多元化营销场景，帮助卖家获取海量买家。在商机获取方面，阿里巴巴国际站提供的服务内容包括出口通、金品诚企、顶级展位、外贸直通车、明星展播、橱窗等。

①出口通。出口通是阿里巴巴国际站推出的基础会员产品，卖家在阿里巴巴国际站办理出口通后即可成为阿里巴巴国际站的付费会员，可以在阿里巴巴国际站上开店、发布商品信息，并联系境外买家进行交易。出口通会员可以获得10个橱窗展示位，还可以享受数据管家、视频自上传和企业邮箱等服务。

②金品诚企。金品诚企是阿里巴巴国际站根据买家采购习惯推出的综合性推广服务，旨在帮助卖家快速赢得买家信任，促进交易。卖家成为金品诚企的会员后，可以获得40个橱窗展示位，除了可以享受出口通服务外，还可以获得由第三方国际权威认证机构提供的企业认证服务，其发布的商品在展示时带有Verified Supplier标识。专业的第三方认证公司可以为卖家提供专业的认证报告，进一步彰显卖家实力，提升买家对卖家的信任度。此外，金品诚企会员还享有专属营销权益和专属营销场景，其商品在阿里巴巴国际站的商品搜索结果页面有独立的筛选框（见图2-11），帮助卖家增加商品的曝光机会。

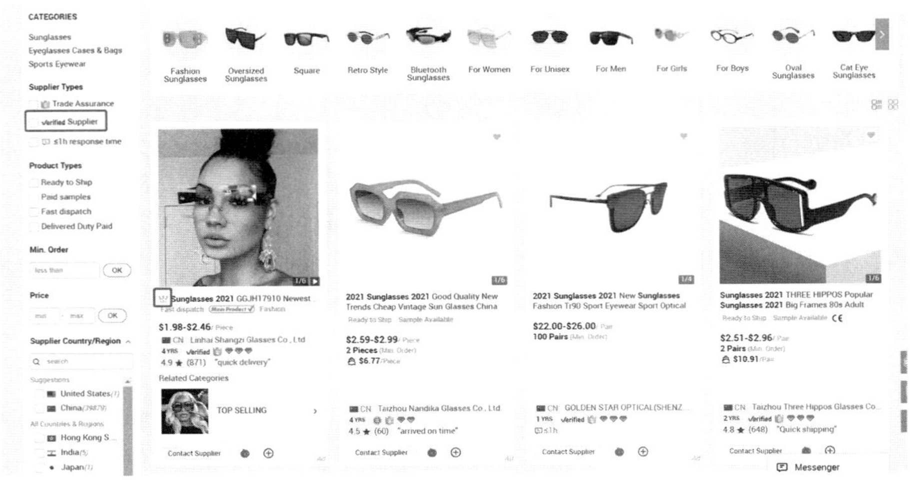

图 2-11　加入金品诚企的商品的搜索结果页面

③顶级展位。顶级展位是阿里巴巴国际站为卖家提供的品牌营销产品，卖家通过购买关键词获得展示位置，其展示位置在商品搜索结果首页的第一名，并带有专属皇冠标识和“Top Sponsored Listing”的字样，如图 2-11 所示。通过顶级展位，卖家可以自定义产品视频、图片、广告语等，全方位展现自身产品的优势。

④外贸直通车。外贸直通车是阿里巴巴国际站为卖家提供的一种按照效果付费的精准网络营销服务。卖家开通此服务后，其商品信息会在商品搜索结果页面的最优位置进行展现，所有展示免费，只有当买家点开展示广告时，卖家才需付费。

⑤明星展播。明星展播是阿里巴巴国际站为卖家提供的专属展示机会。阿里巴巴国际站后台每月会在特定时间段内开放 80 个展示位，卖家可以在营销中心页面自助竞价搜索结果首页的焦点展示位，竞价成功后可以在次月获得品牌展示机会。明星展播的展示位包括阿里巴巴国际站 PC 端、App 端、WAP 端三端英文站点首页焦点图，具体展示位是焦点图的第二帧和第四帧。

⑥橱窗。橱窗是阿里巴巴国际站为卖家提供的用于展示主推商品的展示位，类似于实体店铺的展台，卖家可以将自己的热销或主营商品放在橱窗中进行展示。在同等条件下，橱窗商品与其他商品相比在搜索中更有优势。橱窗商品可以随时更换，橱窗可以按组购买，因需而定。

（2）交易履约服务

在交易履约方面，阿里巴巴国际站全链路赋能，为卖家提供跨境供应链解决方案，保障交易能够安全、可靠地进行。

①信用保障服务。信用保障服务是指阿里巴巴国际站能够为卖家免费提供信用背书，提升买家对卖家的信任度。卖家开通信用保障服务后，其商品在搜索结果页面的展示会带有标识，并能获得流量加权。此外，阿里巴巴国际站信用保障服务能为卖家量身定制跨境收款解决方案，为卖家提供安全、低成本和高时效的收款渠道，提升资金周转效率。

②外贸综合服务。阿里巴巴国际站运用互联网技术为卖家提供快捷、低成本的通关，收汇、退税，以及配套的外贸融资、国际物流服务，利用电子商务的手段解决卖家在流通环节遇到的服务难题。

③国际物流服务。阿里巴巴国际站联合菜鸟网络打造了货物运输平台，能够为交易双方提

供海运拼箱、海运整柜、国际快递、国际空运、集港拖车、中港运输、中欧铁路和海外仓等跨境货物运输及存储中转服务。

④金融服务。阿里巴巴国际站能为卖家提供包括超级信用证、网商流水贷、备货融资等在内的跨境交易一站式金融解决方案，帮助卖家缓解资金压力，提升接单能力。

⑤支付结算服务。阿里巴巴国际站除了为买家提供信用证（Letter of Credit，L/C）、承兑交单（Documents against Acceptance，D/A）、付款交单（Documents against Payment，D/P）、电汇（Telegraphic Transfer，T/T）、西联汇款、速汇金等支付方式外，还为买家提供了一种全新的支付方式——Pay Later。目前，Pay Later 已对美国区域的买家开放。买家使用 Pay Later 进行支付时，第三方金融机构直接替买家将资金垫付给卖家，买家可以获得最长 6 个月的贷款期，这样既可以缓解买家的资金压力，又能让卖家安全、快速地收款。

（3）业务管理服务

在业务管理服务方面，阿里巴巴国际站为卖家提供了客户通和数据管家两个工具，帮助卖家以数据为驱动提升管理绩效，全面洞察商业先机。

①客户通。客户通是阿里巴巴国际站为卖家打造的专业客户关系管理（Customer Relationship Management，CRM）工具。通过精准匹配，客户通赋能卖家实现更加有效的客户管理，构建端到端的买卖数据闭环。

②数据管家。数据管家是阿里巴巴国际站为卖家提供的数据化管理工具，通过数据沉淀与分析，为卖家提供关键词分析、商品采购与供应指数变化、买家行为分析等信息，帮助卖家实现数据化运营。

3. 加入阿里巴巴国际站需满足的要求及相关费用

目前，阿里巴巴国际站只接受在中国境内合法注册的生产或销售实体商品的企业加入（对企业的进出口权没有要求），暂不接受服务型企业加入，如物流、检测认证、管理服务等企业。此外，离岸公司和个人也无法加入阿里巴巴国际站。

目前，阿里巴巴国际站按年收费，费用由基础服务费和增值服务费组成，基础服务费（出口通）为 29800 元/年。

思政园地

阿里巴巴助力哈中小企业开拓国际市场

2021 年 8 月 3 日，哈萨克斯坦贸易和一体化部下属的哈萨克斯坦贸易政策发展中心（QazTrade）与阿里巴巴国际站通过视频连线方式远程签署合作备忘录。哈萨克斯坦驻上海总领事拉合莫夫和阿里巴巴国际站总经理张阔现场出席签约仪式，哈萨克斯坦贸易和一体化部副部长托列巴耶夫线上见证双方签约。

根据备忘录，QazTrade 将支持 50 家哈萨克斯坦企业入驻阿里巴巴国际站，并在商家入驻的 12 个月内承担相关费用；阿里巴巴国际站将为入驻企业提供“全球金牌供应商”等相关服务，通过数字化贸易手段，助力其进入全球 190 多个国家或地区的市场进行销售。

2019—2020 年，哈萨克斯坦贸易和一体化部在“出口加速”计划项下，已遴选两批次共 100 家企业，作为“全球金牌供应商”入驻阿里巴巴国际站，展示通心粉、面粉、蜂蜜、糖果、肉类、饮料、植物油、家具、服装、儿童用品等 4000 多种哈萨克斯坦特色商品，累计签订价值 4500 万美元的出口合同，买家来自中国、阿联酋、阿曼、欧亚经济联盟和中亚国家。

2021 年 6—7 月，哈萨克斯坦贸易和一体化部已完成第三批阿里巴巴国际站贸易平台入驻企业遴选工作。企业可借助阿里巴巴电商平台，拓展销售渠道，提升产品认知度，助力哈萨克斯坦扩大非原材料商品出口。

哈萨克斯坦是"一带一路"首倡之地，中哈共建"一带一路"合作取得丰硕成果。面对新冠肺炎疫情带来的不利影响，中哈贸易展现了强大的韧性和活力。2021年上半年，中哈贸易逆势上扬，同比大幅增长28.1%，全年有望创出近年新高。与此同时，两国间跨境电商等新型业态快速发展。阿里巴巴国际站与哈方加强合作，有助于帮助哈中小企业提升数字化能力，更好地开拓中国与国际市场。

（资料来源：商务部网站）

（二）中国制造网

中国制造网创建于1998年，由焦点科技股份有限公司开发和运营，是我国著名的B2B电子商务网站之一。截至2020年，中国制造网拥有注册会员超过1820万人，仅2020年就有超过220个国家和地区的用户访问了中国制造网，访问量超过8.3亿人次。

中国制造网分为内贸站和国际站。中国制造网内贸站是由焦点科技股份有限公司运营的综合性第三方B2B电子商务服务平台。内贸站立足我国境内贸易领域，致力于为境内中小企业构建交流渠道，帮助供应商和采购商建立联系，挖掘境内市场商业机会。中国制造网国际站是一个汇集中国企业商品，面向全球采购商，为买卖双方提供高效、可靠的信息交流与贸易服务的平台。

1. 中国制造网提供的外贸服务

中国制造网国际站能够为企业提供"一站式"外贸解决方案，帮助企业解决外贸难题。具体来说，中国制造网所提供的外贸服务包括以下四项。

（1）外贸综合服务

中国制造网旗下的外贸综合服务平台能够为有出口需求的企业提供"一站式"外贸全流程解决方案，包括报关报检、船务物流、外汇收结、代办退税、信用证审核、出口信保、订单贷款等，企业可以根据自身需求定制相关服务。

（2）落地美国服务

对中国中小企业而言，在美国经营一家公司将会面临因不熟悉当地商业环境而必须面对的人力、物力及财力成本增加，以及大量会计、税务、法律和知识产权等问题带来的风险。中国制造网美国公司inQbrands提供"一站式"落地美国服务，帮助中国企业以集约化的方式低成本进入美国市场，为企业成功出海提供强力支撑。

（3）多渠道销售服务

为帮助更多中国企业把握机遇、开拓美国市场，中国制造网全面布局跨境销售渠道，涉及多个B2B和B2C销售平台。

（4）品牌营销服务

中国制造网美国公司inQbrands专注于对中国制造企业的品牌建设，能够帮助企业创建品牌，提供品牌官网建设、品牌宣传视频拍摄等形象升级服务。此外，还提供产品开发及品类管理，精准定位产品和目标用户，为产品找到美国目标消费者。

2. 中国制造网国际站的特点

卖家注册成为中国制造网国际站的免费会员后，即可通过虚拟办公室发布并管理企业、商品和商情信息。卖家注册成为中国制造网国际站的高级会员后，除了能够享受基础服务外，还可以享受认证审核、专属展厅、多渠道推广等服务。

在中国制造网国际站上，买家的询盘都是一对一的，一个买家只有点击并查看卖家的具体商品信息，才能向该卖家发送求购信息，因此中国制造网国际站上的询盘质量是比较高的。此外，中国制造网国际站会定期向其高级会员推送采购商的信息，这些采购商的信息都是与高级会员定向匹配的，并且未在中国制造网国际站供求信息栏目中公布过，所以成交率相对较高。

（三）环球资源网

环球资源是一家多渠道 B2B 媒体公司，其核心业务是通过贸易展览会、环球资源网站、贸易杂志及手机应用程序等一系列媒体和平台发布各类贸易信息，促进全球各国或地区的贸易往来。

环球资源网是环球资源创办的拥有电子、五金、时尚等多行业商品的“一站式”采购交易平台，是供应商开展 O2O 整合推广的重要渠道，也是采购商采购商品的有效渠道。环球资源为供应商提供线上到线下的推广方案，供应商可以借助环球资源网在线上吸引买家关注，在线下展会落实双方合作细节。

O2O 式的推广方案是环球资源网的最大优势。通过环球资源网，供应商无须参加展会即可获得与参加贸易展会相同的益处，网站特设 O2O 专区，在黄金位置呈现精选商品，既可以帮助供应商彰显企业实力，又可以帮助买家迅速锁定目标供应商。环球资源网的搜索结果展示界面如图 2-12 所示。

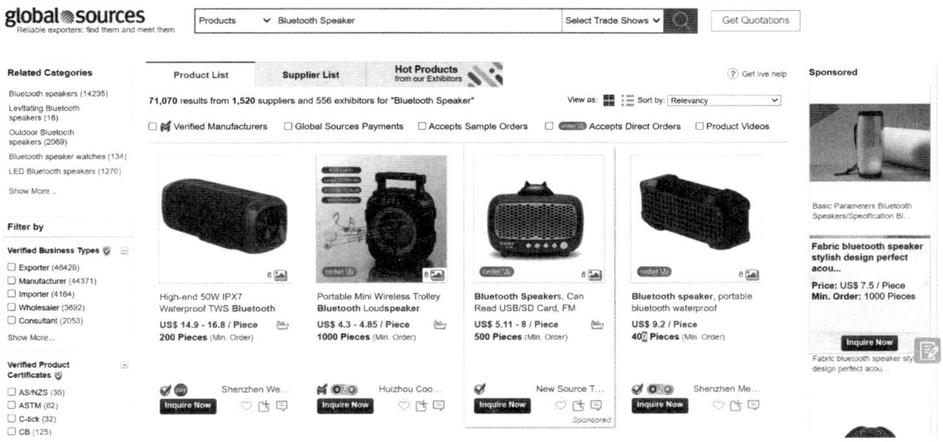

图 2-12　环球资源网的搜索结果展示界面

（四）敦煌网

敦煌网是于 2004 年创立的中国首个跨境 B2B 数字贸易平台。敦煌网的定位是帮助中国中小企业通过跨境电子商务平台走向全球市场，开辟一条全新的国际贸易通道，通过全流程交易体系让在线交易变得更加简单、安全和高效。

目前，敦煌网在品牌、技术、运营、用户四大维度上形成了强大的行业竞争优势。截至 2020 年 12 月，敦煌网已拥有 230 万以上注册供应商，年均在线产品数量超过 2500 万，累计注册买家超过 3640 万，覆盖全球 223 个国家及地区，拥有 100 多条物流线路和 10 多个海外仓，71 个币种的支付能力，在北美、拉美、欧洲等地设有全球业务办事机构。

1. 运营模式

在敦煌网上，境外中小采购商可以直接选择和采购境内产品，并依托敦煌网提供的物流和资金流的支持顺利完成交易。此外，敦煌网还提供了境外推广、售后服务、信用评价及纠纷处理等服务，通过整合产业链，为买卖双方顺利完成在线交易奠定了基础。

敦煌网针对买卖双方分别开设了中英文网站（即商家和用户平台），买卖双方注册敦煌网账号后，可以发布求购信息或供应信息，当双方信息匹配，即可进行在线交易。敦煌网的英文用户平台界面如图 2-13 所示。

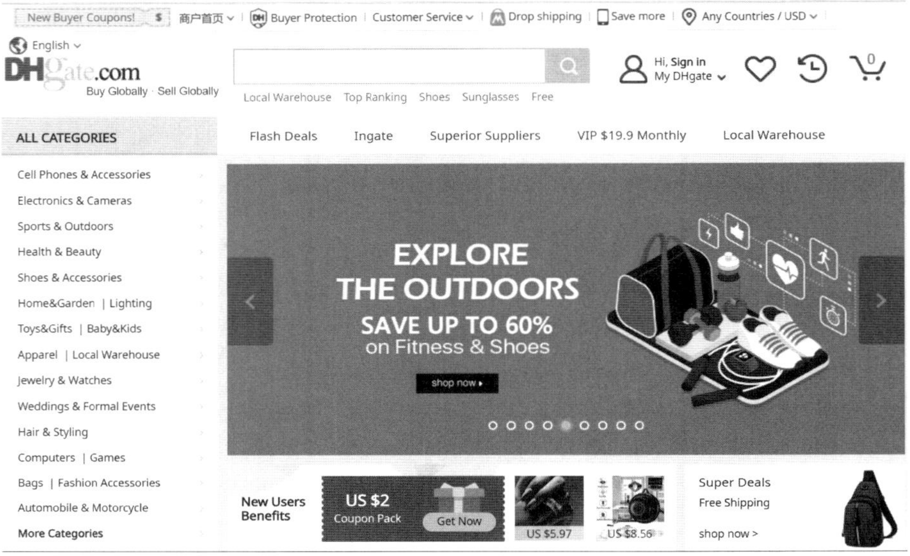

图 2-13　敦煌网英文用户平台界面

境外用户使用敦煌网进行交易时，一般需要通过平台下订单，并使用 PayPal 支付货款；由境内商家确认订单并发货；当境外用户收到产品并验收无误后，再确认付款（包括交易佣金）；最后商家还需申请放款，敦煌网才能将货款打到商家账户，完成结算。

2. 目标用户

小批发商和小采购商往往容易被传统电子商务巨头忽视，而敦煌网将这部分群体作为目标用户，为他们高频、低额的交易提供平台。

除此之外，敦煌网还在 eBay 上进行推广，促使 eBay 的境外商家在敦煌网进货。目前，敦煌网至少有三成用户是雅虎、eBay 的商家，一些商家甚至直接把敦煌网上的产品信息复制到自己的店铺，以实现无库存销售。

3. 产品和服务

敦煌网从 2004 年正式上线到 2006 年初，处于积累用户、建立盈利模式的初级阶段；2006 年以后则进入了规模发展阶段；此后几年，敦煌网用户数、交易额、产品种类逐步增长。目前，敦煌网所销售的产品覆盖了消费电子、计算机、服装、美容美发用品、体育用品、鞋包、手表、珠宝饰品、家具、汽车零配件和建材等品类。

为保证交易安全，敦煌网与 PayPal 等多个成熟的支付平台合作，购物后需要用户验货满意，货款才能由敦煌网转账给商家。为加快物流速度，敦煌网整合了 UPS、DHL 等大型物流公司，以及一些专做欧洲货运货的美国小型物流公司，使得交易周期最快能达到3天，最慢不超过2周，大大减少了买卖双方的交易周期。此外，敦煌网还推出“境外直发业务”销售模式，利用敦煌网境外的仓储及配送服务，使境内商家可以直接销售存储在海外仓的产品。从用户所在国家本土发货的销售模式，可以大大缩短订单周期，提升用户购买体验，帮助境内商家在全世界范围扩大销售、降低成本、提升服务质量。同时，考虑到商家对运费设定的多种需求，敦煌网还新增了“自定义运费”功能，商家可以自主设置运费，提高产品竞争力。

4. 收费模式

入驻敦煌网的卖家需要缴纳一定的平台使用费，目前平台收取的使用费分为标准档与增值档（仅限新卖家首次充值享有）。其中，标准档分为半年、年度缴纳，具体收费标准：698元（半年）、1099元（年度）；增值档分为季度、半年、年度缴纳，具体收费标准：639元（季度）、898元（半年）、1999元（年度）。

敦煌网采取佣金制，买卖双方交易成功后，卖家需要为该笔交易支付相应的佣金。交易佣金是动态的，按照不同的销售额收取0.5%~19.5%的交易佣金。

2016年1月1日，敦煌网调整了原有佣金方案，实行“阶梯佣金”制度：

（1）当单笔订单金额小于300美元时，平台佣金比率为12.5%~19.5%；

（2）当单笔订单金额大于等于300美元且小于1000美元时，平台佣金比率为4.0%~6.0%；

（3）当单笔订单金额大于等于1000美元时，平台佣金比率为0.5%~1.5%。

敦煌网“平台使用费+佣金”的收费模式打破了传统跨境电子商务“会员制”的收费模式，不仅能够有效地降低卖家的经营风险，还有效地避开了与阿里巴巴、环球资源等企业的竞争。

5. 核心竞争力

敦煌网解决在线支付问题的同时，也解决了跨度交易的问题，还为中小企业提供了“一站式”的国际贸易解决方案。敦煌网的核心竞争力包括按交易额向商家收取交易佣金、极高的议价能力、支付安全保障和物流保障。

（1）按交易额向商家收取交易佣金。这是敦煌网较为突出的特征，也是敦煌网吸引商家的战略之一。

（2）极高的议价能力。敦煌网将大量的用户需求汇集起来，与商家竞争力体现在佣金、协议商谈最低折扣，而大量订单提高了敦煌网的议价能力，如DHL、联邦快递的费用至少下降了50%。极高的议价能力是敦煌网赢得用户青睐的关键原因。

（3）支付安全保障。敦煌网与PayPal等多个成熟的国际支付平台合作，保障了交易安全。

（4）物流保障。敦煌网不仅有海外仓，还与USP、DHL等众多物流公司合作，能够保障物流速度，提升用户采购体验，减少买卖双方交易周期。此外，敦煌网有自定义运费等个性化定制服务，使产品运费更具竞争力。

二、主流B2C跨境电子商务平台

（一）亚马逊

亚马逊成立于1995年，位于华盛顿州的西雅图，由杰夫·贝索斯（Jeff Bezos）创办，成立之初只经营书籍的网络销售业务，现在已扩及了范围相当广的其他产品，成为全球商品品种最多的网上零售商和全球互联网企业。目前，亚马逊的零售商品涵盖了图书、音像制品、软件、消费电子产品、家用电器、厨具、食品、玩具、母婴用品、化妆品、日化用品、运动用具、服装鞋帽、首饰等类目。

亚马逊在多个国家建立了本地化的网站，在商品、定价等方面存在差异化。目前亚马逊的站点包括：美国站、加拿大站、墨西哥站、英国站、德国站、法国站、意大利站、土耳其站、西班牙站、荷兰站、巴西站、澳大利亚站、中国站、日本站、印度站、新加坡站、越南站、中东站、瑞典站。

亚马逊平台作为跨境电子商务的代表，具有很大的影响力。近些年，为了吸引中国创业者，亚马逊于2012年在中国推出了“全球开店”业务，开启了全球站点的招商活动，也开放了个人的开店权限。目前，亚马逊对中国卖家开放北美站、欧洲站、日本站、澳大利亚站、印度站、中东站和新加坡站，如图2-14所示。亚马逊的卖家账户是按照站点来注册的，注册好一个站点的账户，就可以在这个站点进行销售了。如果想要到别的站点卖东西，就必须再注册那个站点的账户。在申请账户的时候，如果这个站点对应的是一个区域，那开通一个账户就可以在这个区域的多个站点进行销售。例如，北美站是目前中国卖家注册最多的一个站点，开通北美站点的账户后，就可以同时在美国、加拿大和墨西哥进行销售。

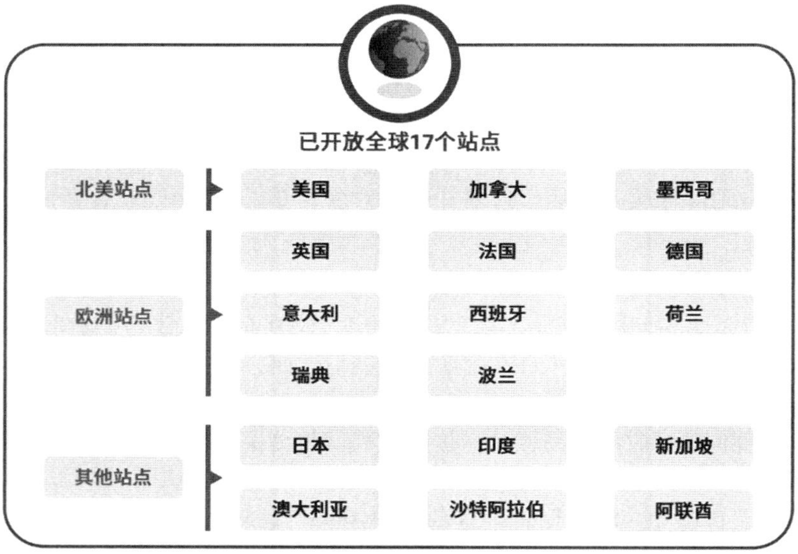

图2-14　亚马逊全球开店开放站点

1. 亚马逊的特点

（1）重产品，轻店铺

在亚马逊平台上，平台强调产品而非店铺或者卖家。在亚马逊页面上，买家搜索产品，不会出现店铺，而是以统一的陈列标准展现产品。亚马逊看重产品质量，只要产品描述完善、质量有保障，又刚好符合客户需要，平台就会给予流量支持，提高产品的曝光率。在亚马逊平台上，淡化了店铺，不为店铺开辟专门的二级域名，大多数店铺的首页就是产品列表。

（2）重商品描述，轻客服咨询

不同于国内电商平台，亚马逊平台没有设置在线客服，没有即时聊天工具，鼓励买家自主购物。既然没有客服可以咨询，那商品详情页就非常重要了，卖家只有把它做得尽可能详尽，包含各种买家可能会关心的问题，才能促使买家尽快做出购物决策，避免买家因产品信息不全而放弃购买。

（3）重推荐，轻广告

亚马逊不太重视各种收费广告，买家进入网站后看到的一般都是基于后台数据的关联推荐和排行推荐。亚马逊有自己的 A9 算法，能够根据买家的历史消费行为、搜索行为、购物车行为、心愿单行为来分析判断买家需要什么产品，并根据买家的情况和商品的点击率、转化率、好评度等数据进行推荐。所以，卖家想要获得更好的业绩，可以增加选品种类，优化后台数据，采取措施引导买家留好评等，这样也就切合了亚马逊“重推荐”的特点。

（4）重视客户反馈

亚马逊比较重视客户的反馈，这里面包括两点，一是商品的评论（Review）；二是客户对卖家提供的服务质量的评价等级（Feedback）。Feedback 是对店铺和卖家的评分，影响店铺的安全和绩效，同时影响到亚马逊的推荐，也会影响卖家参加亚马逊各种活动和其他计划。Review 是针对商品的评分，与卖家和店铺没有关系，一切对产品有关的评价会留在 Listing 上，直接影响卖家的产品销售，如图 2-15 所示。

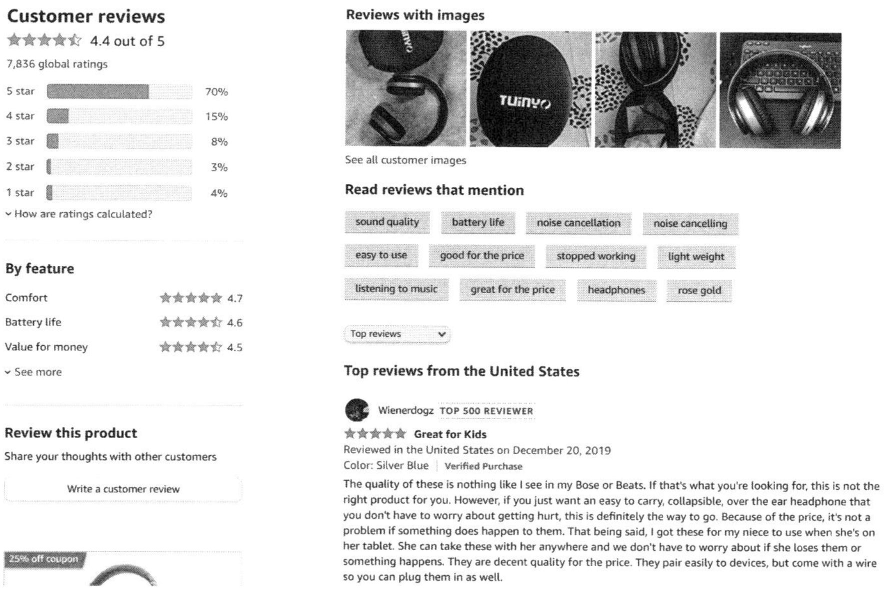

图 2-15　亚马逊平台产品 Review

（5）自营和 FBA

亚马逊自己也是卖家，目前有 49% 的商品都是亚马逊自营，自营商品会显示“Ships from and Sold by Amazon. com”，如图 2-16 所示。亚马逊的一大特色就是仓储物流服务（Fulfillment by Amazon，FBA），亚马逊将自身平台开放给第三方卖家，将其库存纳入到亚马逊全球的物流网络，为其提供拣货、包装以及终端配送的服务，并收取服务费用。这样能够为买家提供更好的物流服务，保证用户体验，使用 FBA 的商品会显示“Ships from Amazon Sold by XXX”。

（6）允许跟卖

跟卖就是如果你的产品和其他卖家的产品一模一样，在其他卖家的产品页面上，亚马逊允

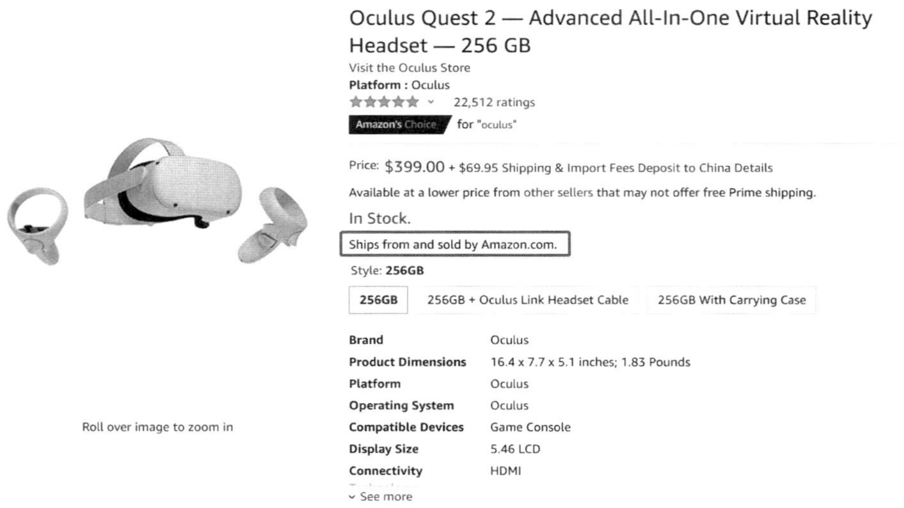

图 2-16 亚马逊自营商品

许直接挂上你的价格、售卖方式和库存，这样你就可以和别人同享一个页面了，如图 2-17 所示。

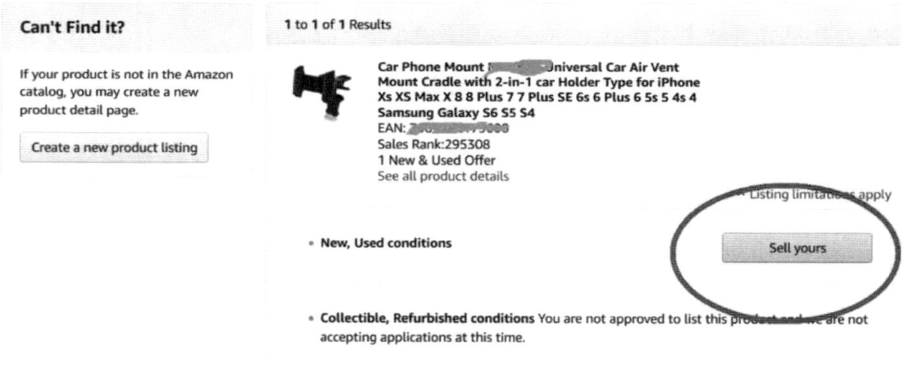

图 2-17 商品跟卖界面

2. 亚马逊平台账户类型

亚马逊卖家账号有三大类，分别是：亚马逊第三方卖家平台账户（Amazon Seller Central，SC）、亚马逊供应商平台账户（Amazon Vendor Central，VC）和亚马逊商业卖家账户（Amazon Business Seller，AB）。其中亚马逊商业卖家账户可以理解为亚马逊第三方卖家平台账户的升级版。

（1）亚马逊供应商平台账户

亚马逊供应商平台，简称 VC，是亚马逊的供应商，亚马逊平台上的自营商品绝大部分是来自 VC 卖家。卖家直接将商品销售给亚马逊，亚马逊购买和储存卖家商品，并负责商品的定价、运送、退货和客户服务等，商品在亚马逊金牌服务（Amazon Prime）中自动注册，并显示为“Sold by Amazon”（亚马逊销售）。目前，亚马逊的自营商品大部分都来自这一供应商平台。

亚马逊供应商平台相对封闭，是邀请入驻制，如果没有获得亚马逊的邀请，就不能申请入驻。不过 VC 在上传产品数量上没有限制，并且 VC 全面支持 A+页面。

（2）亚马逊第三方卖家平台账户

亚马逊第三方卖家平台是指零售商作为第三方卖家在亚马逊销售商品，亚马逊在这里是第三方电子商务平台，属于 B2C 模式。目前，几乎所有中国卖家都是以此身份在亚马逊上销售商品的。

针对中国卖家 Amazon Seller Central，亚马逊平台有“自注册”和“全球开店”两种入驻方式，卖家可以选择个人销售计划和专业销售计划两种销售方式。

自注册即一直以来的传统的直接通过亚马逊注册网页注册亚马逊卖家账户。而全球开店只是亚马逊官方针对中国卖家的一种开店方式，2012 年初正式引入中国。全球开店只接受企业（包括大陆公司以及港澳台公司）入驻，以这种方式开店首先需要审核公司和其他一些内容。

（3）亚马逊商业卖家账户

Amazon Business 是亚马逊于 2015 年全新发布的针对企业以及机构买家的“一站式”商业采购站点。Business 账户是针对商业采购开设的卖家账户，简称：ABS（Amazon Business Seller）。Business 的账户还是由卖家自己运营，但是针对的买家都是亚马逊商业买家，订单以小规模批量采购为多，属于 B2B 模式。同一家企业可以同时申请 SC 和 AB 这两种账户，卖家以第三方卖家身份注册亚马逊账户后，满足亚马逊与业务相关的要求即可在卖家平台直接开通亚马逊商业卖家账户。

3. 亚马逊卖家销售计划类型

亚马逊第三方卖家可以选择个人销售计划（Individual）和专业销售计划（Professional）两种开店模式，这两种计划的主要区别体现在费用结构和功能使用权限上。以美国市场为例，“个人销售计划”账户没有月租费，但需要支付交易佣金；而“专业销售计划”账户则需要支付月度的订阅费。个人销售计划与专业销售计划的主要区别如表 2-3 所示。

表 2-3 个人销售计划与专业销售计划的主要区别

销售计划 / 主要区别	个人销售计划	专业销售计划
销售数量限制	上传少于 40 个 SKU	可以上传超过 40 个 SKU
批量操作	无	有
订单数据报告	无	有
是否有机会获得黄金购物车	无	有
创建促销等其他商品细节服务	无	有
月租金	免费	39.99 美元/月
按件收费	0.99 美元/件	免费

以上两种销售计划可以相互转化。如果卖家注册的是个人销售计划，以后也可以在后台自助升级为专业销售计划；如果卖家注册的是专业销售计划，以后也可以降级为个人销售计划。因此，卖家在亚马逊平台上销售商品，即使没有公司资质，也可以申请专业销售计划。

（二）eBay

eBay（中文：亿贝、易贝）是可让全球民众上网买卖物品的线上拍卖及购物网站。eBay于1995年9月4日由皮埃尔·欧米迪亚（Pierre Omidyar）以Auctionweb的网站名称创立于加利福尼亚州圣荷西。人们可以在eBay上出售商品。借助强大的平台优势、安全快捷的支付解决方案及完善的增值服务，数以万计的中国企业和个人用户通过eBay在线交易平台将商品销售至全球200多个国家和地区。

1. eBay平台的特点

eBay拥有数目庞大的网上店铺，每天有数百万的商品更新，每天有数百亿元的资金通过PayPal快捷支付方式安全地实现流通。面对巨大的国际市场，eBay外贸拥有无与伦比的优势，主要体现在以下几个方面。

（1）门槛较低

卖家只需注册一个eBay账户，就可以在eBay设立的全球各个站点轻松地开展外贸销售活动。

（2）平台交易的商品具有独特性

eBay是一个成熟的二手商品交易平台，卖家的商品只要不违反法律和eBay平台政策规定，均可刊登销售。卖家刊登的商品可以是稀有且珍贵的物品，也可以是个人收藏的小物品。

（3）支付方便

eBay平台使用PayPal在线支付工具，既安全又便捷，支持美元、欧元、英镑、日元、澳元等26种国际上主要流通的货币，让卖家的外贸支付畅通无阻。

（4）销售方式灵活

eBay平台为卖家提供了多种销售方式，包括拍卖方式、一口价方式及“拍卖+一口价”方式，同时让卖家和买家有了更多的选择。

2. eBay平台的销售方式

eBay平台为卖家提供了3种刊登物品的方式，即拍卖方式（Auction）、一口价方式（Fixed price）和“拍卖+一口价”方式。卖家可以根据自己的需要和实际情况选择物品刊登方式。

（1）拍卖方式

拍卖，顾名思义就是通过竞拍的方式进行销售，价高者得，这是eBay卖家常用的销售方式。卖家通过设置商品的起拍价和在线时间，开始拍卖商品，商品下线时出价最高的买家就是该商品的中标者，商品即可以中标价格卖出，拍卖方式的商品界面如图2-18所示。

不过采取这种方式销售商品时，卖家需要根据自己设定的起拍价支付一定比率的刊登费。此外，根据商品最后的成交价格，还需支付一定比率的成交费。

为商品设置较低的起拍价，能够很好地激起买家踊跃竞拍的兴趣，通过连番竞拍也可以为卖家带来不错的利润。此外，拍卖的销售方式还可以增加商品的搜索权重。在商品的搜索排序中，即将结束拍卖的商品可以在“即将结束（Ending Soonest）”的商品搜索排序中获得较为靠前的排名。

以拍卖方式销售商品成本低、收益高，以下几种情况适宜卖家选择拍卖方式销售商品。

①卖家自己无法确定商品的价格，但又希望将商品快速售出。

②所售的商品非常独特、平时难以买到，市场上对该商品存在需求，能够引起买家的竞争。

③在售的商品有较高的成交率，通常在刊登后就能卖出去。

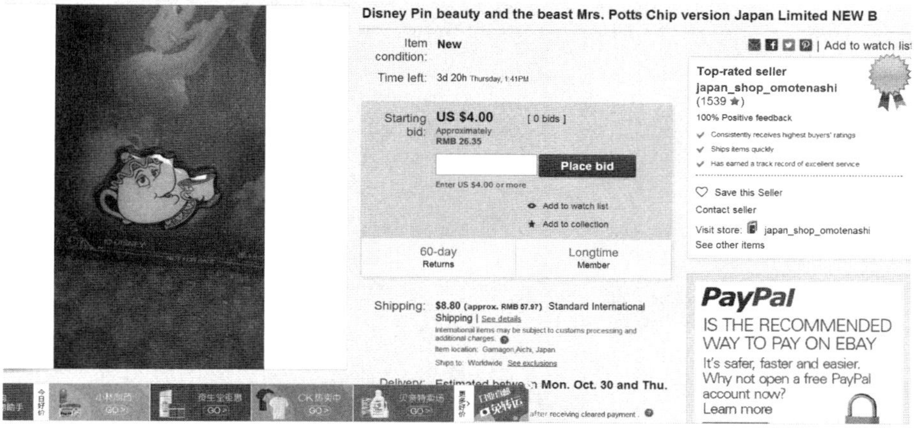

图 2-18　拍卖方式的商品界面

④在 eBay 上有商品销售，但最近没有成交的情况下，可以借助拍卖方式使商品按照“即将结束的物品”排序提高商品的搜索排名。

（2）一口价方式

一口价方式就是以定价的方式来刊登商品，这种销售方式便于买家非常快捷地购买商品。商品采取一口价方式进行销售有很多优势，具体表现在以下几个方面。

①成交费用低。采用一口价方式，卖家可以根据自己为商品设定的价格支付刊登费，商品成交后只需缴纳较低比率的成交费。

②有议价功能。卖家采用一口价方式可以免费为商品设置议价功能，若商品最后的成交价是议价后的价格，按照成交额支付一定的成交费即可。

③商品展示时间长。采用一口价方式，商品的在线时间最长可设置为 30 天，这样能够保证商品得到充分的展示。

④一次性刊登。当商品数量较多时，卖家可以采用一口价方式，一次性完成销售刊登，操作简单、快捷。

⑤操作省时省力。店铺中热卖的库存商品采取一口价方式刊登时，可使用预先设置好的商品说明和商品描述，使商品刊登省时省力，一口价方式的商品界面如图 2-19 所示。

在以下几种情况下，卖家适合选择采用一口价方式刊登自己的商品。

①卖家非常清楚所售商品的价值，或者对商品的价值有清晰的预估，希望从商品上获得相应的价值。

②希望自己的商品能够获得更长时间的展示，以供买家购买。

③所售商品有多件，此时可以采取多数量刊登的方式将所有商品整合到一起一次性刊登。

④所售商品库存较多，不想花费太高的刊登费。

（3）“拍卖+一口价”方式

所谓“拍卖+一口价”方式，就是卖家在销售商品时选择拍卖方式，在设置最低起拍价的同时，再根据自己对商品价值的评判设置一个满意的“保底价”，也就是“一口价”，“拍卖+一口价”方式的商品界面如图 2-20 所示。这种方式能够综合拍卖和一口价方式的优势，既能让买家根据自身需要和情况灵活地选择购买方式，还能为卖家带来更多的商机。

图 2-19　一口价方式的商品界面

图 2-20　“拍卖+一口价”方式的商品界面

在以下两种情况下，卖家适合选择“拍卖+一口价”方式进行销售。

①所售商品种类较多，想吸引更多的有不同需求的买家。

②希望提升销量，扩大买家对库存商品的需求，通过“拍卖+一口价”方式让更多的买家了解自己的店铺和其他在售商品。

3. eBay 平台账号类型

eBay 平台的卖家账号分为个人账号和商业账号，卖家可以根据自身需要注册适合自己的账号。如果卖家临时销售一些商品，如销售一些自己不再需要的商品，可以选择注册个人账号；如果卖家想要销售大量的商品，可以选择注册商业账号。

卖家注册个人账号后，可以将其升级为商业账号。但是，卖家将个人账号升级为商业账号后，就不能再随意地将商业账号改为个人账号。如果卖家想要将商业账号转换为个人账号，需要联系 eBay 客户服务中心。

4. eBay 平台费用构成

eBay 平台会根据卖家的使用情况收取相应的费用，站点不同，费用构成有所不同。下面以

eBay 美国站为例，介绍 eBay 平台的费用构成。

（1）非店铺卖家费用构成

非店铺卖家是指只在 eBay 美国站刊登商品进行销售，而没有开设店铺的卖家。eBay 美国站非店铺卖家的费用主要包括两种，一是刊登商品时的刊登费；二是商品出售时的成交费。

①刊登费。卖家在 eBay 上刊登商品时，eBay 会在每个商品刊登时收取相应的费用，即刊登费。刊登费会因商品的售价、刊登形式、卖家所选择的商品分类、是否使用升级功能、卖家账号表现等有所不同。每个月每个卖家都可以获得至少 50 条的免费刊登，卖家只需为超出这个数字的商品刊登支付刊登费。如果卖家订阅了 eBay 店铺，就可以获得更多的免费刊登数量。卖家在刊登商品时，可以选择为商品刊登添加特色功能，例如字体加粗、使用副标题、第二分类等，让商品刊登更具有吸引力。卖家在使用这些特色功能时需要支付相应的费用，特色功能的费用因商品价格、商品刊登形式和刊登天数的不同而不同。

②成交费。当卖家刊登的商品售出时，卖家需要支付成交费。成交费是按照买家支付金额的百分比来收取的。如果卖家账号表现不佳，卖家需要支付的商品成交费就会增加。

（2）店铺卖家费用构成

店铺卖家是指在 eBay 美国站开设店铺的卖家。卖家在 eBay 上订购 eBay 店铺后，每月可以获得更多的免费刊登数量。在 eBay 美国站，店铺卖家需要缴纳店铺订购费，其他费用结构与非店铺卖家相同，主要包括刊登费、成交费、商品刊登可选升级功能费用和广告服务费用。

在 eBay 美国站，卖家所选店铺的级别不同，每月需要支付的店铺订购费也有所不同，具体收费标准如表 2-4 所示。卖家在第一次订购店铺时，需要选择是每月自动续订还是每年续订，无论卖家选择哪种形式，都要按月支付店铺订购费。

表 2-4　eBay 美国站店铺订购费用收费标准

店铺类型	每月店铺订购费（美元）	
	每月续订	每年续订
初级（Starter）	7.95	4.95
基础（Basic）	27.95	21.95
精选（Premium）	74.95	59.95
超级（Anchor）	349.95	299.95
企业（Enterprise）	目前无法使用	2999.95

（三）全球速卖通

阿里巴巴全球速卖通（简称“速卖通”，英文名：AliExpress）正式上线于 2010 年 4 月，是阿里巴巴旗下唯一面向全球市场打造的在线交易平台，被广大卖家称为“国际版淘宝”，其首页如图 2-21 所示。全球速卖通面向海外买家，通过支付宝国际账户进行担保交易，并使用国际快递发货。

速卖通是中国最大的跨境出口 B2C 平台之一，同时也是在俄罗斯、西班牙排名第一的电商网站。目前，速卖通平台已覆盖全球 220 个国家和地区，主要交易市场为俄罗斯、美国、西班牙、巴西、法国等国，平台支持世界 18 种语言，支持全球 51 个国家的当地支付方式，海外成交买家数量突破 1.5 亿，22 个行业囊括日常消费类目，商品备受海外消费者欢迎。

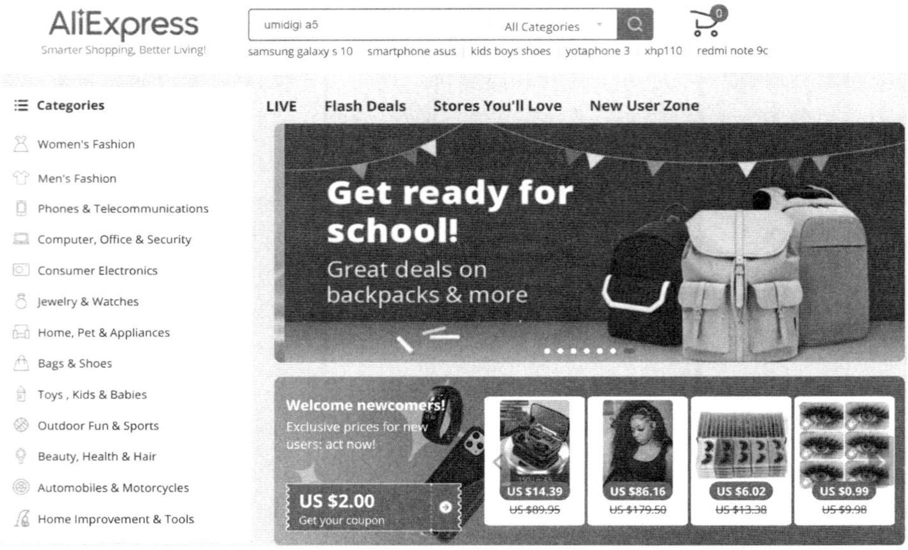

图 2-21　全球速卖通平台首页界面

全球速卖通覆盖3C、服装、家居、饰品等共30个一级行业类目，提供的产品品类有40多种，数量超过54万件。一般来说，只要支持国际快递的产品都可以在该平台上销售，尤其是体积较小、附加值高的产品。其中优势品类主要有：服装服饰、手机通讯、鞋包、美容健康、珠宝手表、消费电子、电脑网络、家居、汽车摩托车配件、灯具等。

速卖通成立初期完全免费，吸引了很多“草根”创业者，但是随着平台升级和政策调整，门槛逐步提高，开始了C2C向B2C、B2B方向的转变。速卖通政策调整包括：注册店铺的主体须为有营业执照的公司实体；平台对各类目进行招商，卖家须缴纳保证金；开始走品牌化路线，发布商品要求有自有或授权的品牌。

1. 全球速卖通平台的特点

全球速卖通平台的特点是对价格比较敏感，平均单价不高，使用低价策略比较多，以走量为主。全球速卖通的侧重点在新兴市场，特别是俄罗斯和巴西。

全球速卖通卖家账号后台的操作页面简单整洁，便于新人上手。另外，阿里巴巴有非常好的社区和客户培训系统，通过社区和阿里巴巴的培训，跨境新手可以通过全球速卖通快速入门。平台拥有阿里巴巴、天猫、淘宝的卖家资源。因此，全球速卖通比较适合跨境新人，尤其适合所售商品符合新兴市场需求的卖家，以及商品有供应链优势、价格优势明显的卖家。

2. 全球速卖通的收费模式

全球速卖通的收费模式为“保证金+交易佣金”。

首先，卖家入驻全球速卖通需要按要求缴纳保证金。在申请入驻经营大类时，应指定缴纳保证金的支付宝账号，并保证其有足够的余额。保证金按店铺入驻的经营大类收取，不同类目的收费标准是不一样的。如果店铺入驻多个经营大类，则保证金按照多个经营大类中的最高金额收取。平台将在卖家的入驻申请通过后，通过支付宝冻结相关金额，如果支付宝账号内金额不足，将无法开通权限。

其次，卖家在全球速卖通的交易完成后，需要按照规定缴纳相应的交易佣金，交易佣金是根据卖家订单成交总金额（包含产品金额和运费），按一定比例收取。卖家经营的类目不同要交的佣金比例也不同，像服装配饰、箱包、手表、美容美发类目的佣金比例是8%，而婚纱礼服、家具等类目的佣金比例是5%。

3. 全球速卖通平台的店铺类型

全球速卖通平台的店铺分为官方店、专卖店和专营店，各类店铺的特点如表2-5所示。

表2-5 全球速卖通平台店铺类型及特点

店铺类型	官方店	专卖店	专营店
店铺类型介绍	商家以自有品牌或由权利人独占性授权（仅商标为R标且非中文商标）入驻速卖通开设的店铺	商家以自有品牌（商标为R或TM状态且非中文商标），或者持他人品牌授权文件在速卖通开设的店铺	经营1个及以上他人或自有品牌（商标为R或TM状态）商品的店铺
单店铺可申请品牌数量	仅1个	仅1个	可多个
平台允许的店铺数	同一品牌（商标）仅1个	同一品牌（商标）可多个	同一品牌（商标）可多个
店铺名称	品牌名+Official Store（默认店铺名称）或品牌名+自定义内容+Official Store	品牌名+自定义内容+Store	自定义内容+Store
二级域名	品牌名（默认二级域名）或品牌名+自定义内容	品牌名+自定义内容	自定义内容

4. 中国好卖家

自全球速卖通平台企业化、品牌化升级以来，优质品牌卖家迎来了拓展境外市场、打造国际品牌的全新机遇。为了帮助更多的优质企业、优质品牌出境，全球速卖通平台推出了“中国好卖家”项目，为企业量身定制了各种资源及保障计划，为其出境保驾护航。成为速卖通的“中国好卖家”可以享受一系列的优惠措施，如图2-22所示。

卖家加入“中国好卖家”的方式有3种，一是卖家自主申请；二是线下招商会申请；三是卖家运营实力达标，平台予以准入。全球速卖通平台每个月都会向“中国好卖家”相关负责人员推送近12个月内开店（第一个商品上架时间在12个月以内）的卖家清单，相关负责人员会查阅清单上卖家店铺的经营指标，评价其是否符合“中国好卖家”的标准，对于符合“中国好卖家”标准的卖家，平台将予以准入。

“中国好卖家”自主申请渠道仅针对新卖家（近12个月内开设的店铺）开放，卖家可以线上报名的方式自主申请。

（四）Wish

Wish由来自谷歌和雅虎的工程师PeterSzulczewski和Danny Zhang于2011年在美国创立，是一家专注于移动购物的跨境B2C电商平台。平台根据用户喜好，通过精确的算法推荐技术，将商品信息推送给感兴趣用户。Wish主张以亲民的价格给消费者提供优质的产品。

与其他跨境电子商务平台不同，Wish是专注于移动端的App，97%的订单来自移动端。最初Wish只是一个图片社交平台，2013年Wish成功转型为跨境电商，该平台上的卖家约有90%

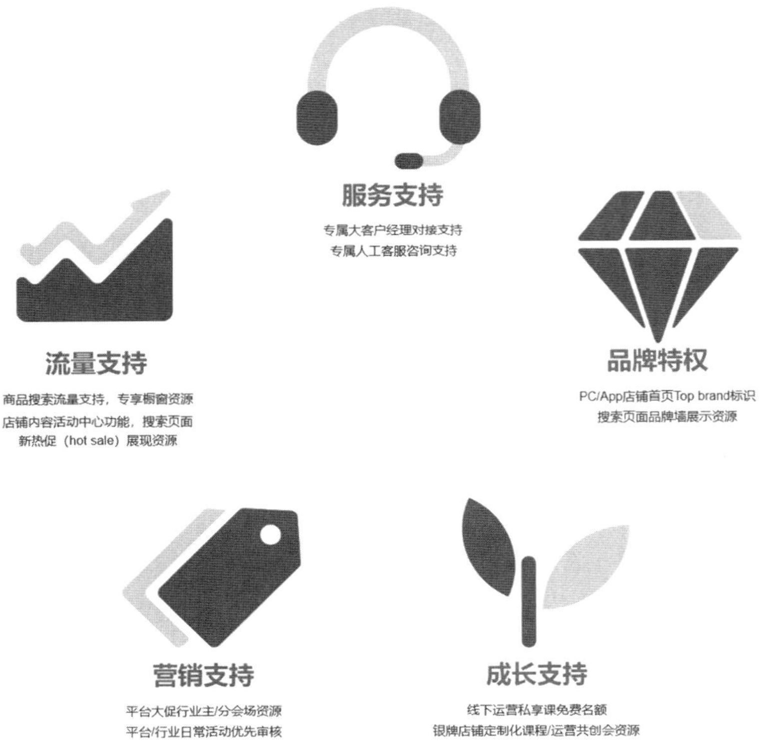

图 2-22　速卖通“中国好卖家”的资源支持

来自中国。Wish 目前拥有移动用户 3 亿+，日活跃用户 1000 万+，日均订单量 200 万+。

1. Wish 平台的特点

（1）以瀑布流的形式展示商品

虽然目前跨境电子商务平台都越来越重视移动端带来的流量，但 Wish 是唯一一个专注于移动端的跨境电子商务平台。由于移动端的特殊性，Wish 平台的商品展示、商品介绍的重点与其他跨境电子商务平台有很大的区别。Wish 使用了与 Pinterest（一个著名的图片社交分享网站）相同的瀑布流的形式展示商品，买家在浏览 Wish 页面时无需翻页，商品图片能够自动加载到页面底端，让买家不断地查看新的商品图片，如图 2-23 所示。

（2）以推荐算法为主

与其他电子商务平台需要买家主动搜索商品不同，Wish 能够根据买家的喜好为其提供个性化的商品推荐。Wish 拥有一套自己的推荐算法，通过使用算法对买家的行为大数据进行分析，为买家贴上大量的标签，然后将买家的标签与平台上的商品标签进行匹配，向买家精准地推送符合其购买偏好的商品。

依靠独特的推荐算法，Wish 将卖家的商品精准地推送到买家面前，买家看到的都是符合其自身喜好的商品。从某种意义上来说，Wish 的推荐算法让商品能够“主动”地展示在买家面前，而不是被动地依赖买家的搜索。

此外，Wish 可以对买家的购买习惯进行追踪，深度挖掘买家的需求。为了让买家有更好的购物体验，Wish 每次向买家推送的商品不会很多，这种“物以稀为贵”的推送方式更容易受到欢迎。

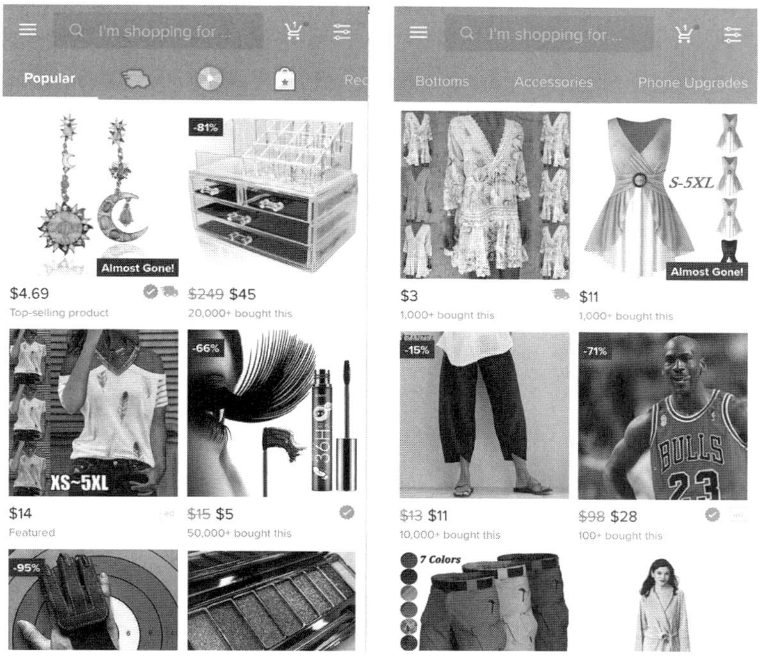

图 2-23　Wish 平台的页面展示

2. Wish 平台费用构成

卖家在 Wish 平台上开设店铺销售商品需要支付相应的费用。Wish 平台的开店费用主要包括以下几项。

（1）店铺预缴注册费

自 2018 年 10 月 1 日 0 时起（世界标准时间），在 Wish 平台上新注册的店铺需要缴纳 2000 美元的店铺预缴注册费。此外，自 2018 年 10 月 1 日 0 时（世界标准时间）开始，长时间未使用的卖家账户也需要缴纳 2000 美元的店铺预缴注册费。

（2）平台佣金

在 Wish 上创建账户、开设店铺都是免费的，上传商品信息也不会被收取任何费用。不过 Wish 将从每笔交易中按一定百分比或按一定金额收取佣金。即卖出物品之后收取这件物品收入（售价+邮费）的 15%作为佣金。

（3）其他费用

Wish 平台的其他费用主要包括提现手续费、广告费用、物流运费、平台罚款等。例如，卖家如果使用 Wish 物流项目（Fulfillment by Wish，FBW）、产品推广（Product Boost），均需支付相应的费用。

（五）Shopee

Shopee 成立于 2015 年，是一个主要面向东南亚市场的电商平台。自 Shopee 成立起，加入的买家数和平台销售额一直处于增长状态，成为很多卖家开拓东南亚市场必选平台之一。Shopee 拥有丰富的商品种类，包括电子消费品、家居、美容保健、母婴、服饰及健身器材等，如图 2-24 所示。

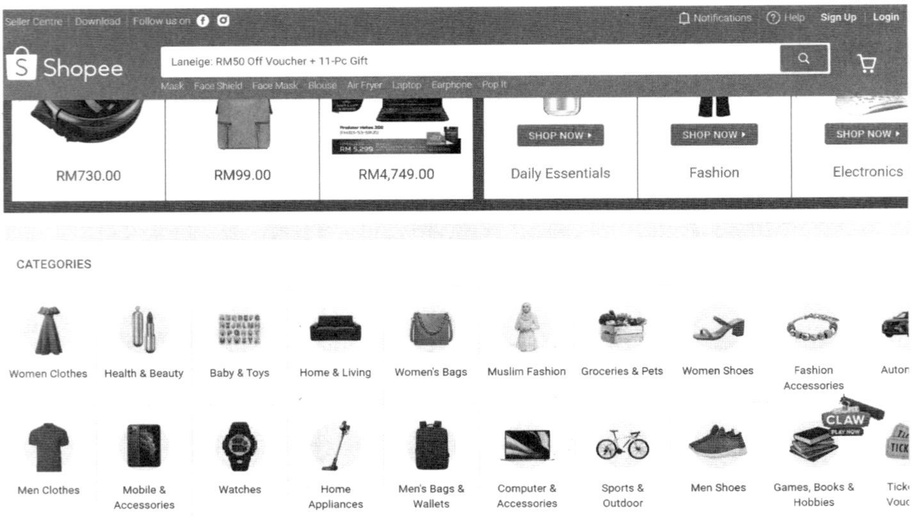

图 2-24　Shopee 平台界面

1. Shopee 平台的特点

（1）专注于移动端

Shopee 主要是一个面向移动端的购物平台，平台流量 90%来自移动端，大多数卖家也使用移动端 App 上传发布产品，顺应东南亚地区电商移动化的发展趋势。

（2）市场前景广阔

东南亚是 Shopee 的主要市场，平台覆盖东南亚六国（新加坡、马来西亚、印度尼西亚、泰国、越南、菲律宾）和中国台湾地区，人口基数大，有较大的人口红利和发展潜力。

（3）即时聊天功能

在 Shopee 的 App 中，是有一个即时聊天功能的，这样卖家可以更好的跟买家进行沟通，第一时间解决他们的疑问，为买家带来更好的购物体验，帮助卖家提高转化率，降低退单率和纠纷率。

（4）具有较强的社交属性

Shopee 具有社交分享功能，卖家和买家可以将商品分享在各种社交媒体平台上，以扩大商品的传播范围。Shopee 平台支持将产品链接分享到 Facebook 和 Line 上。Shopee 上线了专门的"逛逛"界面，用户可在界面上看到自己或朋友关注的店铺及新品推荐、好友点赞的产品和系统推荐的产品。

2. Shopee 平台的优势

（1）支持卖家运营多家店铺

与其他跨境电商平台不同，Shopee 是支持每个卖家在一个站点中开 3 家店铺的，而且每个站点都可以开店，只要符合条件即可，这样可以帮助卖家提升曝光和销量。

（2）支持铺货模式

目前 Shopee 也是不禁止卖家铺货的，这样对于新手卖家来说，能够更快出单，同时也能节省一定的运营成本。

（3）国内有仓库

Shopee 在国内有好几个仓库，可以帮助国内的卖家备货，不用通过国际快递运输，这样可以节省一笔运输费用，同时提升产品的运输效率。

（4）不用交保证金

在 Shopee 开店，卖家是不用缴纳保证金和年费的；而且新店前 3 个月也不收取佣金，第 4 个月开始才收取一定的站点佣金。相比其他平台来说，Shopee 平台收取的费用比较少，而且费率标准也比较低，所以是很适合一些开店资金少的卖家。

任务实训

出口跨境电商平台分析

一、实训目的

了解跨境电商平台的基本情况，包括跨境电商平台的发展历程、平台类型、目标市场、平台行业类目等相关信息，对比分析不同平台的特点。

二、实训内容

从平台的成立时间、成立地点、创始人、平台类型、目标市场、平台行业类目、平台特点等方面调研亚马逊、eBay、速卖通、Wish、敦煌网平台，完成表格 2-6，对比分析不同平台的特点。

表 2-6　出口跨境电商平台分析表

	亚马逊	eBay	速卖通	Wish	敦煌网
成立时间					
成立地点					
创始人					
平台类型					
目标市场					
平台行业类目					
平台特点					

同步测试

一、单项选择题

1. 被称为“国际版淘宝”的平台是（　　）。
   A. 阿里巴巴国际站 B. 敦煌网　　C. 全球速卖通　　D. 中国制造网
2. 专注于移动端的跨境电商第三方平台为（　　）。
   A. 全球速卖通　　B. Wish　　C. 亚马逊　　D. eBay
3. 在亚马逊平台里，专业销售计划平台每月收取的店租费用为（　　）。
   A. ￥39.99　　B. $ 39.99　　C. $ 49.99　　D. ￥49.99
4. 以下哪个不是亚马逊平台的特色？（　　）
   A. 重产品，轻店铺　　B. 重推荐，轻广告
   C. 重商品描述，轻客服咨询　　D. 门槛低

5. 在 eBay 平台上，如果卖家无法确定商品的价格，但又希望可以将商品快速售出，可以选择（　　）的销售方式。

A. 拍卖　　B. 一口价　　C. 拍卖+一口价　　D. 随机定价

二、多项选择题

1. 下列属于全球速卖通平台专卖店特点的是（　　）。

A. 卖家以自有品牌（商标为 R 商标或 TM 状态），或者持他人品牌授权文件在全球速卖通开设的店铺

B. 单店铺可申请多个品牌

C. 店铺名称是“品牌名+自定义内容+Store”的格式

D. 二级域名是“品牌名+自定义内容”的格式

2. 下列属于阿里巴巴国际站的特点是（　　）。

A. 访问流量大，在境外颇具知名度　　B. 大数据优势明显，形成数字化格局

C. 功能完善，服务系统化　　D. 专注于移动端

3. 下列对 Shopee 平台的描述正确的是（　　）。

A. 以瀑布流的方式展示商品　　B. 专注于移动端

C. 较强的社交属性　　D. 向买家智能推荐商品

4. 下列属于跨境 B2C 电商代表企业的是（　　）。

A. 速卖通　　B. 亚马逊　　C. Wish　　D. eBay　　E. 敦煌网

5. 速卖通的主要交易市场有（　　）。

A. 西班牙　　B. 巴西　　C. 美国　　D. 俄罗斯

三、判断题

1. 主要的跨境电商第三方平台有速卖通、Wish、敦煌网、亚马逊、淘宝等。（　　）

2. eBay 向商家收取刊登费和交易佣金。（　　）

3. 亚马逊公司是由梅格·惠特曼创立的。（　　）

4. 在全球速卖通平台上，个体工商户/企业最多可以开通 6 个全球速卖通店铺。（　　）

5. 敦煌网是一个专注于小额 B2B 领域的跨境电商平台，侧重于帮助我国中小微企业开展小批量的 B2B 跨境交易。（　　）

四、案例分析题

亚马逊前往埃及

站在亚、非、欧十字路口，埃及这个国家可以说是拥有得天独厚的发展自由贸易的地理优势。同时，作为全球第 14 个人口超 1 亿的国家，埃及市场蕴藏着巨大市场潜力和人口红利。近年来，不少平台和卖家已经盯上这个蓝海市场。

据外媒报道，亚马逊宣布将于 2021 年末上线埃及站，帮助当地卖家触及更大的消费者群体。

数据显示，埃及移动设备渗透率达 91.8%，互联网渗透率为 57.3%，年增长率 8.1%。截至 2020 年，约 4100 万埃及人曾通过网络购物。

据报道，埃及内部贸易发展局局长易卜拉欣·阿什马维对媒体表示，埃及的电子商务市场达到了 400 亿埃及镑，但仅代表在线贸易实际交易量的 10%，其余部分则通过非正式方式进行。

该局长透露，目前埃及管理局与通信和信息技术部合作起草了一项电子商务法。长期以

来，电子设备品类主导在线交易，新冠病毒疫情推动了线上食品杂货市场份额的增长。与其他市场的富余不同，埃及以人口众多和互联网普及率迅速提高成为最有潜力的市场，最大的品类是电子产品和美容产品。

为加快埃及站上线进程，亚马逊方面表示，亚马逊卖家中心现已为埃及商户开放注册通道，以方便新卖家提前建立站点账号。

此外，现阶段已注册亚马逊旗下另一埃及电商平台 Souq. com 商家账号的用户，也可登录亚马逊卖家中心进行相关操作。据悉，亚马逊已在有意引导 Souq. com 商户提前体验亚马逊卖家工具及验证资质。

亚马逊埃及站及 Souq. com 总经理 Omar El-Sahy 表示："目前，亚马逊 FBA 已搭建完成遍布埃及全境的物流网络，卖家可将商品提前备货到亚马逊仓库，以便在埃及站推出时，以更快的速度响应消费者需求。"

目前，亚马逊在埃及境内拥有 15 个配送站点及超过 3000 名本地员工。

（资料来源：亿邦动力网）

请根据以上案例回答下列问题。

1. 请列举亚马逊的站点有哪些？
2. 为什么会选择埃及市场上线新站点？
3. 简述亚马逊平台的特点。

任务三　跨境电子商务平台选择

跨境电子商务平台有很多，卖家在决定做跨境电商之前面临的一个重要问题就是选择平台。每个跨境电商平台都有自己的特点和运营规则，卖家要根据自身特点和业务需求选择适合自己的跨境电商平台。

任务描述

在了解了目前各大跨境电商平台的情况之后，经理要求小雯对比分析各大电商平台的情况，并结合公司需求做出平台选择计划。接下来，小雯需要了解选择平台时可以从哪些维度对平台进行评价，做决策时需要考虑哪些因素，如果有多个平台符合需求，是否需要进行多平台运营。

任务分析

小雯想要完成平台选择计划，首先，需要了解平台选择的评价体系，需要从多个角度对跨境电商平台进行评价分析；其次，需要了解平台选择的策略，结合实际对比分析各个跨境电商的情况；最后，针对多平台运营的现状，还需要了解对平台运营的优势和困难。

相关知识

一、跨境电商平台评价的系统框架

众多跨境电商平台各具特色，卖家是否选择该跨境电商平台，需要考虑该平台的目标用户、支付方式、物流、平台服务等众多因素。根据跨境电商进出口的整个流程，用系统框架来衡量平台的价值，即从目标用户、平台卖家、准入条件和支付方式、网上服务平台、物流和其他服务 5 个方面进行评价。

（一）目标客户

跨境电商平台所涉及的用户身在不同国家或地区，其文化与国内差异极大，所以针对特定地区的用户，跨境电商平台可以凭借对该特定群体需求的理解来设计相应的服务。每个跨境电商平台都有服务的人群以及重点目标市场。通过分析跨境电商平台的目标客户，结合企业自身的客户群体，判断平台是否适合自己。目标用户细分依据如表 2-7 所示。

表 2-7　目标客户细分依据

客户细分依据	目标客户细分群体
类型	用户是零售还是批发
地区	跨境电商平台服务于哪些地区
性别	男、女
年龄阶段	年轻人、中年人、老年人
职业	根据从事工作内容进行划分
收入水平	根据收入金额进行划分
用户价值	根据最近消费时间、频率、金额等指标进行评估

（二）平台卖家

在选择跨境电商平台时，也需要考虑卖家自身和平台上其他卖家的情况，如是个人还是企业卖家，来自哪个国家或地区，销售产品属于哪个类目等。平台卖家分类情况如表 2-8 所示。

表 2-8　平台卖家分类情况

分类依据	说明
类型	个人还是企业卖家
地区	来自哪个国家或地区
产品种类	销售产品属于哪个类目，如汽车配件、服装等
企业规模	大、中、小
企业经营情况	根据企业的销售量、顾客数量等划分

（三）准入条件和支付方式

各大跨境电商平台对于卖家的要求不尽相同，部分平台只接受企业卖家，不接受个人卖家或对个人卖家的要求非常严格，因此，个人卖家在进入该平台之前必须首先考虑这一因素。此外，各大平台的收费模式也有着显著的差异，收费模式主要有年费、交易佣金、服务费等，不同平台的收费模式也大相径庭。

跨境电商平台除了保证自身产品质量和服务以外，还需要了解用户的需求，支付就是这些需求中很重要的一部分。全球各地区的人们在网上购物时，所使用的支付方式是有差异的。跨境电商平台涉及的各地区消费者习惯的支付方式如表 2-9 所示。

表 2-9　各地区常见的支付方式

地区	常用的支付方式
北美地区（泛指美国和加拿大）	熟悉各种先进的电子支付方式，如网上支付、电话支付、邮件支付等，信用卡支付是常用的在线支付方式之一
欧洲	欧洲人习惯的电子支付方式除了维萨（VISA）和万事达（MasterCard）等国际卡外，还喜欢使用当地卡，如 Maestro（英国）、Solo（英国）、Laser（爱尔兰）、Carte Bleue（法国）等
日本	以信用卡付款和手机付款为主，常使用支持 20 种货币的 JCB 信用卡进行网上支付
澳大利亚、新加坡、南非和南美地区	习惯的电子支付方式是 VISA 和 MasterCard，也习惯用 PayPal 电子账户支付
欠发达地区	南亚、南亚、非洲的中北部等欠发达地区，一般也是使用信用卡支付。但由于风险较大，卖家要充分利用第三方支付商提供的反欺诈服务，事先屏蔽恶意欺骗或有风险的订单

（四）网上服务平台

近些年，电商平台越来越注重用户体验，不管是买家用户的购物体验或者卖家的销售体验。用户体验主要有感官体验、交互体验、情感体验三类。感观体验是用户视听上的体验，强调舒适性，一般在色彩、声音、图像、文字内容、网站布局等方面进行呈现。交互体验是用户使用、交流过程的体验，强调互动、交互特性。交互体验的过程贯穿浏览、点击、输入、输出等过程。例如，平台前台、后台操作界面的语言选择，会影响买家购物、卖家运营店铺的交互体验。情感体验是用户心理上的体验，强调心理认可度。例如，很多网站都设立了客服，客服回答的及时性、解决问题的快速性等都影响着用户的情感体验。如果用户能通过站点认同抒发自己的内在情感，那说明该平台的用户体验效果较好。

（五）物流和其他服务

众多跨境电商平台都涉及国际物流，它们基本会选择第三方国际物流，但可供选择的第三方国际物流公司在物流时间、物流成本等方面具有各自不同的特点。此外，很多跨境电商平台在境外设立了海外仓，缩短了物流时间，提高了办事效率，所以海外仓也是需要考虑的关键因素。

跨境电商平台的主要服务是产品销售，但是围绕产品销售，平台会根据自身情况和用户需求提供其他相应的服务。各大平台提供的此类服务有较大差异，卖家需要根据自身情况选择适合自己的平台。跨境电商平台的其他服务如表 2-10 所示。

表 2-10　跨境电商平台的其他服务

其他服务	说明
个性化定制	例如，兰亭集势的突出点是婚纱的个性化定制，吸引了广大适婚人士在该网站上注册和购买
产品收货、分拣、打码、质检等预加工处理服务	为卖家提供了便利，提高了效率
跨境贸易结算、通关代理等服务	能减少卖家的程序

续 表

其他服务	说明
信贷服务	解决卖家和买家资金难的困扰，如敦煌网与 DHCredit 合作
培训	从事跨境电商的人员需要有较强的外语能力及专业知识储备，平台可为新手提供培训
营销推广	为卖家提供提高产品曝光度的营销工具，包括定价广告、竞价广告和展示计划等
代运营服务	为卖家提供店铺装修及优化、账号托管等服务

二、跨境电商平台的选择策略

根据上述跨境电商平台评价的系统框架，卖家可以结合自身行业和产品特点。选择适合自己的跨境电商平台。卖家在选择跨境电商平台时，需要考虑以下几个方面。

（一）明确自身的销售模式

卖家要明确自己是做零售，还是做批发。如果做零售，应当选择 B2C 运营模式的跨境电子商务平台，如全球速卖通、亚马逊、eBay、Wish、Shopee 等；如果做批发，则应当选择 B2B 运营模式的跨境电子商务平台，如阿里巴巴国际站、敦煌网等。

（二）了解各平台对于卖家的准入条件及各平台的相关规则

卖家分为企业卖家和个人卖家，国内的跨境电商平台，如敦煌网接受个人和企业卖家，对卖家的要求比较低，只需要实名认证即可入驻平台。但是，境外的很多跨境电商平台，如 eBay、亚马逊等对卖家的要求相对比较高。eBay 在注册的时候需要提交相关的证明，如将销售的产品的发票、银行账单等，企业卖家还需要提供营业执照等相关证明并进行认证，同时也会收取一定的交易费用。

卖家应熟悉平台的各项相关规则。敦煌网的卖家都来自中国，敦煌网能做到较为公平地对待买家和卖家，且风控经验丰富（控制买家欺诈做得好）；速卖通作为阿里巴巴旗下的一大平台，也比较公平地对待买家和卖家，不过其规则常会发生一些变化，卖家需要及时进行了解；eBay、亚马逊作为境外的知名跨境电商平台，其规则对于卖家而言较为严格，注重保障买家的权益。如果买家投诉卖家售卖仿制产品，eBay 和亚马逊会立刻冻结卖家账号，只有卖家提供相应的证据证明自己所销售的不是仿制产品时，eBay 和亚马逊才会将账号解冻，这一解冻过程需要花费较长的时间。

（三）分析平台所针对的买家群体

卖家需要考虑自己的目标市场，考虑目标市场中的消费者习惯在哪些电商平台上购物。各大平台的精力有限，所以其推广的地区往往具有针对性，各地区的买家对于平台的使用频率也略有差异。另外，产品品牌知名度也在各大地区存在差异，卖家应考虑平台在境外地区的知名度等，选择适合自己产品销售的平台。如果企业的产品主要销往美国，那可以考虑美国买家群体较大的亚马逊或 eBay。如果企业的产品主要销往俄罗斯，那么全球速卖通则是他必选的平台之一。

（四）掌握平台销售的产品信息和其他卖家的情况

从销售产品的品类看，跨境电商平台销售的产品品类从服装服饰、3C 产品、计算机及配件、家居园艺、珠宝、汽车配件、食品药品等便捷运输产品向家居、汽车等大型产品扩展。eBay数据显示，eBay平台上增速最快的三大品类依次为家居园艺、汽配和时尚。eBay、亚马逊等网站所销售的产品品类多种多样，但也有很多网站主打某类产品，如兰亭集势主打销售服装类产品，尤其是婚纱产品。

(五) 熟悉网上服务平台的操作

网上服务平台的评价主要可以从用户体验角度出发。

(1) 感官体验，主要考虑网页色彩搭配、布局给人的舒适感程度。

(2) 交互体验，通俗来讲，就是网站的操作难易度。目前，敦煌网和速卖通最符合中国用户的操作习惯；eBay、亚马逊等对境内卖家而言操作相对复杂，因为其卖家来自全世界，平台需要适应全世界卖家的习惯。

(3) 情感体验，通过客服的回复是否及时，网页上是否有比较详尽的FAQ设置等来呈现。例如，兰亭集势在美国、西班牙、波兰等聘请当地服务市场的客服，此举措使其与当地的买家有了更好的互动，提升了买家的情感体验。

(六) 了解平台所采用的支付方式

这主要从买家的角度出发，考虑平台的支付方式是否符合买家的需求，是否能够提供丰富的可供选择的支付方式。除此之外，对于卖家来说，平台提供的收款工具的安全便利程度、回款时效、手续费率等也需要考虑在内。

(七) 清楚平台的物流方式及境外仓是否设立等情况

例如，大龙网在俄罗斯莫斯科、巴西圣保罗、印度新德里、加拿大蒙特利尔、澳大利亚堪培拉等地开设多个境外销售办公室，拥有200多名外籍员工，主要负责境外的销售和推广工作。还在各地设立了仓储设施，在国内长三角、珠三角等地拥有仓库，在东莞拥有公共监管仓，仓内对接海关和检验检疫，可实现“一站式”通关出口；在黑龙江省拥有合作配送点，为外贸企业开发俄罗斯市场提供更多便利；在俄罗斯、印度、英国、美国、澳大利亚等国家拥有境外仓，极大地提高了物流的速度。

(八) 探索各大平台提供的其他服务

敦煌网除了提供平台的基本服务外，也在优化一体化服务，如提供30多种支付方式、20多种物流方式、多种信贷服务及其他的增值服务；大龙网属于跨境O2O模式，它建立了云库房，实现了本土化运营；兰亭集势具有供应链优势，营销能力强，采取了本土化举措。在选择时，卖家需根据自己产品的特点及所需的服务和平台的特点进行匹配，看哪个平台最符合自己的要求。

三、多平台运行的优势和难点

由于各个跨境电商平台所针对的目标用户群体有所差异，所以为了拥有更多的用户，部分卖家会选择多平台运行。但是，也有卖家会纠结于是否要进行多平台运行，因此，本部分将分析多平台运行的优势和难点，使卖家初步认识多平台运行。

(一) 多平台运行的优势

多平台运行的优势可以简单地概括为五大“多元化”，即市场多元化、渠道多元化、产品多元化、推广多元化和服务多元化。

1. 市场多元化

众多国家形成广阔的市场空间，经济水平决定强大的消费能力，开放的消费观念及成熟的消费市场，这些条件为跨境电商的发展提供了有利的环境。电子商务在境外高速发展 10 余年，在国际和地区贸易中显示了强大的生命力及迅猛的发展势头。例如，在法国、德国等发达的欧洲国家，电子商务的销售额已占商务总额的 1/4；在电子商务发展更为先进的美国，销售额更是占商务总额 1/3 以上。目前境外市场的电子商务发展优势十分明显：市场广阔、需求量大；境外用户乐于分享的精神，有助于卖家在社交网络上进行宣传。

发达国家的电子商务环境比较成熟，但是竞争也相对激烈，因此，卖家也可以选择发展中的新兴市场，如非洲市场。根据咨询公司的研究，2020 年非洲南非的 68%成年人使用本地电商或跨境电商进行网上购物，估计总支出为 580 亿兰特；而非洲加纳有 1570 万互联网用户，加纳的互联网普及率在 2021 年 6 月前达到 50.2%，有 820 万社交媒体用户，实际使用网上购物的用户数量也达到了 300 万级别。

卖家选择多平台运行可以获得更多、更广阔的市场，可同时在几个目标市场上进行销售，再根据用户消费情况进行取舍。

2. 渠道多元化

用户在购买商品的时候会选择不同的跨境电商平台，跨境电商平台也会根据不同的用户需求推出相关的促销或线下活动等。进驻不同的跨境电商平台的成本比进驻线下的超市、加盟店等销售渠道的成本低很多，卖家可多渠道开拓市场。

3. 产品多元化

很多企业实行多元化经营战略，会在产品的设计上进行拓展，有些企业会设立子品牌，目的是获得更多的用户。在同一个跨境电商平台上罗列自己的全部产品，可能会引起用户的认知混乱，无法记住其标志性的产品，此时卖家可以在不同的跨境电商平台上进行销售，通过在不同的平台销售不同的产品的方式，提高用户对品牌的认知度。

4. 推广多元化

媒体的多元化和受众信息需求的多元化共同促成了传播平台的多元化，选择跨境电商多平台运行实质上也是在构建多元化的传播平台。卖家将信息发布在多个跨境电商平台上，就存在更多被分享、收藏、购买的可能性，只要产品对于买家群体有吸引力，买家的好友就会继续分享、传播、购买，这部分“社会化分享循环圈”所带来的流量犹如隐藏在海面下的冰山部分。多元化推广能为产品带来更多的展示平台，更好的排名和最多的外链等。

5. 服务多元化

选择多平台运行，卖家能够享受到多平台带来的多元化服务。

（二）多平台运行的难点

1. 选择跨境电商平台难

不同的跨境电商平台的功能、服务、操作方式和管理水平相差较大，理想的跨境电商平台应该具有这样的基本特征：良好的国际品牌形象，简单快捷的注册手续，稳定的后台技术，快速周到的客户服务，完善的支付体系，必要的配送服务，以及具有售后服务保证措施等。当然，平台还需要有尽可能高的访问量，有订单管理等基本功能，并且可以提供一些高级服务，如营销推广、访问流量分析、信贷等。此外，收费模式和费用水平也是重要的影响因素之一。不同的企业可能对网上销售有不同的要求，选择适合本企业产品特点的跨境电商平台需要花费不少精力，完成对跨境电商平台的选择确认大概需要几小时甚至几天的时间，多平台耗费的时间会更多。

2. 网上商店建设难

卖家在跨境电商平台上可以上传产品信息或开设店铺，跨境电商平台为卖家提供了丰富的功能和简单的操作界面，通过模板式的操作即可完成平台上店铺的建设或产品信息的上传，但是不同的平台所采用的系统有很大的差别，有些平台需要直接上传产品图片和文字说明，有些平台则需要卖家对店铺进行高级管理。运行多平台的卖家需要对各个平台进行探索和了解。此外，语言的差异也是卖家的障碍。

3. 业务推广难

当店铺建好店铺并上传好产品信息之后，最重要的问题就是如何让更多的用户浏览并购买产品。整个跨境电商平台中可能有数以千计的专卖店，因此某一个网上专卖店只是其中很小的组成部分，通常被隐藏在二级甚至三级目录之后，用户直接发现它的可能性比较小，何况同一个网站上还有很多竞争者在互相争夺有限的潜在用户资源。因此，网上商店对平台的依赖程度很高，这在一定程度上对卖家所建立的网上商店或上传的产品信息的效果形成了制约。想要在数量众多的网上商店或产品中脱颖而出并不是一件容易的事情，这需要卖家针对每个平台采取不同的推广手段。

任务实训

选择合适的出口跨境电商平台

某公司主营女士服装，产品主要销售欧美地区，产品质量好、款式新颖。最近公司打算入驻跨境电商平台从事零售业务。公司了解到常用的 B2C 跨境电商平台，打算从这些平台中选择合适的跨境电商平台开启跨境电商之路。

一、实训目的

熟悉常用各大跨境电商平台，能够根据跨境电商评价框架分析跨境电商平台，并结合企业情况分析给出平台选择结论。

二、实训内容

根据跨境电商平台评价的系统框架，对跨境电商平台进行评价，最终完成评价表格 2-11，并给出选择结论。

表 2-11　跨境电商平台评价表

评价框架	跨境电商平台的评价
目标用户	
平台卖家	
准入条件	
支付方式	
网上服务平台	
物流	
其他服务	

三、实训步骤

选取具有代表性的跨境电商 B2C 平台，登录浏览平台页面，收集平台相关资料。平台信息可参考平台网站，如亚马逊美国站（www.amazon.com），平台入驻条件、平台规则、平台资源等可参考入驻网站，如亚马逊全球开店（gs.amazon.cn）。

同步测试

一、单项选择题

1. 小张想做跨境电商，但是他没有注册公司，那么他无法注册以下哪个平台？（　　）
   A. eBay　　B. 敦煌网　　C. 全球速卖通　　D. Wish
2. 以下 4 个跨境电商平台，哪个平台实行的是“阶梯佣金”政策？（　　）
   A. 亚马逊平台　　B. 速卖通平台　　C. Wish 平台　　D. 敦煌网
3. 关于注册亚马逊账号，下面说法正确的是（　　）。
   A. 一台电脑可以登录两个亚马逊账号
   B. 一台电脑只能登录一个亚马逊的账号
   C. 一台电脑登录了其他人的账号后不会被关联
   D. 一台电脑可以随意的登录自己的和他人的亚马逊账号
4. 如果想要销售二手产品，选择哪个平台更合适？（　　）
   A. eBay　　B. 亚马逊　　C. 全球速卖通　　D. Wish
5. 订单主要来自俄罗斯的出口跨境电商平台是（　　）。
   A. 全球速卖通　　B. 亚马逊　　C. 敦煌网　　D. Wish

二、多项选择题

1. 在进行跨境电商平台选择时，需要考虑哪些因素？（　　）
   A. 平台准入条件　　B. 平台目标客户　　C. 平台成立时间　　D. 平台物流服务
2. 某卖家需要注册亚马逊卖家账号，在注册前，他需要提前确认好哪些信息以备注册时填写？（　　）
   A. 电子邮箱地址　　B. 公司名称、地址、联系方式
   C. 国际信用卡（Visa、MasterCard 等）　　D. 主要联系人的联系方式
3. 以下说法正确的是（　　）。
   A. 全球速卖通平台对价格比较敏感，使用低价策略比较多
   B. 亚马逊平台对卖家的要求比较高
   C. 销售汽配类商品可以选择 eBay 平台
   D. Wish 平台定位的市场是俄罗斯、巴西等国家
4. 以下说法正确的是（　　）。
   A. 跨境电商按进出口类型分为跨境出口和跨境进口两大类
   B. eBay 支持企业入驻也支持个人入驻
   C. 速卖通需要 PayPal 收款
   D. Wish 是北美最大的移动购物平台
5. 想要在美国市场销售产品，可以选择哪些平台？（　　）

A. 亚马逊　　B. Shopee　　C. eBay　　D. Lazada

三、判断题

1. eBay平台是免注册费的跨境电商平台，对于交易的商品仅收取支付手续费，不收取佣金费。（　）

2. 亚马逊以产品为驱动，如果没有品牌，卖家最好不要选择亚马逊。（　）

3. 同样的商品，在一个平台上成为爆款，那在其他平台也可以卖得好。（　）

4. 全球速卖通平台的数据纵横模块提供数据分析服务，能够帮助卖家更好地进行数据化运营。（　）

5. 全球速卖通平台侧重点在新兴市场，特别是俄罗斯和巴西。（　）

四、案例分析题

Anker如何成为亚马逊最畅销卖家

成立5年的Anker是亚马逊平台上的智能配件畅销卖家，这家中国企业又是如何做到的？

在美国呆了几年后，Anker的创始人Steven Yang意识到，通过亚马逊这些电商平台，中国制造商拥有了使商品直销美国的机会。从德州大学获得硕士学位后，Steven Yang在谷歌担任工程师。2011年，他创办了海翼电子商务股份有限公司。他的计划是通过网站，把公司旗下的Anker科技产品出售给美国、欧洲等发达国家的消费者。5年后，Anker成为亚马逊平台上一些品类的领先品牌。比如在亚马逊平台上搜索"Portable Charger"（移动电源），Anker出现在搜索结果第一位，是亚马逊的热销品。亚马逊平台上Anker店铺的评分是4.9。

那么这家中国企业如何在美国消费者中名声大噪的呢？Anker的副总裁高韬表示产品质量是一个原因。"我们的产品研发部门有超过100位的工程师，很多人有在国际知名企业工作的经验。这能确保Anker在生产产品时一直处在技术前沿和采用先进的技术标准。比如我们的电池供应商是松下，他们也为Tesla供应电池。"Anker也会收集亚马逊平台的客户评价和价格变化数据，这些数据能帮助产品经理了解问题所在，并预测出未来需求旺盛的产品。这些消费者调查能帮助Anker迅速更新产品，比如它曾在6个月内推出150种新产品，一般新产品的库存两个月内就会卖光。Anker的产品也从线上走入线下实体店，比如Staples商店就出售Anker的产品。

（资料来源：雨果跨境，https://www.cifnews.com/article/21937）

请根据以上案例回答下列问题。

1. 你认为Anker为什么会选择在亚马逊平台销售？

2. 结合本案例谈谈如何根据跨境电商平台的特点进行平台选择。

项目三

跨境电子商务市场调研与选品

学习目标

【知识目标】

- 了解欧洲、北美洲、亚洲等电商市场发展概况。
- 了解跨境消费者与境内消费者的观念差异。
- 掌握跨境电商消费者行为的地域分布特点。
- 熟悉主流跨境电商平台选品原则和工具。
- 掌握跨境电商产品定价方法和策略。

【能力目标】

- 能运用相关知识进行跨境市场调研。
- 能合理分析跨境消费者的消费行为。
- 能结合市场和平台特点选择合适的产品。

【素质目标】

- 引导学生做好本职工作，加强岗位创新创业意识。
- 注重提高学生核心竞争力，增强民族自豪感和爱国主义情怀。
- 培养学生科学严谨的工作态度，精益求精的工匠精神。

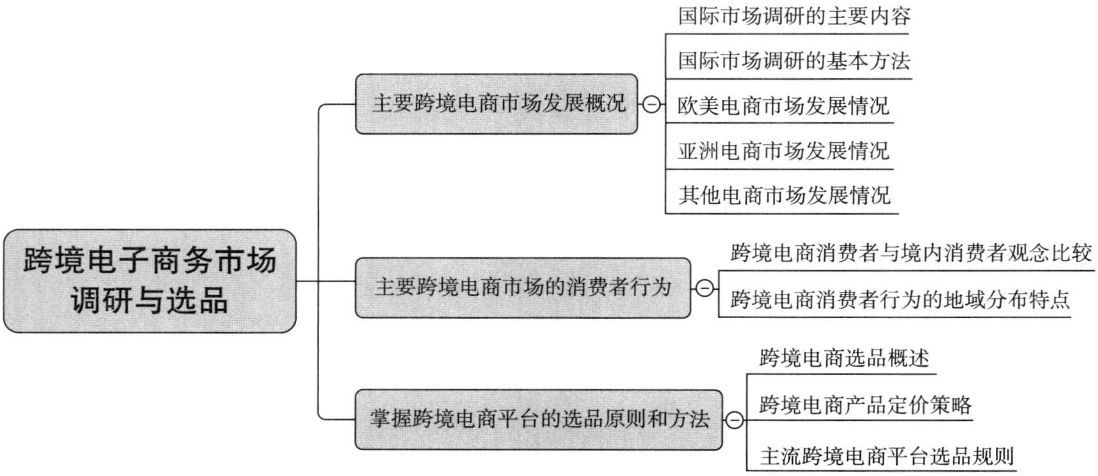

任务一　主要跨境电商市场发展概况

跨境电子商务市场调研是指运用科学方法，有目的、有系统地收集、记录、整理有关国际市场营销方面的各种资料，分析研究卖方将商品或劳务转移给买方的各种情况和趋势。它分析了跨境电子商务企业的生产和市场需求之间的内在联系，研究了社会需求的特征及变化规律，在国际市场竞争日趋激烈的当代社会，跨境电子商务市场调研的地位在不断地提高，其作用也越来越明显。跨境电商市场调研是管理者发现商机、经营决策的依据，是促进企业科技创新的重要因素，是企业实现精准市场预测的重要手段。

任务描述

在当今瞬息万变的国际经济背景下，合理利用跨境电子商务市场调研及时、准确地掌握市场信息，调整战略决策，是跨境电商企业发展过程中的关键。小雯熟悉各大跨境电商平台的特点和运行规则后，接下来需要调查主要电商市场的发展情况，并形成调研报告。

任务分析

小雯想要完成一份主要电商市场调研报告，首先，要了解全球主要电商市场有哪些，用哪些指标衡量电商发展水平；其次，要把握国际市场调研的主要内容，包括经济、政治、文化、法律等；最后，了解跨境电商市场调研的主要方法，调研报告的撰写内容和基本要求。

相关知识

一、国际市场调研的主要内容

一般而言，从国际贸易商品进出口角度看，国际市场调研主要包括：国际市场环境调研、国际市场商品情况调研、国际市场营销情况调研、国外客户情况调研等。

（一）国际市场环境调研

（1）国外经济环境。其包括一国的经济结构、经济发展水平、经济发展前景、就业、收入分配等。此外，跨境电商企业还要调研消费者的收入水平、消费者支出模式和消费结构、消费者储蓄和信贷、经济体制地区和行业发展状况、城市化程度等多种因素。

（2）国外政治和法律环境。其包括政府结构的重要经济政策，政府对贸易实行的鼓励或限制措施，有关外贸方面的法律法规，如关税、配额、国内税收、外汇限制、卫生检疫、安全条例等。法律环境是企业营销活动的准则，企业只有依法进行各种营销活动，才能受到国家法律的保护。

（3）国外文化环境。其包括使用的语言、教育水平、宗教、风俗习惯、价值观念等。在企业面临的诸多环境中，文化环境是较为特殊的，它不像其他环境因素那样显而易见与易于理解，却又无时不在地深刻影响着企业活动。

（4）国外人文地理环境。其主要包括地理区域、地形、气候、人口密度、风俗习惯、生产力布局、交通运输条件等。人文地理环境虽然不是人类自身生存和发展的物质基础，但却影响了人们的观念和行为准则。

（二）国际市场商品情况调研

企业要把产品打入国际市场或从市场进口产品，除需了解国外市场环境外，还要了解国外商品市场情况，这样有利于企业更好地满足市场需要，提高企业的竞争能力与应变能力。

（1）国外市场商品的供给情况。其包括商品供应的渠道、来源，国外生产厂家、生产能力、数量及库存情况等。企业在调研某产品的供应量时，必须首先调查产品现有的生产能力，并了解现有生产能力是否得到充分利用。

（2）国外市场商品需求情况。市场商品需求调研主要围绕消费者需求量、消费者收入、消费者结构和消费者行为等展开，包括消费者为什么购买、购买什么、购买数量、购买频率、购买时间、购买方式、购买习惯、购买偏好和购买后的评价等。

（3）国际市场商品价格情况。其包括国际市场商品的价格、价格与供求变动的关系等。价格是商品价值的货币表现形式，而商品价格的高低，直接关系到企业和消费者的切身利益，它是消费者购买心理中最敏感的因素，直接影响消费者的购买行为。

（三）国际市场营销情况调研

国际市场营销情况调研是对国际市场营销组合情况的调研，有助于企业分析和预测国际市场未来的发展趋势，从而掌握国际市场营销活动的规律。除了上述提到的商品供求及价格水平，一般还包括：

（1）商品销售渠道。其包括销售网络设立、批零商的经营能力、经营利润、消费者对他们的印象、售后服务等。打算进入新市场的企业，选择合适的商品销售渠道有利于缩短产品前期促销时间，增加利润，提高市场占有率及渗透率。

（2）广告宣传。其包括消费者的购买动机、广告内容、广告时间、方式效果等。广告宣传的前期调研可以获取竞争市场中同行的宣传方式及内容或消费者的需求点，经过有效的汇总进行分析，从而得出消费痛点，进而有效出击。

（3）竞争分析。其包括竞争者的产品质量、价格、政策、广告、分配路线、占有率等。竞争战略分析的主要目的在于了解竞争对手的经营状况，了解目标客户的未来需求以及发现新的消费点和新的客户群，最终达到在未来市场竞争活动中占据主导位置的目的。

知识链接

市场调研报告的基本要求

（1）市场调研报告力求客观真实、实事求是。市场调研报告必须符合客观实际，引用的材料、数据必须真实可靠。反对弄虚作假，或迎合上级的意图。总之，要用事实来说话。

（2）市场调研报告要做到调研资料和观点相统一。市场调研报告是以调研资料为依据的，即调研报告中所有的观点、结论都以大量的调研资料为根据。在撰写过程中，要善于用资料说明观点，用观点概括资料，二者相互统一。切忌调研资料与观点相分离。

（3）调研报告要突出市场调研的目的。撰写市场调研报告，必须目的明确，有的放矢，任何市场调研都是为了解决某一问题，或者为了说明某一问题。市场调研报告必须围绕市场调研的目的来进行论述。

（4）调研报告的语言要简明、准确、易懂。调研报告是给人看的，无论是厂长、经理，还是一般读者，都不喜欢冗长、乏味、呆板的语言，也不精通调研的专业术语。因此，撰写调研报告语言要力求简单、准确、通俗易懂。

市场调研报告写作的一般程序：确定标题，拟定写作提纲，取舍选择调研资料，撰写调研报告初稿，最后修改定稿。

调研报告的内容包括：调研目的，调研对象及其情况，调研内容，调研方式（一般可选择问卷式、访谈法、观察法、资料法等），调研时间，调研结果。调研体会（可以是对调研结果的分析，也可以是找出结果的原因及应对办法等）。

二、国际市场调研的基本方法

（一）网站数据观察

市场调研的方法有很多，这里介绍初级卖家容易操作的方式。初级卖家可通过互联网收集现有的数据和信息，经过分析判断得出结论。

在跨境电商平台的买家端可以很方便地收集相关信息，进行市场调研。下面以亚马逊、速卖通和 eBay 平台为例进行介绍。

1. 亚马逊平台数据

在亚马逊平台上，买家可以选择“Best Sellers”，对热销产品的相关信息进行观察。操作步骤：首先登录亚马逊买家首页，配送地址设置为目标市场所在地，点击“Best Sellers”找到需要调研的类目，选择“Electronics”打开该类目后，相关页面内容按照子类排序显示（见图 3-1）。

图 3-1　亚马逊平台 Best Seller 选择类目

选择“Cell Phones & Accessories”后，显示该子类下的“Best Sellers”，页面显示的是所选类目下的热销产品，单击后可查看该产品的价格等详情描述（见图 3-2）。

2. 速卖通平台数据

登录速卖通平台首页，选择所需调研的类目，如“Phones & Telecommunications”（见图 3-3），选择“Cellphones”，点击“Order”按订单降序排列，即可以查看平台上手机类目销量靠前的产品信息（见图 3-4）。此外，还可以点击“Newest”或“Price”调研新款产品和产品价格等。

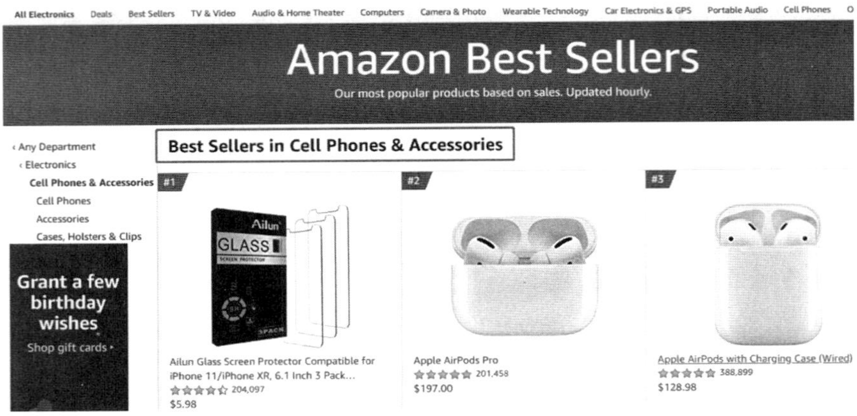

图 3-2　Amazon 平台手机及配件的 Best Seller 产品展示

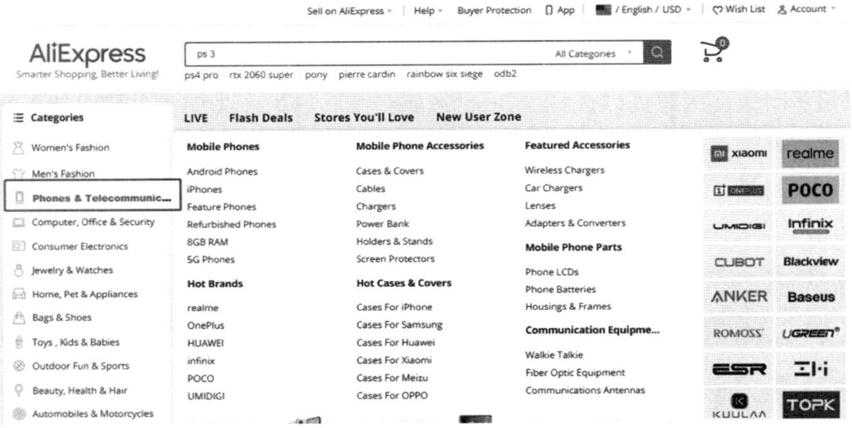

图 3-3　速卖通平台选择类目

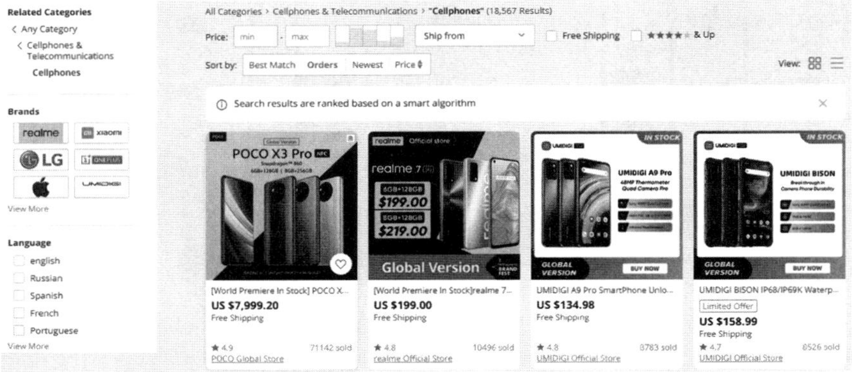

图 3-4　速卖通平台 Cellphones 类目产品销量排名

3. eBay 平台数据

登录 eBay 平台首页，找到需要查看的类目，如选择“Electronics”(见图 3-5)，打开类目后，点击“Cell Phones & Smartphones”，相关页面内容按照 Best Match 排序显示（见图 3-6），此外还可以按照时间、价格和距离排序显示。

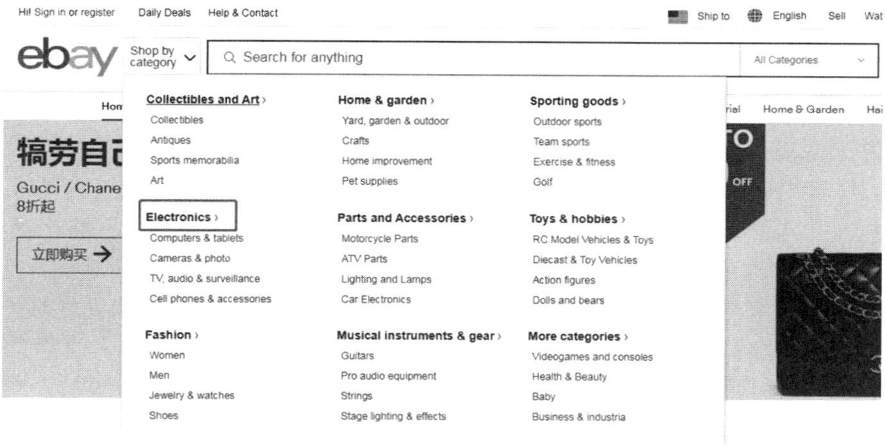

图 3-5 eBay 平台选择类目

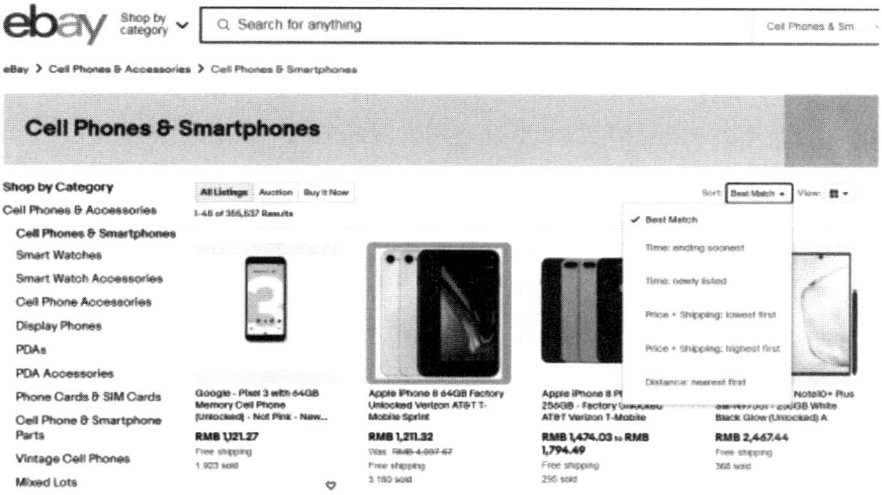

图 3-6 eBay 平台 Cellphones 产品销量排名

（二）观察流行趋势

1. 通过本土电商网站探索趋势

（1）美国电商网站

除了亚马逊、eBay 等大型电商平台外，美国还有一些以线下大型实体店为基础向电商发展的平台，它们也是美国买家的主要网购平台，包括以下几种。

①Walmart（沃尔玛）是全球最大的零售公司，经营着大型超市、百货公司和杂货店。除美国以外，沃尔玛还通过子公司在加拿大、墨西哥等多个国家开展业务。其线上商店出售各种各样的产品，包括食品、电子产品、时装、家用设备以及汽车零部件等。2021 年 7 月 Alexa 网站流量排名数据显示（下同），沃尔玛在全球网站流量排名第 100 名左右，网站的日均 UV 浏览量达 1400 万。

②Etsy 是一个专注于手工或复古产品和独特的工厂制造产品的平台，允许卖家或品牌直接向网站的用户销售各种各样的艺术和摄影产品、服装和配件、食品、沐浴和美容产品、玩具等物品。Etsy 在全球网站流量排名第 60 位，网站的日均 UV 浏览量达 1984 万。

③Target 是仅次于沃尔玛的第二大百货商店零售商，在全美经营着 1800 多家商店。Target 还建有一个多元化的网上商店，销售的产品包括时尚、家居装饰、家具、杂货、电子产品以及卫生用品等。Target 在全球网站流量排名第 236 位，网站的日均 UV 浏览量达 608 万。

④Macy's（梅西百货）是美国领先的连锁百货公司，产品包括男女时装、配饰和童装，以及家居和装饰产品。梅西百货还推出了向数字客户销售产品的线上商店，并将产品销往全球 200 多个地点。Macy's 在全球网站流量排名第 426 位，网站的日均 UV 浏览量达 317 万。

⑤Wayfair 是一家专营家具和家庭用品的公司，超过 10000 家全球供应商直接向数字客户销售数百万种产品。为了支持其数字业务，Wayfair 在美国各地设立了办事处和仓库，并在加拿大、德国、爱尔兰和英国等国拓展了业务。Wayfair 在全球网站流量排名第 359 位，网站的日均 UV 浏览量达 352 万。

⑥Best Buy（百思买），是美国领先的电子消费品、电脑、家电、手机、视频游戏、科技产品和电子产品零售商，在加拿大、墨西哥和中国都有分支机构。百思买发展了自己的电子商务商店，并在线上向美国数字客户销售电子产品和家用电器。Best Buy 在全球网站流量排名第 179 位，网站的日均 UV 浏览量达 800 万。

（2）俄罗斯电商网站

Fastdata 极数发布的《2019 年俄罗斯互联网发展趋势报告》显示，阿里巴巴、亚马逊和 eBay 三个平台的市场总额合计约 20%，Wildberries、Mvideo、Citilink、Ozon 是目前俄罗斯排名前 4 的电子商务公司。

Wildberries，成立于 2004 年，总部位于莫斯科市，销售有约 10 万款鞋类、服装以及品牌配件等商品。该平台还提供全国免运费快递服务，是俄罗斯第一家提供无条件免费送货的电商。涵盖 5 个国家：俄罗斯、白俄罗斯、哈萨克斯坦、吉尔吉斯斯坦和亚美尼亚。2019 年，Wildberries 平台销售额占俄罗斯电商销售总额的 7%。

Mvideo 是俄罗斯销售电子和家用电器的零售连锁企业的领导者，也是欧洲最大的公司之一。平台主营类目包括电视、音像设备、电脑、手机、照相及摄像设备、家用工具、厨具、汽车用品、玩具等。除了有效的零售模式和面向客户的商店概念，还为客户提供高品质的服务。2019 年，Mvideo 平台销售额占俄罗斯电商销售总额的 6%。

Citilink 是俄罗斯 3C 家电电子商务市场的佼佼者，2008 年以来，Citilink 成为俄罗斯市场上最大的网上商店之一，提供包括在线电脑、3C 家电售卖以及数码下载等服务，销售超过 50000 种家用电器、数字电子产品等。并且在俄罗斯各大城市还开通了 300 多个服务网点，大大地满足了钟爱 3C 产品的俄罗斯人民的需要。2019 年，Citilink 平台销售额占俄罗斯电商销售总额的 3%。

Ozon 是俄罗斯新跨境电商中的一匹黑马，同时也是俄罗斯市场唯一的多品类综合电商平台。Ozon 拥有 1140 万俄罗斯客户，每天有超过 300 万的独立访客。主营品类包括 3C 电子、手机配件、运动、家电、服装等。2019 年，Ozon 平台销售额占俄罗斯电商销售总额的 3%。

2. 通过社交网络了解流行趋势

社交网络（Social Networking Services，SNS）通常是信息发源地，各领域的最新信息和流行趋势都会先在 SNS 传播，卖家可以关注境外流行的 SNS 中的行业相关意见领袖和热门话题，通过观察发掘潜在商机。例如，时尚达人经常会分享最新的设计款式，这些设计款式可能会在未来的 3 个月至 2 年的时间内逐渐流行，卖家通过判断可以提前预备相关产品。下面介绍 3 种可能会出现销售商机的流行趋势。

（1）电影流行趋势

关注院线未来一年的上映计划，尤其是好莱坞出品的影视作品，选出观众期望度较高的电影，这些电影很可能会带动一股文化潮流。卖家可以针对电影里的热门元素提前开发周边产品，但是在开发电影周边产品时，注意不可发生侵权行为。

（2）时尚博主流行趋势

时尚产品的卖家要多关注 Twitter、Facebook、Instagram、Pinterest 等，寻找并关注符合自己品牌风格的时尚博主、影视名人，其穿着或关注的话题很可能会引起普通消费者的跟风潮流。

（3）大型文体活动流行趋势

体育比赛和走秀节目都可能带来阶段性的购买热潮，以下推荐两个值得卖家关注的大型活动。

①全球性体育赛事都会引起阶段性的流行，如奥运会和世界杯足球赛。四年一届的世界杯是全球球迷狂欢的日子，这个时期，球赛周边产品销售量会直线上升，如 2022 年卡塔尔世界杯期间，义乌的世界杯周边产品爆卖。

②超级碗（Super Bowl），即美国国家橄榄球联盟的年度冠军赛。“超级碗”被称为美国的“春晚”，美国大牌的演艺名人都会在超级碗演出，是美国收视率排名靠前的电视节目。

三、欧美电商市场发展情况

（一）美国

2018 年，美国的物流绩效指数（Logistics Performance Index，LPI）在全球排名第 14 位，美国海关的清关能力强，与国际贸易和运输相关的基础设施建设较完备，有较成熟的物流体系，能提供方便快捷的物流服务。2020 年，美国市场的经商容易度指数（Ease of Doing Business Index）在全球排名第 6 位，美国注重对企业的承诺，商业环境友好，吸引众多顶尖全球公司参与竞争。在美国这一成熟的消费市场从事商业活动比较便利，同时竞争也很激烈。2020 年，美国的电子政务发展指数（E-Government Development Index，ESDI）为 0.9297，在全球排名第 9 位，其中在线服务指数（OSI）和通信基础设施指数（TII）相对较高。美国政府十分重视在现代信息和通信技术方面的投入，因此公共服务电子化、信息公布与发布电子化发展较好。

在电子商务零售方面，2019 年美国互联网使用者占总人口的 90%，移动互联网普及率达到 81.3%，电子商务基金会预测，到 2021 年，53.9% 的电商销售主要通过移动设备实现。在人口结构方面，25~54 岁年龄段占全国上网人数的比重最大，达 39.35%。2014—2019 年，美国电子商务销售总额占 GDP 的比重逐年增加（见图 3-7）。线下零售是美国最大的销售市场，而电商市场是美国零售商的主要增长动力，2019 年美国电商市场规模达 6020 亿美元，约占零售总额的 11%。所以，美国电商头部公司在进军线下零售的同时，对电商的增长持乐观态度，特别是疫情全面在美国爆发的情况下，更加速了美国电商零售行业的增长。线下零售是美国最大的销售市场，而电商市场是美国零售商的主要增长动力，2019 年美国电商市场规模达 6020 亿美元，约占零售总额的 11%。

（二）德国

2018 年的物流绩效指数显示，德国位列全球第一，这是德国第三次位居榜首，其中海关效率和边境管理清关、贸易和运输相关基础设施的质量、物流服务质量、跟踪和定位能力 4 个

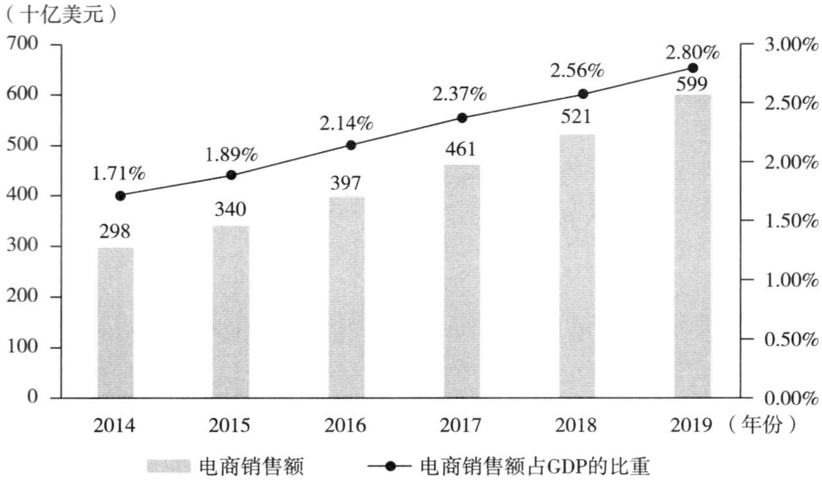

图 3-7 美国电子商务销售额占 GDP 的比重

数据来源：电子商务基金会。

指标位列全球第一，运输频次和及时性全球排名第三。可见，德国海关清关能力强，贸易和运输相关基础设施完备，物流体系成熟，服务能力强。2020 年，德国的经商容易度指数在全球排名第 22 位，其中解决公司破产问题、电力的获得、合同的执行等指标排名靠前，分别在全球排名第 4 位、第 5 位和第 13 位，但经商便利指标排名靠后，在全球排名 125 位。德国的经商环境相比美国存在一定的差距，但总体较为友好。德国的电子政务发展指数在全球排名第 25 位，其中德国的人力资本指数（HCI）和通信基础设施指数较高，而在线服务指数相对较低。

2019 年，德国互联网使用者占总人口的 88%（见图 3-8）。在人口结构方面，25~54 岁年龄段人口占总人口的 40.45%。德国网购者占互联网用户的比重较稳定，近几年保持在 88%左右，德国人对网购接受程度较高，电商消费市场广阔。据电子商务基金会调查，德国人用智能手机购买的商品主要有衣服、书籍等日用品。

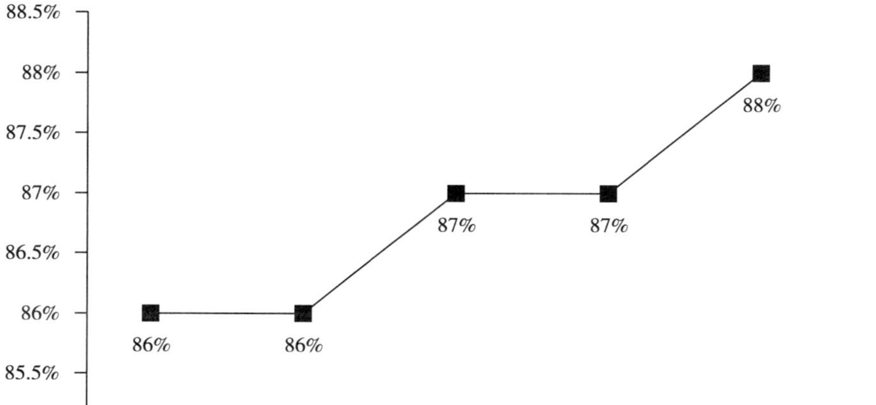

图 3-8 2015—2019 年德国互联网普及率

数据来源：电子商务基金会。

（三）英国

2018 年，英国的物流绩效指数在全球排名第 9 位，其中跟踪和定位能力、及时性两个指标排名靠前，均位列全球第 4，而海关效率和边境管理清关能力、运输频次指数相对落后，分别位列第 11 位和第 13 位。总体来说，英国具有较强的清关能力和成熟的物流体系，贸易和运输相关技术设施较完备。

2020 年，英国的经商容易度指数在全球排名第 8 位，其中保护中小投资者和电力的获得等指标排名靠前，分别位列全球第 7 位和第 8 位，而资产登记、受信业务、执行契约和跨界交易等指标排名相对靠后。总体而言，英国的经商环境较好，在贸易、投资、资本流动方面较为开放。2019 年的《最适合经商的国家和地区》报告中，英国连续两年当选全球第一。英国的营商和投资环境位于世界的前列，很快将进一步打开大门，扩大全球的贸易往来。

2020 年，英国的电子政务发展指数在全球排名第 7 位，英国政府高度重视在信息和通信技术方面的投入，因而在电子化方面发展较快，其公共服务电子化、信息公布与发布电子化发展良好。

2020 年，英国网上购物通常使用笔记本计算机（50%），其次是智能手机（34%）和台式计算机（31%）。随着时间的推移，英国移动商务消费者正在不断增加。近年来，英国的网购人数基本稳定，保持在 87%的水平（见图 3-9）。

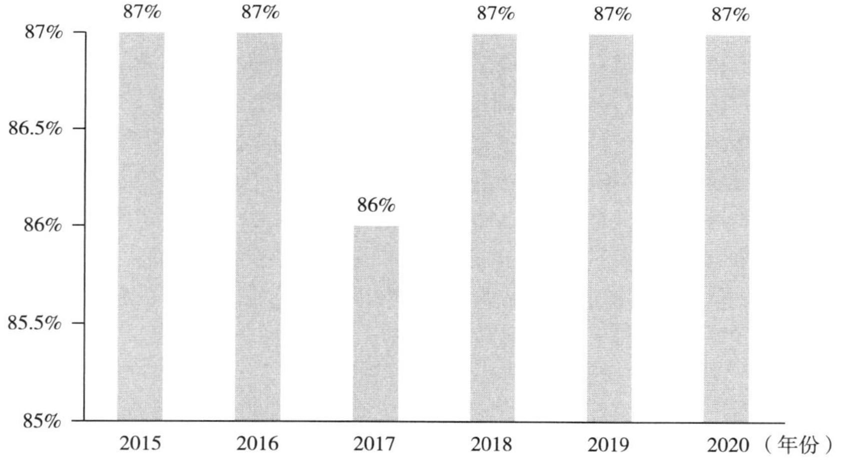

图 3-9　2015—2020 年英国网购者占总人口的比例

数据来源：电子商务基金会。

电子商务基金会调查显示，2019 年英国市场的消费者选择网购的主要原因有方便比价（54%）、选择更多（51%）、空闲时间多（46%）、购物便捷（44%）、更便宜（43%），其中方便比价是英国市场消费者选择网购最主要的原因（见图 3-10）。可见，具有价格优势的跨境电商卖家可以选择方便比价的平台销售商品，以获取更多订单。

（四）俄罗斯

2018 年，世界银行的物流绩效指数显示，俄罗斯在全球排名第 75 位。近年来，尽管俄罗斯邮政在互联网商店货物送达方面取得一定成绩，但由于地理条件不适宜物流配套体系建设，物流依然是电子商务的薄弱环节。2020 年，俄罗斯的经商容易度指数全球排名第 28 位，其中电力的获得和资产登记等指标相对靠前，分别排名第 7 位和第 12 位，而跨界交易和保护中小

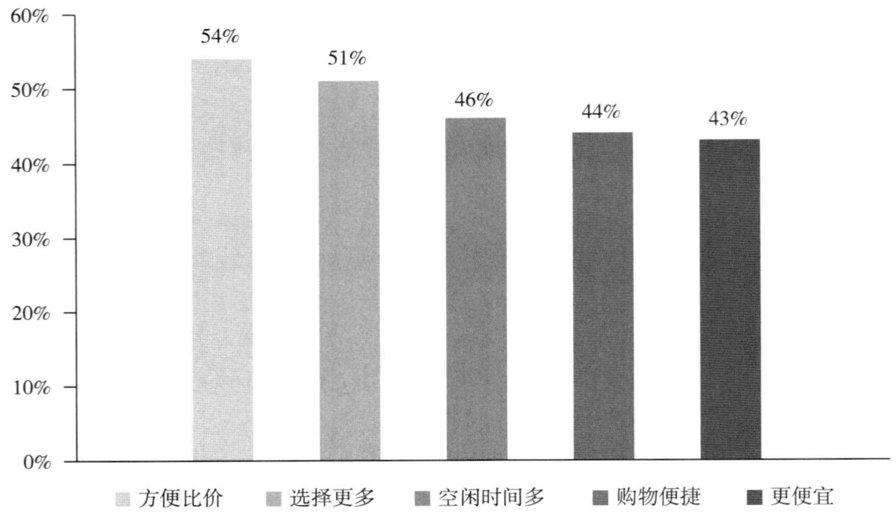

图 3-10　2019 年英国市场的消费者选择网购的原因

数据来源：电子商务基金会。

投资者等指标排名靠后，分别位列全球第 99 位和第 72 位。总体来说，俄罗斯相比于美国、英国等发达国家，其经商环境相对薄弱，尤其是跨界交易环境需要进一步提高。2020 年，联合国电子政务调查报告显示，俄罗斯的电子政务发展指数在全球排名第 36 位，从整体上看，俄罗斯电子政务的发展比较平稳，各项基础设施和政策规划也在逐渐完善。然而，一些问题也同样不容忽视，数字鸿沟和信息技术发展水平较低便是在其发展过程中的两个突出的障碍，在一定程度上限制了俄罗斯电子政务的发展。

俄罗斯拥有 1.44 亿人口，是欧洲最大的互联网市场，2019 年底，互联网用户达到 1.1 亿，互联网普及率为 76%（见图 3-11）。而电商市场仅占全国零售业的 6%，网购具有巨大的发展潜力。电商销售量排名前 5 位的商品为：家用电器和电子产品（28.2%）、服装和鞋类（21%）、食品（10.2%）、家具和家庭用品（9.2%）、美容和保健产品（5.6%）。俄罗斯消费

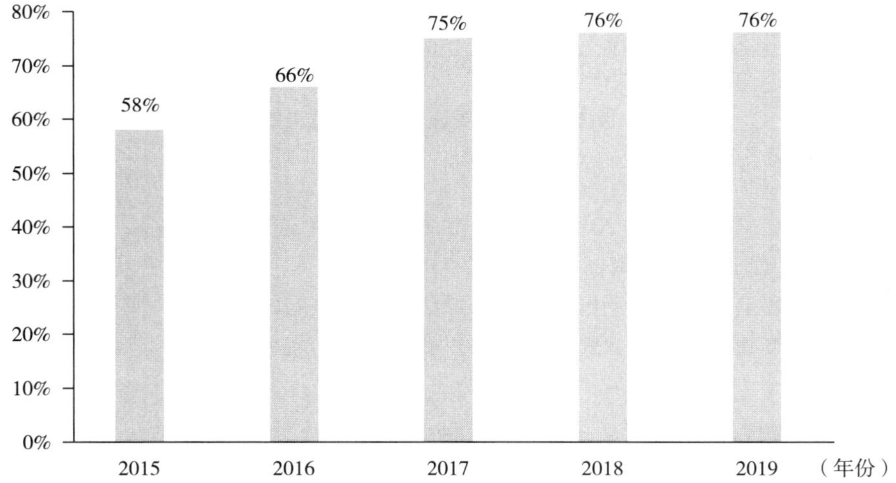

图 3-11　2015—2019 年俄罗斯互联网普及率

数据来源：电子商务基金会。

者选择网购的主要原因是网购价格便宜并且节约时间。

俄罗斯电商企业协会（AKIT）报告称，2020 年俄罗斯电子商务市场规模达到 3.2 万亿卢布，比 2019 年增长 58.5%。Data Insight 的最新预测表明，新冠肺炎疫情之下，俄罗斯电商市场规模将进一步增长。预计到 2021 年，俄罗斯电商市场规模将达到 445 亿美元。同时，俄罗斯电商市场也是全球增长最快的 5 个市场之一，根据 Data Insight 的分析显示，2019 年上半年，俄罗斯的在线交易同比增长 26%。在此期间，俄罗斯消费者网购次数达到了 1.91 亿次，同比增长了 44%。根据 Mediascope 的数据显示，95.8%的俄罗斯网民曾在线上购买过产品。

四、亚洲电商市场发展情况

（一）日本

2018 年，世界银行的物流绩效指数显示，日本在全球排名第 5 位，亚洲地区排名第一。海关效率和边境管理清关能力强，贸易和运输相关基础设施完备，运输频次较高，物流服务质量好，及时性、跟踪和定位能力强（见图 3-12）。2020 年，世界银行的经商容易度指数中，日本在全球排名第 29 位，经商环境相比于新加坡和美国存在一定的差距。2020 年，联合国电子政务调查报告显示，日本的电子政务发展指数在全球排名第 14 位，亚洲排名第 3 位，日本在电子政务处于领先地位，其在现代信息和通信技术方面投入较大，公共服务电子化发展势态较好。

DATA TABLE　　LPI Global Rankings *2018*

(Toggle Rank and Score for Subindicators)

Country	Year	LPI Rank	LPI Score	Customs	Infrastructure	International shipments	Logistics competence	Tracking & tracing	Timeliness
Germany	2018	1	4.20	4.09	4.37	3.86	4.31	4.24	4.39
Sweden	2018	2	4.05	4.05	4.24	3.92	3.98	3.88	4.28
Belgium	2018	3	4.04	3.66	3.98	3.99	4.13	4.05	4.41
Austria	2018	4	4.03	3.71	4.18	3.88	4.08	4.09	4.25
Japan	2018	5	4.03	3.99	4.25	3.59	4.09	4.05	4.25
Netherlands	2018	6	4.02	3.92	4.21	3.68	4.09	4.02	4.25
Singapore	2018	7	4.00	3.89	4.06	3.58	4.10	4.08	4.32
Denmark	2018	8	3.99	3.92	3.96	3.53	4.01	4.18	4.41
United Kingdom	2018	9	3.99	3.77	4.03	3.67	4.05	4.11	4.33
Finland	2018	10	3.97	3.82	4.00	3.56	3.89	4.32	4.28
United Arab Emirates	2018	11	3.96	3.63	4.02	3.85	3.92	3.96	4.38
Hong Kong, China	2018	12	3.92	3.81	3.97	3.77	3.93	3.92	4.14
Switzerland	2018	13	3.90	3.63	4.02	3.51	3.97	4.10	4.24
United States	2018	14	3.89	3.78	4.05	3.51	3.87	4.09	4.08
New Zealand	2018	15	3.88	3.71	3.99	3.43	4.02	3.92	4.26
France	2018	16	3.84	3.59	4.00	3.55	3.84	4.00	4.15

图 3-12　2018 年世界银行的物流绩效指数排名

数据来源：The World Bank IBRD · IDA 数据库。

据日本经济产业省《平成 2019 年电子商务市场调查报告》数据显示，2019 年，日本电子商务零售市场规模扩大到 193609 亿日元，比 2018 年的 179845 亿日元增长了 7.65%，电子商务批发市场规模扩大到 3529620 亿日元，比 2018 年的 3442300 亿日元增长了 2.5%。与此同时，2019

年日本电子商务零售市场规模占整体商业交易总量的6.76%，相比去年增加0.54个百分点，电子商务批发市场规模占整体商业交易总量的31.70%，较去年增长了1.5个百分点（见图3-13）。

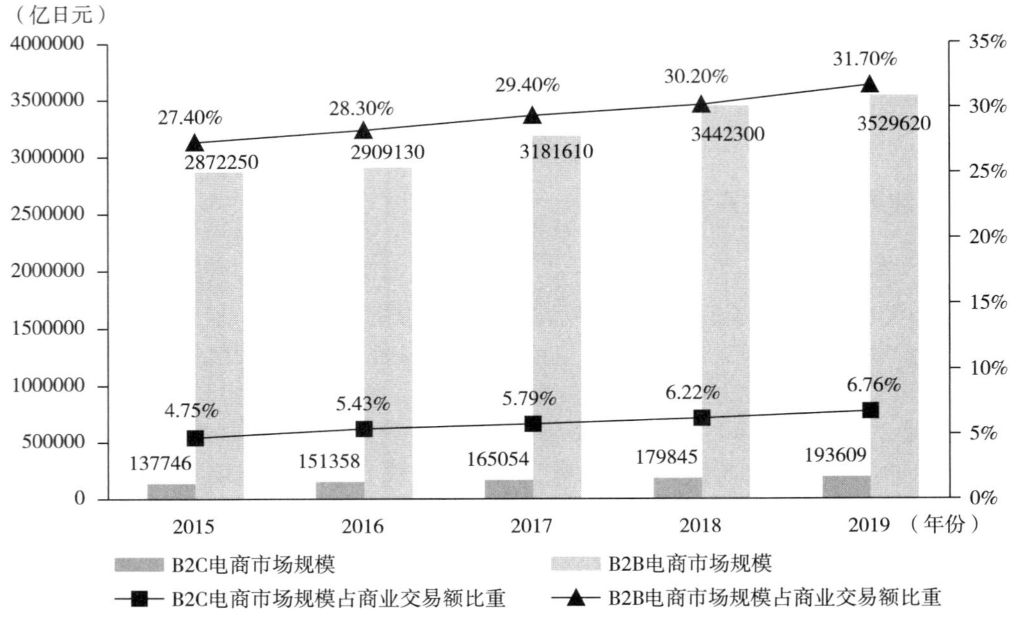

图3-13　2015—2019年日本电子商务B2C与B2B市场规模及占比

数据来源：日本经济产业省《平成2019年电子商务市场调查报告》。

（二）韩国

2018年，世界银行的物流绩效指数显示，韩国在全球排名第25位，在亚洲地区排名第5位。但与2016年的物流绩效指数相比，韩国在海关效率和边境管理清关能力、贸易和运输相关基础设施、运输频次、物流服务质量和及时性、跟踪和定位能力方面都有一定程度的降低。

2020年，韩国的经商容易度指数在全球排名第5位，其中电力获得和执行契约排名靠前，均位列全球第二位。韩国经济增长潜力巨大，产业技术先进，商业环境公平，税收政策较优惠，基础设施完备，研发环境优良，总体来说，韩国经商环境较好，但要充分调研韩国市场文化特征和消费特征。

2020年，韩国的电子政务发展指数在全球排名第二，在亚洲地区排名第一。近年来，韩国以雄厚的信息化建设基础为依托，在推行电子政务建设方面持续发力，保持高速的发展势态，并取得了令人瞩目的成绩。

2019年世界互联网发展报告显示，韩国在世界互联网发展指数中排名第三位，其中，基础设施（居第8位）发展比较完善，创新能力（居第4位）、产业发展（居第5位）、互联网应用（居第10位）、网络治理（居第10位）稳步发展，网络安全（居第27位）还有待继续加强。韩国人口约5120万，互联网用户约4882万，互联网普及率高达95%，是亚洲排名第一的国家。2020年，韩国电商市场规模已超1000亿美元，全球排名第5，与整个东南亚电商市场规模相当。截至目前，韩国电商市场依旧保持两位数增长，有机构预测，到2024年，韩国将成为全球第三大电商市场。韩国市场对中国产品的需求巨大，其中服饰时尚类目和小家电类目是需求量最大的两个类目。

(三) 印度

2018 年，世界银行的物流绩效指数显示，印度在全球排名第 44 位，在亚洲排名第 14 位。据统计，2019 年，印度物流成本占 GDP 的比重为 14%，而该比重在发达国家仅为 8%～10%。近年来印度在硬件基础设施方面取得了较大的进展，但是就提升该国物流绩效而言还是比较困难。2016 年，印度的物流绩效指数在全球排名第 35 位，2018 年下降到 44 位。印度物流提升难度主要源于物流业的一些局限性，例如相关机构之间缺乏密切联系，交通基础设施和信息技术薄弱，人力资源以及本地企业的竞争能力不能与外来企业抗衡。

2020 年，印度的经商容易度指数在全球排名第 63 位，其中保护中小投资者这一指标排名靠前，位列全球第 13 位，而执行契约、资产登记、开办企业等指标排名靠后，分别位列全球第 163 位、第 154 位和第 136 位。虽然印度正在努力建立稳定的税收制度以及一个可预测、透明和公平的政策环境，但其经商环境总体一般。

2020 年，印度的电子政务发展指数在全球排名第 100 位，相较于 2018 年排名降低了 4 名。其中，在线服务指数全球排名相对较高，在全球排名第 28 位。近年来，印度政府正努力实现为公民改善电子政务的目标，区块链技术、人工智能、虚拟现实、无人机、云计算等新兴技术已提上议事日程，但总体来说印度的电子政务发展任重道远。

毕马威的《印度电商物流》报告显示，自 2005 年开始发展，得益于印度市场的巨大潜力，印度电商迅猛发展，实现了跨越式增长，到 2018 年交易规模已经达 195 亿美元。2020 年，印度电商市场在遭受新冠疫情的纷扰后以最快的速度恢复了生产发展，且在各个促销节日都表现不俗，连创佳绩。2020 年，印度电商商品交易总额（Gross Merchandise Volume，GMV）为 330 亿美元，增长率仅在 7%～8%左右，而充分利用了非接触式支付及购买来支撑经济增长的中国和美国的电商 GMV 则有近 20%的增长。目前，互联网覆盖率低是印度电商市场面临的主要问题之一。据 Statista 数据统计，印度互联网普及率为 50%，低于全球互联网普及率 59%的水平。同时，物流基础设施落后、缺乏本地语言支持、二三线及偏远城镇的用户不了解技术等影响了商品的下单和配送，限制了网购消费者数量的增长。

(四) 新加坡

2018 年，世界银行的物流绩效指数显示，新加坡在全球排名第 7 位，其中物流服务质量指标排名靠前，在全球居第 3 位。新加坡物流行业的表现一直十分强劲，其公路、铁路、海运以及空运的服务都极其的便利。

2020 年，新加坡的经商容易度指数在全球排名第二位，其中执行契约、保护中小投资者、开办企业和洽办证照等指标排名靠前，分别位列全球第一位、第 3 位、第 4 位和第 5 位。而受信业务和跨界交易指标排名相对靠后，分别位列全球第 37 位和第 47 位。

2020 年，新加坡的电子政务发展指数在全球排名第 11 位。2014 年，新加坡开始了智慧国家计划，数字政府是该计划的组成部分。2018 年，该国制定了数字政府蓝图，以更好地利用数据，利用新技术，推动更广泛的使用，建设数字经济和数字社会，支持智慧国家战略。

新加坡政府在数字经济生态领域的超前规划和布局，成就了新加坡这个互联网高度发展的市场。集众多优势于一身的新加坡，是电商行业发展的一片热土。2019 年，新加坡的互联网普及率为 87%。其互联网的用户数量达到 490 万。在这 490 万用户人群中，有大约 350 万的网购用户，他们热衷于购买服饰、鞋帽、美容个护、电子设备等产品。新加坡城市化率近 100%，网购十分的便捷，人们都喜欢在线上购物，除了本土的电商网站，新加坡人也会在跨境电商平台进行购物。新加坡发展至今，电商基础设施已十分完善，支付及物流体系也相对健全。

五、其他电商市场发展情况

（一）澳大利亚

2018年，澳大利亚的物流绩效指数在全球排名第18位，相较于2016年的排名有所提高。澳大利亚物流专业化程度较高，物流自动化技术先进，信息化程度高，物流企业发展较好、竞争力较强。2020年，澳大利亚的经商容易度指数在全球排名第14位，其中受信业务、执行契约和开办企业指标排名靠前，分别位列全球第4位、第6位和第7位。而跨界交易指标排名靠后，位列全球第105位。2020年，澳大利亚的电子政务发展指数在全球排名第5位，其中人力资本指数排名全球首位。澳大利亚通过互联网提供政府服务和信息方面居世界领先地位。

澳大利亚是目前全球第十大电商市场，该市场在未来几年也将持续增长。2014—2019年，澳大利亚电子商务销售总额占GDP的比重逐年增加，由2014年的1.75%增加到2019年的3.24%（见图3-14）。截至2019年2月，80.8%的澳大利亚人会在网上购物，2020年将有1/10的商品都来自线上。2020年，澳大利亚互联网用户2100万，互联网普及率约88%，其中智能手机用户占比48%，预计到2025年，澳大利亚的互联网用户数量将超过2150万。

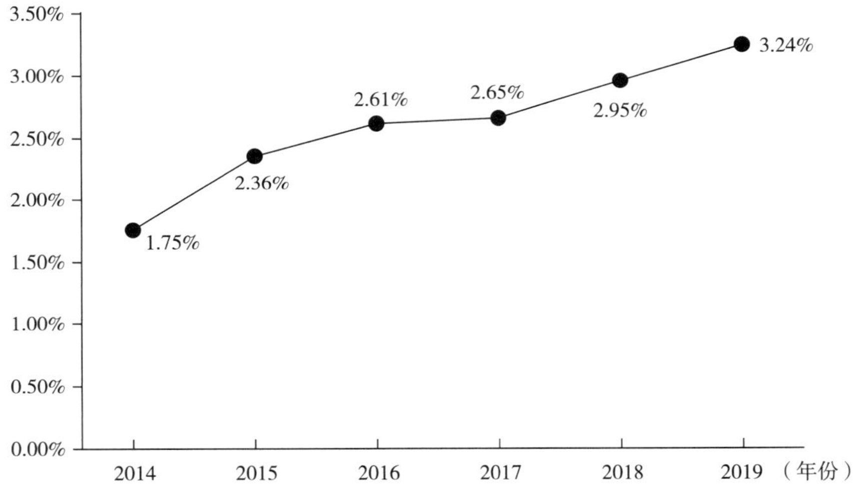

图3-14　2014—2019年澳大利亚电商销售额占GDP的比重

数据来源：电子商务基金会。

（三）巴西

2018年，巴西的物流绩效指数在全球排名第56位，但相较于2016年的指数和排名均有所下降。巴西物流绩效指数在南美洲排名第3位，落后于智利和巴拿马。巴西物流资源少、基础设施不完善、运输成本较高、清关流程烦琐、复杂且不透明。2020年，巴西的经商容易度指数在全球排名第124位，其中保护中小投资者和执行契约等指标排名相对靠前，分别在全球排名第61位和第58位。而洽办证照和缴税等指标排名十分靠后，分别位列全球第170位和184位。近年来，尽管巴西通过创建在线公司注册系统改善了营商环境，但总体来说巴西的经商环境仍非常落后，尤其是税收环节。2020年，巴西的电子政务发展指数在全球排名第54位，相较于2018年的指数有所提高。近年来，巴西政府将经济和数字化转型放在优先位置，针对性地提出了“数字治理战略”和“巴西数字转型战略”，为巴西电子政务环境的提升做出了贡献。

巴西不仅是世界上人口与领土面积最大的国家之一，也是拉丁美洲最大的经济体，同时也是该地区电子商务的领导者。电子商务基金会数据统计，2019 年巴西电子商务占拉丁美洲的 42%左右，2018 年巴西电子商务销售总额为 532 亿雷亚尔，2019 年巴西电子商务总额为 751 亿雷亚尔，2020 年该地区电子商务销售总额达到 1060 亿雷亚尔，相比 2019 年增长 18%。与此同时，2014—2019 年巴西电商销售总额占 GDP 的比重不断提高，由 2014 年的 0. 5%提升到 2019 年的 1. 1%。可见，巴西电子商务市场的发展潜力巨大。

任务实训

撰写中国与欧盟跨境电商市场调研报告

一、实训目的

了解中国与欧盟等市场的跨境电商发展现状，掌握调研报告的主要内容和撰写规则，并能对市场情况做出相应的判断。

二、实训内容

从物流绩效指数、经商容易度指数、电子政务发展指数等方面评价中国和欧盟跨境电商市场发展现状，调研中国和欧盟电子商务发展规模、消费者年龄结构、经济发展水平、政策环境等，并结合一个你感兴趣的产品类目分析，最终形成一份市场调研报告。

实训提示：

（1）熟悉市场调研报告的撰写规则。

（2）查询物流绩效指数等指标，撰写调研报告。

三、实训步骤

步骤一：登录 https://lpi.worldbank.org/international/global，查询物流绩效指数；登录 https://www.doingbusiness.org/en/rankings，查询经商容易度指数；登录 https://publicadministration.un.org，查询 2020 年联合国电子政务发展报告；登录 www.ecommercewiki.org，查询中国及欧盟电商发展现状、经济发展水平、环境政策等信息。

步骤二：结合你产兴趣的品类分析市场可行性，撰写调研报告和可行性分析。

同步测试

一、单项选择题

1. 以下关于巴西市场的消费特征不恰当的一项是（　　）。

   A. 海滨沙滩多，泳衣市场大　　B. 阳光的国度，太阳镜热销

   C. 经济发达，高端奢侈品受欢迎　　D. 全民运动，运动装备是必备品

2. 对于跨境电商业务而言，可视之为生命线的是（　　）。

   A. 产品　　B. 服务　　C. 市场调研　　D. 利润率

3. 国际市场宏观环境调研内容不包括（　　）。

   A. 地理环境　　B. 社会文化环境　　C. 经济环境　　D. 竞争对手

4. 卖家可以通过（　　）得到人们对于不同产品的关注程度，也可以查询产品在不同地区、季节的热度分布及趋势。

A. Google Trends　B. KeywordSpy　C. Alexa　D. Google Analytics

5.（　　）是全球网上购物最活跃市场。

A. 中国　B. 美国　C. 德国　D. 俄罗斯

二、多项选择题

1. 跨境电商消费热点包括（　　）。

A. 化妆品、美容用品　B. 食品、药品、保健品

C. 衣服、鞋子、电子产品　D. 娱乐用品和旅行用品

2. 实地调研常用的方法有（　　）3 种。

A. 询问法　B. 观察法　C. 网上收集资料　D. 实验法

3. 产品调研时，如（　　）在各国会有不同的标准。调研者要识别国家间的差异，并尽量使用国际标准。

A. 产品质量　B. 安全性　C. 产品用途　D. 等级

4. 跨境电商市场调研的内容包括（　　）。

A. 经济发展信息　B. 社会、政治环境信息

C. 市场信息　D. 科技发展信息

5. 跨境电商选品的方法包括店铺定位、需求分析，以及（　　）等。

A. 通过跨境平台确定热销产品　B. 借助社交媒体了解产品需求

C. 浏览国外行业网站查看受欢迎款式的产品　D. 借助优秀跨境电商卖家了解产品

三、判断题

1. 线下零售是美国最大的销售市场，而电商市场是美国零售商的主要增长动力。（　　）

2. 日本的物流绩效指数在全球排名第 10 位，在亚洲地区排名第一位。（　　）

3. 2020 年，澳大利亚的电子政务发展指数在全球排名第一位，其中人力资本指数排名全球首位。澳大利亚通过互联网提供政府服务，信息方面居世界领先地位。（　　）

4. 人文地理环境不是人类自身生存和发展的物质基础，对人们的观念和行为准则没有影响。（　　）

5. 在亚马逊平台上，买家可以选择“Best Seller”，对热销产品的相关信息进行观察。（　　）

四、案例分析题

跨境生意下半场，瞄准品牌化才能红海突围

森帛（Simplee）是一家在速卖通上成长了仅仅几年的跨境企业，是一家没有可以倚靠的树的“草根”企业。1990 年出生祖籍绍兴的小陶是个连续创业者。2015 年 1 月 1 日，小陶和其他 3 位合伙人凑齐了 30 万元的资金，创立了森帛，4 个人都是“90 后”，也都毕业于浙江理工大学。

森帛的成长速度惊人。据小陶介绍，仅用了 85 天，公司就做到了速卖通平台前 100 名。创业第 105 天，做到了速卖通平台前 40 名。2015 年，森帛的跨境销售额突破 10000 万元，目前稳居速卖通服饰类卖家前列。“来我们店里就是做一件事情——挑选款式，”小陶说，“我们的口号是‘Fashion to more’，用中文来讲就是‘时尚惠及更多人’，定位是 18 岁到 35 岁的欧

美年轻女性，并以这个群体最易接受的在线销售方式面向她们。”目前，与森帛合作的供应商有40多家，其中有数家达成了固定合作。在生产端，森帛希望达到这样的效果：订单下达后，工厂能直接开工，实现实际成本和品控上的优化。此外，森帛还会优选工厂，逐步淘汰不符合要求的企业，由此达到正向循环。

经过实时销售积累，森帛运营人员发现，在亚马逊平台上，往往L码的服装会卖得好，说明顾客年龄偏大；速卖通是S码卖得好，说明顾客较年轻；eBay平台M码卖得比较好，说明顾客年龄层介于前两者之间。运营人员将这一发现又回馈给设计团队，设计师再因此改款式。

小陶说：“俄罗斯人的审美、英国人的审美和西班牙人的审美都是不一样的。例如，我们针对上述不同国家的产品图片能不能不一样，我们要在哪些方面做得更本地化，我们的营销方式能否更本地化，我们能否在海外组建团队更亲近国外消费者，这些是我目前在思考的问题。”

（资料来源：澎湃新闻，https://www.thepaper.cn/newsDetail_ forward_ 12372697）

请根据以上案例回答下列问题。

1. 森帛跨境电商企业惊人的成长速度是如何练就的？
2. 你觉得做服装类目的跨境电商卖家应该怎么进行市场调研？

任务二　主要跨境电商市场的消费者行为

我们都知道出口跨境电商面对的是国外消费者，因此了解不同市场消费者的消费心理、消费习惯、消费取向对于跨境电商卖家销售商品、开发产品有着至关重要的意义。

任务描述

小雯对主要电商市场发展现状进行了调研，基本确定了产品类目和目标市场。在开发产品前，还需要对主要跨境电商市场的消费者喜好、消费习惯、消费水平等进行调研，根据不同市场的客户特点，为选品、定价等决策提供参考，最后形成一份电商消费者行为报告，并结合某一感兴趣产品类目进行针对性地分析。

任务分析

小雯想要完成一份主要市场电商消费者行为报告，首先要确定调研哪些电商市场；其次，要把握消费者行为的主要调研内容，包括消费偏好、宗教信仰、消费水平等；最后，了解电商消费者行为报告的基本要求，并结合某一产品类目加以分析。

相关知识

一、跨境电商消费者与境内消费者观念比较

（一）消费习惯差异

不同的区域有不同的历史，各个国家或地区在没有沟通的情况下走出了完全不同的发展道路和轨迹。地域决定了沟通的有限性，或者从根本上限制了文化的交流和互通。文化的差异导致人们观念的差异，文化的差异也就是人们看待事物的角度和态度的差异。中西方国家所拥有的文化

内涵、生活习惯、风土人情各不相同，也使中西方国家的人们养成了不同的消费习惯。总的来说，基于人口基数和地区面积，如今主要形成了两种消费观念，即保守消费观念和提前消费观念。

境内消费者在消费习惯上倾向于保守消费，年轻人虽然拥有一定的“提前消费”意识，但是在从概率上讲，中国人更崇尚借鉴、积累的“保守消费”。而且境内不同地区，居民的消费观念也有很大的地域差异。具体表现为东中部地区的居民消费观念较为开放，西部地区则相对较为保守；同时，同地区的农村与城镇居民的消费观念也不一样。西方国家消费者更倾向于“提前消费”，习惯以贷款、信用卡等方式提前享受商品带来的附加服务属性。西方人之所以会有较强的“提前消费”意识，是因为西方国家普遍拥有较为发达的社会福利政策，同时经济发展水平的领先以及收入差距的影响，也使他们认为自己有更多“提前消费”的能力。

比如同样是50岁的中年人，在中国正是上有老下有小的阶段，这个时段，老人生病的较多，需要花费许多钱用来治疗，同时小孩刚刚步入社会也有许多需要花销的地方。而在国外，例如欧洲，情况就大不同了。欧洲人的家庭观念并没有中国人那么重，或者说并没有上升到道德义务的高度，作为一个50岁的欧洲人，很可能是最轻松的时候：父母老了可以送到疗养院，那里的环境是让人放心的，花销也不是很大，养老保险就足够支付了；自己的小孩成年了，步入社会就该自己打拼了，做父母的不需要太操心。这样一来，这个年龄段的欧洲人反而变得很轻松。他们愿意花费时间和精力去享受生活，较低的物价，轻松的工作，较高的福利，较长的假期等。应该说欧洲人从精神层面上就很放松。相比之下，中国人的顾虑就多了，全家的重担都在自己身上，唯一能做的就是增加收入，节约开支，应对未来未知的各种情况。从消费理念的根本层面上，中国与欧洲完全不同。

（二）消费者产品喜好差异

中西方国家的人们在思维方式和价值取向方面也有很大的差别，由此形成的文化差异也会影响消费者对产品的喜好。境内消费者注重直观、整体和经验，在购买产品时会考虑到产品的包装、装饰等外在视觉属性。但是西方国家消费者更具理性思维，他们强调分析、实证和思辨，在购买时更多地希望了解商品的价值，同时还十分追求个性化，希望能够购买到与众不同的商品体现自己独一无二的气质。另外，中国人购买商品时，希望可以低调稳重，但是西方人追求个性解放。

中美两国消费者所购买商品的结构也不同，中国消费者一直热衷于网购服装类产品，而美国消费者则喜欢网购电子产品。中国整体经济消费水平低于美国，地区经济发展不均衡，互联网提供了无时间、空间差距的消费环境，提供了丰富的产品，方便快捷的购物方式，服装和日用百货类产品属于日常消耗品，需要经常反复购买，而且单价低、运输安全性高，更符合中国网购消费者的喜好。

从微观层面上说，中国的大部分中低端消费者处于一个买不起、不敢买的尴尬局面，大部分人的购买力很有限。而中国目前的市场监控力度又存在一些问题，这部分消费者所购买的多数为中低端消费品，而正是这部分消费品中假冒伪劣产品最多，让很多消费者手足无措。除此之外，中低端消费人群愿意拿出来的消费资金相对少，他们为了防止各种意外情况的发生，会把大部分资金放在储蓄上，使本来就不足的购买力进一步被削弱。

（三）消费者产品解读差异

中西方文化的差异有时候会对消费者解读产品造成很大的影响，甚至会使消费者对产品产生一定的误解，从而影响产品的正常销售。例如，在跨境电商网络销售茶叶时，很多茶叶名称的英译就涉及了文化差异的问题。福建名茶“大红袍”经常被翻译为“Red Robe”。这种直译的方式并没有将中国人心目中“红色代表喜庆、欢乐、吉祥”的想法传达出去，因为在西方文化中，“Red Robe”所代表的是血腥和残暴，如果采取这样的方式直译可能会使西方消费者因为这个英译品牌名称而对产品产生误解。当消费者因为这个名称产生负面情绪时，就很容易使该产品成为“滞销产品”。又如曾经在美国试销的“轻身减肥片”在初入美国市场时鲜少有人问津，市场调查后发现，这是因为该产品的名称被翻译成了“Obesity Reducing Tablets”。以中国人的思维翻译出的减肥产品名称让西方人看到会以为这是一种专门为“Obese People”（肥胖症者）研发的产品。后来该品牌将英文名称改为“Slimming Pills”，顺应了西方人的语言表达习惯和思维方式，由此改善了产品的销售情况。

知识链接

跨境网购者的消费心理

境外喜欢跨境网购的消费者在心理上也有相似的地方，主要包括以下几点。

1. 实用性

敦煌网数据显示，网上的买家多分布于欧美发达国家，这些国家的消费者大多重视产品的实用性。

2. 注重质量

境外的消费者往往比较理智，在这种消费动机的驱动下，简洁大方、重点突出的产品描述更吸引消费者的眼球。

3. 创新性

这种购买心理在年轻人中最普遍，时髦、独特的产品最能吸引他们。想要抓住这类买家的心，新颖奇特的产品是制胜的法宝。

4. 美观性

优美的产品外形，精美的页面展示、图片和包装对女性消费者最有杀伤力。这种追求美观的心理动机能促使她们快速下单，满心期待地等着产品邮寄到家。

5. 追求廉价

有这种购买动机的买家最在意的是产品的价格，优惠的价格很容易促使他们下单。这类买家最常做的是在平台页面输入完他们想要购买的产品名称后，选择免运费，然后按照价格重新排序搜索结果。

6. 方便性

爱网购的人都有这种消费动机，如果你能站在买家的角度来上传自己的产品信息，降低买家决策和下单的难度，那么你的店铺将是“懒人”常来的购物天堂。

7. 偏好性

这类买家往往对某个品牌、某种特征的产品有特殊的偏好。应对这类买家最重要的是投其所好。他们往往更喜欢专业的店铺而非杂货铺。

二、跨境电商消费者行为的地域分布特点

（一）美国

目前，大部分美国消费者在选择网购时，首先会前往电商平台。根据中国电子商务研究中心发布的信息，美国常用综合性购物网站包括：全球知名的由图书起家的大型综合性购物网站

亚马逊、美国零售业巨人企业、供给各类平价优质商品的、在美国网销与卖场同步的沃尔玛、纽约市最老牌的高档百货公司、在美国知名度很高的梅西百货（Macy's）。2019 年电子商务基金会调研显示，80.01%的消费者选择在亚马逊平台上购买礼品（见图 3-15）。

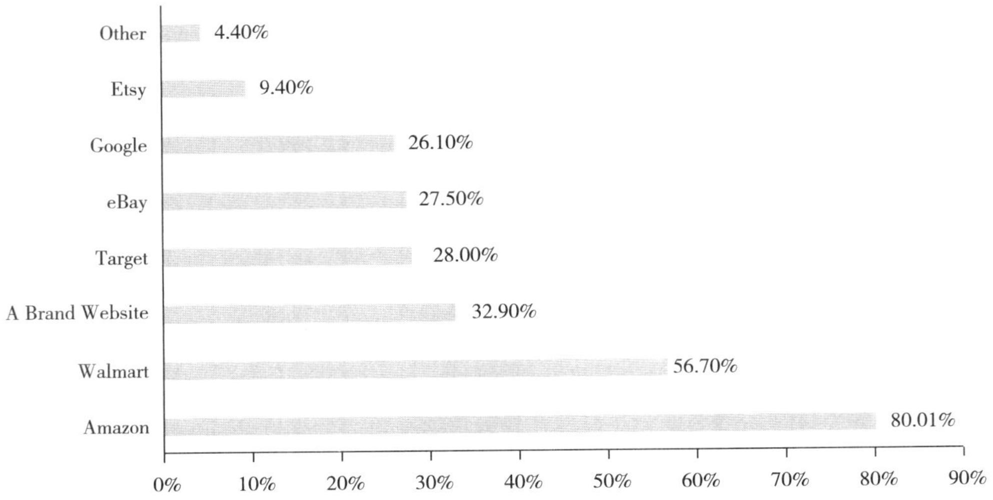

图 3-15　2019 年美国消费者购买礼品更倾向选择的平台

数据来源：电子商务基金会。

在美国市场，每个月的热销产品都不同，卖家通过分析各月份的热销产品能够准确了解美国买家的消费心理和消费需求。

1 月份既是春装上市的时机也是冬装打折促销的季节。由于物流配送时间长又不可控，很多消费者都会在本月提前购买春装。

2 月份有情人节，一般情况下，时尚饰品、珠宝和手表、箱包礼品等是消费者比较热衷的。

3 月份复活节礼品热销，服装、美容化妆产品、园艺产品进入销售旺季，同时，随着天气变暖，户外用品、桌球、水上运营用品的销售也会升温。

4 月的春天是最美的季节，园艺产品的销售迎来高峰。同时，由于气候温和，很多人会选择 4 月份举办婚礼，因此，婚纱、礼服、女鞋的销售都会随着婚礼需求而剧增。

5 月份园艺产品、时尚饰品、珠宝产品、箱包产品、贺卡等礼品随着母亲节的到来而变得销售火热。

6 月有父亲节，也是毕业季，手机、消费电子类产品热销。

7 月份有美国的独立日，家具和家居用品会因为婚礼等需求而进入旺季。

8 月份返校季是服装和鞋类的热卖季，此外手机、消费电子产品、办公用品、运动用品等也会大卖。

9 月份有劳动节，秋季服装、美容化妆品、滑雪用品热卖。

10 月有万圣节，Cosplay 服饰、毛绒玩具热卖，另外，体育用品商家往往会在这个季节打折大促。

11 月感恩节前后是线上线下零售消费的高峰期。“黑色星期五”“网络星期一”大促吸引了消费者，园艺用品、家用电器、毛绒玩具、礼品、美容化妆产品等礼品随着诸多重要节日的来临而大大受宠。

12 月份有圣诞节，冬季服装和鞋类热卖的季节，园艺产品、取暖设备热销，时尚饰品、珠宝和手表在 12 月份的销量会占到全年 1/4。

网上支付、电话支付、电子支付、邮件支付等各种支付方式对于美国的消费者来说都不陌生。在美国，信用卡是在线常用支付方式。一般的美国第三方支付服务公司都可以支持 158 种货币的 Visa 信用卡和 MasterCard 信用卡。同时，PayPal 也是美国人异常熟悉的电子支付方式。

知识链接

跨境电商消费者购买决策的心理模式

每个人的想法都是独一无二的，但我们仍然可以通过观察一系列的心理触发反应来判断它是如何影响消费者的购物习惯的。面对有众多选择的网络，消费者是如何选择产品的呢？消费者心理模式，如果被正确利用，能够有效地帮助企业增加销量。

1. 损失厌恶

人们对将要失去某事物的恐惧感受非常真切，而很多电商网站会利用消费者的这种心理，促使人们尽快做出购物决定。在网站上设置关于库存或是促销时间的倒计时，消费者会感觉自己需要加快速度，在优惠消失之前赶紧入手。利用消费者的这种损失厌恶心理确实可以增加销量。

2. 社会认同

人天生具有社会性，倾向于依赖团体的力量。消费者一般对品牌推广都会持怀疑的态度，所以通过一些比较有影响力的形象大使甚至是一些想跟其他人分享自身体验的普通人来推广自己的网站、产品等就显得非常有必要。电商网站应该通过展示评论、推荐等来得到社会的认同，并且应该知道，消费者的观点带来的影响是很重要的。当然，展示的评论也并不一定很完美，太完美的评论反而不容易赢得消费者的信任。正所谓“众口难调”，实际上，一些负面的评价反而会显得更加真实，也更容易得到消费者的认可。

相信权威和社会认同类似。权威更容易在品牌和用户之间建立起信任，人们更倾向于信赖专家的观点和他们对某一产品的评价。对于一个还在犹豫的消费者来说，专家的观点是一个很好的助推器，这也是电商网站寻求权威推荐的原因。而且，电商网站还可以通过展示著名合作伙伴商标的方式来增加消费者的信任度。如果消费者对其合作商家有好感，那他们也就更容易信任网站。

3. 长期关系

人的本性都是期望建立长期关系的。可以通过给消费者一些小礼物或店铺优惠券、二次购买打折等方式，在消费者和品牌之间建立一条纽带。毕竟，每个商家都希望与顾客建立一种长期、友好的关系，而忠诚度也是企业成功的关键。这样，商家和顾客之间就会有一种往复，消费者在得到满足之后倾向于回馈商家，不管是通过二次购买的方式，还是通过在社交媒体上宣传的方式，对卖家来说都是一种成功。

4. 寻求组织

人会本能地寻求组织，寻求一些有共同爱好、信仰、想法的组织，这种融入感会让他们更自信。而这种心理促使人们更容易信任能引起他们共鸣的品牌，并与该品牌达成一种长期的关系。如 Weekend Sociey 是一个服装品牌，该品牌的美好发展都是靠那些热爱旅行的团体支撑起来的。而那些热爱旅行的人，为了让自己融入组织，就会倾向于选择该品牌。

5. 选择恐惧

在自己的网站上放置各种各样的商品当然比较容易，但这也更容易使消费者陷入选择恐惧的状态，从而放弃购物。如果某个选择包含太多的选项，就会使消费者感觉非常不舒服，所以电商网站最好聚焦在少数产品上，主推某几个产品。一次主推一个产品是一种比较好的方法。

以上就是促使消费者做出购物决策的心理触发器，但是仅仅依靠这些还是不够的，我们应该把心理触发器和更广泛的用户体验、营销策略综合起来。如此，我们就能更深入地了解目标受众，更正确地利用消费者的心理特点，销量就会稳步上升。

（二）德国

德国是位于中西欧的联邦议会共和制国家，语言为德语，人均 GDP 接近 5 万美元，是世界第四大经济体，也是欧洲头号经济强国。2017 年，德国总人口 8320 万，互联网普及率高达 90%，在线消费者高达 5600 万，是欧洲网民数量最多的国家。2017 年，德国网购者在电商网站的平均花费为 1515 欧元。

据 statista 统计，2018 年德国电商市场规模达到了 651 亿欧元；2019 年德国电商规模增长 10.5%，到年底价值达到 719.4 亿欧元。德国销量前十的购物平台见图 3-16。亚马逊和两家德国本土电商平台 OTTO、zalando 销量位居前三。据了解，2020 年 8 月 OTTO 平台开始对中国商家开放。

图 3-16　德国销量前十的购物平台

数据来源：Statista。

“海淘”越来越成为德国消费者认可的购物方式。2018 年 11 月，eBay 发布的《跨境电商出口德国市场指南》指出，中国已经成为 eBay 德国消费者最大的“海淘”货源地，德国消费者在 eBay 平台上每购买 3 件海外商品，就有两件来自中国。智能手表、无人机、3D 打印机、家具、家电、刹车盘、自行车、个人防护用品等是最受德国消费者欢迎的产品。玩具、收藏品、乐器位列销售额成长最快的品类前三名。

由于消费者权益保护的监管条例严格，加上受消费者行为影响，德国人喜欢同一产品购买多个颜色和尺码，收到、试用后，再退掉不想要的。因此，德国的退货率高达 50%，相比欧洲其他国家是最高的。所以，若准备进入德国第三方电商平台，完善退货政策十分必要。是德国主流的线上支付方式图见图 3-17，其中 sofort、GiroPay 是比较受欢迎的网银支付方式，其次是信用卡支付，PayPal 等第三方支付方式也越来越受到欢迎。

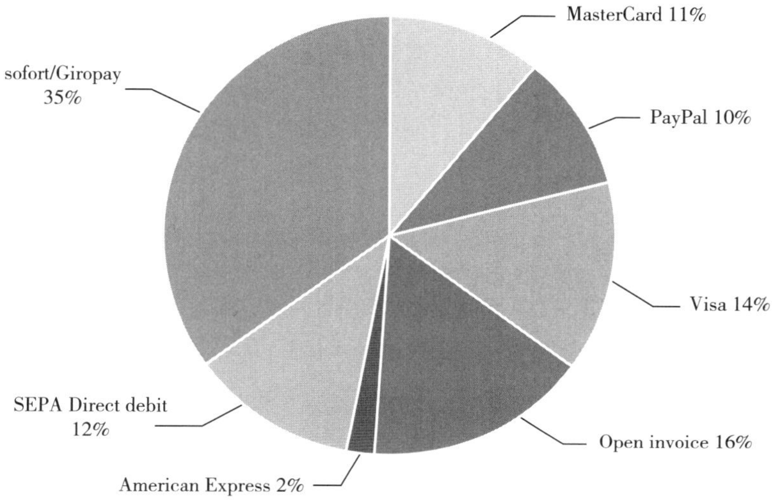

图 3-17　德国主流的线上支付方式

数据来源：Statista。

(三) 俄罗斯

俄罗斯横跨亚欧大陆，是全球国土面积最大的国家，拥有 1.43 亿人口。根据《2017 世界互联网电子商务报告》显示，截至 2017 年 12 月底，俄罗斯的互联网用户达到 1.1 亿人，互联网渗透率高达 76.1%。庞大的互联网用户数量为俄罗斯电商市场发展提供了强有力的条件。速卖通是俄罗斯最受欢迎的中国商品网络平台。2017 年，俄罗斯 2.9 亿跨境包裹中 91%来自中国。QIWI 是俄罗斯领先的支付服务提供商，它运营着俄罗斯最大规模的自助购物终端设备，提供在线支付和手机支付服务。

(四) 巴西

拉丁美洲是亚太地区之外，发展最快的电商市场，而巴西则是拉丁美洲最大的电商市场。巴西人口超过 2 亿，是全球第十大电商市场，互联网用户 1.23 亿，接近人口总数的 59.5%，网民数排在全球第四位。

巴西网购用户数由 2014 年的 3315 万上升到 2017 年的 4841 万，网民的网购使用率由 30.8%上升至 39.3%。巴西各大电商平台的访问量排行如图 3-18 所示，排名第一的是 Mercadolivre。它是拉美地区最大的电商公司，是世界上第七大访问量的零售网站，被称为南美版的 eBay。

巴西的电商支付方式有很多，最常见的是信用卡支付，其次是 Boleto 和银行卡支付。Boleto 是由多家巴西银行共同支持的一种支付方式，在巴西占据绝对主导地位，客户可以到巴西任意一家银行、ATM 机、彩票网点或使用网上银行授权银行转账，超过 90%的巴西人使用 Boleto 在线购物。

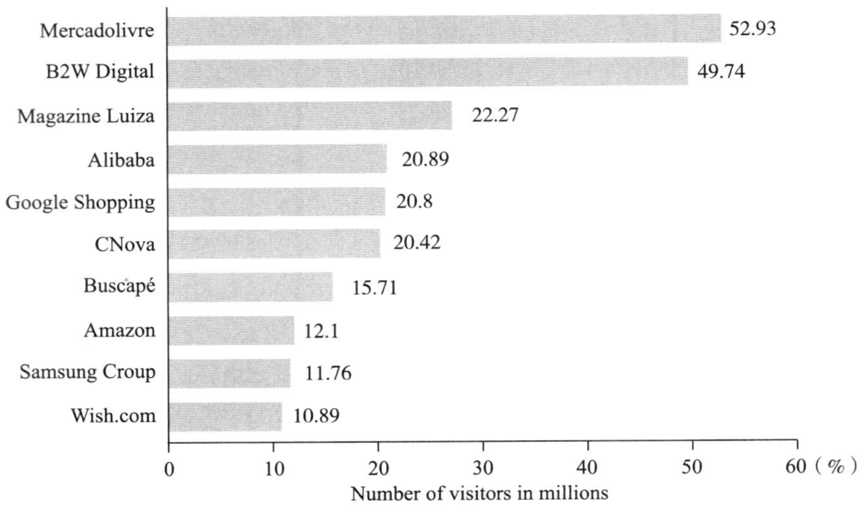

图 3-18　巴西各大电商平台的访问量排行

数据来源：Statista。

任务实训

撰写主要电商市场消费者行为报告

一、实训目的

了解欧盟、澳大利亚、加拿大等国的电商市场消费行为特点，掌握消费者行为报告的主要内容和撰写规则，并能结合某一类目产品进行可行性分析。

二、实训内容

从主要电商市场消费者喜欢的网购平台、市场热销产品、气候特点、节假日、常用的电子支付方式、语言习惯等方面总结消费者的行为习惯，调研消费者的购物动机、购物偏好、消费政策等，并结合一个你感兴趣的产品类目分析，最终形成一份电商市场消费行为报告。

实训提示：

（1）熟悉电商市场消费行为报告的撰写规则。

（2）调研主要电商市场的节假日、气候热点、购物动机、消费政策等，并形成一份电商市场消费行为报告。

三、实训步骤

步骤一：登录 www. ecommercewiki. org，查询消费者喜欢的网购平台、市场热销产品、常用的电子支付方式；登录主流电商市场的当地电商平台查看市场热销产品。

步骤二：结合你感兴趣的品类进行可行性分析，撰写电商市场消费者行为报告。

同步测试

一、单项选择题

1. 在巴西最受欢迎的电商平台是（　　）。

A. Mercadolivre　B. eBay　C. 亚马逊　D. Shopee

2. 俄罗斯最常用的本土搜索引擎是（　　）。

A. Google　B. Yandex　C. Yahoo　D. QIWI

3. （　　）是在俄罗斯最受欢迎的中国商品网络平台。

A. 亚马逊　B. Yandex　C. Wish　D. 速卖通

4. 下列哪个平台被称为南美版的 eBay?（　　）

A. Wish　B. Mercadolivre　C. 亚马逊　D. Shopee

5. 纽约市最老牌的高档百货公司，是在美国知名度很高（　　）。

A. Walmart　B. 亚马逊　C. Macy's　D. eBay

二、多项选择题

1. 美国常用综合性购物网站包括（　　）。

A. 亚马逊　B. 速卖通　C. eBay　D. Macy's

2. 德国常用的电商平台包括（　　）。

A. 亚马逊　B. OTTO　C. Zalando　D. Shopee

3. 巴西的最常见的电商支付方式有（　　）。

A. 信用卡支付　B. Boleto　C. 银行卡支付　D. PayPal

4. 境外喜欢跨境网购的消费者在心理上相似的地方包括（　　）。

A. 实用性　B. 创新性　C. 美观性　D. 注重质量

5. 下列不是境内消费者的消费特点的是（　　）。

A. 注重直观、整体和经验

B. 注重产品的包装、装饰等外在视觉属性

C. 强调分析、实证和思辨

D. 注重产品的作用、价值，追求个性化

三、判断题

1. 基于人口基数和地区面积，如今主要形成了保守消费观念和提前消费观念这两种消费观念，欧美等发达国家流行保守消费观念，中国流行提前消费观念。（　　）

2. QIWI 是俄罗斯领先的支付服务提供商，它运营着俄罗斯最大规模的自助购物终端设备，提供在线支付和手机支付服务。（　　）

3. 速卖通是巴西最受欢迎的网络平台。（　　）

4. 中国人购买商品时，希望可以低调稳重，但是西方人追求个性解放。（　　）

5. 拉丁美洲是亚太地区之外，发展最快的电商市场，而巴西则是拉丁美洲最大的电商市场。（　　）

四、案例分析题

亚马逊卖家注意了，海外消费者最关心的是这些问题

数字营销机构 CPC Strategy 最新报告数据显示，超过一半的美国消费者，不会单单浏览亚马逊后就下网购订单，而会到其他不同的电商网站对比价格。另外，亚马逊购物者最关心的是价格和运费。

2016 年 12 月，CPC Strategy 对 1500 名年龄在 18 岁及以上的美国购物者进行调查，结果发现，23.1%的购物者表示，价格是促使他们在亚马逊上购物的主要因素，其次是运费，

占 19.8%。

在 CPC Strategy 的报告中，有一半以上的购物者（53.5%）表示，他们会先到其他网站上对比价格再购买，只有 18.2%的人表示，他们在购买前仅在亚马逊上查看价格，而其余受访者（28.3%）表示不在亚马逊上购物。

多年来，运费一直是影响消费者下购买决定的主要因素。2013 年，Forrester Research 发现，59%的美国消费者会在做网购决策时考虑运费，53%的受访者表示，运费低是促使他们转向其他电商零售商购买的重要原因。McKinsey&Co.（麦肯锡公司）在去年 10 月份的报告中指出，70%的消费者会选择最便宜的配送服务。麦肯锡的报告调查了中国、德国和美国的 4700 多名消费者（每个国家受访者数量超过 1500 名）。根据 Top500Guide.com 称，美国网上零售商前 1000 强中，有 635 家提供免费配送服务。

亚马逊 Prime 会员项目为特定产品提供了两日达服务，无需额外费用，也不限最低购买额。对非 Prime 会员，亚马逊则把免费送货限额从 49 美元降至 35 美元，此举旨在应对沃尔玛 3 周前所做出的类似举措。

消费者愿意在其他网站搜寻产品，给试图与亚马逊竞争的零售商打开了一扇门，它们可以提供更低的价格和运费组合来吸引消费者。CPC Strategy 在报告中指出："亚马逊购物者不一定会对品牌忠诚，但他们会永远对价格忠诚。"

"亚马逊购物者基本上可以分为两类：一类是图方便的购物者，他们看中的是送货速度和客服等；另一类是看中产品价值的购物者，他们想在亚马逊上买到真正有价值的好商品。如果没有找到想要的产品，他们就会到其他零售商那边购买更便宜的产品。"

CPC Strategy 的报告还显示：

（1）亚马逊购物者倾向于购买熟悉的商品或品牌。45.8%的受访者表示，他们偶尔或很少在亚马逊上尝试购买新产品，而只有 23.2%的受访者表示，他们经常尝试新产品或品牌。

（2）与手机（23.4%）和平板计算机（10.5%）相比，购物者更喜欢在计算机上购买（37.7%），其余购物者表示他们不在亚马逊购物。

（3）大多数亚马逊购物者不会在"黑色星期五"期间上亚马逊购物。66.7%的受访者表示不会在"黑色星期五"期间购物，而 19.8%的受访者表示，"黑色星期五"期间他们会在亚马逊上买东西。

（资料来源：雨果网，https://www.cifnews.com/article/24628）

请根据以上案例回答下列问题。

1. 根据数字营销机构调查报告显示，哪些因素影响了消费者在亚马逊上购物？
2. 低价格能成为亚马逊卖家吸引消费者的原因吗？为什么？

任务三　跨境电商平台的选品原则和方法

选品是电商运营工作的一个很重要的环节。跨境电商圈里有一句名言："七分靠选品，三分靠运营"，足以看出选品对于跨境电商的重要性，选品的成功与否对于一个 Listing 能否快速爆单至关重要。

任务描述

小雯结合电商市场和消费者行为调研的结果，围绕公司的主营产品和平台特点，为店铺选择合适的产品。

任务分析

小雯想要为店铺选择合适的产品，首先要开通哪个或哪些跨境电商平台店铺，其次，把握跨境电商平台的特点及公司的主营产品的受众群体，最后，结合选品原则和逻辑，并充分考虑消费者的消费行为特点，为公司店铺选择合适的产品。

相关知识

一、跨境电商选品概述

（一）选品原则

1. 兴趣

选品要从自己感兴趣的产品入手，这样你才愿意花费更多的时间去了解产品的品质、功能、特性和用途，才有动力投入更多的精力去研究产品的优势、价值和目标消费群体等。只有对产品有充足的认识，才能切实解答客户关于产品的疑问，从而开展跨境电商业务。

2. 市场需求

市场需求量大的产品，才能带来可观的销量；市场需求不足的产品，当然无法带来订单。因此，选品要研究市场需要，研究目标客户群的想法，也就是说，要考虑目标客户群的消费点，以产品的市场容量来指导选品决策。

3. 平台特征

卖家要对不同的跨境电商平台有足够的了解，掌握不同平台的不同特性和平台的商业理念，了解不同平台的热销产品，知道自己做的平台哪些品类是热销品，哪些品类是平台大力扶持的，知道什么样的产品更容易获得平台推荐等。

（二）选品逻辑

在实际操作中，选品要有清晰的思路，在此将选品的思路总结为 6 点：广泛、专业、精选、坚持、重复、分析数据。

1. 广泛

对于跨境电商的卖家来说，选品的第一步是要有一个大范围、多类目的思维，而不是将目光局限在某一个品类上。这就要求卖家在初期选品时，要拓展自己的思路，广泛涉猎多个类目的产品，从众多类目中选到最适合自己的类目和产品作为自己的发展方向。

2. 专业

通过对多个类目进行对比分析，卖家找到了自己感兴趣、有货源且销量和利润都较好的类目后，需要向专业的方向努力。作为卖家，如果对自己所销售的产品没有专业的认识，而仅仅是有一个简单的了解，要想有所作为是很难的。因此，要想在当前几近透明的市场状态下胜过竞争对手，就应该先让自己在对产品的专业认识上超越对手。

3. 精选

随着对自己所经营类目的专业知识的积累，卖家对产品的理解也越来越深刻。在这个基础上，卖家在选品上要做的是精挑细选，反复筛选。在市场上，永远是20%的产品带来80%的利润。作为卖家，需要尽力挖掘的就是那20%的能够带来高利润的产品。

4. 坚持

选品是一个长期的过程，它贯穿于店铺运营的始终。因此，在选品过程中卖家不应该存在一劳永逸的思想。今天选品的成功不意味着明天这款产品也能带来好销量。卖家应该坚持经常性地做一些选品活动，让自己在拥有热卖爆款的同时，也开发有潜力的趋势款，为明天做准备。

5. 重复

坚持的过程就是一个重复的过程。在重复的过程中，很多人会逐渐厌烦，失去了激情和斗志，这也是为什么经常会出现一些卖家凭借某款产品引爆市场成为销售明星后，却又很快沉寂，最终消失的原因。为了保持运营的长期稳定，卖家要始终保持对基本工作的热情。选品是一个无趣的过程，但是如果卖家长期坚持，反复精选，一定会不断有新发现。

6. 分析数据

卖家在选品初期，也许很大程度上凭借的是直观感觉或比较基础性的分析。当店铺规模发展到一定阶段，卖家也积累了一定的经验，具备了足够高的专业度，对行业有了足够的认知。在这种情况下，卖家可能对很多产品都有了一定的了解，此时在产品的选取上，卖家会受到自己认知和偏见的影响。为了避免因认知偏见导致错失良品的现象，卖家在选品的过程中，需要尽可能地结合大数据分析来辅助选品，借助大数据分析工具，多维度收集相应的销售数据。与个人认知相比，大数据能够反映更加客观的内容，卖家可以从中挖掘出一些之前未曾意识到的信息和产品。

（三）跨境电商数据分析工具

以数据来源看，数据分为外表数据和内部数据。外部数据是指企业以外的其他公司、市场等产生的数据。内部数据是指企业内部经营过程中产生的数据信息。要想做出科学、正确的决策，需要对内外部数据进行充分的调研和分析。

1. 外部数据分析

灵活综合运用各个分析工具，全面掌握选品的数据依据。通过 Google Trends（谷歌趋势）分析品类的周期性特点，把握产品开发先机；借助 KeywordSpy（关键词搜索）工具发现品类搜索热度和品类关键词；结合使用 Alexa（网站流量查询）工具，选择出至少 3 家该品类中以该市场作为主要目标市场的竞争对手网站，作为对目标市场产品选择的参考。

第一，Google Trends。工具地址：http://www.google.com/trends；查询条件：关键词、国家、时间。

第二，KeywordSpy。工具地址：http://www.keywordspy.com；查询条件：关键词、站点、国家。

第三，Alexa。工具地址：http://www.alexa.com；查询条件：输入目标市场网址。

2. 内部数据分析

内部数据是指企业内部经营过程中产生的数据信息，是已上架的产品产生的销售信息，是我们作为选品成功与否的验证，也可用于以后选品方向的指导。内部数据工具主要有 Google

Analytics（谷歌分析，简称 GA）。

GA 工具地址：http://www.google.com/analytics，通过 GA 分析工具获得已上架产品的销售信息（流量、转化率、跳出率、客单价等），分析哪些产品销售得好，整体动销率如何……从选品成功和失败的产品中逐步积累选品经验。

知识链接

“七分靠选品，三分靠运营”你选对产品了吗?

也许我们无法指出卖家应该选择哪一件商品进行销售才能获得利润，但是下面总结的网上畅销商品的特征应该会对卖家选品有所帮助。

（1）小而轻的商品。网络销售一定会涉及物流问题，小而轻的商品在尺寸和重量方面都具有优势，并且能降低运输成本。这样，我们的商品就可以在广泛的范围内进行销售。

（2）价格在 $20~200 的商品。价格在这个范围内的商品，盈利率是比较客观的，而且可以快速收回投资。价格过高的商品，其销售风险更高。

（3）售价可以 100%加成的商品。这是一个选品的重要标准。如果价格比生产成本高一倍，在去除销售佣金和运输费用后，利润率可达 50%。

（4）一般竞争程度的商品。尽量选择商品竞争不是特别激烈的商品。热销商品可能有很多竞争者，但是竞争程度低的商品不一定就是差的。因此，可以尝试销售竞争程度合理的商品。

（5）关注非必需品。必需品如食品、服装等，虽然每天的销量大，可是竞争也异常激烈。新卖家可以考虑一下非必需品的销售，如我们不卖水果，但是卖水果盘；我们不卖饮料，但是卖纸杯和吸管。这些商品经过市场定位和市场营销很容易获得消费者的青睐。

（6）关注耐用品。耐用品不容易破碎或损坏，对于物流的要求比较低。卖家销售后可以获得更好的用户评价和用户反馈，有利于未来的销售。

（7）容易更新的商品。如果你已经有了忠实的消费群体，继续向现有消费者销售要比开发新市场容易得多。所以，如果你的商品使用一定时间后需要更新或是替换，那你的销量就会保持增长。例如，净水器中的滤芯，通常每 3 个月就要更换一次。

（8）非机械类商品。机械类商品对销售团队的素质要求比较高，而且需要售后服务。如果你的专业特长不在这个领域，就无法解决消费者遇到的难题。建议卖家选择非机械类商品，销售效果会好些。

（9）销售业绩不断提高时，你可能会考虑拓展业务。那么，你的商品能否保证供应呢?是否存在供货不足或原材料供给困难的问题呢? 在开店之初，你就应该考虑好这些问题。

（10）避免销售对温度敏感的商品、危险品或网站禁售品。

二、跨境电商产品定价策略

我们知道，从事跨境电商经营的核心目的是盈利，利润等于产品价格减去成本，也就是说产品价格取决于成本和利润。目前，常见跨境电商产品的定价方法有两个，一是成本导向定价法；二是竞争导向定价法。

（一）成本导向定价法

成本导向定价法将产品价格大致分为四部分，即采购成本、费用、利润和平台佣金。

采购成本是指拿到产品时需要付出的费用，如果是自己工厂制造的，产品的成本指产品的生产成本；如果从工厂或公司采购的，指拿到产品时需要负担的所有费用，比如在 1688 上采购的产品成本指产品的包邮价。产品的费用包括国内费用、额外费用、国际运费、营销费用等。

国内费用是产品由仓库发到快递公司的费用。额外费用包括小包丢包费和包装材料等费用，一般而言，小包的丢包率为 1%～2%，包装材料费用比较低，可以和丢包费合并设置费率为 2%；国际运费是产品送至境外买家手中所支付的运费。跨境物流方式不同，国际运费价格也有所不同。营销费用是商家投放竞价广告等所支付的费用，根据自身店铺和运营策略的不同而不同。

利润分为成本利润和销售利润，成本利润率是成本的一定百分比，销售利润率是销售价格的一定百分比。利润需要根据产品的定位来设定，如果产品是引流款，那么其销售利润率应该设置得比较低，比如 5%左右；如果产品定位是利润款，那么其销售利润率可设置在 15%～40%之间，根据市场竞争情况而定。

平台佣金是平台收取的服务费，不同的跨境电商平台收取的佣金不同，平台一般按照卖家订单销售额的一定百分比收取佣金。比如 Wish 平台按销售金额的 15%收取佣金；速卖通平台按不同类目收取不同的佣金率，大致在 5%～10%之间。敦煌网根据订单量来收取佣金，实行“阶梯佣金”政策。

具体到跨境电商平台，产品定价要考虑的因素有很多，如产品类型，是否为爆款、引流款或利润款；产品的特质，包括同质性、异质性和可替代程度。此外，由于跨境电商平台的产品价格一般以外币表示，还需考虑银行外汇牌价。银行外汇牌价分为银行外汇买入价和银行外汇卖出价，银行外汇买入价是指银行向客户买入外汇时所使用的汇率。作为跨境电商卖家，即外贸出口，卖家收到美元等外汇后将外汇卖给银行，此时银行的报价是外汇买入价。因此，在计算产品价格时需要考虑的是银行外汇买入价。而银行外汇卖出价指的是银行卖出外汇时所使用的汇率，这是跨境电商买家，也就是外贸进口时需要考虑的价格。

按照成本导向定价法，跨境电商平台价格一般包括上架价格、销售价格、成交价格 3 种。上架价格（List Price），即产品在上传时所填的价格，一般是包邮价。上架价格＝（采购成本+费用）/银行外汇买入价/（1-利润率）/（1-佣金率）。销售价格即折后价（Discount Price），指产品在店铺折扣下显示的价格，等于上架价格乘以折扣率。成交价格（Order Price），是用户在最终下单后所支付的价格，等于销售价格减去营销推广成本等。

举例说明成本导向法下的产品价格计算方法。小雯在 1688 平台上选择了 1 款吊坠，打算上架至速卖通平台。已知该产品的成本 6.5 元，重量 30 克，销售利润率为 25%，国际运费 15 元，平台佣金 8%，银行外汇买入价为 1 美元=6.8 元人民币，其他成本忽略不计，请计算该产品的上架价格。

已知公式，上架价格=(采购成本+费用)/银行外汇买入价/(1-利润率)/(1-佣金率)。那么，这款吊坠的上架价格=(6.5+15)/6.8/(1-25%)/(1-8%)，经计算得到该产品的上架价格为 4.58 美元。也就是这款成本 6.5 元的吊坠，设置包邮价 4.58 美元的情况下，可以赚 7.79 元。

假如产品信息不变，该产品预计活动折扣 30%，请计算该产品的上架价格和销售价格。

有活动折扣的产品新上架价格=原销售价格/(1-折扣率)，即吊坠的上架价格=4.58 美元/(1-30%)= 6.54 美元，吊坠的销售价格=上架价格×折扣=6.54×0.7=4.58 美元。

也就是说，如果这个吊坠我们依然要赚 7.79 元，同时还要在平台上打折 30%，那么这个吊坠的上架价格是 6.54 美元。实际销售价格仍是 4.58 美元。

（二）竞争导向定价法

竞争导向定价法是依据市场上同行相互竞争的同类商品的价格，随着同行竞争情况的变化确定和调整其价格水平。如想要了解某产品同行的平均售价，具体做法是：在自己想要进入的跨境电商平台搜索产品关键词，按照拟销售产品相关质量属性和销售条件，依照销售量进行大小排序，如果想获得销量前 10 的卖家的平均价格，可以按照销量前 10 的卖家价格做加权平均，再根据平均售价倒推上架价格。

采用竞争导向定价法，更多地要依据商品的差异性和市场变化因素。如果企业商品进入一个新的电商平台，可以参照与所售商品近似的售价试水，并不是比竞争对手低的价格才是最好的定价。在与同行的竞争中，最重要的是不断培育自己商品的新卖点，培育新的客户群，通过错位竞争和差别性的定价方法，找到商品最合理的价格定位。

竞争导向法的产品定价主要是了解同类产品且销量靠前的定价，按照销量排名靠前的卖家价格做加权平均，来确定自己产品的上架价格。

举例说明竞争导向法下的产品价格计算步骤。小雯打算在速卖通店铺上架一款女包，根据拟销售产品的相关质量属性和销售条件，搜索了店铺销量排名前 6 的卖家的产品价格如表 3-1 所示，请根据竞争导向法确定该款女包的上架价格。

表 3-1 店铺销量排名前 6 的卖家的产品价格信息

店铺	女包月销量（个）	价格（美元）
1	600	26
2	500	25
3	400	28
4	300	29
5	200	38
6	100	33

根据竞争导向法，对排名前 6 的卖家价格做加权平均=(600×26+500×25+400×28+300×29+200×38+100×33)/(600+500+400+300+200+100)= 28. 04 美元。因此，该款女包的定价在 28 美元左右。

假如产品信息不变，该产品预计活动折扣 30%，请计算该产品的上架价格和销售价格。

新上架价格 = 原销售价格 /(1 - 折扣率) = 28/(1 - 30%) = 40 美元

新销售价格=新上架价格×折扣=40×0. 7=28 美元

可见，竞争导向法无法控制产品的利润率，但是价格能符合该类产品的市场价格。

三、主流跨境电商平台选品规则

（一）亚马逊平台

对于多数中国卖家来讲，亚马逊留给我们的销售产品路线只有跟卖 Listing（页面）和自建 Listing。那么，在这个环境下，中国卖家应如何选品呢？

（1）跟卖 Listing：这类产品大多数是标准化产品，选品思路是中国式采购思维，如电子、汽配、家居和运动器材类等；加上目前亚马逊的规则，很多都已经是 FBA（亚马逊物流）配送，所以选择这一品类的时候，可以根据要跟卖的母 Listing 是否是品牌，来确认有无侵权风险；剩下的主要精力就要放到采购成本的分析和国内物流头程的计算上。卖家要围绕市场的销售价格区间，不断对这类产品做测试。在产品标题、关键词、页面、图片、本地派送一样的情况下，根据每个跟卖竞争账号的绩效表现，运营费用，判断争夺 Buy Box（黄金购物车）的实力强弱。卖家们选品就是为了销售，这是选品的根本和核心。

（2）自建 Listing：这类产品大多数是已经得到认可的品牌。选择这类产品，除了品牌自有的号召力之外，产品标题、关键词、描述、图片、页面等都要自己做。除了账号绩效表现、优质物流和性价比之外，选品的核心是这类产品市场的销售容量。此类产品往往是非标准化和主观性产品，且是高毛利、竞争对手相对较少的小众市场产品。只有在这种情况下，才能在非中国式采购思维的门槛前，在特定的用户群和竞争小的市场缝隙中获得发展。

（二）速卖通平台

由于目前速卖通定位在俄罗斯及巴西等新兴电商市场，同时外界多建议卖家在刚开始选品的时候选择体积小、价值低的产品进行销售，目前速实通平台上集中的品牌还是以时尚类、产品配件、小家居、运动类产品为主。多数中国卖家在选品时，还是以中国式的采购思维为主，产品标题、关键词、页面，图片等都是必须做好的，性价比要比其他平台表现得更为突出。有心的速卖通卖家还可以按照亚马逊自建 Listing 的思维，做垂直化的产品线，把亚马逊的卖家品牌思路利用起来，重点利用速卖通的付费流量做自己的品牌店铺。不少业内人士也表示，速卖通的选品并没有一定的条框或者规则，也没有永远的热销产品。“人无我有，人有我优，人优我专”是卖家应该谨记的一条准则。

（三）eBay 平台

作为全球商务的领军者，eBay 帮助全球消费者随时、随地、随心地购买他们所爱、所需的产品。eBay 平台上的产品多样化，目前提供的上架物品数据已超过 8 亿件，种类繁多。可以说，消费者需要和喜爱的任何产品，在 eBay 上都可以找得到。以美国、英国、澳大利亚和德国为代表的成熟市场目前是 eBay 中国卖家最主要的销售目的地。这些市场具有人均购买力强、网购观念普及、消费习惯成熟、物流配套设施完善等特点，消费者对于产品质量、买家体验都有比较高的要求。卖家除了要选择高性价比的产品之外，更重要的是提供堪比零售标准的服务。除了目前品牌和专营店这种战略布局经营外，其他的选品思维可用海外仓派送和中国直邮派送来区分。

海外仓派送的选品思维，产品标题、关键词、图片、描述、本地物流选择方式等因卖家的不同而不同。所以，谁在这些方面做得好，结合较好的账号绩效以及 eBay 实操细节，就已经占有很大优势了，剩下的就和跟卖思维一样了；eBay 实操的人都懂，实操霸主卖家最恨新入卖家的就是在性价比上“动手”。当累积到一定的销售比例后，霸主拿到了定价权和引领市场均价的旗帜，其产品售价反而会高出新入者很多。新入手者是无法抗衡霸主卖家的，持久的坚守战和特定的时间管理是核心策略。

直邮派送的选品思维可以用上面提到的速卖通的选品思维操作：可以说，两个市场是大致相同的，不同的就是平台对卖家的考核不一样和平台在受众国家或地区的宣传力度不一样。

思政园地

一个亚马逊小卖家的选品案例分析

对于中小卖家来说，选品起着非常重要的作用，可以这么说，七分在选品，三分靠运营，我在运营中总结出选品的三个步骤：刚需选品，反复试销，产品升级。

1. 刚需选品

很多卖家其实并不了解什么是刚需品，经常有卖家说，按照你的刚需选品的建议，我经过多方考量，决定卖手机壳，你觉得怎么样呢？我问，你如何觉得手机壳是刚需产品呢？因为人人都需要。

手机壳固然是很多人需要的一个产品，但在很多人需要的更进一层，其实包含着一个条件，那就是，每个需求手机壳的人的需求点各不相同，你喜欢红色的，他喜欢蓝色的，一个客户选择硬壳，而另一个客户可能会选择软壳。客户选择的多样性，造成的结果就是，作为卖家即便你准备1000款产品，也未必能够满足你面对的这个客户的需求，客户没有选择你的原因可能简单到只是——我不喜欢，作为卖家，你又能怎么样呢？当更新款的手机出来时，风向瞬间变了，你只能守着你的一大堆库存发呆。

那么，难道卖手机壳一定就不行吗？也不是。确实有卖家在亚马逊上每天仅手机壳就可以出货上千单。一个每天出货大概500单的卖家告诉我，他店铺里面约有12000个SKU（库存量单位），你是否还羡慕他这500单呢？

2. 反复试销

刚需选品意味着这个产品既是能够解决用户某方面需求必不可少的物件，同时，也是用户选择解决该需求时不会在意的款式、外观、颜色等，比如Kitchen Timer（厨房定时器），再比如烧烤用的烧烤架，当你考虑到厨房需要添加一个计时工具以把晚餐做得更美味火候更好时，你需要考虑一个厨房计时器了。但此时，款式，颜色这些真的不是什么特别在意的因素，你仅仅需要一个具有计时功能的小物件，当你筹划一场户外野炊，烧烤架就进入你的购物清单。而此时，你确实不会太在意它的款式和设计，基于这样的思维，当你看到这些产品时，你需要的是功能，而不会在一些外在的因素上进行吹毛求疵地挑剔。这就意味着，任何一个卖家的产品，有极大可能，都是你可以接受的。

用户考虑侧重点的不同，影响着卖家选品备货的单一与复杂。所以，对于卖家来说，换一个角度，站在用户需求的角度考虑，你的选品可能就不一样了。

选择了一款好产品，并不意味着你就能够卖到爆，很多时候，一款产品卖得好与不好，除了努力之外，也会有很多我们无法把握的因素，这就会导致另一种结果，明明平台上很热卖、市场容量很大、别的卖家卖得很好的产品，你可能偏偏就是卖不动！这该怎么办呢？很简单。如果选品上架之后，几经销售，用尽各种技巧和方法，都没有办法打造起来，果断舍弃就是。很多卖家可能会纠结于在这些产品上投注的心血和成本，但你要明白，如果你在一个打造不动的产品上纠结，会耗费你本来可以用在其他产品上获得很好结果的机会。

关于选品、试销和舍弃，建议你需要查看评估5~10款产品，然后从中选择一款产品，在10款产品的前期销售中，你需要总结销售情况和客户反馈情况，过滤后保留3~5款产品，然后，在淘汰掉试销不成功的产品的同时，补充新的选品进来，继续进行销售与淘汰，如此下来，如果你想打造一个有20款产品且每款都销量不错的店铺，你大概需要先后进行60款左右的产品试销，而你需要查看评估的总产品数量，则有可能多达五六百款。如此庞大的数量，又回到我平时经常提到的另一个概念：量大是制胜的关键。没有谁能够轻轻松松就取得成功。

3. 产品升级

任何产品的销售都不是一帆风顺的，今天你发现一款产品卖得好正在窃喜，明天已经有大批卖家涌入，蓝海瞬间变成一片红，对于卖公模产品的卖家来说，另一个绕不开的话题就是，卖得很好的产品被跟卖了，好一点的，猫捉老鼠，比较倒霉的，遇到死皮赖脸的或者不怕死的跟卖者，任由你如何驱赶，他都是岿然不动不理不睬。

注册商标做品牌备案固然可以在一定程度上防止被跟卖，可是，真正解决跟卖，只有一种方法，那就是——我有，你没有。当一个产品只有你自己独家拥有时，跟卖者解决不了货源的问题，自然也就不再跟卖了。

要选择“我有你没有”的产品，开模、专供或者包销就是必不可少的了，如果有好的供应商资源，就可以通过专供和包销的方式，降低前期的资金投入，但这也要看你和供应商的关系以及你能够销售的货量了，往往是，孩子养大了，供应商不理你了，这时候就着实憋屈。开模的话，因为模具所有权归你，更有利于避免被供应商挟持，比如文章开头写到的学员，他所销售的几个产品，都是要么独立开模，要么独一无二，少了竞争，所以他才理直气壮地说，“我的利润率很高”。

（资料来源：雨果网，https://www.cifnews.com/article/23144）

任务实训

撰写 Wish 电商平台某品类的选品分析报告

一、实训目的

了解 Wish 电商平台的规则和特点，结合选品的原则、逻辑和产品定价方法，合理使用跨境电商分析工具，选择你感兴趣的品类进行分析，并撰写分析性报告。

二、实训内容

了解学习 Wish 电商平台，熟悉其平台规则，调研该平台的热销产品和定价特点，把握 Wish 电商平台的消费群体及特征，结合 Google Trends、KeywordSpy 和 Alexa 等电商分析工具和你感兴趣的产品品类，得出分析性报告。

实训提示：

（1）调研 Wish 平台规则、热销产品和消费群体。

（2）灵活使用 Google Trends、KeywordSpy 和 Alexa 等电商分析工具。

三、实训步骤

步骤一：登录 Wish 卖家后台了解平台规则；登录 Wish 买家端了解平台热销品、产品定价特点。

步骤二：结合感兴趣的品类，依次利用 Google Trends、KeywordSpy 和 Alexa 三个工具进行分析，并形成分析报告。

同步测试

一、单项选择题

1. 外部数据是指企业以外的其他公司、市场等产生的数据。下列不属于外部数据分析工具的是（　　）。

A. KeywordSpy　　B. Google Analytics　　C. Google Trends　　D. Alexa

2. 小雯在1688平台上选择了一款戒指，打算上架至速卖通平台。已知该产品的成本15元，重量80克，销售利润率为20%，国际运费10元，平台佣金10%，银行外汇买入价为1美元=6.4533元人民币，其他成本忽略不计。该产品的上架价格为（　　）美元。

A. 3.47　　B. 34.72　　C. 5.38　　D. 22.41

3. 主动选品是通过对目标市场或某个行业进行分析，主观地去开发产品。下列不属于主动选品的参考角度的是（　　）。

A. 节假日分析　　B. 季节分析

C. 生活习惯分析　　D. 大卖家热卖品分析

4. 小雯在1688平台上选择了一款吊坠，打算上架至速卖通平台。已知该产品的成本6.5元，重量30克，销售利润率为25%，国际运费15元，平台佣金8%，银行外汇买入价为1美元=6.4533元人民币，其他成本忽略不计。该产品的上架价格为（　　）美元。

A. 4.83　　B. 31.16　　C. 93.48　　D. 201.08

5. 关于跨境平台选品，说法不恰当的选项是（　　）。

A. 选品要考虑市场的需求　　B. 选品要结合自身状况

C. 选品要分析行业特点　　D. 选品只是一个环节没必要太在意

二、多项选择题

1. 跨境电商选品原则包括（　　）。

A. 兴趣　　B. 市场需求　　C. 平台特征　　D. 跟卖

2. 在实际操作中，选品要有清晰的思路。选品的逻辑包括（　　）。

A. 广泛　　B. 专业　　C. 精选　　D. 分析数据

3. 常见跨境电商产品的定价方法包括（　　）。

A. 成本导向定价法　　B. 产品导向定价法

C. 平台导向定价法　　D. 竞争导向定价法

4. 按照成本导向定价法，跨境电商平台价格术语一般包括（　　）。

A. 上架价格　　B. 销售价格　　C. 成本价格　　D. 成交价格

5. 下列关于速卖通平台选品策略不恰当的是（　　）。

A. 体积小，价格低的产品　　B. 包装好，小众文创产品

C. 品牌大，价格高的产品　　D. 货值高，新颖独创产品

三、判断题

1. “七分靠选品，三分靠运营”，足以看出选品对于跨境电商的重要性。（　　）

2. 通过KeywordSpy（关键词搜索）分析品类的周期性特点，把握产品开发先机。（　　）

3. 利润需要根据产品的定位来设定，如果产品是引流款，那么其销售利润率应该设置比较高，40%左右。（　　）

4. 竞争导向定价法将产品价格大致分为四部分，即采购成本、费用、利润和平台佣金。（　　）

5. 由于跨境电商平台的产品价格一般以外币表示，还需考虑银行外汇牌价。（　　）

四、案例分析题

速卖通平台世界杯周边产品热销

全球速卖通在2022年海外“双十一”期间，为海外消费者首次搭建世界杯专场。世界杯商家覆盖面广，除了传统意义上的足球、体育用品以外，还有20个行业将受益。比如星球卡、啤酒销售服、小旗子以及节庆相关的产品等超1000万件商品已经在速卖通平台上蓄势待发。

每年世界杯举办期间，都是中国商家的机会。体育运动商品将迎来高度关注，而全球各地球迷相聚看球必备的投影仪、电视机，还有营造氛围用的旗帜、奖杯、吉祥物、钥匙扣和纪念徽章等都大有可为。

“双十一”恰逢世界杯前夕，世界杯经济成为双11最突出的一条赛道。10月，速卖通公布的《2022年海外“双十一”“世界杯经济”六大趋势》验证了以投影仪、球衣、助威小道具为主的“沉浸观赛”产品成为搜索量最高的商品。速卖通数据显示，10月以来，足球相关的商品热搜词飙升明显：在巴西，“巴西足球服”的搜索量环比9月翻了近三倍；在西班牙，“足球”的搜索量也比9月提高了两倍。

在2022年“双十一”中，不仅投影仪大卖，中国产的球服和足球鞋在巴西热销，巴西足球服同比去年涨幅557%，其中足球鞋服商家卡尔美受益于世界杯专场等主题活动，对比日常翻了6.6倍。

（资料来源：中国经济网、潇湘晨报、速卖通、电商报）

请根据以上案例回答问题。

结合案例，你作为速卖通平台卖家应该如何选品？

项目四

跨境电子商务营销

学习目标

【知识目标】

- 掌握速卖通平台站内营销推广方式。
- 掌握亚马逊平台站内营销推广方式。
- 掌握 eBay 平台站内营销推广方式
- 理解搜索引擎营销的概念、特征和方式。
- 了解电子邮件营销的概念、优势和策略。
- 了解主流社交媒体应用现状。
- 掌握主流社交媒体营销策略。

【能力目标】

- 能够进行速卖通平台站内营销推广。
- 能够进行亚马逊平台站内营销推广。
- 能够进行 eBay 平台站内营销推广。
- 能够进行搜索引擎营销推广。
- 能够进行电子邮件营销。
- 能够进行主流社交媒体营销。

【素质目标】

- 培养科学数据分析，精益求精的工匠精神。
- 培养合法营销推广，诚实守信的职业道德。
- 树立知识产权意识，助推民族品牌出海。

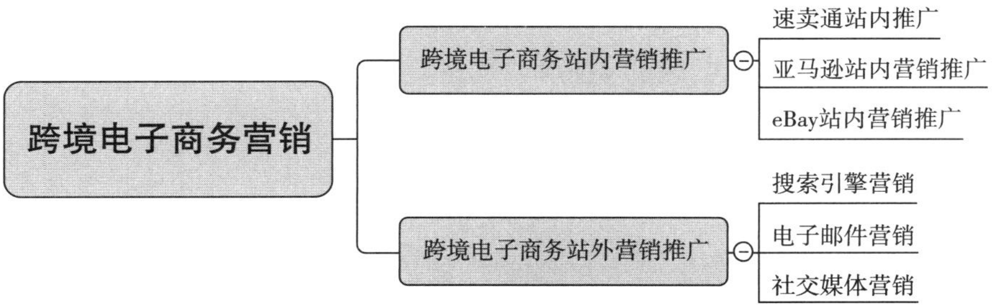

任务一 跨境电子商务站内营销推广

营销推广是卖家引流的重要手段，跨境电子商务营销推广根据流量来源不同可以分为站内推广和站外推广。站内、站外是以某特定平台为基准，使用该平台自身提供的营销推广工具实现引流的营销推广活动属于站内营销推广，除了平台自身提供的营销推广工具之外的引流渠道和方式属于站外推广。与搜索引擎营销、电子邮件邮件营销、社交媒体营销等站外营销推广方式相比，各大跨境电子商务平台的站内营销推广是更为直接的营销推广方式，让卖家的商品在站内得到直接的展示，展示位置多样化，能够直接帮助卖家进行引流推广。

任务描述

小雯通过前期认真的调研和选品后，终于确定了公司店铺产品，并进行编辑上架。让小雯发愁的是店铺上架产品迟迟无人浏览和下单，在平台内搜索同类产品时搜索结果中也没有显示自己的产品。小雯该怎么办呢？小雯需要了解站内营销推广的方式，并进行站内营销推广，促进店铺产品引流转化。

任务分析

小雯想要进行站内推广，首先要了平台内部营销推广方式有哪些，其次，要了解平台内部各营销推广方式需要满足的条件及其操作步骤等，最后，结合店铺及产品的具体情况开展站内营销推广。

相关知识

一、速卖通站内推广

速卖通平台的站内推广方式可以分为营销推广与流量推广两种。其中营销推广包含店铺活动和平台活动两种方式，流量推广分为直通车、灵犀推荐和钻展 3 种方式，具体如图 4-1 所示。

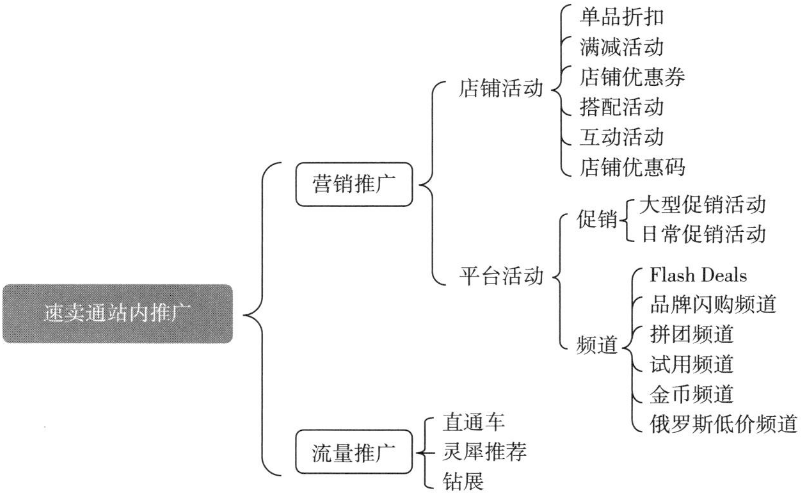

图 4-1 速卖通平台站内推广方式

（一）营销推广

1. 店铺活动

速卖通卖家后台店铺活动设置如图 4-2 所示。

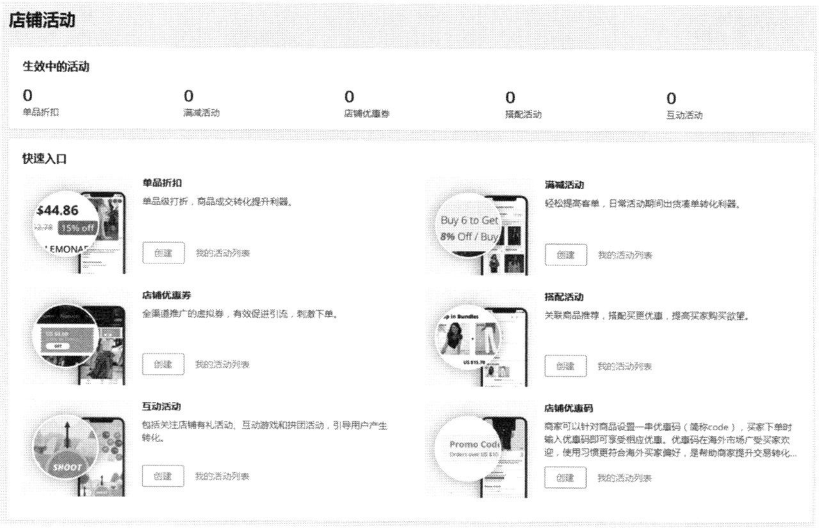

图 4-2　速卖通卖家后台店铺活动设置

（1）单品折扣

单品级打折优惠，是原全店铺打折+店铺限时限量工具的升级工具，用于店铺自主营销。单品的打折信息将在搜索、详情、购物车等买家路径中展示，提高买家购买转化快速出单。

单品折扣特点：

①每月不限制的活动时长和活动次数；

②单场活动最长支持设置 180 天；

③允许活动进行中暂停；

④活动进行中允许操作新增/退出商品以及编辑折扣，且实时生效；

⑤可通过 Excel 表格批量上传；

⑥支持单个商品设置粉丝/新人专享价；

⑦单场活动支持最大设置 10 万个商品。

注：以上场景均适用于日常活动，大促场景下的单品折扣活动不允许暂停活动，不允许新增/退出商品，不允许编辑商品以及运费模板。

单品折扣活动设置入口如图 4-3 所示。

单品折扣活动基本信息设置（见图 4-4）：

①可点击“创建活动”进入活动基本信息设置页面；

②活动名称最长不超过 200 个字符；

③活动起止时间为美国太平洋时间；

④最长支持设置 180 天的活动，且取消每月活动时长、次数的限制；

⑤活动设置的时间开始后，立即生效；

⑥点击“提交”后进入设置优惠信息页面。

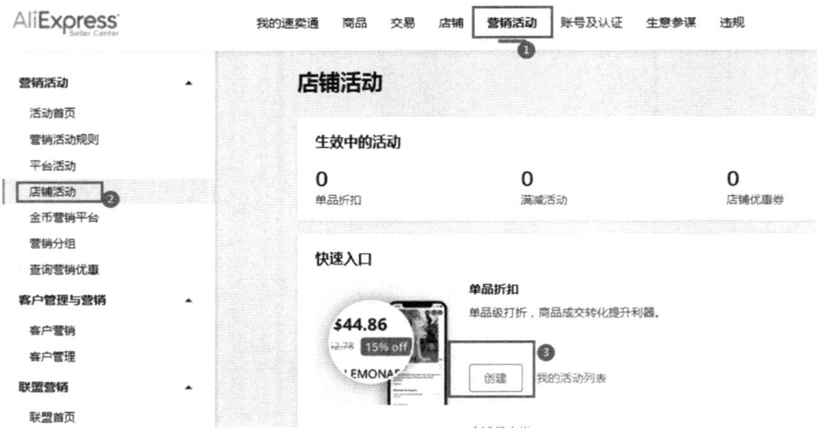

图 4-3　单品折扣活动设置入口

图 4-4　单品折扣活动基本信息设置

单品折扣活动优惠信息设置：

①支持单个商品根据营销分组、表格导入形式设置；

②可筛选全部已选商品和未设置优惠商品，支持商品 ID 搜索；

③支持单个商品设置粉丝/新人专享价；

④支持批量设置折扣、限购、删除（批量设置折扣时默认所有 SKU 都参加活动）；

⑤支持部分 SKU 参加活动，通过“选择 SKU”勾选想要参加活动的 SKU；

⑥点击“保存并返回”即创建完成活动，等活动开始后即时生效；

⑦同一个商品只能参与同个时间段内一场单品折扣活动；

⑧可同时参加同个时间段的平台活动，平台活动等级优先于单品折扣，因此会生效平台活动折扣。

（2）满减活动

满减活动包含 3 种活动类型：满立减、满件折和满包邮。满立减，“满 X 元优惠 Y 元”，即订单总额满足 X 元，买家付款时则享受 Y 元优惠扣减；满件折，“满 X 件优惠 Y 折”，即订单总商品满足 X 件数，买家付款时则享 Y 折优惠；满包邮，“满 X 元/件包邮”，即订单满足 X 元或者 X 件时，买家享受包邮。

需要注意的是，满件折/满立减的优惠是与其他店铺优惠活动叠加使用的，对于已经参加折扣活动的商品，买家购买时以折扣后的价格计入满件折/满立减规则中，所以，同时使用打折工具和满件折/满立减工具时，一定要核算一下自己的利润；同一个活动时间内同一个商品（活动开始时间到活动结束时间）只能设置一个满立减活动（含全店铺满立减、商品满立减）或者一个满件折活动（含全店铺满件折、商品满件折）；同一展示时间内，针对同一个商品，同一个目标国家仅支持设置一种包邮活动。

满立减设置条件：

①可只设置一个条件梯度，系统默认是单层满减，在“条件梯度 1”的前提下，支持优惠可累加的功能（即：当促销规则为满 100 减 10 时，则满 200 减 20，满 300 减 30，依此类推，上不封顶）；

②可设置多个条件梯度，最多可以设置 3 梯度的满立减优惠条件。多个条件梯度需要满足：后一梯度订单金额必须要大于前一梯度的订单金额；后一梯度的优惠力度必须要大于等于前一梯度。

满减折设置条件：

①可只设置一个条件梯度，系统默认是单笔订单件数条件以及立减条件，在“条件梯度 1”的前提下，该类型的满减不支持优惠可累加的功能（即：当促销规则为满 3 件减 10% OFF 时，则满 6 件仍旧是 10%OFF）；

②可设置多个条件梯度，最多可以设置 3 梯度的满立减优惠条件。多个条件梯度需要满足：后一梯度订单件数必须要大于前一梯度的订单件数，后一梯度的优惠力度必须要大于前一梯度。

登录“我的速卖通”，点击“营销活动”，在“店铺活动”选择“满减优惠”，点击“创建活动”就会来到满减活动设置界面，如图 4-5 所示。

图 4-5 满减优惠活动设置界面

（3）店铺优惠券

店铺优惠券分为领取型优惠券、定向发放型优惠券、互动型优惠券，可通过多种渠道推广，通过设置优惠金额和使用门槛，刺激用户转化。

领取型优惠券可在各种渠道发放，用户获取后到店购买使用，是引流、转化、拉新的有效手段，可以根据不同会员等级设置优惠券（只有对应等级及以上的买家可以看到），优惠券使用范围可以选择全店商品，也可以圈选部分商品。

登录“我的速卖通”，点击“营销活动”，在“店铺活动”中选择“店铺优惠券”，点击“创建活动”，如图 4-6 所示。

图 4-6　领取型优惠券活动设置

定向发放型优惠券，针对指定用户发放优惠券，凡是与卖家店铺有过交易、加过商品到购物车或者 Wish List 的买家都可作为定向发放对象，用于人群定向营销。从“营销活动”选择“客户营销”，点击“定向优惠券营销”，点击“发送定向优惠券”，如图 4-7 所示，第一步选择客户，如图 4-8 所示，第二步创建优惠券，提交即可，就可以发送定向优惠券了。定向发放型优惠券分为“直接发放”和“二维码发放”两种。

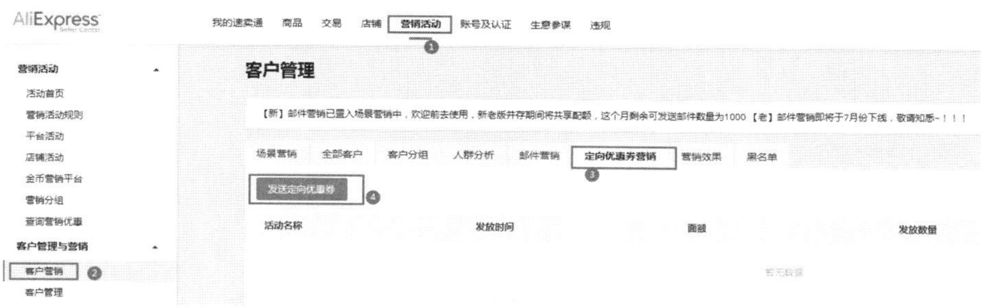

图 4-7　发送定向优惠券

图 4-8　选择客户发送定向优惠券

“二维码发放”定向优惠券要保存并下载二维码，建议卖家可以同时将二维码放在客户的包裹中，买家下载速卖通的手机客户端就可以扫码领取优惠券了。

定向发放型优惠券在活动设置后即时生效，可设置限制条件或不限条件。与领取型优惠券不同，定向发放型优惠券是不会在店铺中展示的。

（4）搭配活动

搭配销售可以将店铺商品进行组合销售，刺激转化提高单量。新版搭配销售，去掉了算法搭配折扣比例，卖家可以编辑算法创建搭配套餐，进行自主定价。搭配套餐分为人工搭配套餐和算法搭配套餐两种，如图 4-9 所示。

创建搭配套餐如图 4-10 所示。人工搭配套餐，必须选择 1 个主商品和 1~4 个子商品，同时设置搭配价。一个商品最多可作为主商品设置在 3 个搭配套餐中，最多可作为子商品在 100 个搭配套餐中。算法搭配销售，通过打开算法搭配套餐，系统每天会为卖家创建根据算法推荐的搭配套餐，套餐价为商品原价，卖家可以删除或者编辑算法搭配套餐。如果不需要，则不开启开关，后续不会再生成新的算法创建搭配套餐。

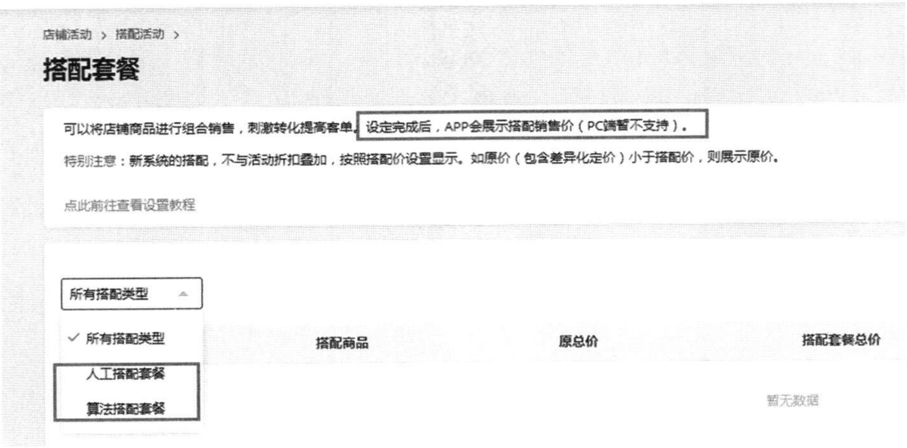

图 4-9　搭配套餐分类

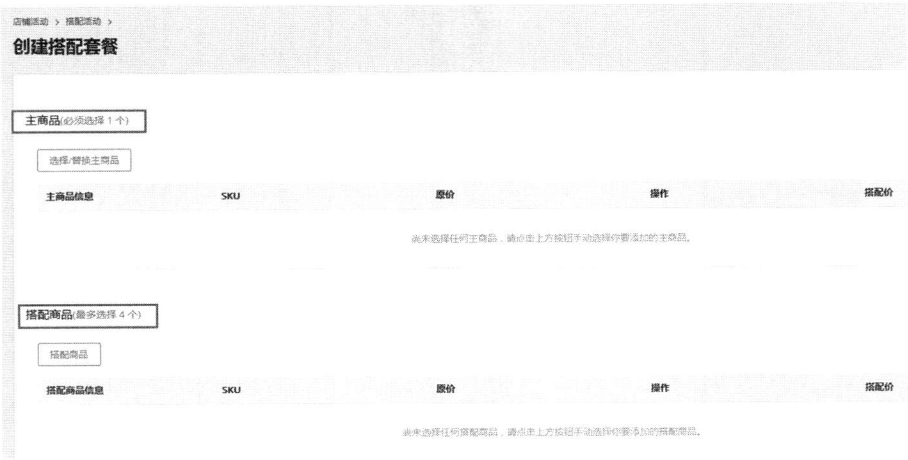

图 4-10　人工搭配套餐设置

（5）互动活动

互动活动包括关注店铺有礼活动、互动游戏和拼团活动，通过互动活动引导用户产生转化。拼团活动即将下线，店铺互动活动目前仅可设置互动游戏。互动游戏中，卖家可设置“翻牌子”“打泡泡”“收藏有礼”3 种互动游戏，其中活动时间、互动次数和奖品都可自行设置，设置后选中放入粉丝趴帖子中可快速吸引流量，活动生效中允许关闭。

互动游戏介绍之翻牌子（见图 4-11）：一种九宫格互动活动，有 8 张牌对应 8 个不同的奖励，买家可以通过点击不同的牌获取不同的奖品，奖励由卖家自行设置（可以有空奖），一个买家一次只能点击一张牌。

互动游戏介绍之打泡泡（见图 4-12）：一种买家发射箭击破泡泡的互动活动，每个游戏有 18 个泡泡，其中的奖励由卖家自行设置（可以有空奖），买家一局游戏只能互动一次。

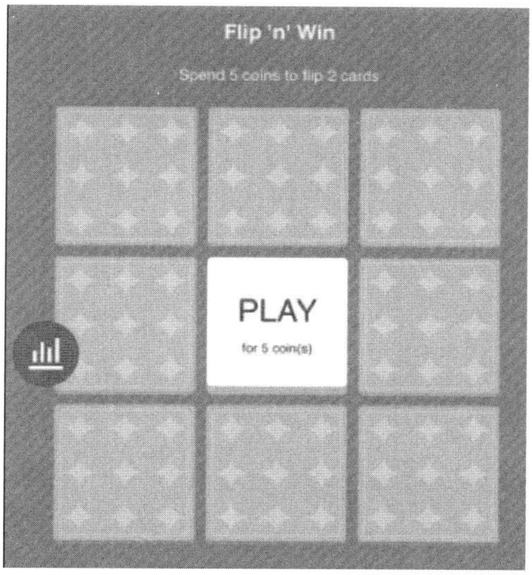

图 4-11　互动游戏之翻牌子

图 4-12　互动游戏之打泡泡

互动游戏介绍之收藏有礼：一种卖家自行设置的互动活动，买家收藏店铺之后，可以获得相应的奖励，奖励由卖家自行设置。

互动游戏设置入口（见图 4-13）：登录商家后台，点击“营销活动—店铺互动活动—互动活动”，进入创建页面后，选择“创建互动游戏”。登录进去之后，要进行活动基本信息设置如图 4-14 所示。

①可点击“创建活动”进入活动基本信息设置页面；

②活动名称最长不超过 32 个字符，只供查看，不展示在买家端；

③活动起止时间为美国太平洋时间；

④最长支持设置 180 天的活动，且取消每月活动时长、次数的限制；

⑤活动时间开始后，即时生效；

⑥游戏类型：每次只能选择一种互动类型；

⑦互动次数：可选择活动期内每天限制次数（1～100），也可选择活动期间限制互动总数（1～1000）；

⑧图片格式：翻盘子和打泡泡支持自主上传背景图，格式要求具体为：翻牌子 300×300 像素，打泡泡 130×130 像素。

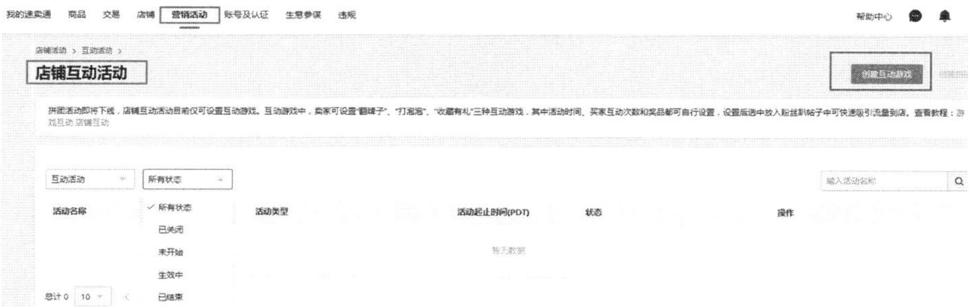

图 4-13　互动游戏设置入口

图 4-14　互动游戏之基本信息设置

（6）店铺优惠码

店铺优惠码是一种新的营销工具，商家可以针对商品设置一串优惠码（Code），买家下单时输入优惠码即可享受相应优惠。优惠码在海外市场广受买家欢迎，使用习惯更符合海外买家偏好，是帮助商家提升交易转化的利器。

店铺优惠码活动起止时间一律为美国太平洋时间（比北京时间晚 16 个小时，如：北京时间 20:00 相当于美国太平洋时间 04:00），活动有效期最长可设置 180 天。特别注意：活动起止时间等同于 Code 有效期。

知识链接

速卖通店铺优惠码操作流程

操作流程详解可登录 https://service.aliexpress.com/page/knowledge?pageId=42&category=1000013591&knowledge=1060231985&language=zh

速卖通店铺优惠码操作流程详解

2. 平台活动

平台活动是指由平台组织、卖家参与的，以促进销售为主要目的的主题营销活动。速卖通平台活动是平台向卖家推出的免费推广活动，是平台效果最显著的营销利器之一，能帮助店铺快速实现高曝光、高点击和高转化的一系列目标。

（1）促销活动

平台作为活动组织方会对参与的卖家和商品有一定的资质要求，符合要求的卖家可以自主选择报名，有大量卖家报名的情况下，平台会筛选出部分卖家参与。卖家应关注每年平台的促销计划与平台节奏以安排店铺运营计划。要做好平台活动，首先要登录卖家后台，了解每项活动的报名条件和注意事项；针对性地选择商品，并根据相应指标条件提前做好商品优化，提高活动报名的成功率。图 4-15 是速卖通后台平台活动报名界面，可以查找各类平台活动及其规则。

（2）频道活动

速卖通平台频道活动包含 Flash Deals、品牌闪购频道、拼团频道、试用频道、金币频道和

图 4-15　速卖通后台平台活动报名

俄罗斯低价频道 6 种，如图 4-16 所示。点击“立即报名”，就会出现该频道下面可以报名的活动列表，如图 4-17 所示，在“报名状态”栏可以查看店铺是否符合报名要求以及该活动的详细资质要求，如图 4-18 所示。

图 4-16　速卖通平台活动频道

图 4-17　速卖通 Flash Deals 含俄罗斯团购活动列表

①Flash Deals：平台的爆品中心，帮助卖家打造店铺爆品，新版包含俄罗斯团购普招爆品团活动。

②品牌闪购频道：头部品牌的营销阵地，潜力品牌的孵化地。

③拼团频道：拼着一起买更便宜。可结合站内外综合营销活动，获取社交流量。

④试用频道：通过提供试用商品吸引买家进店并关注宝贝，为品牌快速入市提供帮助。

⑤金币频道：App 端的权益频道，利用金币带来的权益吸引买家定期回访。

⑥低价潜力爆品中心，流量聚焦低价格带商品（0~5 美元），帮助提升单量（仅俄罗斯展示）。

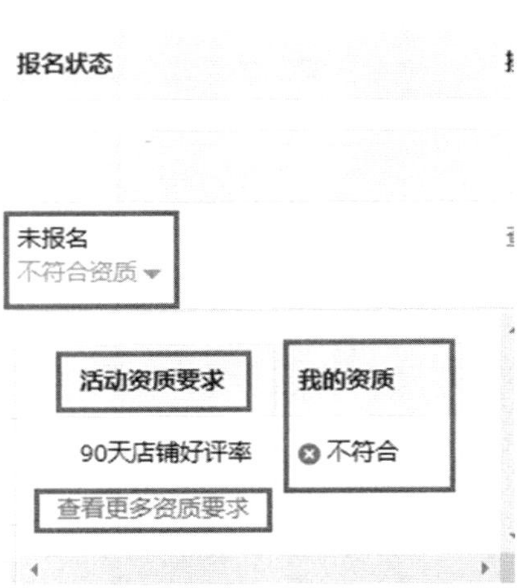

图 4-18　速卖通平台频道活动查看资质要求

（二）流量推广

1. 直通车

（1）速卖通直通车（Keyword Advertising）概念

当买家搜索产品关键词时，可以通过关键词实时竞价，以提升产品信息的排名，通过大量曝光商品来吸引潜在买家。简单来说，速卖通直通车就是主动获取精准流量的营销工具。直通车的价值体现在可以获得排名靠前的、优质的展示位置；海量商机，全网精准流量；免费曝光，先点击后付费；数据监测，预算成本可控，如图 4-19 所示。很多人员对直通车推广效果的认识存在一个误区，认为直通车只要投钱，就会立即收获很多流量和订单，这是一个错误的观点，直通车的价值在于让店铺得到大量额外的曝光，合理配合其他运营手段，让店铺快速进入良性循环状态，进而得到长远、持续的收益。

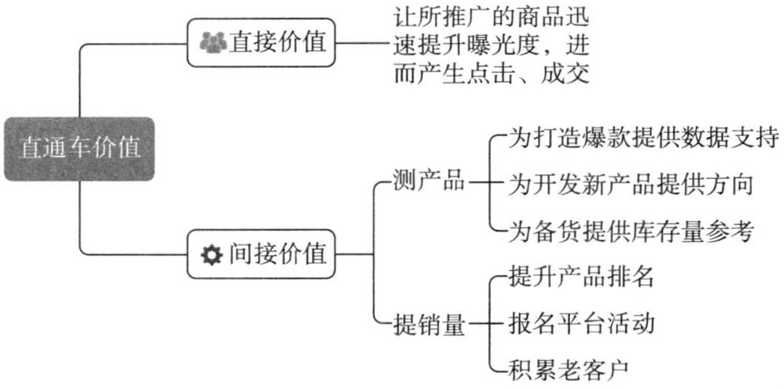

图 4-19　速卖通直通车的价值

（2）直通车展示位置

目前直通车展位分为 PC 端和移动端，PC 端的推广位在主搜页和搜索页底部的智能推荐位，PC 端主搜页中，60 个商品为一页，直通车推广位从第 5 位起，隔 4 位有一个直通车推广位，即第 5/10/15/20/25/30/35/40/45/50/55/60 位；移动端的推广位含 App 端和手机网页端，移动端主搜页中，20 个商品为一页，直通车推广位在第一页中从第 3 位起，隔 8 位有一个直通车推广位，即第 3/11/19 位；从第二页起，位于第 6/16 位，如图 4-20 所示。

排名靠前可以获得直通车推广位曝光，影响商品排序的主要因素：关键词的推广评分和出

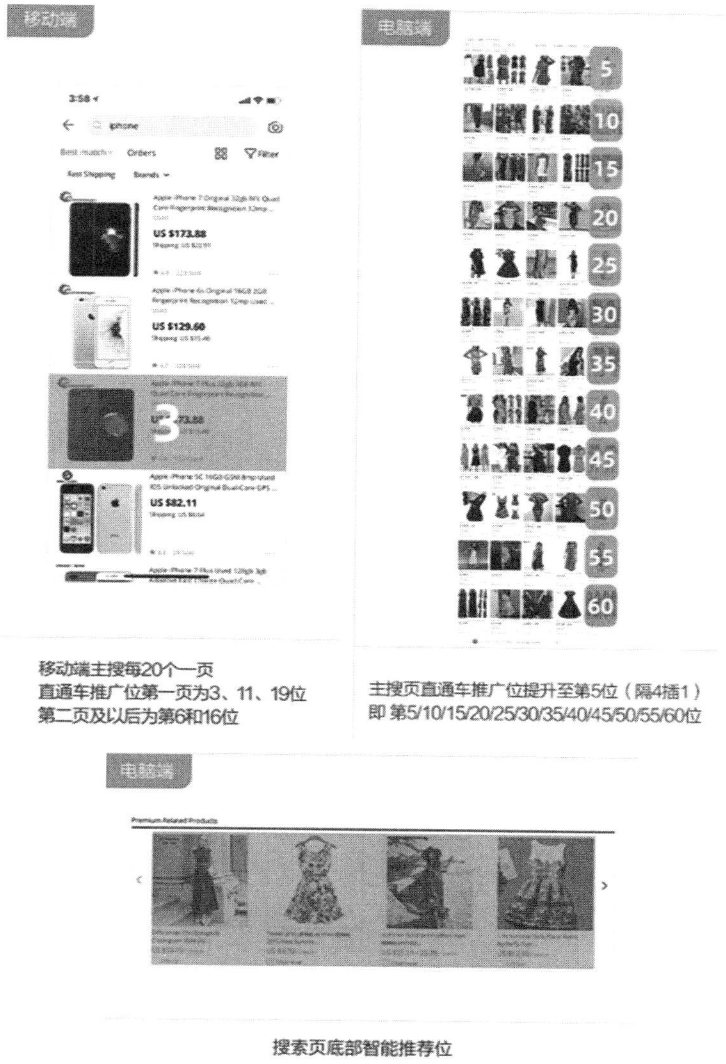

图 4-20　速卖通直通车展示位置

价，某个关键词的推广评分与出价越高，搜索结果中商品排名靠前的机会越大。

商品和关键词相关性越强，推广评分可能越高。简单来说，选好词，出好价，有机会排名靠前获得推广位曝光。同一关键词可以根据不同人群、不同国家地域，设置不同出价。

根据直通车的使用情况，速卖通直通车会员每月将被赋予一个成长值以及对应的成长等级，分别为：实习车手、中级车手、高级车手、资深车手、车神。成长等级越高，享受到的会员权益越大。

（3）直通车的使用

①直通车使用流程，如图 4-21 所示。

②直通车推广方式及功能，如图 4-22 所示。

直通车推广方式分为自主推广和智能推广两种。

自主推广需要卖家自己选择要推广的产品，自己选择推广关键词，适用于熟练及较精通的

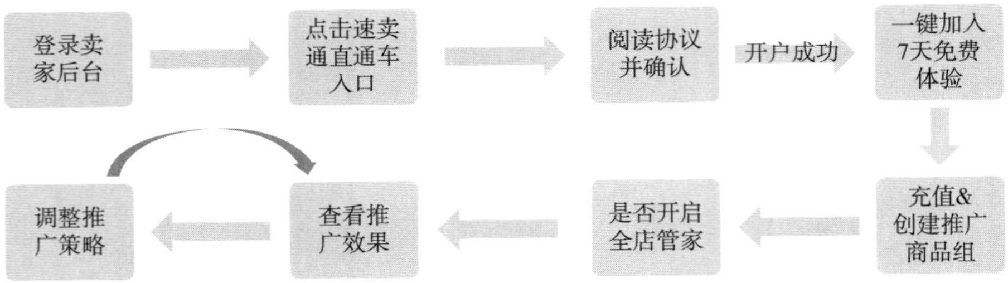

图 4-21 直通车使用流程

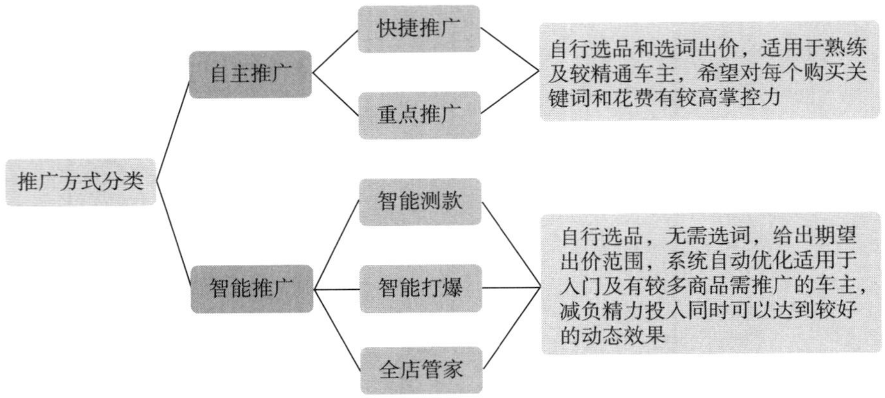

图 4-22 速卖通直通车推广方式及主要功能

直通车主。自主推广分为快捷推广和重点推广。

快捷推广，该推广方式可以批量选择多个推广商品，为多个推广商品设置同一批关键词，且关键词有统一的出价，适用于前期测试款，当未确定哪个商品适合推广时，可以为同类型的多个商品设置快捷推广，观察商品表现，适用于普通商品的批量推广。卖家最多可以建 30 个快捷推广计划，每个计划最多容纳 100 个商品、20000 个关键词。快捷推广中的批量选词、出价等功能帮助卖家更加快速建立自己的计划，捕捉更多流量，并从中筛选有推广潜力的商品。

重点推广，该推广方式是选择一个推广商品后，需要为它单独设置一批关键词，且每个关键词可以设置不同出价，商品和关键词的组合称为推广单元，同一个重点推广中可以包含多个推广单元，每个单元独立，重点推广适用于把重点商品推广成为爆品，卖家需要知道哪些商品是需要重点推广和管理的，且对该商品适用的推广关键词比较了解，在日常观察各关键词的表现后，可以通过调整每个关键词的出价，对该商品的推广进行优化。卖家最多可以建 10 个重点计划，每个重点计划最多包含 100 个单元，每个单元内最多容纳一个商品、200 个词。建议优先选择市场热销或自身有销量、有收藏、有价格优势的商品来进行推广（可参考商品分析中的成交转化率、购物车、搜索点击率等数据来选择推广商品）。

智能推广需要卖家自行选择需要推广的产品，但无需选择推广关键词，设置期望出价范围，建议一次添加的商品最好不要超过 10 个，最多允许添加 100 个。智能推广按照推广需求分为 3 种推广方式：智能测款、智能打爆和全店管家。

智能测款，可以选择多个商品，系统选择推广关键词，且设置期望的最高价格，系统会自动选词并以低于最高价格去争取流量，每个商品都能拿到接近的流量，观测不同的商品拿到流量后的转化效果。适用于前期测试款，智能测款适用于想要找出适合市场的商品，但自主选择关键词的能力较弱或精力较少（相当于系统代替商家智能选词和动态调整出价）的卖家。

智能打爆，选择多个推广商品后，且设置期望出价，系统会自动选词并在期望出价上下40%动态调整，尽可能多地帮助商家拿到更多流量和成交订单，竞争激烈时系统帮助出价最高达到140%，适用于推广爆品，卖家明确市场热点，希望能够网罗更多关键词和动态调整出价的，可以使用智能打爆。

全店管家，开启全店管家后，除加入推广计划外的所有商品被默认加入托管，可以选择将部分商品屏蔽，适用于店铺用来收集低价流量，同时也有直通车主用此功能来进行全店测款，适合与搭配打爆的其他推广类型一起使用，多管齐下，属于用较低的价格捡漏，可以网罗高性价比流量。

知识链接

直通车扣费规则

1. 直通车扣费节点与扣费公式

当推广商品被点击时商家扣费：速卖通直通车会在买家点击所展示的推广商品时，对卖家收取一定的推广费用，收取的费用由触发此次展示的推广关键词决定。

点击扣费=（下一名客户的出价×下一名客户的推广评分）/您自身的推广评分+0.01元

2. 实际扣费不超过出价

实际点击扣费不会超过出价，实际点击扣费小于等于出价。

3. 非推广位上的展示点击不扣费

当买家在非推广位上点击自然展示的商品时，不会对卖家收取推广费用。

4. 直通车结算时间

直通车的结算时间是美国时间0：00~2：00，结算完成前一天的直通车花费

直通车关键词的推广评分

推广评分说明，在该关键词下，您推广的商品的推广质量。分为："优""良""—"3档，如图4-23所示。推广评分不但决定了商家的推广商品有资格出现在哪些位置的直通车推广位上，还影响了商家推广商品被点击时产生的实际扣费。系统会根据多种影响因素定期自动计算更新，速卖通直通车会持续优化推广评分公式，商家也需要不断完善商品信息来优化推广评分：

（1）主要是关键词与您推广商品的相关度，相关度越高，推广评分越高。

（2）推广商品的信息质量，信息质量越完善丰满，推广评分越高。

（3）买家喜好度及商家的平台处罚情况等。

注意：推广评分表示，当发生与该关键词相关的搜索时，商家推广商品有资格进入某些资源位，但实际是否进入上述位置，还受商家的关键词出价影响。

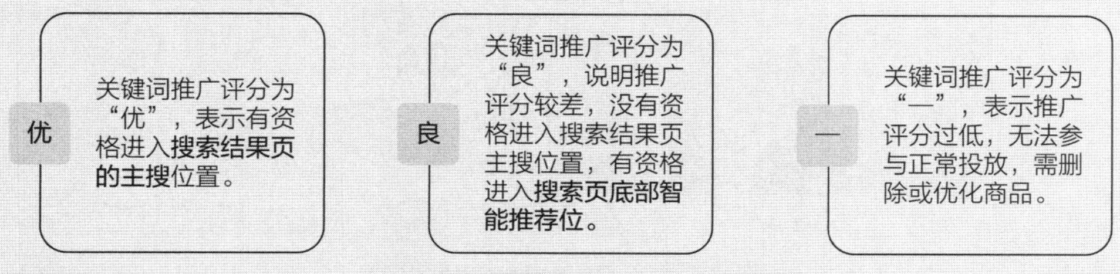

图4-23　直通车关键词推广评分

2. 灵犀推荐

灵犀推荐区别于直通车的搜索广告，具体区别如表 4-1 所示，是在速卖通各端的推荐场景下出现，如商品详情页的 More To Love 推荐位，不需要用户有主动的搜索行为，是一种有效获取更多曝光为店铺提升影响力，从而更好建立品牌认知，促成转化的一项广告方式。

灵犀推荐广告位置，PC 端在产品详情页 More to Love 模块最右一列，如图 4-24 所示。灵犀推荐无线端广告位在 More to Love 最底部一行。灵犀推荐广告是按照点击扣费，只有当用户看到展示的商品，产生了点击行为，才会扣费。灵犀推荐设置路径为“营销活动”→“直通车”→“灵犀推荐”，如图 4-25 所示。

表 4-1 灵犀推荐与直通车的区别

项目	直通车	灵犀推荐
覆盖人群主要购买动机	直接搜索购买	边逛边买
广告露出位置	搜索结果页	各推荐商品场景
广告转化效果	★★★★★	★★★★
广告特征	被动等待搜索	主动推荐
调优核心思路	关键词调优	人群定向与创意

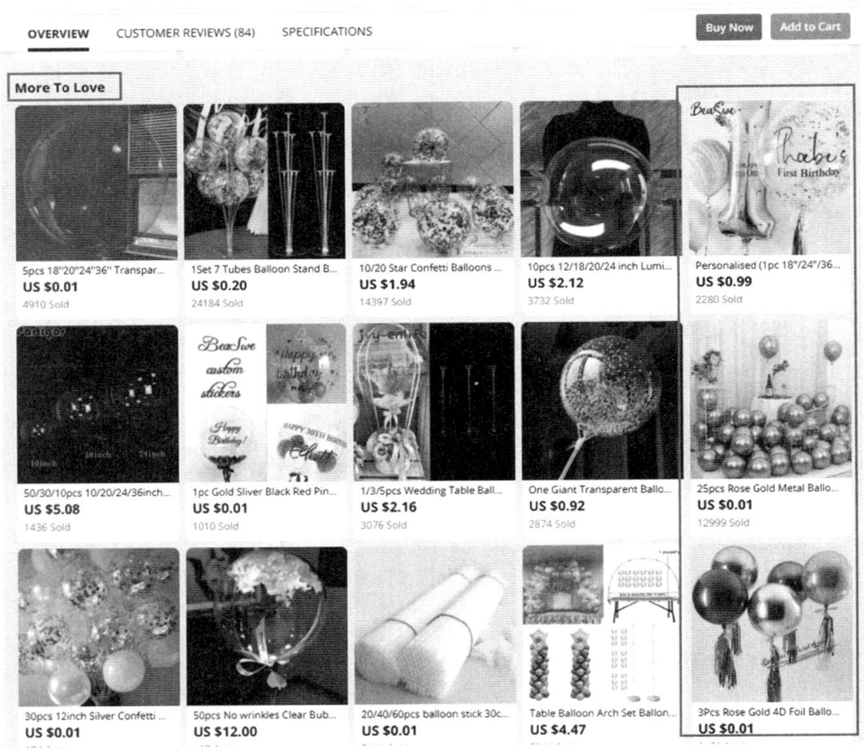

图 4-24 PC 端灵犀推荐展示位置

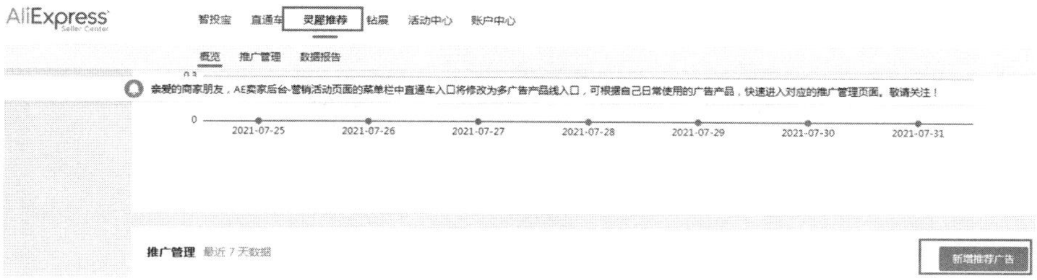

图 4-25　灵犀推设置入口

3. 钻展

钻展广告是一款满足店铺充分曝光诉求的广告产品，帮助商家突破类目限制，更广泛地获取潜在受众（访客、消费者），辅助品牌认知的建立。广告位置位于速卖通首页焦点图位置。钻展广告目前按照合约方式售卖，以曝光计费，每千次曝光固定单价。

钻展设置路径为登录速卖通卖家后台，依次点击“营销活动”→“直通车”→“钻展”，显示如图 4-26 所示，并按以下步骤进行投放。

step1：设置计划名称和投放时间段。

注意是美国时间，建议投放 5 天以上，以积累优质的数据，达到最优投放效果。

step2：选择定向和制作创意。

选择您需要展示的地区；通过平台创意模板工具制作您的广告素材（如需自定义制作图片上传，请联系钻展小二获取权限）。

step3：设置计划的预算和出价。

选择您在投放时间段的总预算，以及选择您的合约出价。

step4：合约生成，等待投放。

图 4-26　钻展设置入口

知识链接

钻展新版产品使用指南

https://www.yuque.com/meiyu-fpaau/dgyxw0/lsbwgp

速卖通钻展新版产品使用指南

二、亚马逊站内营销推广

对于大部分商家来说，在亚马逊的运营中，站内广告是不可或缺的促进商品曝光和推动销售的推广手段。亚马逊在站内广告的投放上有两种方式：自动投放和手动投放，如图 4-27 所示。

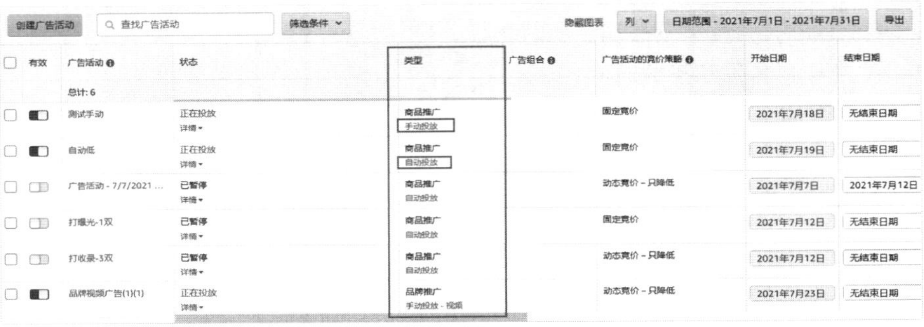

图 4-27　亚马逊站内广告投放方式

(一) 亚马逊站内广告的类型

对于第三方卖家来说，亚马逊站内广告主要有 3 种，即商品推广广告（Sponsored Products）、品牌推广广告（Sponsored Brands）和展示型推广广告（Sponsored Display），如图 4-28 所示。

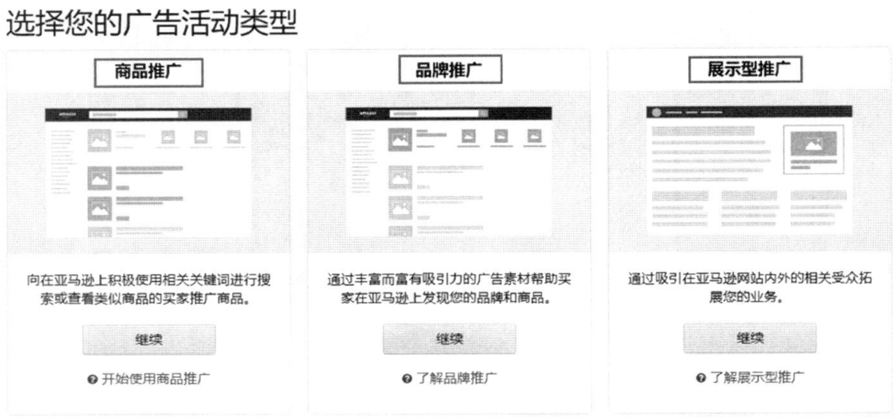

图 4-28　亚马逊平台广告类型

1. 商品推广广告

商品推广广告是卖家较常使用的一种广告类型，通过在搜索结果和商品详情页上展示的广告来帮助亚马逊消费者发现和购买商品。广告会在移动端和 PC 端同步显示。使用商品推广广告的商品在 PC 端搜索结果页面和商品详情页面中显示“Sponsored”标识，如图4-29 所示。需要注意的是，只有拥有黄金购物车（Buy Box）的商品才可以使用这类广告。

商品推广广告可以分三步进行设置：第一，卖家需选择要推广的商品；第二，确定要定位的关键词和要设置的点击竞价；第三，可以从设置较低预算开始创建广告。

图 4-29 商品详情页中商品推广展示位

2. 品牌推广广告

品牌推广广告可以展示卖家的品牌 Logo（商标）、自定义文字和最多 3 个商品，这类广告会在搜索结果中展示，有助于树立卖家品牌和商品组合的知名度。品牌推广广告适用于已进行品牌注册的卖家、供应商、图书供应商以及代表供应商的代理商，该广告采用点击付费模式，部分展示位如图 4-30 所示。品牌推广广告有商品集、品牌旗舰店焦点、视频 3 种方式，如图 4-31 所示。商品集使用图片将流量引导至商品详情页面，以推广多件商品；品牌旗舰店焦点将流量引导到品牌旗舰店，包括子页面，视频是使用自动播放的视频展现单件商品。

亚马逊品牌推广广告可以分四步进行设置：第一，选择要推广的商品；第二，创建并自定义广告；第三，确定要定位的关键词并针对点击进行竞价设置；第四，卖家要提交广告以供审核，它将在 72 小时内接受审核。

图 4-30 搜索结果末端的品牌广告位置

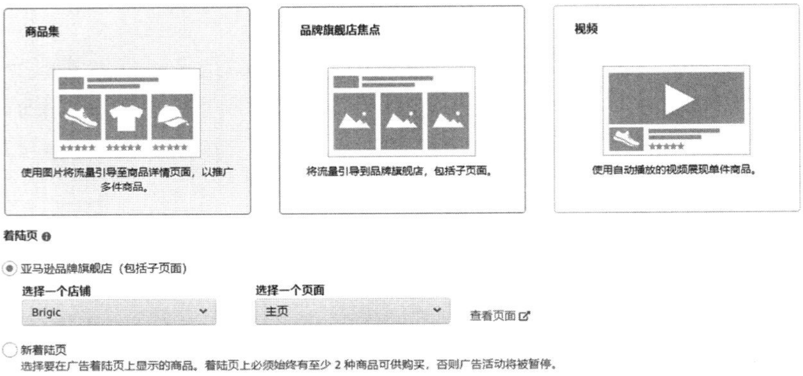

图 4-31　品牌推广广告方式

3. 展示型推广广告

与其他两种广告不同，展示型广告是基于商品和买家兴趣所投放的广告，而不是关键字。因此，卖家可以根据买家的兴趣或他们关注的特定商品（可能是卖家自己的商品，也可能是竞争对手的商品）对广告的目标受众进行定位。

展示型推广有两种不同定向投放方式：浏览定向投放和商品投放。浏览定向是投放在亚马逊网站外，吸引在过去 30 天内查看过你的商品或类似商品的详情页但并未购买商品的高意向受众，对于浏览定向，展示型推广会出现在亚马逊网站外（第三方网站和应用）。商品投放是投放在亚马逊网站内，使用出现在相关商品详情页上的广告来定位相似或互补的商品和品类，提升购买意向或推动交叉销售，对于商品投放，展示型推广会出现在亚马逊网站内（在桌面设备、移动设备和应用上的商品详情页（见图 4-32）或其他与商品相关的页面上）。展示型推广广告适用于已经进行亚马逊品牌注册并在亚马逊美国、加拿大、欧洲五国（法国、意大利、西

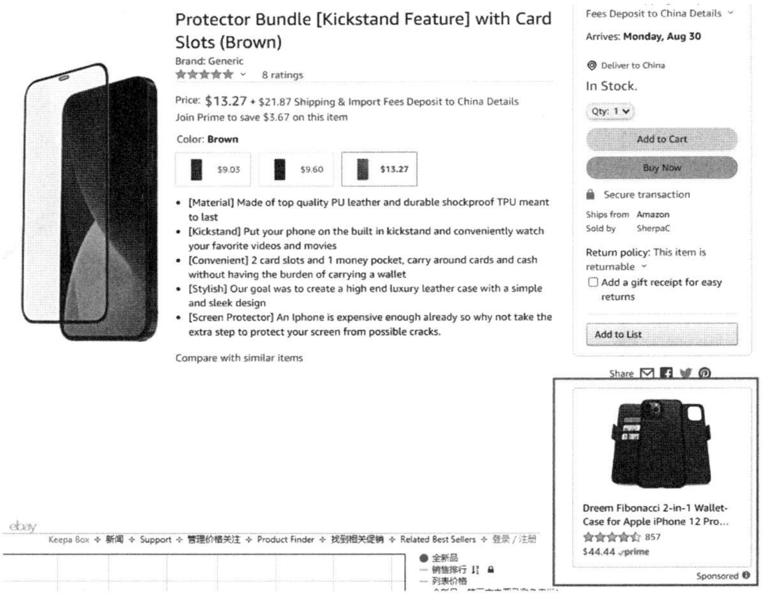

图 4-32　商品详情页侧面的展示型广告

班牙、德国、英国)、日本、阿联酋站点销售商品的专业卖家、供应商以及具有在亚马逊上销售商品的客户的代理商。相关商品必须属于一个或多个符合要求的分类才可进行展示型推广广告。

展示型推广广告可以分四步进行设置:第一,设置竞价和每日预算,以每次点击费用(CPC)结算;第二,基于消费者在亚马逊的相关购物活动,自动吸引相关买家;第三,选择您要推广的商品;第四,自动创建广告,并在亚马逊站内外显示。

(二) 亚马逊商品推广的策略

商品推广广告有利于帮助卖家提升商品销量,对于新品来说,可以增加商品的曝光机会,进而提升商品转化率。卖家要想做好商品推广广告需要运用一定的技巧,否则只会浪费资金和时间。

1. 推广选品策略

首先,推广选品优先选择大众款。对于存在变体的商品,无需对所有的变体都投放广告,可以优先选择受大众认可的款式进行广告投放,以这些大众款为店铺主打商品引流,点击进入广告商品详情页的买家,如果有个性化需求,自然会关注个性款。其次,避免选择单价过低的商品进行推广。商品单价过低,加上推广广告成本,容易导致亏损,商品单价高,意味着商品获得的利润会较高,这样才能够支撑广告支出,进而实现广告产出大于投入的效果。

2. 关键词选择策略

在选择关键词时,首先,选择与商品属性相近的关键词。如包含了商品的功能、材质、颜色、风格、使用场所等一两种属性的关键词,因为这些关键词都是与商品较为匹配的,能够缩小商品的范围,进而提高广告转化率。其次,不建议使用大词、超热词、不精准的词。最后,控制关键词数量,通常情况下,一款商品选择 5~10 个关键词即可。

借助关键词分析工具帮助自己整理和筛选关键词。首先,卖家可以从亚马逊搜索下拉框中选词,亚马逊搜索下拉框中给出的词都是搜索量较高、比较热门的词,卖家可以将这些词进行筛选作为商品推广广告的关键词。其次,卖家可以借助关键词挖掘工具(如 Google Trends、Google AdWords 等)获得更加系统、详细的关键词。最后,卖家还可以通过查看竞争对手的标题,尤其是搜索结果页面排名比较靠前的竞争对手的商品标题来获取更多的关键词。

3. 优化详情页策略

为商品投放广告是为了给商品提升曝光量和流量,如果商品详情页没有做好,就很难实现引流和转化订单的目的。因此,卖家在选定一款商品并为其投放广告时,必须要确保该商品的详情页是完整的,商品详情页中的图片、标题、特性描述、商品描述等的设置都要准确、详细,知识产权清晰,具有吸引力。其中,最重要的是要做好商品主图的优化工作,因为无论是搜索结果还是广告展示,主图都是最关键的因素,优质的主图是吸引潜在买家点击广告的首要条件。

三、eBay 站内营销推广

eBay 平台的站内推广可以分为促销推广与广告推广两种方式。

(一) 促销推广

eBay 平台后台除了正常刊登产品之外,也可以设置各种促销活动来帮助卖家成交,提升销售额。促销方式共 5 种:订单折扣(Order Discount)、运费折扣(Shipping Discount)、批量购买折扣(Volume Pricing)、虚拟折扣券(Codeless Coupon)、降价促销(Sale Event + Markdown)。促销活动设置路径为:登录卖家后台,点击“Marketing”,再点击“Manage Promotions”，登录界面，如图 4-33 所示。注意：只有开通店铺才能开展促销推广系列活动，其中批量购买折扣（Volume Pricing）活动不开通店铺也可进行设置。

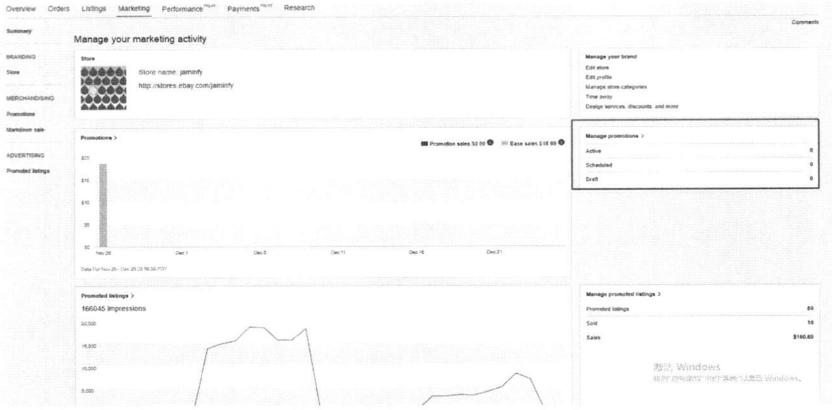

图 4-33　eBay 促销活动设置界面

1. 订单折扣

订单折扣活动共有 4 种选择，“Spend；Quantity；Buy one get one；No minimum purchase”。如图 4-34 所示。

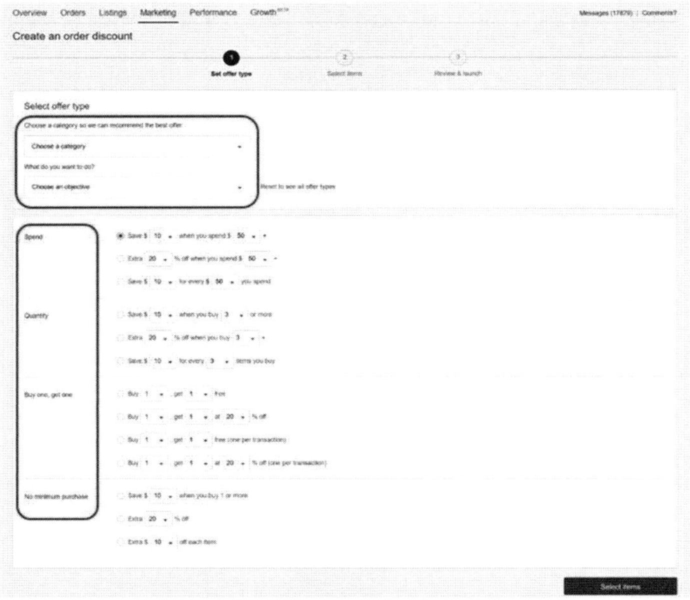

图 4-34　订单折扣设置界面

Spend 是一种满减类型的促销活动，包括以下 3 种形式：①满多少金额减多少金额；②满多少金额后享受多少百分比的折扣；③每满多少金额减多少金额。

Quantity 是另一种满减类型活动，包括以下 3 种形式：①买满多少件减多少金额；②买满多少件享受多少百分比的折扣；③每买满多少件减多少金额。

Buy one，get one 是一种买送形式的折扣，包括以下 4 种形式（以买一送一举例）：①买一送一；②买一件，另外一件享受多少百分比的折扣；③买一送一（每一单仅使用一次）；④买一件，另外一件享受多少百分比的折扣（每一单仅使用一次）。

No minimum purchase 的促销活动包括以下 3 种形式：①买一个或更多个时省多少；②享受多少百分比的折扣；③单件产品减多少金额的折扣。卖家可根据自己的需求选择活动方式及金额。

知识链接

订单折扣适用范围及优点

1. 适用范围

单个 Listing、某一具体品类或是某一部分的库存。

2. 订单折扣优点

（1）自由度高：随心选择促销活动开始和进行的时间范围。

（2）多种组合方式：买家可以从你的店铺和库存中选择不同的商品，进行混合和匹配。当买家购买了两件或以上的同一商品时，卖家可以自行选择提供哪一级别的折扣，如：一个买家买了两件相同的物品，卖家可以提供 5%的折扣；另一位买家买了 5 件相同的物品，那么卖家可以提供到 15%的折扣。

（3）额外的运费折扣：主要针对那些不提供免运费服务的卖家，或是将支付运费作为升级策略的一部分来提高送货速度的卖家。例如，当买家购买不止一件商品时，卖家可以提供免运费或运费折扣服务。如果卖家已经不能再进一步折扣运费，但他可以通过勾选加快运输选项，来代替部分的运输折扣。

2. 运费折扣

多件产品减免运费。这个活动的前提是要设置好合并订单规则。

运费折扣设置路径：“My eBay” → “Account” → “Site Preferences” → “Shipping Preferences”，设置界面如图 4-35 所示。

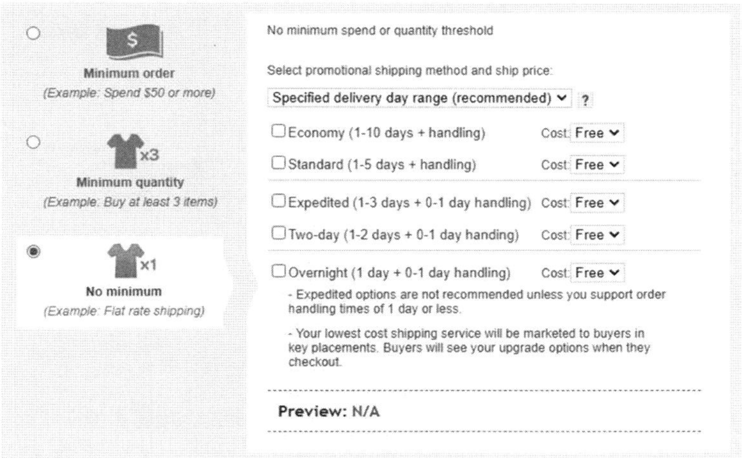

图 4-35 运费折扣设置界面

举例如下：

Free Economy Shipping on Orders over $ 25.

Free Expedited Shipping on Orders over $ 49.

Upgrade to 2-day Shipping for $ 10.

Upgrade to Overnight Shipping for $ 25.

知识链接

合并订单

当买家一次性购买多件商品时，可能会向你提出合并订单减少运费的要求，你可以通过修改并发送电子发票（Invoice）的形式，对买家购买的多件商品只收取一次运费。在电子发票发送成功后，及时告知买家运费已合并，让买家直接通过电子发票进行支付。注意，只有“三同”订单才能合并，即同一买家、同一地址、同一账号。

如果产品过多，需要大体积包装，或者超重需要额外付运费，这种情况下给买家合并订单对卖家来说会降低利润，卖家可以委婉向买家说明情况，希望买家理解。

3. 批量购买折扣

eBay 批量购买折扣可为购买多件商品的买家提供分层折扣，如图 4-36 所示，改进后的物品处理页面会使买家能更方便地批量购买物品，卖家也因此能够节省运费。批量折扣设置路径为：登录 eBay 卖家中心，点击“Marketing”，选择“Promotions”，点击“Create a Promotion”，下拉菜单中选择“Volume Pricing”，如图 4-37 所示。

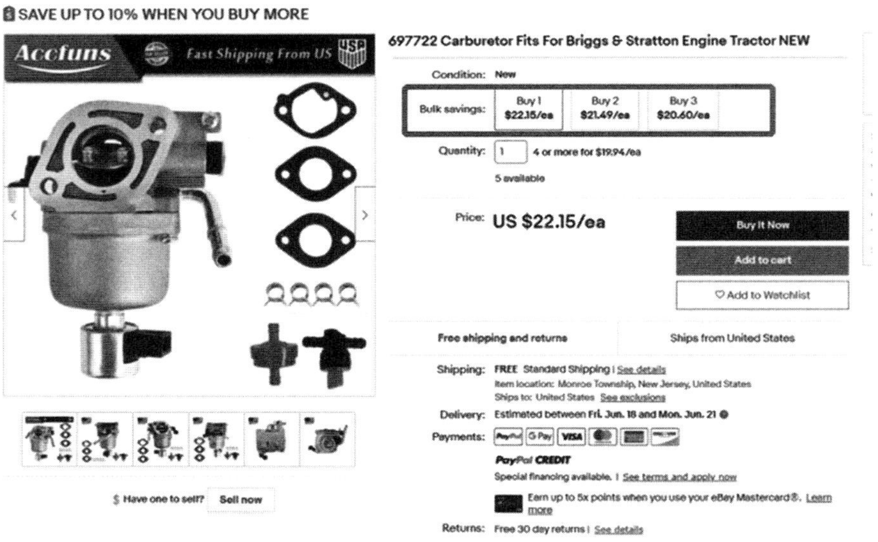

图 4-36　批量折扣界面

目前，eBay 平台推出了快速设置 Volume Pricing 的界面，如图 4-38 所示，操作如下：进入后台刊登界面卖家可以在刊登产品的时候就进行数量折扣的设置，卖家不需要再进入 Seller Hub 的 Marketing 中进行促销设置，这样的操作对于卖家设置数量折扣有着明显的便利性。

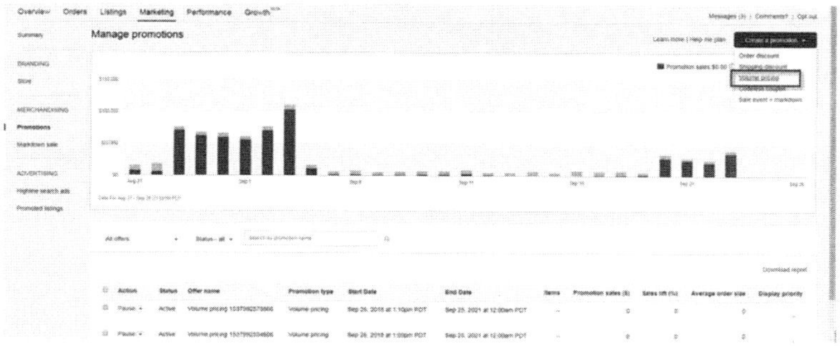

图 4-37 批量折扣后台设置

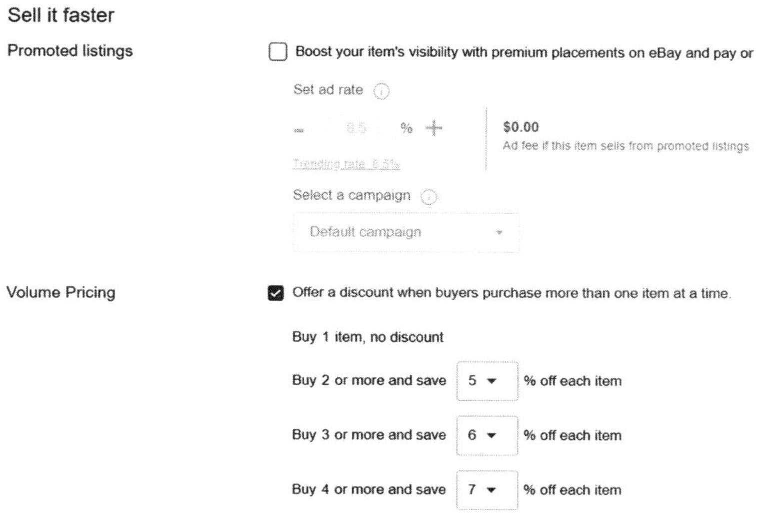

图 4-38 批量折扣快速设置

知识链接

批量折扣注意事项

（1）账号表现优良的卖家即便没有开店也可以快速设置批量购买折扣。

（2）不管是单属性还是多属性的 Listing 都可以设置批量购买折扣。

（3）在设置时至少需要设置一个层级的折扣，也可以设置全部 3 个层级，但不可以跳跃式的设置层级折扣。比如说，设置完买 2 个的折扣后只能继续设置买 3 个的折扣，而不能跳跃至买 4 个及以上的折扣设置。

（4）卖家能暂停或浏览一个在线的促销，恢复、删除或浏览一个暂停的促销或者删除一个已结束的促销活动。卖家能浏览但不能编辑一个在线的数量折扣促销。

（5）数量折扣只针对一口价的 Listing。对于数量为 1 的一口价 Listing 不具有此功能。

（6）对于 SKU 或 item ID 只能进行一次数量折扣的设置，若后续再次对此 SKU 或 item ID 进行了数量折扣的设置，则以后一次的折扣为准。

4. 虚拟折扣券

虚拟折扣券是可以为特定的客户群设置的一个专属虚拟折扣券，这是一种卖家通过发券鼓励买家购买更多产品，同时给到买家折扣的促销方式，设置虚拟折扣券最重要的一点是只有收到 Coupon URL 的买家才能享受折扣，其他的买家均看不到折扣产品，如图 4-39 所示。

图 4-39　虚拟折扣券

知识链接

虚拟折扣券使用范围及优势

1. 适用范围

有自己联系客户的渠道，或习惯在社交媒体上发布内容，或有固定的时事通信订阅的卖家。

2. 优势

（1）精准点对点。不是以非定向的方式向所有人提供，而是把特定的 URL 嵌入到卖家的内容中，直接向特定买家群体提供促销服务。

（2）引流和代替补偿。卖家可以将优惠券附加在一个购物套餐中，吸引买家购买打折的商品。在过去，买家要退货，对卖家来说就堪比“灾难”，但虚拟折扣券可以提供一个让双方都满意的方法——即买家收到优惠券的补偿。如：卖家可以与买家沟通，告知买家这个链接上所有的东西都是仅你可见的，整个库存有 25%的折扣也是为你打的。如果买家还看到了其他想买的东西，他们的心情会更好，还会下意识地认为这是专属于双方的“秘密交易”。

5. 降价促销

Markdown，就是对选中产品进行降价，如图 4-40 所示。Sales events，就是把所有打折产品做成合辑形式统一展现给买家，如图 4-41 所示。降价促销设置路径：登录 Seller Hub，选择 Marketing，点击右上角“Create a Promotion”，选择“Sales event+Markdown”按钮，进入到打折产品刊登的管理页面对打折有效期或者打折幅度进行修改，也可以重新创建一条新的打折促销。创建新的降价促销活动，需要点击“Create a sale event”，如图 4-42 所示。

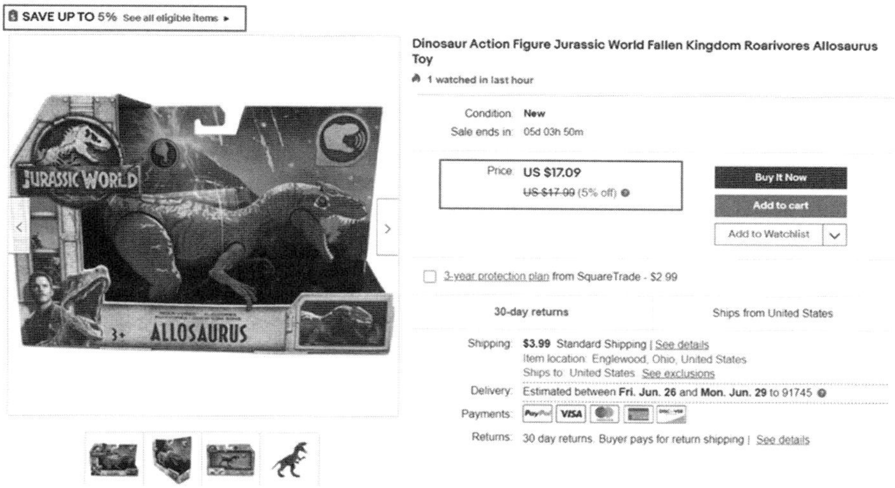

图 4-40　Markdown 降价产品效果显示

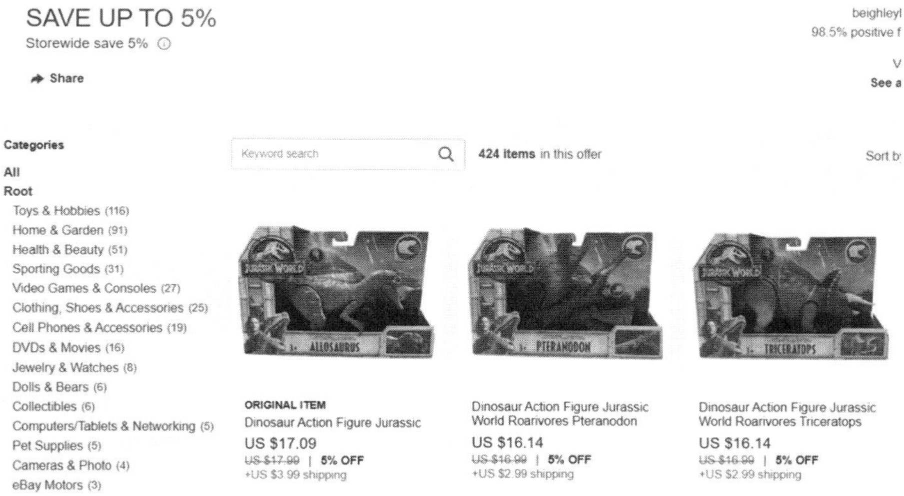

图 4-41　Sales events 效果展示

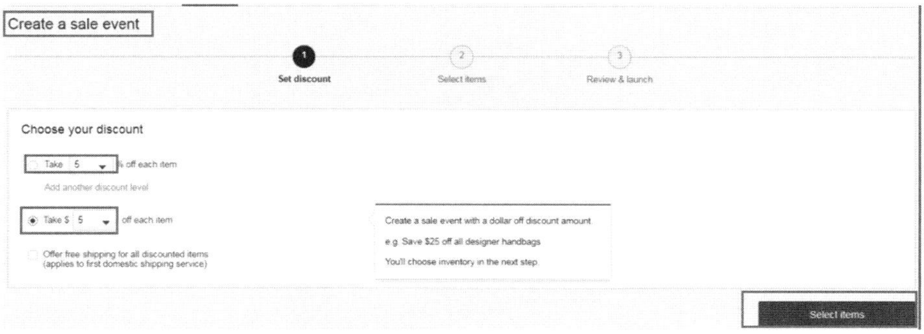

图 4-42　创建降价促销活动

知识链接

降价促销使用注意事项

（1）单一满减活动可加入的物品数量为500个（若选择个别物品）或10000个（若采用类别为主的规则）。

（2）若以百分比打折形式设置Markdown，则折扣比例为5%到80%。

（3）一次打折活动的时长不超过45天。

（4）一条Listing可以同时参加几个Markdown活动，但是以首次被绑定时的折扣来计算。当然，一条Listing可以加入多个预定推出而尚未进行的满减活动中。

（5）满减活动的设置起码要相隔1日才可再满减。

（6）预刊登的时间最长设置提前180天。

（7）美国站卖家可以对在线商品随时创建打折促销活动。

（二）广告推广

1. Promoted Listings推广简介

eBay推出的Promoted Listings（缩写为“PL”）工具可让卖家所售卖的产品获得更大的曝光。它能让Listing有更多机会展现在更多的买家面前，使更多买家更快地找到卖家的Listing。同时，只有通过使用PL版位售卖出的产品才会收取相应的广告费，即只有通过PL成交才收费。带有“SPONSORED”字样的产品即为参加PL Campaigns的Listing，如图4-43所示。PL设置入口，如图4-44所示。

图4-43　使用Promoted Listings的产品标识

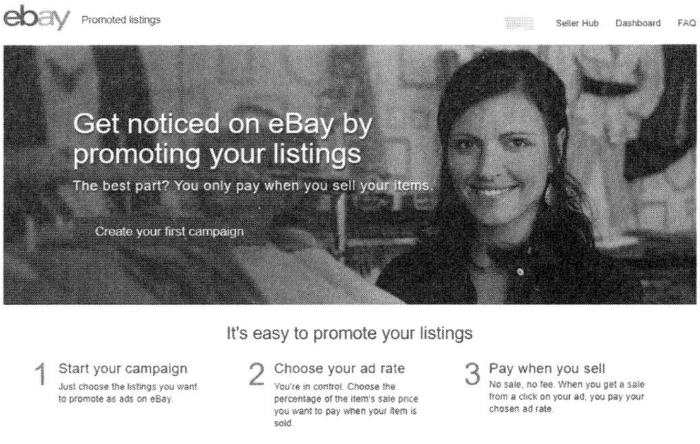

图4-44　eBay PL设置入口

2. Promoted Listings 展示位置

eBay PL 功能在美国、英国、德国和澳大利亚均已开放，一旦参加了 PL 活动，当买家在电脑端或手机端进行搜索时，listing 就会被推广出现在一些特定的版位，例如，搜索结果页（见图 4-45）、产品详情页中间位置（见图 4-46）、结单页（见图 4-47）。每页搜索结果为 50 个商品（Item），搜索结果页最多会有 10 个版位给到 PL 的产品。同时，在第 15~25 位的 Listing 会动态显示 PL，最多显示 4 个 PL 产品，也可能一个都没有。

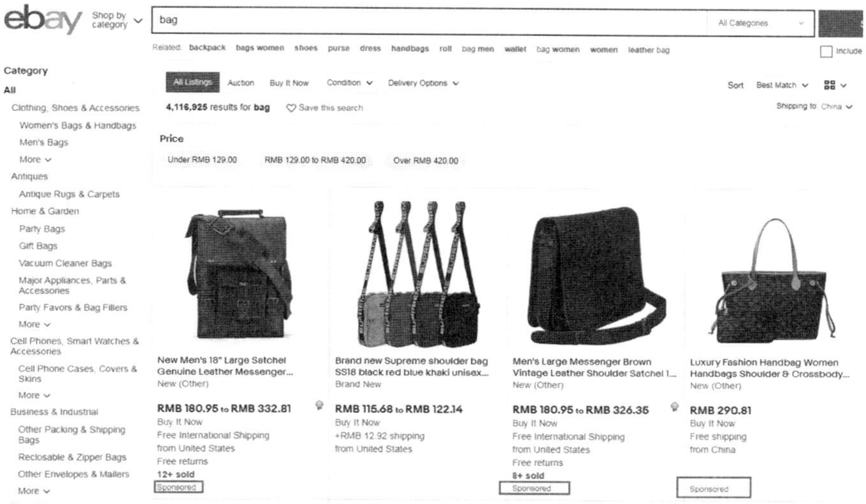

图 4-45 PL 产品在搜索结果页展位

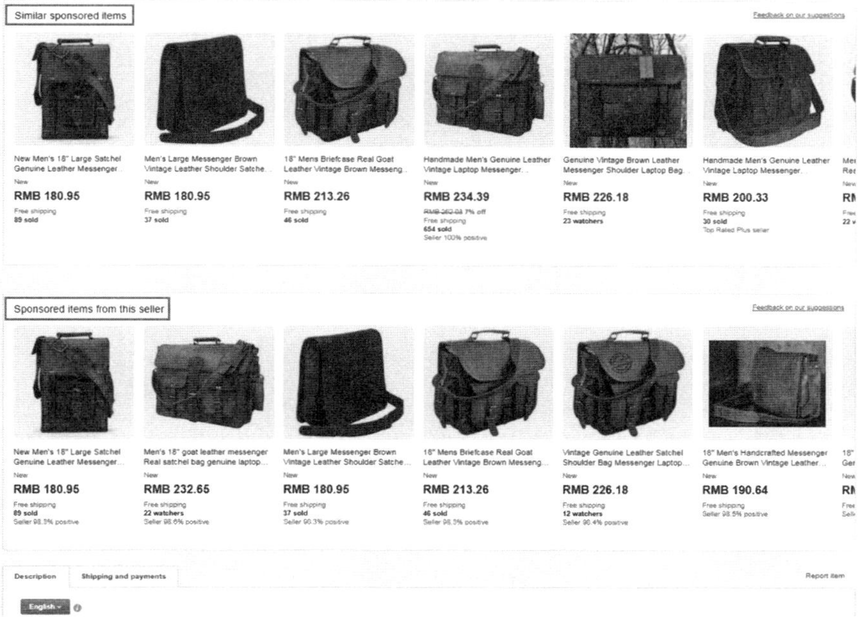

图 4-46 PL 产品详情页展位

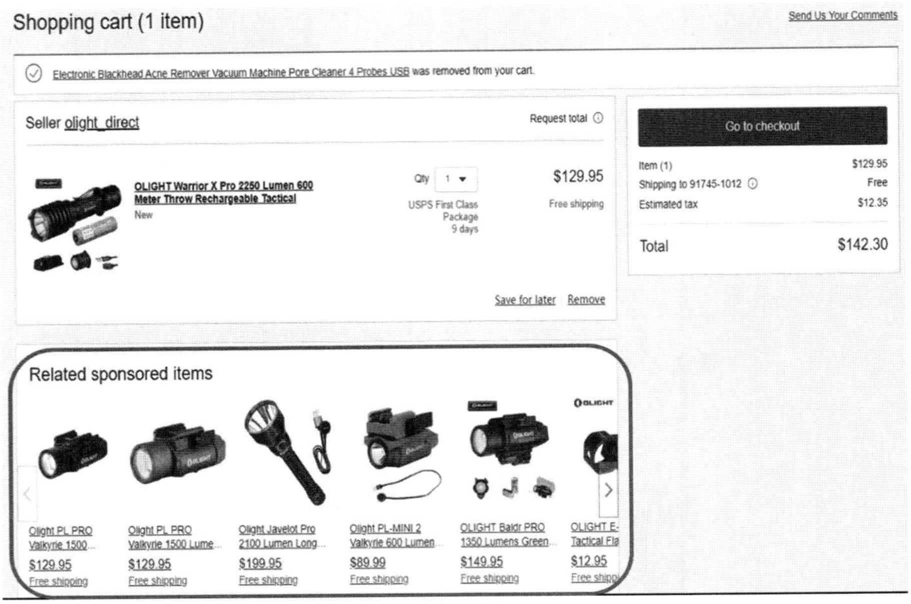

图 4-47　PL 产品结单页展位

3. Promoted Listings 效果查看

eBay Promoted Listings 效果可以通过后台查看，具体路径：登录卖家 Seller Hub，点击“Marketing”标签，再点击“ADVERTISING”中的“Dashboard”如图 4-48 所示。可以从以下几个方面判断 PL 推广效果。

图 4-48　eBay Promoted Listings 效果查看路径

【Campaigns】：推广服务的投放量。
【Promoted Listings】：参加 PL 的 Listing 的数量。
【Impressions】：PL 的曝光次数。
【Clicks】：PL 的点击量。
【Sold】：参加 PL 活动售出的数量。
【Ad fees（$）】：推广费。
【Sales（$）】：使用 PL 所产生的销售额。

4. Promoted Listings 费用

eBay 的系统将根据广告佣金的比例，Listing 产品的质量以及产品和买家搜索的匹配性，自动选择将哪一些 Listing，在何时，在哪些位置推荐出来。以下是相关细节：

（1）具体每一个 listing 的广告佣金都可以单独由卖家设置，佣金比例从 1%起。

（2）eBay 每周会根据在线使用 Promoted Listing 的情况，向卖家推荐 Category Trends。

（3）当买家点击了 Promote Dlisting 的广告，并且在 30 天内购买，卖家才需要根据预先设置的 Ad Rate 支付 Promoted Listing 的广告佣金。

任务实训

速卖通营销活动设置

一、实训目的

了解速卖通站内营销推广方式，掌握其营销活动设置规则与方法。

二、实训内容

选取一款店铺产品，设置单品折扣活动。

三、实训步骤

步骤一：找到单品折扣活动设置入口。登录速卖通卖家后台，点击“营销活动”，选择“店铺活动”，点击“单品折扣”，点击“创建活动”，如图 4-49 所示。

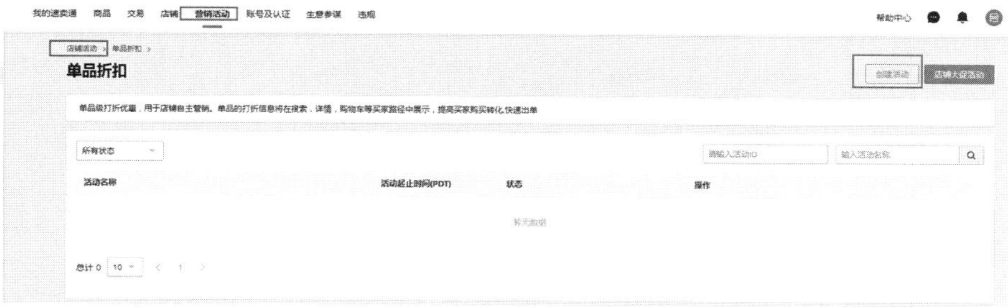

图 4-49 单品折扣活动设置入口

步骤二：设置单品折扣活动基本信息，如图 4-50 所示。

步骤三：设置单品折扣活动优惠信息，如图 4-51 所示。

图 4–50 单品折扣基本信息设置

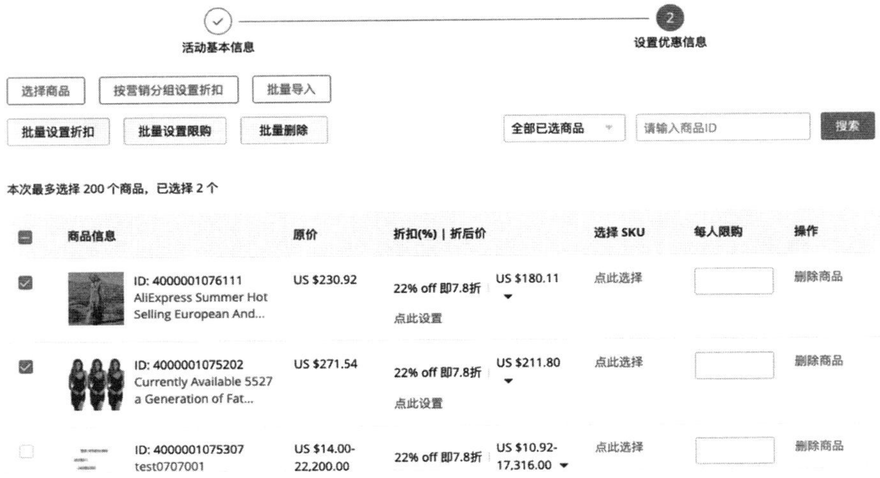

图 4–51 单品折扣优惠信息设置

同步测试

一、单项选择题

1. 速卖通平台自主营销活动不包括（　　）。

A. 满立减　　B. 优惠券　　C. 单品折扣　　D. 谷歌推广

2. 关于速卖通店铺优惠券种类下面说法错误的是（　　）。

A. 领取型优惠券　　B. 定向发放型优惠券　　C. 互动型优惠券　　D. 打折优惠券

3. 下列不是速卖通平台流量推广方式的是（　　）。

A. 灵犀推荐　　B. 直通车　　C. Facebook　　D. 钻展

4. 关于新开店铺选取关键词说法错误的是（　　）。

A. 尽量选择大词、热词　　B. 尽量选择与产品属性、功能相关的词

C. 可以参照竞争对手的关键词进行选词　　D. 尽量选择转化率较高的长尾词

5. 关于速卖通直通车下列说法错误的是（　　）。

A. 出价等于最终扣费　　B. 只要出价高就一定能排在好位置

C. 产品的推广评分影响展示排名　　D. 按点击付费

二、多项选择题

1. 亚马逊站内广告的类型有（　　）。

A. 商品推广广告　　B. 品牌推广广告
C. 展示型推广广告　　D. 直通车推广广告

2. 速卖通平台主要的站内营销活动有（　　）。

A. 单品折扣　　B. 满减活动　　C. 平台大促　　D. 频道活动

3. 速卖通直通车推广的价值有（　　）。

A. 让所推广的商品曝光度迅速提升，进而产生点击、成交
B. 可以测试产品，为打造爆款产品提供数据支持
C. 可以间接促进销量提升
D. 可以提升产品排名

4. 关于站内推广下列说法正确的是（　　）。

A. 产品标题的详情页优化有助于提升转化率
B. 站内推广比站外推广效果相对更直接
C. 每个跨境电商平台的站内推广方式是一样的
D. 应该遵守每个跨境电商平台推广规则进行店铺与产品推广

5. 以下关于直通车和灵犀推荐说法正确的是（　　）。

A. 直通车是覆盖人群通过搜索购买
B. 灵犀推荐展现位置是出现在各推荐商品场景中
C. 灵犀推荐的广告特征是主动推荐
D. 直通车的广告特征是被动等待搜索

三、判断题

1. 满件折/满立减的优惠是不能与其他店铺活动优惠叠加使用的　　（　　）
2. 运用直通车推广时，推广关键词是没有数量限制的。　　（　　）
3. 钻石展位支持国家定向投放。　　（　　）
4. 运用速卖通直通车推广时只要出价最高，就能获得最好的展示位置。　　（　　）
5. 关键词推广评分为“良”，有资格进入搜索结果页主搜位置。　　（　　）

四、案例分析题

欧盟初步调查认为亚马逊公司破坏公平竞争

欧盟委员会执行副主席韦斯塔格于2020年11月10日宣布，欧盟对美国电子商务公司亚马逊涉嫌不正当竞争的第一阶段调查结束，认为该公司违反了欧盟反垄断规则，破坏了公平竞争环境。

韦斯塔格在一份声明中说，欧盟委员会于2019年7月对亚马逊启动调查，调查人员通过对该平台在欧洲市场的8000万笔交易记录和1亿件商品进行采样分析后发现，第三方卖家的产品和交易数据可以详细、实时反馈到亚马逊零售业务算法中。正是基于这些算法，亚马逊可以优化自己的产品、价格、库存和供应链管理。

调查认为，很多第三方卖家为了确认自己的产品适销对路都要承担投资风险，而亚马逊通过对第三方卖家的大数据分析避免了自己的风险。在很多商品类别中，亚马逊自有商品占比不

到 10%，成交额却超过 50%。

声明说，接下来欧盟将对亚马逊开展第二阶段调查，主要调查其有关“黄金购物车”和“Prime”标签的做法是否违规。调查人员认为，亚马逊通过制定一系列规则，为自有零售业和使用其服务的卖家提供优惠，从而使第三方卖家对该平台产生过度依赖，无法自由选择交易平台。

韦斯塔格说，近年来欧洲电子商务增长迅猛，2020 年网上销售额已达 7200 亿欧元，而 2015 年仅为 3750 亿欧元。亚马逊在欧洲电子商务领域扮演着重要角色，超过 70%的法国消费者和 80%的德国消费者在过去一年内曾在亚马逊平台购物。电商巨头应确保不滥用市场地位和技术优势破坏公平竞争环境。

（资料来源：新华社，2020-11-12，记者李骥志）

请根据以上案例思考并回答下列问题。

1. 在亚马逊平台推广应该注意哪些问题?
2. 在推广竞争过程中我们应该怎么做?

任务二　跨境电子商务站外营销推广

跨境电子商务站外营销推广是指应用站外推广渠道，将站外流量吸引到平台内的推广方式。搜索引擎营销、电子邮件营销、社交媒体营销是目前常用的站外引流的营销推广方式，有的跨境电商平台也为卖家提供了站外引流的便利工具，如速卖通的“联盟营销”。

任务描述

小雯通过运用跨境电商平台站内推广渠道已经为店铺产品积累了部分流量，她在搜索引擎上发现搜索结果页展示的品牌、商品很多是竞争对手的。因此，小雯想在做好站内推广的同时，开展站外推广，站内站外同时推广形成合力，更有利于店铺产品曝光、引流与转化。

任务分析

小雯想要开展站外推广，首先要了解搜索引擎营销、电子邮件营销与社交媒体营销的概念及特征；其次，要了解搜索引擎营销和电子邮件营销的开展方式，主要的社交媒体情况；最后，掌握搜索引擎营销、电子邮件营销与社交媒体营销策略，并结合企业、店铺及产品具体情况针对性地开展站外推广。

相关知识

一、搜索引擎营销

（一）搜索引擎营销的概念

搜索引擎营销（Search Engine Marketing，SEM）是一种基于搜索引擎平台进行网络营销的方式，该方式利用人们的搜索习惯，在用户使用搜索引擎检索信息时，运用网络技术和策略，将推广企业信息呈现给目标用户，进而获取盈利。搜索引擎营销是适用于有网站的企业和跨境电商平台广泛引流、打造品牌的一种网络营销推广方式。搜索引擎营销是以关键词搜索为前提，以获取流量为目的，是广大跨境电子商务企业尤其是 B2B 企业的优选推广策略。

例如，查看速卖通网站在谷歌搜索引擎中的表现。假设用户在搜索栏中输入关键字“aliexpress”，出现在搜索结果第一条的是阿里巴巴速卖通官方网站，从“广告”字样不难判断出是通过关键词竞价排名广告而获得排在搜索结果里的第一位；第二条则是因为速卖通网站结构和内容描述与搜索关键词一致，如图 4-52 所示。

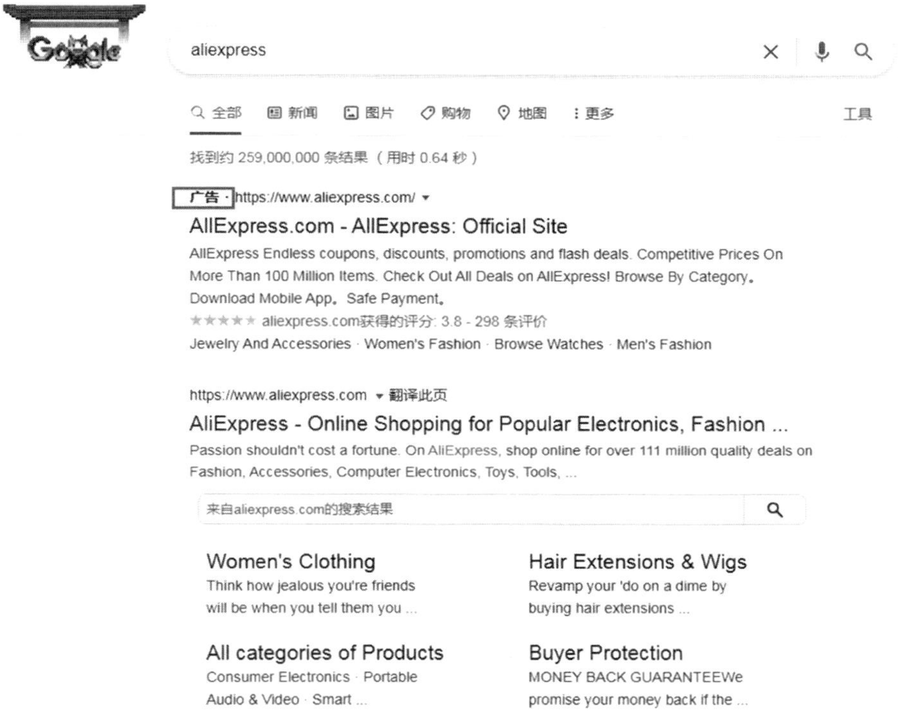

图 4-52 “aliexpress” Google 搜索结果

（二）搜索引擎营销的特点

1. 企业网站是开展搜索引擎营销的基础

一般来说，搜索引擎推广作为跨境电子商务企业网站与跨境电商平台网站推广的常用方法，在没有建立网站的情况下很少被采用（有时也可以用来推广网上商店、企业黄页等）。搜索引擎营销需要以企业网站为基础，企业网站设计的专业性与营销型导向会对营销的效果产生直接的影响。

2. 搜索引擎营销是以信息为导向的

搜索引擎检索出来的是网页信息的索引，一般只是某个网站的简要介绍或者搜索引擎自动抓取的部分内容，而不是网页的全部内容，因此这些搜索结果只能发挥一个“引子”的作用。如何使“引子”的内容具有足够的吸引力，能够吸引用户点击链接进入相应页面进一步获取信息，以及网站是否能够满足用户需求，是搜索引擎营销需要重点研究的内容。

3. 搜索引擎营销应突出以用户为中心的理念

搜索引擎的工作原理基于用户的主动搜索，是根据用户搜索内容利用自身爬虫程序及算法原理去匹配用户的搜索内容并将检索结果进行展示的。用户喜欢使用什么搜索引擎，搜索什么内容，完全由用户自主决定，任何一家企业都无法强迫用户进行信息检索行为，当搜索结果呈现时，用户自己决定具体要点击哪些网页。因此，搜索引擎营销是由用户主导的，最大限度地减少了营销活动对用户的干扰。

4. 搜索引擎营销借助技术可以高程度定位

当用户使用关键词运用搜索引擎进行搜索时，搜索引擎会根据用户搜索关键词提供与搜索关键词的高度相关的信息，通过积累用户搜索数据并进行准确分析，对用户行为实现高程度定位，从而提高跨境电商企业、平台网站营销信息被关注的程度，最终达到增强营销效果的目的。

5. 搜索引擎营销可以增加企业网站访问量

搜索引擎营销的主要目标就是为网站引流，获得访问量，所以访问量是网站推广的主要目标。至于访问量是否可以最终转化为收益，不是搜索引擎营销可以决定的。提升访问量是提升转化的必要条件，而非充分条件，最终转化还要受落地页的质量（图片、详情页、视频等）、企业品牌及产品、访客需求等多方面因素影响，因此，提高网站的访问量是搜索引擎营销的主要内容，但不是全部内容。

（三）搜索引擎营销的方式

搜索引擎营销的推广手段主要有关键词竞价排名推广、搜索引擎优化及网站联盟广告推广。

1. 关键词竞价排名推广

关键词竞价排名是搜索引擎营销中的一项重要推广手段。企业通过购买关键词，使企业的广告能够呈现在用户搜索结果的上端、下端及右侧。众所周知，消费者在搜索所需信息时，往往会在搜索引擎的搜索栏中输入与信息相关的关键词。那么如何才能让自己的企业或网站排名靠前，更容易被目标用户看到呢？最好的办法就是购买与用户搜索信息相关的关键词广告进行竞价排名推广。

通过购买关键词，使企业的广告能够呈现在用户搜索结果页面的上端、下端。下面就简单介绍一下实施关键词竞价排名的大致流程（见图 4-53）。

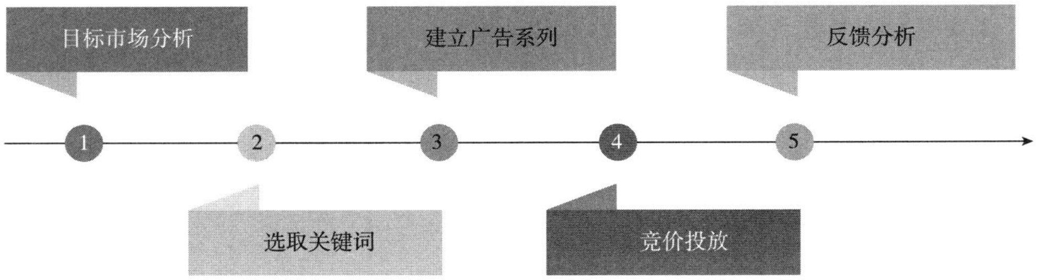

图 4-53　实施关键词竞价排名广告流程

（1）目标市场分析

在进行搜索引擎营销之前，首先需要对目标市场进行分析。对于出口跨境电子商务来说，目标市场分析应该至少包括消费人群分析、竞争对手分析、产品属性分析。其中，竞争对手分析尤为重要。

①消费人群分析。企业通过分析消费人群，了解目标用户在各个购买周期关注点的变化和影响因素，主要有：目标用户在哪些国家和地区？目标用户有哪些购买习惯？目标用户经常浏览哪些网站？目标用户用哪些方法寻找他们需要的产品和服务？企业分析透这些问题后，营销推广工作就有针对性了。

②竞争对手分析。当前，通过一些付费软件可以获取竞争对手的产品信息和网站信息，明确竞争对手是谁，了解每个竞争者的产品情况，分析竞争者的优势与劣势，分析竞争者的营销策略与目标，从而进行有针对性的定位营销。

③产品属性分析。产品属性就是产品本身的一些性能特点或产品能做什么，也可以叫产品特征，这是从企业的角度分析的。从消费者的角度出发，产品属性就是指消费者能从这个产品中获得什么，即消费者利益。

（2）选取关键词

企业在进行搜索引擎营销时，最为重要的是选好关键词，并对关键词建立良好的关联管理。企业需要搜集整理与企业品牌、行业特性、产品线、产品特征和营销活动等相关的关键词。关键词获取可以从以下几个方面入手。

①搜集行业关键词，借助谷歌趋势和关键字规划师工具来搜集行业关键词。

②整理目标用户习惯搜索词，企业应将罗列出的关键词与目标用户的搜索习惯进行对比。跨境电子商务企业与目标用户交流的第一原则就是使用目标用户的语言，使关键词更符合目标用户的搜索习惯。

③根据竞争对手的词汇选择关键词，企业还应时刻了解在搜索引擎上的行业竞争状况。企业首先要牢记的是，企业所选择的每一个关键词都应是一个精准的广告，应该全面了解竞争对手的关键词的广告效果，认真分析每一个广告的绩效数据，包括定期分析覆盖率、点击率、转化率等指标数据，运用数据透视表筛选出优秀关键词。

（3）建立广告系列

有了一份比较全面的关键词清单后，便可着手建立广告系列了。Google Adwords（谷歌广告关键字）账户可以制作25个广告系列，每个广告系列中包括若干个广告组。可以将词性结构类似且语义相近的关键词（通常10个左右）集中在一起，形成一个广告组。基于组里的关键词，制作对应的广告语并确定着陆页。对于广告着陆页，要让消费者点击之后直接看到相应的产品或服务信息。

（4）竞价投放

有了广告系列，就可以竞价投放了。根据谷歌算法，广告排名值=竞价×质量评分。因此，如果质量评分不高，即使出价很高，排名也不一定靠前。质量评分与关键词的相关性及点击率、广告的相关性及点击率、着陆页的相关性及加载速度、账户使用时间等因素有关。

（5）反馈分析

竞价投放之后，需要对广告效果进行分析。通过Google Analytics跟踪代码，可以得到很多的免费分析报告，并衡量广告的投资回报率（Return On Investment，ROI）。此外，也可以通过分割测试来筛选出更有效果的关键词、广告等。最后，根据反馈的分析结果，对账户关键词、广告组和广告系列及竞价进行持续优化，以得到更好的投放效果。

2. 搜索引擎优化

搜索引擎优化（Search Engine Optimization，SEO）推广的原理很简单，即通过一些技术手段，使网站、产品更容易被消费者搜索到，提升网站、产品在搜索页面的自然排名，从而获得更多流量，达到网站销售及品牌宣传的预期目标。搜索引擎优化包括两个方面：网站内部优化和网站外部优化。网站内部优化是指对网站自身结构、关键词、内容、页面元素等进行优化的过程。因为搜索引擎更加倾向的是那些结构清晰、运行稳定、速度快的高质量网站，这样的网站才更容易被搜索引擎搜索出来。网站外部优化是指建立高品质的外部链接。

（1）搜索引擎优化的特点

SEO 的优点最突出的就是成本比较低，SEO 是一种免费的搜索引擎营销方式；优化效果比较稳定，用正规网站优化手法做好了排名的网站，只要维护得当，排名的稳定性非常强，所在位置很长时间也许都不会变动；精准度高，搜索引擎优化获得的用户，大部分都是通过搜索而来，比那些广告推广精准度会高很多，因此转化率要高；不用担心无效点击，通过正规 SEO 技术所优化的网站排名效果比较稳定，是自然排名，不会按点击付费，不论竞争对手如何点击，都不会浪费企业的资金；所有搜索引擎通用，网站优化最大的好处就是没有搜索引擎的各自独立性，即便用户只要求针对 Google 进行优化，但结果无论是 Bing、Yahoo 还是其他的搜索引擎，排名都会相应地提高，在无形中带来更多的有效访问者。

SEO 的缺点有见效较慢，通过网站优化无法迅速获得较好排名，一般难度的词就需要 2~3 个月的时间，建议可以在销售淡季进行网站优化工作，到销售旺季时排名也基本稳定了；排名具有不确定性，由于各搜索引擎的排名规则不同，规则变动可能造成排名发生变化；搜索引擎优化的网站排名位置在竞价排名的网站之后。

（2）搜索引擎优化的策略

①关键字优化。第一，要选取潜在客户在搜索产品时可能会使用的关键字，并且要与网站所要重点推广的产品、服务、信息密切相关的关键字。一个网页中的关键字以不超过 3 个为佳，网页中的所有内容都针对这几个核心关键字展开，搜索引擎才会认为该页面主题明确。第二，合理控制关键字密度，关键字在网页上出现的次数与该页面其他文字的比例称为关键字密度（Keyword Density），这也是搜索引擎优化策略的一个重要的因素。一般情况下，关键字的密度最好是文本数的 2%~8%，要避免关键字堆砌。第三，关键字要放在有价值的地方，以吸引搜索引擎的注意。

②标签优化。Meta 标签称为元标签，位于网页的<head>与</head>中。Meta 标签的用处很多，目前几乎所有的搜索引擎机器人都通过自动查找 Meta 值来给网页分类，借此判断网页内容，其中最重要的是 Description（网站描述）和 Keywords（网站关键字）。另外，一个基本的标签是 Title（标题）标签，提示搜索引擎本网页的主题是什么。

标题标签（Title），网页优化可以说是从标题优化开始的。在搜索结果中，每个抓取内容的第一行显示的文字就是该页的标题，同样在浏览器中打开一个页面，地址栏上方显示的也是该页的标题。因此，标题可谓是一个页面的核心。对标题的书写要注意以下问题，标题应该准确描述网页内容，简短精练，高度概括，含有关键词，但关键词不宜过多，不要超过 3 个词组。公司网站的标题通常以“公司名+关键词”为内容，以输入“Shenzhen xingshang e-commerce co., ltd.”进行搜索为例，搜索结果界面如图 4-54 所示，后台标题标签设置如图 4-55 所示。

关键词标签（Keywords），关键词提示搜索引擎，本网站内容围绕这些词汇展开。因此关键词优化的关键是每个词都能在内容中找到相应的匹配才有利于排名，详细的关键词优化技巧见上面的描述。与标题标签一样，关键词标签<keywords>也位于 HTML 文档的<head>元素中，如图 4-56 所示。

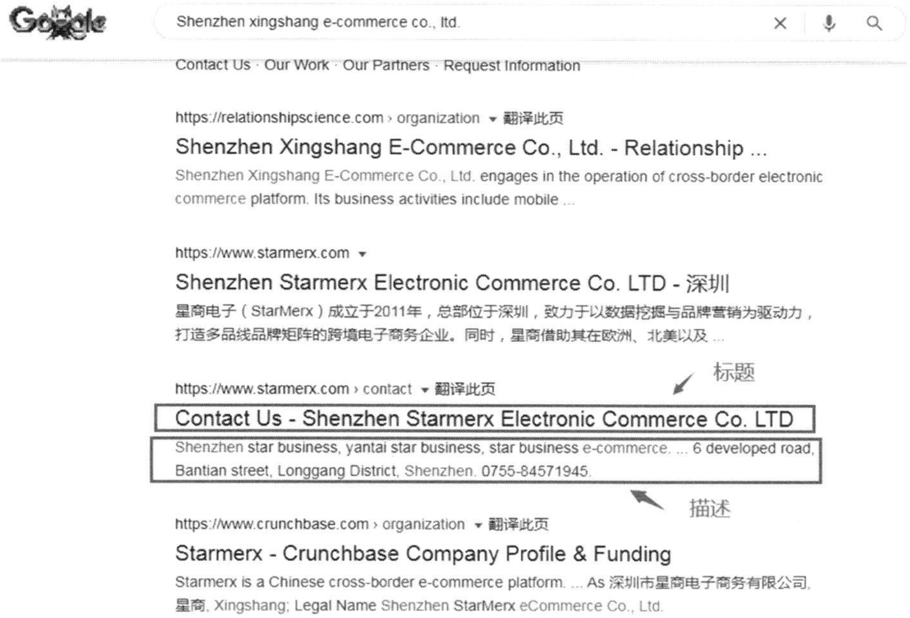

图 4-54　标题标签、描述标签设置搜索结果展示

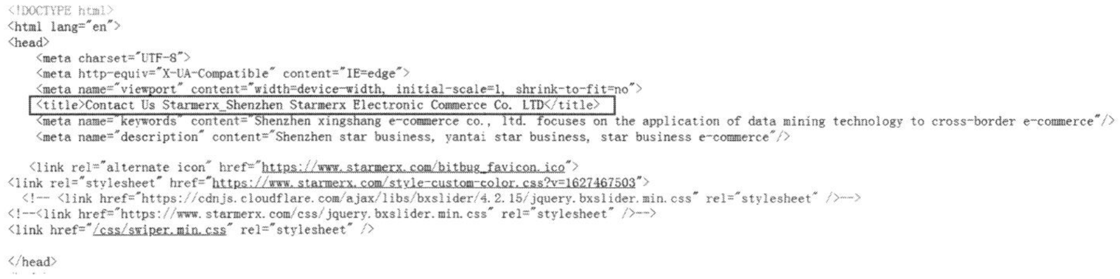

```
<!DOCTYPE html>
<html lang="en">
<head>
    <meta charset="UTF-8">
    <meta http-equiv="X-UA-Compatible" content="IE=edge">
    <meta name="viewport" content="width=device-width, initial-scale=1, shrink-to-fit=no">
    <title>Contact Us Starmerx_Shenzhen Starmerx Electronic Commerce Co. LTD</title>
    <meta name="keywords" content="Shenzhen xingshang e-commerce co., ltd. focuses on the application of data mining technology to cross-border e-commerce"/>
    <meta name="description" content="Shenzhen star business, yantai star business, star business e-commerce"/>

   <link rel="alternate icon" href="https://www.starmerx.com/bitbug_favicon.ico">
<link rel="stylesheet" href="https://www.starmerx.com/style-custom-color.css?v=1627467503">
  <!-- <link href="https://cdnjs.cloudflare.com/ajax/libs/bxslider/4.2.15/jquery.bxslider.min.css" rel="stylesheet" />-->
<!--<link href="https://www.starmerx.com/css/jquery.bxslider.min.css" rel="stylesheet" />-->
<link href="/css/swiper.min.css" rel="stylesheet" />

</head>
```

图 4-55　标题标签后台设置显示

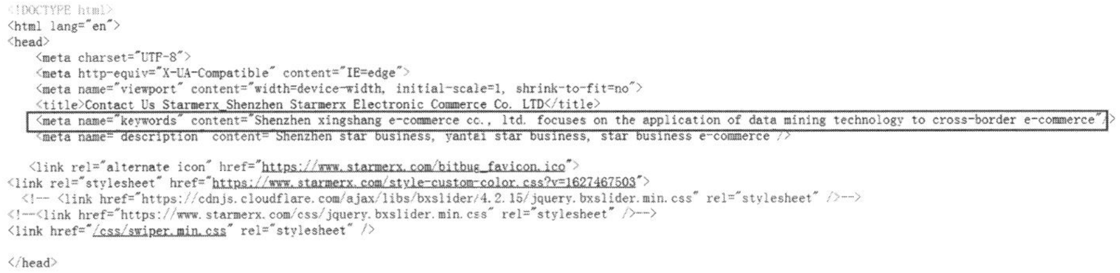

```
<!DOCTYPE html>
<html lang="en">
<head>
    <meta charset="UTF-8">
    <meta http-equiv="X-UA-Compatible" content="IE=edge">
    <meta name="viewport" content="width=device-width, initial-scale=1, shrink-to-fit=no">
    <title>Contact Us Starmerx_Shenzhen Starmerx Electronic Commerce Co. LTD</title>
    <meta name="keywords" content="Shenzhen xingshang e-commerce co., ltd. focuses on the application of data mining technology to cross-border e-commerce"/>
    <meta name="description" content="Shenzhen star business, yantai star business, star business e-commerce"/>

   <link rel="alternate icon" href="https://www.starmerx.com/bitbug_favicon.ico">
<link rel="stylesheet" href="https://www.starmerx.com/style-custom-color.css?v=1627467503">
  <!-- <link href="https://cdnjs.cloudflare.com/ajax/libs/bxslider/4.2.15/jquery.bxslider.min.css" rel="stylesheet" />-->
<!--<link href="https://www.starmerx.com/css/jquery.bxslider.min.css" rel="stylesheet" />-->
<link href="/css/swiper.min.css" rel="stylesheet" />

</head>
```

图 4-56　关键词标签后台设置显示

描述标签（Description），网站描述用简短的句子告诉搜索引擎和访问者关于该网页的主要内容。用网站的核心关键词搜索后得到的搜索结果中，描述往往显示为标题后的几行文字。描述的重要性一般被认为在标题和关键词之后。描述标签的搜索结果显示如图 4-3 所示，与标题标签<title>和关键词标签<keywords>一样，描述标签<description>也位于 HTML 文档的<head>元素中，如图 4-57 所示。

③网站层次结构优化。网站层次结构优化可以从优化导航结构和网址两方面进行，合理使

```
<!DOCTYPE html>
<html lang="en">
<head>
    <meta charset="UTF-8">
    <meta http-equiv="X-UA-Compatible" content="IE=edge">
    <meta name="viewport" content="width=device-width, initial-scale=1, shrink-to-fit=no">
    <title>Contact Us Starmerx_Shenzhen Starmerx Electronic Commerce Co. LTD</title>
    <meta name="keywords" content="Shenzhen xingshang e-commerce co., ltd. focuses on the application of data mining technology to cross-border e-commerce"/>
    <meta name="description" content="Shenzhen star business, yantai star business, star business e-commerce"/>

   <link rel="alternate icon" href="https://www.starmerx.com/bitbug_favicon.ico">
<link rel="stylesheet" href="https://www.starmerx.com/style-custom-color.css?v=1627467503">
  <!-- <link href="https://cdnjs.cloudflare.com/ajax/libs/bxslider/4.2.15/jquery.bxslider.min.css" rel="stylesheet" />-->
<!--<link href="https://www.starmerx.com/css/jquery.bxslider.min.css" rel="stylesheet" />-->
<link href="/css/swiper.min.css" rel="stylesheet" />

</head>
```

图 4-57　描述标签后台设置显示

用面包屑导航（见图 4-58）和网站地图从而使导航结构得以优化，既方便网站用户使用又有利于搜索引擎抓取网站页面；简洁、易于传达内容的网址更方便记忆，因此，优化网址尽量做到简洁明了，避免冗长、含义模糊。

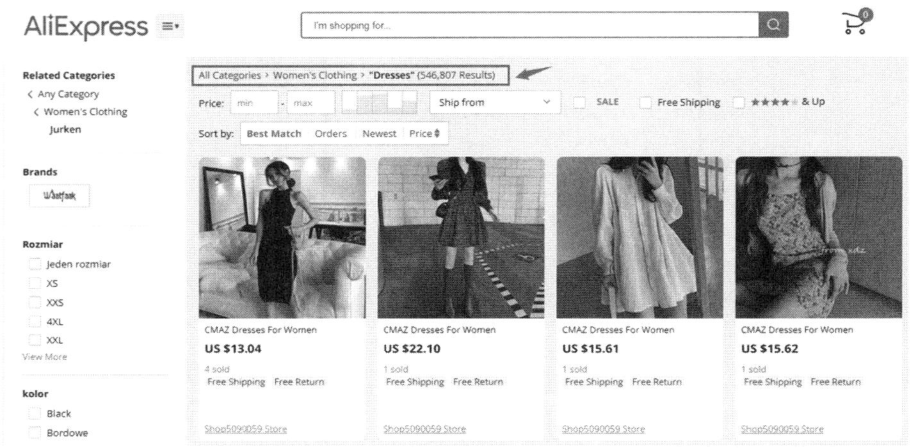

图 4-58　速卖通平台面包屑导航示例

知识链接

面包屑导航与网站地图

1. 面包屑导航

面包屑导航（Breadcrumb Navigation）是一种作为辅助和补充的导航方式，它能帮助用户明确当下所在的网站内的位置，并快捷返回之前的路径。

2 网站地图

网站地图（Site Map），又称为站点地图，是辅助导航的手段，是根据网站的结构、框架、内容生成的导航网页文件。网站地图一方面可以提高用户体验，为网站访问者指明方向，帮助迷失的访问者找到他们想看的页面；另一方面方便搜索引擎爬虫抓取，很多网站的连接层次比较深，爬虫很难抓取到，站点地图可以方便爬虫抓取网站页面，通过抓取网站页面，清晰了解网站的架构，网站地图一般存放在根目录下并命名 sitemap，为爬虫指路，增加网站重要内容页面的收录。

④网站内容优化。网站内容质量关乎网站访客转化与黏性，提供对用户有益的内容是网站优化的重要工作。用户更倾向于分享、推荐高质量的网站内容，这也会提高网站在用户和搜索

引擎中的声望，为实现更好的优化效果，建议网站内容组织结构清晰、原创且实用。

⑤图片优化。一般情况下，搜索引擎对图像读取困难。同时，图像文件直接延缓页面加载速度。因此，建议尽量避免使用大图片，更不要采用纯图片制作网页。网站图片优化的核心有两点：增加搜索引擎可见的文本描述，在保持图像质量的情况下尽量压缩图像的文件大小。

3. 网站广告联盟

通过自动搜索匹配技术，企业的广告可以遍布互联网的各个角落，如门户网站、个人网站、论坛、博客等。不过并不是所有网站都能出现在这些角落，只有访问量大、人气高的网站才可以，广告推广才能收到明显的成效。至于技术方面的原因，广告主不用操心，网站联盟平台会解决一切。广告主需要做的是按照自身的需求（即产品、企业性质）设定语言、地理区域、资金预算、投放时间等提交给网站联盟平台。

以谷歌广告联盟为例，其广告联盟分为搜寻广告联盟和多媒体广告联盟两个部分。搜寻广告联盟展示在谷歌搜索结果网页、其他谷歌网站（如谷歌地图和谷歌购物）以及与谷歌合作显示广告的搜寻网站。多媒体广告联盟展示在谷歌网站（如 YouTube、Blogger 和 Gmail）以及整个互联网数以千计的合作伙伴网站。根据预设，新的广告系列会在整个广告联盟上显示广告，从而获得高曝光率，如果效果欠佳，也可以排除广告联盟中的个别网站。

知识链接

1. 速卖通平台联盟商家操作指南

登录 https://sell.aliexpress.com/__pc/terms1.htm，可详见操作指南。

2. 速卖通海外联盟营销服务协议

登录 https://sell.aliexpress.com/zh/__pc/agreement1.htm，可详见其协议。

速卖通平台联盟商家操作指南

速卖通海外联盟营销服务协议

知识链接

搜索引擎营销常用术语

1. 点击量

点击量是考核搜索引擎营销效果的最核心指标，它表示企业在搜索引擎或相关联的网络上投放的广告到底给企业带来了多少流量。同时，点击是需要增加成本的，它决定了企业为每一个流量付出多少钱。

2. 转化率

转化率（Click Value Rate，CVR），指的是用户点击广告到达目标页面并有效注册或者购买产品的转化比率。CVR 可以用如下公式表示。

CVR =（转化数量/点击数量）×100%

3. PV 与 UV

PV（Page View，页面浏览量）指一个网站页面被浏览的次数。通常情况下，一次刷新被计数一次，因此无法单独用 PV 来衡量一个网页的浏览量高低，但浏览量高的网页，其 PV 值一定高。于是，有了另外一个指标：UV。

UV（Unique Visitor，独立访问者）指访同某个站点或点击某个网页的不同 IP 地址的人数，一个客户端被定义为一个访客，而且在 0:00—24:00，相同的客户端只被计算一次。

4. CPC、CPM、CPS

（1）CPC（Cost Per Click，按点击付费），用户点击一次付一次费用，这是网络中最常见的一种形式。

（2）CPM（Cost Per Mille，按千次展现量付费），广告主的某个广告在目标页面上每展示 1000 次，需要向广告位提供商支付协商好的价格。

（3）CPS（Cost Per Sales，按实际销售额来计算广告金额），相当于广告费不用提前支付，有了销售再按照约定的提成比例结算。

二、电子邮件营销

（一）电子邮件营销的概念

电子邮件营销（E-mail Direct Marketing，EDM）是在用户事先许可的前提下，通过电子邮件的方式向目标用户传递有价值信息的一种网络营销手段。企业可以通过 EDM 建立同目标客户的沟通渠道，向其直接传达相关信息，用来促进销售。EDM 有多种用途，可以发送电子广告、产品信息、销售信息、市场调查、市场推广活动信息等。

（二）电子邮件营销的优势

电子邮件营销具有五大优势：一是精准直效，电子邮件营销可以精确地筛选发送对象，将特定的推广信息投递到特定的目标社群；二是个性化定制，可以根据社群的差异，制定个性化内容，让客户根据需要提供最有价值的信息；三是信息丰富全面，文本、图片、动画、音频、视频、超链接都可以在 EDM 中体现；四是具备追踪分析能力，企业根据用户的行为，统计相关数据并加以分析，获取销售线索；五是反馈迅速，邮件营销不仅是一种交互式的营销工具，而且具有迅速传播和易于反馈的特性，目标客户通过邮件得到信息后，可以根据自己的喜好立即做出反应。

（三）电子邮件营销的策略

1. 吸引人的标题和丰富的内容

标题即电子邮件主题栏内的语句，是影响收件人是否会打开邮件的关键因素。邮件标题要吸引人，能准确描述邮件内容，凸显最优价值的信息。根据 AWeber 的一项调查显示，82%的营销专家在发营销邮件时，取的标题都少于 60 个字符，平均为 43.85 个字符（包括标点符号）；邮件内容不宜过长，尽量采用图文搭配的方式，合理布局，注重客户的体验。

2. 根据用户习惯选择发送时间

发送电子邮件的时间是影响电子邮件营销打开率与回复率的重要因素之一。合理使用时间定向发送，以使营销效果最大化。据速卖通平台统计不同国家地区用户在平台的活跃时段，发现用户的活跃时段基本是当地时间 11:00—24:00 期间，如图 4-59 所示灰色区域。卖家也可以根据目标市场消费者的习惯，结合自身开展电子邮件营销的经验，总结电子邮件打开率较高的时间点，在合适的时间内发送电子邮件，事半功倍。另外，也可以根据产品品类销售周期，结合消费者需求情况，适时发送营销邮件。

美西时间	0	1	2	3	4	5	6	7	8	9	10	11	12	13	14	15	16	17	18	19	20	21	22	23
RU/TR	11	12	13	14	15	16	17	18	19	20	21	22	23	0	1	2	3	4	5	6	7	8	9	10
UA	12	13	14	15	16	17	18	19	20	21	22	23	0	1	2	3	4	5	6	7	8	9	10	11
IL	10	11	12	13	14	15	16	17	18	19	20	21	22	23	0	1	2	3	4	5	6	7	8	9
US/CA	3	4	5	6	7	8	9	10	11	12	13	14	15	16	17	18	19	20	21	22	23	0	1	2
BR	6	7	8	9	10	11	12	13	14	15	16	17	18	19	20	21	22	23	0	1	2	3	4	5
ES/FR/NL/PL/GB/IT/DE	9	10	11	12	13	14	15	16	17	18	19	20	21	22	23	0	1	2	3	4	5	6	7	8
GB	8	9	10	11	12	13	14	15	16	17	18	19	20	21	22	23	0	1	2	3	4	5	6	7
KR/JP	17	18	19	20	21	22	23	0	1	2	3	4	5	6	7	8	9	10	11	12	13	14	15	16
AU	19	20	21	22	23	0	1	2	3	4	5	6	7	8	9	10	11	12	13	14	15	16	17	18

图 4-59 速卖通平台用户活跃时间段

3. 选用带企业域名的邮箱发送

开展电子邮件营销时，尽量选择带有企业域名的邮箱，一方面可以宣传企业，另一方面增加可信度，从而增加客户的信任。

知识链接

速卖通平台给买家发营销邮件步骤

（1）点击进入到“营销活动”→“客户管理与营销”→“客户营销”→“邮件营销”，如图 4-60 所示。

图 4-60 速卖通电子邮件营销

（2）选择要发送营销邮件的买家，进入营销邮件编辑页面填写你想让买家了解的内容，如图 4-61 所示。

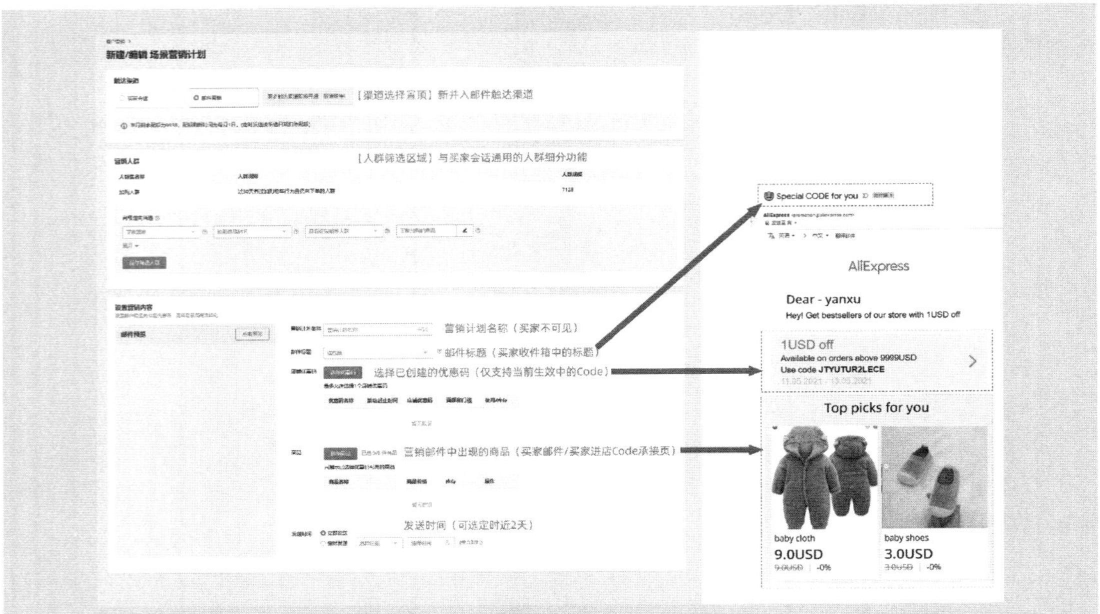

图 4-61　速卖通邮件营销编辑邮件

三、社交媒体营销

（一）社交媒体营销的概念

社交媒体营销（Social Networking Services，SNS），又称社会化媒体营销、社交媒体整合营销、大众弱关系营销，是利用社会化网络、在线社区、博客、百科或者其他互联网协作平台媒体来进行营销，公共关系和客户服务维护开拓的一种方式。社交媒体营销以用户需求为核心，其落地点是内容营销，社交媒体营销有几种内容展现形式：文字、图片、视频、直播和电子书等。社交媒体营销需要利用用户传播的需求，如与众不同的信息、对用户有用的信息、社会和娱乐热点等，通过社交媒体将内容传播出去。社交媒体具有高度黏性、高稳定性，可以为企业品牌推广提供更为精确地目标群体。

Social Media Examiner 于 2020 年 5 月发布的《2020 年社交媒体营销报告》，可以看出，86%的营销人员认为社交媒体营销给企业增加了曝光量，78%的营销人员认为社交媒体营销给企业增加了浏览量，如图 4-62 所示。社交媒体营销已经成为跨境电商进行营销推广的重要方式。

在国际上具有代表性的社交媒体平台有脸书（Facebook）、照片墙（Instagram）、领英（LinkedIn）、推特（Twitter）、YouTube、拼趣（Pinterest）、VKontakte（VK）、色拉布（Snapchat）和汤博乐（Tumblr）等。

从 Social Media Examiner 于 2020 年 5 月发布的《2020 年社交媒体营销报告》可以看出，2020 年营销人员社交媒体平台使用情况，Facebook 使用占比最高，其次是 Instagram，如图 4-63 所示。2020 年几乎所有 B2C 营销人员都专注于 Facebook，有趣的是，B2C 营销人员减少了推特的使用（从 2019 年的 57%下降至 2020 年的 53%），并增加 LinkedIn 的使用（从 2019 年的 46%上升至 2020 年的 50%），如图 4-64 所示。2020 年大多数 B2B 营销人员使用 Facebook，其

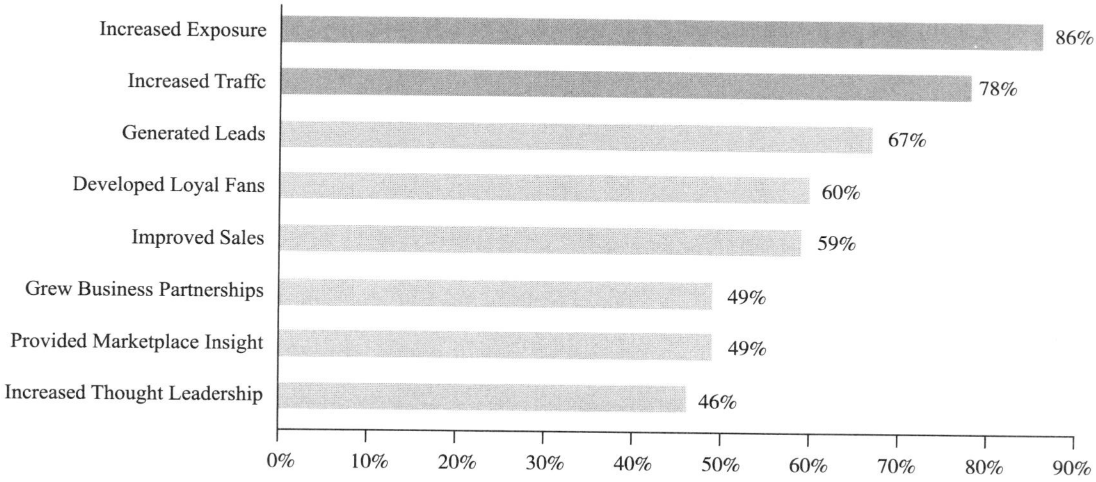

图 4-62 社交媒体营销作用

数据来源：Social Media Examiner。

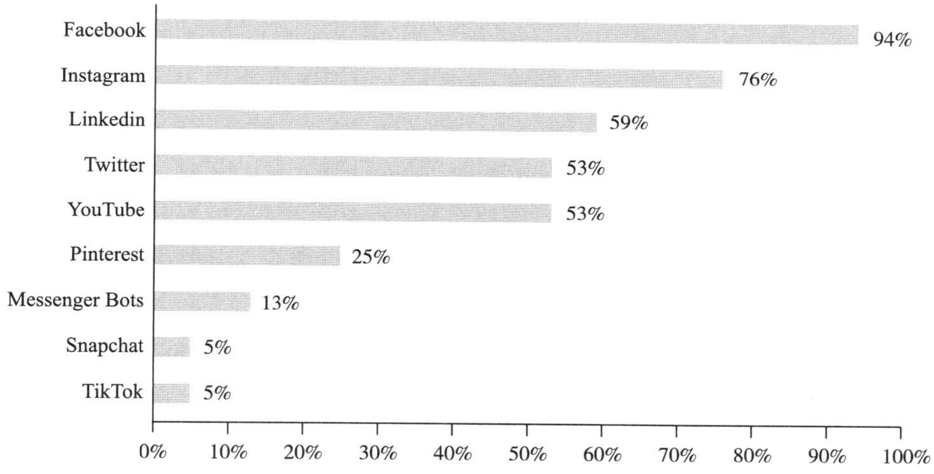

图 4-63 2020 年营销人员社交媒体平台使用情况

数据来源：Social Media Examiner。

次是 LinkedIn，占比 81%，B2B 营销人员去年增加了 Instagram 的使用率，从 2019 年的 66%上升到 2020 年的 71%。Twitter 的使用率从 2019 年的 67%下降至 59%，如图 4-65 所示。

（二）社交媒体平台介绍

1. Facebook

Facebook 是目前全球注册用户数量最多、支持语言种类最多、覆盖国家和地区最广泛的社交媒体平台。它支持大量社交媒体功能，例如涂鸦墙、礼物、事件、市场、站内应用等，还可以通过开放平台与众多第三方应用集成。Facebook 于 2004 年 2 月 4 日上线，主要创始人为美国人马克·扎克伯格（Mark Zuckerberg），总部位于美国加利福尼亚州门洛帕克。据 Facebook Investor 统计，2020 年第三季度 Facebook 每月活跃用户达 27.4 亿，且呈上升趋势，如图 4-66 所示。

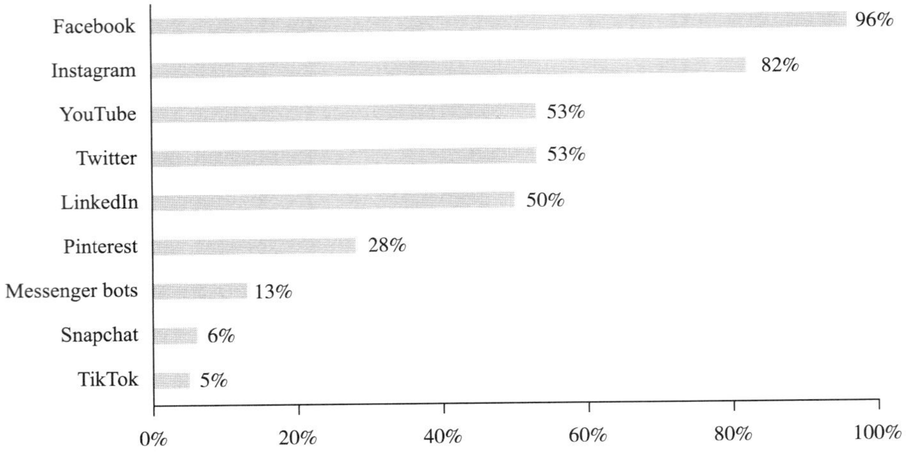

图 4-64　2020 年 B2C 营销人员使用社交媒体情况

数据来源：Social Media Examiner。

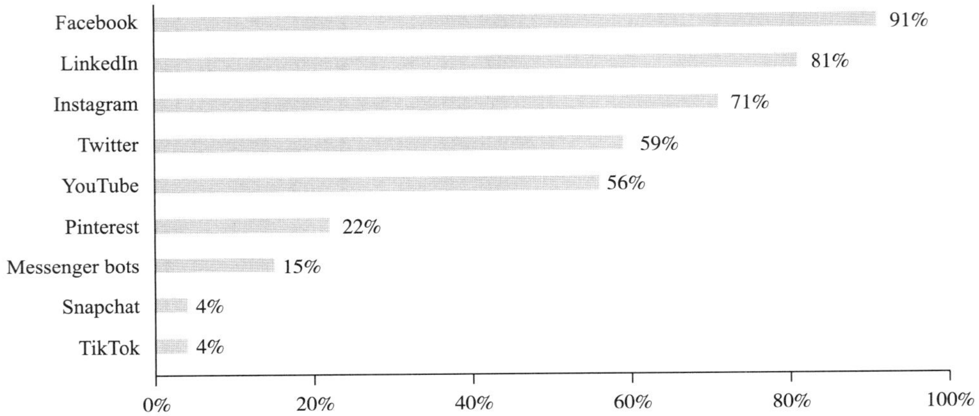

图 4-65　2020 年 B2B 营销人员使用社交媒体情况

数据来源：Social Media Examiner。

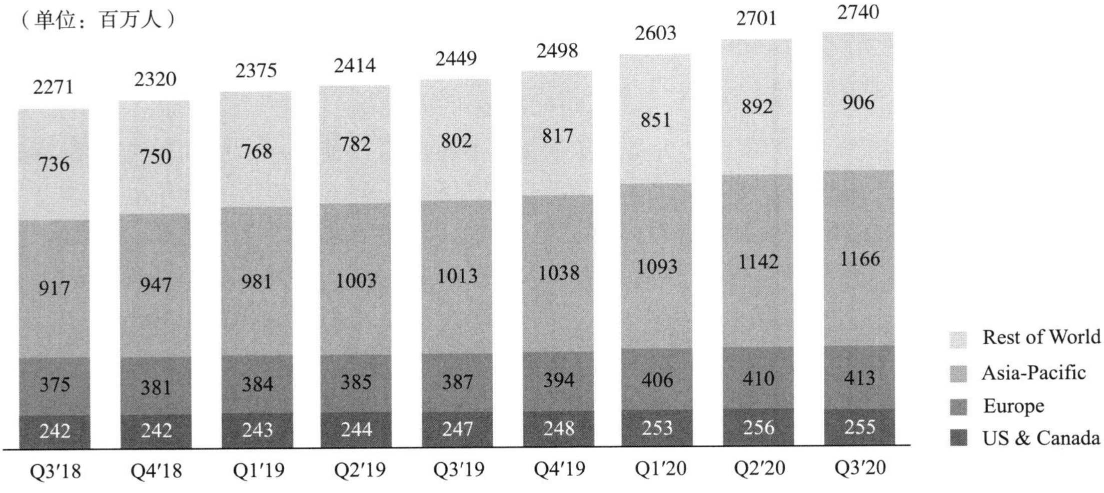

图 4-66　2018 年第三季度至 2020 年第三季度 Facebook 月活跃用户统计

数据来源：Facebook Investor。

Facebook 营销的最大特点是以人为本。通过页面信息，卖家可以清楚了解客户的基本情况、兴趣点，从而判断这个客户是不是属于自己的目标消费群体。因此，卖家可以根据自己经营的品类，有选择地进行客户筛选，以达到时间、精力、成本的效用最大化。

Facebook 营销主要有三种方式，包括 Facebook Business Page（见图 4-67）、Facebook 群组（见图 4-68）以及 Facebook 广告（见图 4-69），帮助企业通过有效且经济的方式，在目标客户中建立知名度，与客户建立联系并推动销售。

图 4-67　创建 Facebook Business Page

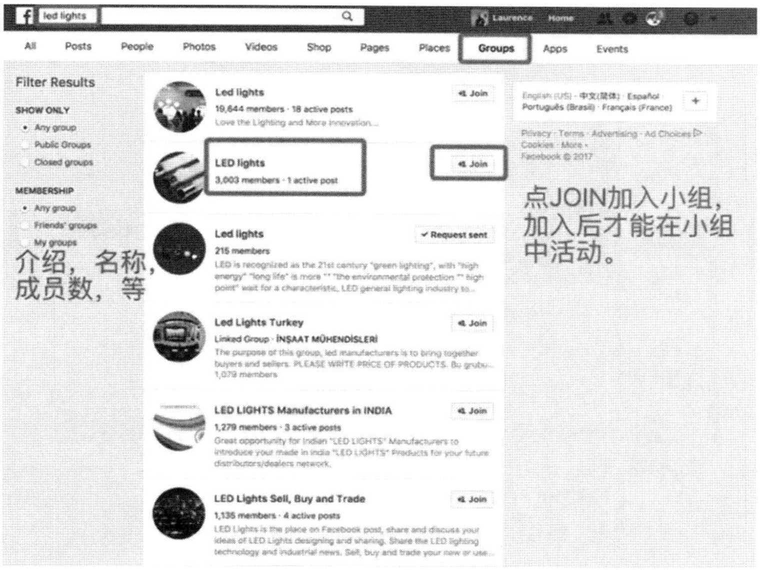

图 4-68　加入 Facebook 群组

资料来源：http://www.facebookblogfb.com。

2. Instagram

Instagram 是一个免费提供在线图片及短视频分享的社交应用，用户可以在 Instagram 上分

图 4-69　Facebook 广告展示位置

享照片及视频，Instagram 能让用户很快捷、很美、很有趣的方式与亲友分享生活点滴。2010 年 10 月，Instagram 由凯文 · 斯特罗姆与麦克 · 克瑞格创建。2012 年 10 月 25 日，Facebook 以总值 7. 15 亿美元收购 Instagram，Instagram 网页端登录界面，如图 4-70 所示。

图 4-70　Instagram 网页端登录界面

Instagram 是许多年轻人热衷使用的社交应用，而吸引年轻用户也是不少电商平台的目标。由于主要采用图片、视频等感染力较强、创意要求较高的形式，因而在转化效果和自身品牌的建设上会有很大帮助。

Instagram 广告的创建需要使用 Facebook 广告工具、Power Editor 或 Instagram 合作伙伴。广告形式包括图片、视频、轮播、快拍等。其中快拍是在 Instagram Stories 版位投放的广告，具体而言，商家可以上传照片或视频（最长 15 秒），在用户的两个快拍之间展示广告。

除此之外，推广帖也是使用 Instagram 推广的一个便捷方式。值得注意的是，要在 Instagram 上投放广告，必须先进入 Facebook 主页。Instagram 广告将展示给使用 iOS（苹果移动操作系统）和 Android（安卓）版 Instagram 应用的用户，而桌面及非客户端浏览时无法看到广告。

3. LinkedIn

领英是全球领先的职业社交网站，全球会员总数近 7.56 亿，覆盖全球 200 多个国家和地区。领英于 2002 年在联合创始人 Reid Hoffman 的客厅创立，于 2003 年 5 月 5 日正式上市。如今，领英作为多元化企业，收入来源于 Ryan Roslansky 领导的会员订阅、广告营销和招聘解决方案。2016 年 12 月，微软完成了对领英的收购，将全球领先的专业云和职业社交网站成功合并。

LinkedIn 作为主流社交媒体营销平台，深受跨境电商营销人员的欢迎，尤其是在跨境电商 B2B 营销推广中占据重要地位（见图 4-71），并且跨境电商 B2C 营销推广使用呈上升趋势。LinkedIn 营销方式主要包含领英公司主页（Company Page）、领英企业推广（Sponsored InMail 见图 4-72）和领英展示广告（Dynamic Ads）3 种。

图 4-71　领英首页

知识链接

LinkedIn 广告协议（LinkedIn Ads Agreement）

登录 https://www.linkedin.com/legal/sas-terms，可查看其协议内容。

LinkedIn 广告协议

4. Twitter

Twitter（官方中文译名推特），是美国一个微博客（Microblogging）和社交网络服务平台，登录与注册界面如图 4-72 所示。它可以让用户更新不超过 280 个字符的消息（中文、日文和韩文为 140 个），这些消息也被称作“推文（Tweet）”。这个服务是由杰克·多西在 2006 年 3 月创办并在当年 7 月启动的，公司总部设立在美国旧金山。2021 年，Twitter 每天有 1.92 亿活跃用户。全球用户年龄层有 63%在 35 至 65 岁间，女性与男性的比例大约为 1∶2，女性为 34%，男性为 66%。①

Twitter 虽没有 Facebook 那么广泛的用户群体，但它有自己的优势：在 Facebook 上，广告会显示在新闻资讯或是桌面右侧，相比之下，在 Twitter 上，广告会显示在时间线上，即屏幕中心位置，能吸引更多的用户；与 Facebook 复杂的广告界面相比，Twitter 的广告界面体现了很高的用户友好性，通过信息中心和广告界面可以轻松创建广告。

图 4-72　Twitter 登录、注册页面

5. YouTube

YouTube 是目前世界上最大的视频共享网站，全球第二大搜索引擎，是由美籍华人陈士骏等人于 2005 年创立的视频网站。2006 年 11 月，Google 公司收购了 YouTube，并把它作为一家子公司来经营。作为当前行业内领先的在线视频服务提供商，2019 年 3 月 YouTube 统计，其每月活跃的已经注册的用户达 20 亿。每天在线观看时长超过 10 亿小时，支持 73 个国家 61 种语言，大部分的国家广告到达率达到 50%~60%。YouTube 的系统每天要处理上千万个视频片段，为全球用户提供高水平的视频上传、下载、分发、展示和浏览服务。

YouTube 视频广告的形式包含多种（见表 4-2），其中包括：在首页展示以 CPM 计费、主打品牌的广告形式，可选择跳过的 True view 广告（见图 4-73），Display Ads 展示广告等。除了付费广告推广，建立自己的品牌频道（免费，见图 4-74）或寻找网红投放视频软广也是一种推广思路。数据显示，68%的用户购买行为会受到 YouTube 视频的影响，72%的 YouTube 订阅者会在最喜欢的播主发布新视频后 24 小时内观看。YouTube 有一套广告生成工具，并有针对广告效果的评估系统，能以效果为导向进行运作。

① Twitter Statistics Every Marketer Should Know in 2021 . OBERLO，2021-01-25.

表 4-2 YouTube 广告类型

目标	衡量指标	广告类型	受众定位方式
促进产品进入用户策圈	浏览数、每次浏览价格	TrueView Discovery 发现广告	Affinlty 兴趣相似的受众群体 In-market 有具体兴趣的受众群体
收集询盘	广告投资回报率	TrueView for Action 行动广告	Custom Intent 自定义意向受众群体 Remarketing 再营销 Customer Match 目标人群匹配
一键收集询盘	广告投资回报率	TrueView for Action Form Ads 行动表单广告	Custom Intent 自定义意向受众群体 Remarketing 再营销 Customer Match 目标人群匹配

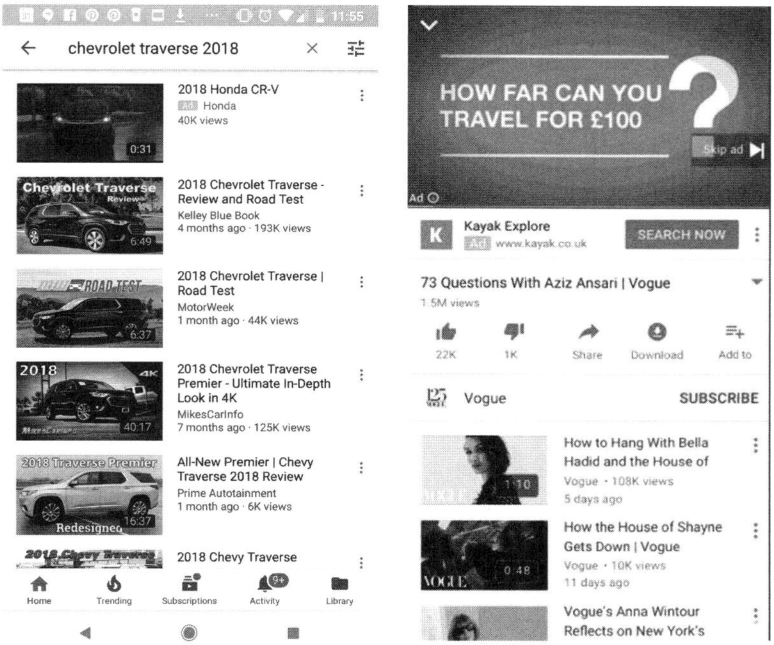

图 4-73 YouTube 平台 TrueView 发现广告和行动号召广告

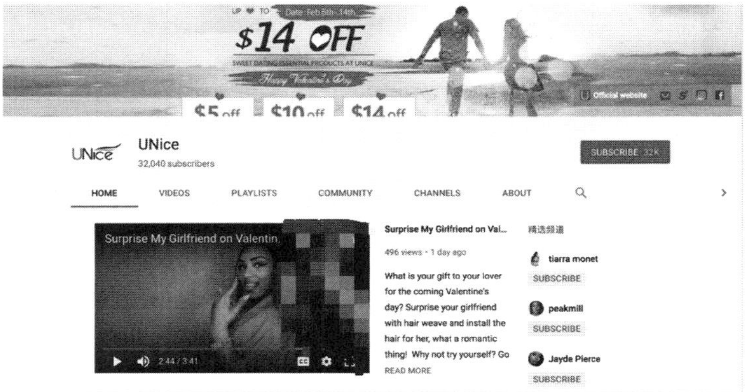

图 4-74 UNice 在 YouTube 上的品牌频道

思政园地

巧用社交媒体 助推民族品牌出海

河南许昌是一个普通的小城市，但是在这个小城市中却走出了一个足以令我们国人骄傲的假发品牌UNice。这个品牌是如何白手起家，冲出小城，走向世界的呢？我们来了解一下UNice品牌和它走向世界的故事。

1. 本土制造“发”奋图强

UNice的创始人、CEO化云龙是土生土长的许昌人，他从十几岁开始就在当地的一家假发工厂打工。当时，这里的工厂还都是传统的加工模式，并没有自己的品牌。

2011年，他成立了自己的公司，主要通过第三方平台做B2B的假发批发，但是在B2B外贸的过程中，他发现国外个人用户的购买需求越来越多，因此逐渐转为B2C的业务。转移到B2C后，化云龙非常希望把客户资源掌握在自己手里，于是在2015年建立了自己的官网。

在产品上，也逐渐明确了自己的定位。产品采用100%真发，并且根据不同客户的需求，提供假发帘、接发、多种发型等，面向高端市场。

对市场开拓的雄心和远见让企业业务不断增长，但是也遇到了不少问题和挑战：身处四线城市，离海外市场似乎非常遥远，终端市场看起来更遥不可及。从事B2C业务，需要更深入了解客户需求，和客户建立长久关系和互动，并增加黏性。

2. 谷歌营销 百“发”百中

要想和用户建立深入联系并传递品牌，对于假发产品来说，视频平台的直观展现和互动是最适合的。YouTube作为全球最流行的视频网站，上面的观众活跃度、互动性也非常强。所以UNice选择在YouTube上进行自己的品牌宣传，建立免费的YouTube频道，用YouTube Creator撬动市场。

3. 广告“发”力 获得更多客户

UNice通过免费渠道和一部分粉丝建立了联系，然而他们想要获得更多新的客户，这就要用到YouTube TrueView广告。UNice主要利用YouTube的兴趣定位优势，定位的是对美发、头发护理感兴趣的人群；把UNice的视频推送到了目标客户面前，“精准定位+YouTube Creator视频号召力”成倍增加了品牌营销成果。

4. 意气风“发”明天更好

UNice从最初的5个人发展到现有员工150人的规模。随着订单越来越多，他们还增开了工厂，UNice也为家乡的发展做出了贡献，为家乡的年轻人带来了职业发展的新方向，启发了更多的年轻人——在小城市，用数字营销的方法将产品卖到世界各地，并不只是梦想。

（资料来源：谷歌营销学院）

6. Pinterest

Pinterest由美国加州帕罗奥多的一个名为Cold Brew Labs的团队创办，2010年正式上线，是一家以兴趣发现为主的图片社交网站，采用的瀑布流的形式展现图片内容（见图4-75），无需用户翻页，新的图片不断自动加载到页面底端，让用户不断地发现新的图片，其标识如图4-76所示。Pinterest 2020年7月最新的官方数据显示，每月有4亿以上的用户在Pinterest上搜索和分享灵感。作为在美国最受欢迎的十大社交网络之一，对很多出海广告主来说，Pinterest是一个不容错过的赛道。Pinterest的影响力虽然不如Facebook、Instagram等平台，但是其在激发客户潜在购买力方面发挥了巨大作用。

Pinterest 的广告类型主要是 Promoted Pins（促销）、一键式 Pins、推荐轮播广告、推广视频 Pins、可购买 Pins（Shop the Look）、故事 Pins 等，每一种广告形式都对文本类型、文本大小、格式、描述字符有规范要求，要想有好的广告效果，一定要严格遵照 Pinterest 相关规定。

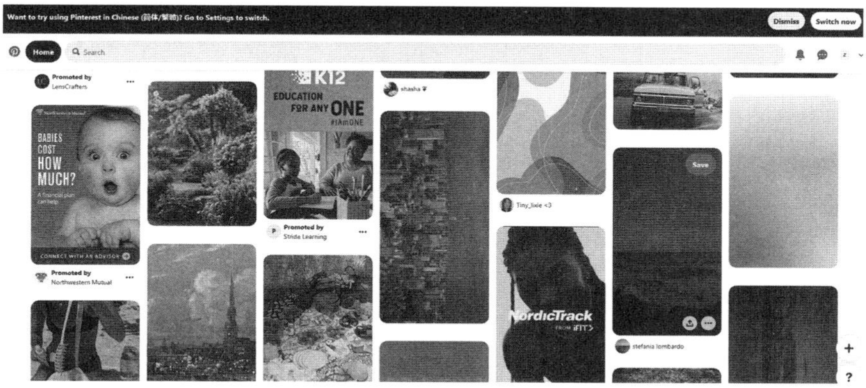

图 4-75　Pinterest 网站登录首页

图 4-76　Pinterest

（三）社交媒体营销策略

1. 遵守相关国家法律和社交媒体平台协议

进行海外社交媒体营销时需要特别注意：首先，遵守相关国家和地区的法律法规以及社交媒体平台的用户使用协议。如，使用的图片是否已经获得合法的版权，销售的产品在商标权、专利权等知识产权方面是不是清晰的，可以合法进行推广的。其次，尊重客户、粉丝的隐私。例如，使用 Facebook 的 Customer Audience 进行二次介入（Re-engagement）内容推广的时候，Facebook 对于投放的广告是否严格保护他人隐私是有着非常严格的要求的。对于知识产权与隐私保护，是国内企业从事海外社交媒体营销时容易“触雷”的地方。轻者被告诫，冻结账户，重则惹上官司。

2. 从客户角度出发开展社交媒体营销

第一，尊重不同国家、地区客户的文化差异，做到入乡随俗。只有使用目标用户惯用的语言与表达方式和他们展开平等沟通才能获得更好的营销效果。对于所讨论的话题，更多的是作为一个参与者，而不要试图改变和扭转其他人的观点。由于文化背景不同、目标市场不同和行业特点不同，其中有很多细节需要在从事海外社交媒体运营的过程中细细体会。第二，重点关注互动意愿强的客户。社交圈的重要特征之一是同好聚集性，每个愿意和你互动的客户背后，都隐藏着一个社交圈子。因此，客户的社交圈里也很可能出现具有相似购买需求的人，这些人都可能成为潜在客户。第三，定期梳理客户。在开展社会化媒体营销时，最好每隔一段时间进行一次系统性的客户梳理，分析新客户情况，追踪老客户情况，根据客户数据分析结果，及时调整社交媒体营销投入、运营、售后服务策略。

3. 灵活运用多种社交媒体营销技巧

社交媒体营销技巧主要有事件营销、红人营销、信息流与瀑布流营销等。事件营销（Event Marketing），卖家可以通过 Facbook、Instagram 或 Twitter 等渠道制造营销型事件，引起用户关注，并通过引发持续关注、发酵事件增加用户的兴趣；红人营销（KOL①Marketing），有调查显示，不同地区、不同领域的 KOL 在精准触达目标消费者上有明显优势。94%的广告主肯定 KOL 的推广效果，足以证明其影响力，近半（49%）的 Twitter 和 Instagram 用户会参考 KOL 的推荐；信息流与瀑布流营销，信息流是以信息为内容排列展示出去的模块，广义上指在空间和时间上向同一方向运动的一组信息，它们有共同的信息源和信息的接收者。瀑布流就像瀑布一样，源源不断地给用户展示东西，视觉表现为参差不齐的多栏布局，随着页面滚动条向下滚动，典型例子是将推广的商品直接发布到 Pinterest 上面进行分享。

任务实训

搜索引擎优化

一、实训目的

掌握搜索引擎优化方式，能够进行搜索引擎优化。

二、实训内容

选取本地区知名从事跨境电子商务的企业，研究该企业网站搜索引擎优化的情况。

表 4-3　公司首页搜索引擎优化

项目名称	公司网页情况	是否需要改进	改进后
Title（标题）			
Keywords（关键词）			
Description（描述）			
关键词密度			
网页用户体验整体评价（网页打开速度、导航栏、网站地图、内容更新即时性等方面）			

三、实训步骤

步骤一：登录青岛丽丝发贸易有限公司网站，http://www.lisihair.com，右单击，选择“查

① KOL 即 Key Opinion Leader，关键意见领袖。

看网页源代码”。

步骤二：分析 Meta 标签各项内容。

同步测试

一、单项选择题

1. 搜索引擎营销对应正确的英文缩写是（　　）。

A. SEM　　B. SEO　　C. SNS　　D. EDM

2. 关于搜索引擎优化说法正确的是（　　）。

A. 是一种收费推广方式　　B. 见效快

C. 是一个长期的过程　　D. 以上说法都对

3. 下列关于电子邮件营销说法正确的是（　　）。

A. 不需要用户许可，直接发电子邮件进行营销

B. 电子邮件营销是一种网络营销手段

C. 电子邮件营销成本很高

D. 电子邮件营销发送频率越高效果越好

4. 以下那个社交媒体月活跃用户最高（　　）。

A. Facebook　　B. Instagram　　C. Pinterest　　D. Twitter

5. 下列不属于搜索引擎营销方式的是（　　）。

A. 关键词竞价推广　B. 搜索引擎优化　　C. 联盟营销　　D. 发送邮件

二、多项选择题

1. 搜索引擎营销的特点（　　）。

A. 以信息为向导　　B. 以用户为主导

C. 以企业网站为基础　　D. 实现高度定位

2. 海外主流社交媒体包括（　　）。

A. Facebook　　B. Instagram　　C. YouTube　　D. Twitter

3. 搜索引擎优化的方式有（　　）。

A. 标签参数优化　　B. 关键字优化　　C. 图片优化　　D. 网站内容优化

4. LinkedIn 营销方式主要包含（　　）。

A. 领英公司主页（Company Page）　　B. 领英企业推广（Sponsored InMail）

C. 领英展示广告（Dynamic Ads）　　D. 关键词竞价广告

5. 社交媒体营销技巧有（　　）。

A. 事件营销　　B. 红人营销

C. 信息流与瀑布流营销　　D. 注重互动与内容

三、判断题

1. 社交媒体营销（Social Networking Services，SNS），是利用社会化网络、在线社区、博客、百科或者其他互联网协作平台媒体来进行营销，公共关系和客户服务维护开拓的一种方式。（　　）

2. 开展跨境电子商务营销推广工作需要因地制宜地了解目标消费者所在国家的法律法规和文化习俗。（　　）

3. 搜索引擎优化是付费推广方式。（　　）

4. LinkedIn 是目前全球最大的职业社交平台。（　　）

5. Facebook 是目前全球注册用户数量最多、支持语言种类最多、覆盖国家和地区最广泛的社交媒体平台。（　　）

四、案例分析题

李子柒视频走红海外，中国成网红经济发动机

最近，一个叫李子柒的姑娘，把传统文化和田园生活拍成视频上传网络，引发海内外网友关注。目前她在 YouTube（一家海外短视频平台）上的粉丝数近 800 万，100 多个短视频的播放量大都在 500 万以上。

而随着李子柒的走红火起来的，还有她所代表的一个互联网时代的独特群体——“网红”以及随之而来的“网红经济”。网红经济是一种产生于互联网时代的经济现象，意为网络红人在社交媒体上聚集流量与热度，对庞大的粉丝群体进行营销，将粉丝对他们的关注度转化为购买力，从而将流量变现的一种商业模式。

作为互联网时代的产物，中国的网红经济在发展中迎来了爆发点。其背后所能带来的收益，庞大得超乎想象。“中国是全球网红经济的发动机，也是世界第一网红经济国。”德国自由大学网络经济学者特洛伊卡·布劳尔这样认为。网红经济的迅猛发展背后，折射出中国经济发展带来的强大活力和中国市场的巨大潜力。

中国的数字经济发展、移动互联网发展等带来了宏观环境的变化。同时媒体沟通环境、企业广告、消费者也都发生了变化。上海交大安泰经济与管理学院市场营销系副教授周颖认为，网红经济重构了“人货场”，从“人—货—场”变成“货—人—场（线上）”；重构了需求路径，从“需求—产品—消费”，到“内容—需求—消费”；重构了商业逻辑，从“找对人”“用对货”“去对地”，变成边看边买“所见所得”；重构了传播模型，从卖产品到卖信任。此外，还重构了营销模式，发展出“跟着买”“种草”（向粉丝推荐产品）的营销。

（案例来源：人民日报海外，2020-01-14，记者杨俊峰）

请根据以上案例回答下列问题。

1. 如何在 YouTube 发布视频？YouTube 视频广告形式有哪些？

2. 结合本案例谈谈你对网红经济的认识。

项目五

跨境电子商务物流

学习目标

【知识目标】

- 了解跨境电商物流的概念、特征及重要性。
- 熟悉跨境电商物流发展现状和趋势。
- 熟悉跨境电商物流的四大主要模式。
- 掌握主流跨境电商平台的物流方式。
- 了解跨境电子商务物流风险与防范措施。

【能力目标】

- 能运用相关知识进行跨境电商物流发展现状调研。
- 能正确计算不同跨境电商物流模式下的运费。
- 能合理操作主流跨境电商平台的物流发货系统。
- 能清晰认知跨境电商物流存在的风险。

【素质目标】

- 培养学生细致谨慎、灵活机动和善于思考的工匠精神。
- 培养学生的创新创业意识，加强大学生的原创精神。
- 培养学生的民族自信心和自豪感，增强爱国主义精神。

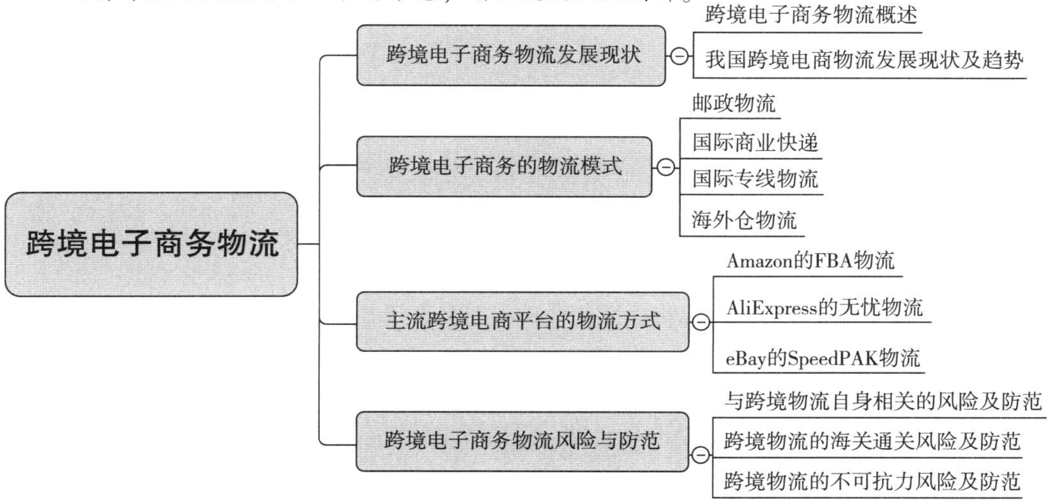

任务一　跨境电子商务物流发展现状

跨境电商企业要想提高平台销量、获得较高的利润就必须提高物流服务水平，缩短商品的配送时间、提高物流信息化水平、完善退换货机制等。物流服务是指在消费者下单后，物流企业从接单开始到把货送到消费者手中直到完成交易的全部过程，包括货物的配送、商品的打包、售后服务等一系列活动。物流服务水平是海外消费者对所购买商品的整体评价的一个重要指标，同时也能够扩大跨境电商企业在海外市场的占有率。

任务描述

跨境电商的迅速发展推动了跨境物流的发展和创新。小雯通过前期认真的调研和选品，终于确定了公司店铺上架产品类目。接下来，需要了解跨境物流的发展现状，为店铺选择合适的物流做好准备，并形成一份跨境电商物流发展现状的调研报告。

任务分析

小雯想要完成一份跨境电商物流发展现状调研报告，首先要了解跨境电商物流的概念、特征及其重要性；其次，要调研主要国家跨境电商物流的发展现状及存在的问题，包括物流基础设施、物流人才、物流专业化水平等；最后，分析跨境电商物流存在的问题，并形成调研报告。

相关知识

一、跨境电子商务物流概述

(一) 跨境电商物流的概念

物流的概念最早出现在美国，起源于20世纪30年代，原意为“实物分配”或“货物配送”。

1963年被引入日本，日文意思是“物的流通”。20世纪70年代后，日本的“物流”一词逐渐取代了“物的流通”。

中国的“物流”是从日文资料引进来的外来词，源于日文资料中对“Logistics”一词的翻译。中国将物流定义为：物品从供应地向接收地流动时，根据实际需要，将运输、储存、装卸搬运、包装、流通加工、配送、信息处理等功能有机结合起来，满足用户要求的过程。

物流英文名称：Logistics，是供应链活动的一部分，是为满足客户需要而对商品、服务以及相关信息从产地到消费地的高效、低成本流动和储存所进行的规划、实施与控制的过程。物流以仓储为中心，以促进生产与市场保持同步。

跨境电子商务物流是指位于不同国家或地区的交易主体通过电子商务平台达成交易并进行支付清算后，通过跨境物流送达商品进而完成交易的一种商务活动。随着跨境电子商务的发展，跨境电子商务物流迅速成长。由于电子商务环境下人们的交易主要依靠网络进行，此时作为线下活动主体的物流配送就显得十分重要，它直接关系到电子商务交易能否顺利完成，能否获得消费者的认可。

根据跨境商品的移动轨迹，跨境电商物流可以分为3段：发出国国内段物流、国际段物流及目的地国内段物流。跨境电商商品种类繁多，应使用小批量、多频次的运输方式；商品体积重量差别很大，不同品类的商品所需运输和仓储解决方案各异。因此，跨境电商物流要实现一站式、门到门的服务，各段物流的有效衔接就显得尤为重要。

实现物品所有权转移的过程即商流。为了顺利实现商流，信息流是跨境电商供应链各环节使用价值畅通的重要保障。跨境电商物流活动的过程，如图5-1所示。

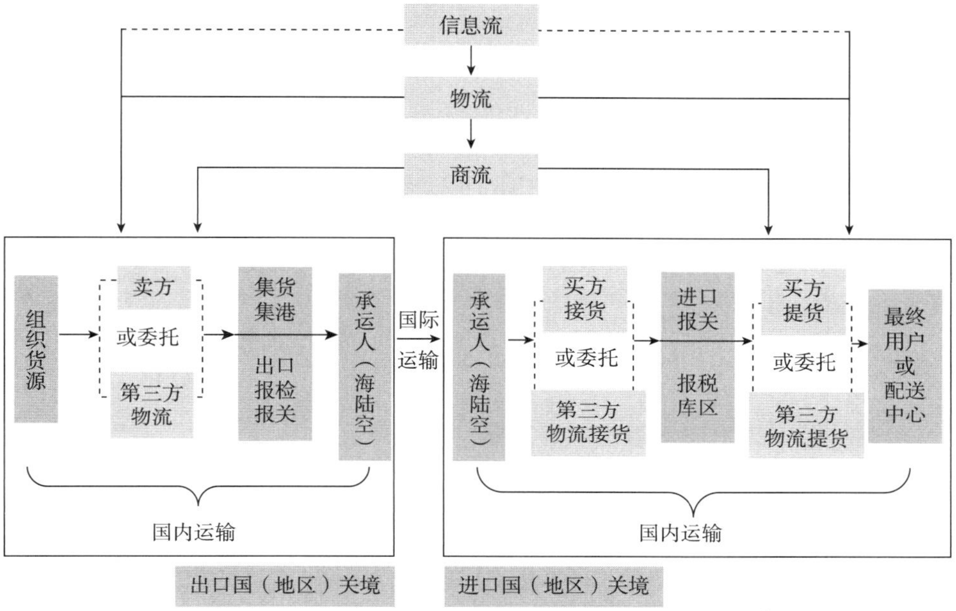

图5-1 跨境电商物流活动的过程

（二）跨境电商物流的重要性

1. 跨境电商物流是跨境电商业务的重要组成部分

贸易活动通常是由信息流、资金流、物流三部分组成的。通过互联网，跨境电商可以完成信息流和资金流，物流在跨境电商业务中承载着货物转移和交付的功能，是跨境电商不可缺少的重要组成部分。离开了物流，跨境电商交易将无法实现。

2. 跨境电商物流是跨境电商业务的核心环节之一

在跨境电商业务中，交易双方分处于不同国家，交易商品具有个性化、定制化的特点，如何实现将交易商品安全高效地从商家仓储位置运至买家手中是跨境电商买卖双方重点关注的问题，也是当前跨境电商商家致力于解决的核心问题。跨境电商物流的服务水平直接关系着跨境电商买家的消费体验，高标准的物流服务是几乎所有跨境电商企业追求的目标。

（三）跨境电子商务物流的特征

1. 运输成本高

跨境物流往往运输时间长、成本高，流程复杂、可控性差，这也是跨境物流与国内物流的标识性差异。除了基本的产品配送，其中还涉及清关报关等一系列的税务问题。

2. 形式多样化

由于跨境物流所涉及的环节比较多，因此，在各个层级也诞生了诸多形式。例如，头程清关就可分为海运、陆运、空运、专线等。

3. 服务多元化

随着跨境电子商务人才需求的增多，大多数跨境物流公司从单一地提供运输服务开始转向多元化服务，如与海外仓储公司之间的合作就是鲜明的代表。在跨境物流这一链条上，提供头程清关、仓储、配送及与 FBA 相关的诸多衍生和替代服务，如海外仓贴标换标、一件代发等。

4. 流程信息化

在跨境电商物流的仓储环节，先进的跨境电商仓库已经实现了自动化分拣；在出运环节，运单信息填制极其烦琐，但专业软件已经较好地解决了这个问题，订单地址与运单实现了自动匹配；在运输环节，跨境电商物流企业正在努力让客户随时可以看到自己购买的商品物流信息。

高质量的商品、高效的物流、良好的服务、优质的推广等都是跨境电子商务行业不可或缺的组成环节。好的物流意味着卖家投入的成本降低，运期缩短，货物能够快速送达，买家将获得良好的购物体验，这些都将给卖家带来可喜的收益。因此，卖家要懂得如何选择最高效、最适合自己的物流方式。面对多种物流方式，卖家可以从运费、安全度、运送速度及买家的实际需要等几个方面进行考量。

二、我国跨境电商物流发展现状及趋势

（一）我国跨境电商物流的发展现状

近年来，我国物流行业一直呈现稳步发展的态势，发展规模越来越大。中国物流与采购联合会公布的物流运行数据显示，2020 年全国社会物流总额 300. 1 万亿元，同比增长 3. 5%。我国物流运行实现逆势回升、平稳增长，物流规模再上新台阶。此外，2020 年多部门出台政策措施助力企业纾困，优化营商环境，继续推动降低行政性物流成本，2020 年社会物流总费用与 GDP 的比率为 14. 7%，单位物流成本增速明显趋缓。虽然我国物流行业发展势头良好，但仍然跟不上飞速发展的电子商务，物流在配送上很难与电子商务实现同步对接，影响了消费者在网络购物上的体验。

1. 物流基础设施不完善

物流基础设施是物流企业执行跨境物流工作的保障，基础设施不完善将会影响物流水平的提高和物流运输能力的增强。例如，在宏观通道建设方面，我国与“一带一路”沿线国家和地区存在很多问题，中亚作为新兴市场地区，很多运输方式并不完善，有的运输专线尚处在规划设计中，没有形成成熟的物流运输体系。最明显的一点就是中亚国家的铁路建设与我国铁路建设的标准不统一，使我国的铁轨无法与中亚国家的铁轨顺利连接在一起，这对于跨境电商的铁路运输产生了诸多障碍，抑制了铁路运输对跨境电商发展的作用。对航空运输而言，我国与中亚之间的航线较少，能够直达的航线更少，这些都制约了该地区跨境电商物流的发展。在微观企业基础设施上，中小型物流企业是当下我国跨境电商物流配送的主要成员，这些企业资金薄弱，管理能力低下，无法科学有效地进行物流运输活动，这些中小型企业使用的大部分都是最低端的存储仓库，只能满足最基本的货物存放需求。

2. 物流人才培养体系不健全

在整个跨境电商活动的所有环节都离不开人才的作用，需要人才作为跨境物流运行的载

体。由于我国跨境电商行业发展时间晚、基础薄弱，属于新兴产业，绝大部分的物流行业工作者只能在摸索中前进，没有相关的经验可以借鉴，导致现有的物流人才数量根本无法满足我国跨境电商飞速发展的需要。而且跨境电商涉及的环节复杂多变，对物流人才的专业水平要求高、种类要求多，需要具备电子商务、网络营销、国际物流、国际商法、商务英语等各种技能，还要求从业人员了解国外消费者所在国家的历史文化、风土人情等。相关的跨境物流企业因在物流人才培养上存在培训周期长、见效慢、成本高等因素，缺少培训的积极性，导致很多企业内部的物流从业人员都是边工作边学习，不仅见效慢、收获少，而且难以形成科学有效的知识体系。虽然我国许多高校开设了物流专业，但大多数学生只具备基础的理论知识，严重缺乏物流实践经验。在我国物流行业薪资和待遇偏低，愿意从事物流工作的高校学生更少，导致我国严重缺乏物流领域的专业人才，这进一步制约了跨境电商行业的发展。

3. 物流专业化水平较低

跨境电商交易流程和运输方式都比国内电子商务更复杂，涉及国际快递运输、报关、报税、报检等程序。我国现有的物流企业主要是第三方物流企业，主要为国内电子商务服务，尚缺乏大型的、专业的具备高水平物流服务经验和动力的跨境物流企业。在查询物流配送信息上，我国跨境电商物流主要使用国际邮政小包来配送，后来又出现国际快递专线、第三方物流运输等，但很多时候消费者不能及时有效地跟踪物流信息，无法根据快递单号查询卖家什么时间发货、商品是否已经揽收、运到什么地方，有的还必须要专门到所购买国家或地区的邮政网站上查询物流信息，这种信息不对称的现象成了制约跨境消费者满意度提高的瓶颈。

（二）我国跨境电商物流的发展趋势

随着跨境电商物流需求的快速增长，跨境电商物流行业将吸引更多的企业参与，行业竞争将越发激烈。与此同时，随着跨境电商物流的难度不断加大，客户对跨境电商的清关效率和保险能力要求的提高，行业参与者需要不断增强自身服务能力，借用信息技术推动效率的提升。

1. 跨境电商公司/平台自建物流管理体系

对物流配运的高品质追求将成为跨境电商公司整体运营的重要组成部分，因此，未来随着跨境电商平台的壮大和跨境物流需求量的快速增长，有实力的电商公司将开始自建物流管理体系。即使不能做到全流程的自建物流，跨境电商公司也可以在某些节点上投入自建物流管理，比如自建海外仓。跨境电商对供应链物流管理的比拼即将进入白热化阶段，未来，一定会有很多跨境电商公司/平台，出于追求更高的目标自建物流管理体系。

2. 行业加速洗牌推动合规化发展

跨境电商的发展是非常迅猛的，每个跨境电商平台的成长速度也非常快。这将会大大提升跨境物流的需求量，同时也对跨境物流提出更高的要求和挑战，比如更保险的清关、更高的时效等。所以在这种情况下物流行业也面临着“大洗牌”。淘汰那些满足不了当今跨境电商卖家需求的、不符合跨境电商合规化要求的物流企业，长久生存下来的，就是能够紧随跨境电商企业卖家的货量增长而成长的，满足他们个性化运营需求的、符合规化流程的物流企业。

3. 行业竞争加剧

跨境电商行业的高速增长，也带动了跨境物流行业市场需求的迅速提升，且在未来相当长的一段时间，都会为跨境物流行业的发展带来强劲的动力。越来越多的企业，也正是看到跨境物流行业“机会大”“增速快”的特点，开始大踏步地涉足跨境物流行业。这其中包括传统的物流企业、跨境电商平台、国内电商平台，甚至一些跨境电商卖家和不相关的企业，都开始拓展跨境物流业。

4. 新技术配置提升行业效率

目前，越来越多的互联网信息技术应用于物流行业。随着人工智能、大数据、云计算、射频识别等技术的加速普及，跨境电商物流行业的效率有望进一步提升。与此同时，区块链技术也有望赋能跨境电商物流行业，对运输路线、资源调度等进行合理优化和配置，进而提高运输效率。

任务实训

撰写美国跨境电商物流发展现状调研报告

一、实训目的

了解美国物流发展现状，包括物流基础设施、物流人才、物流政策体系等，并总结美国跨境电商物流存在的问题。

二、实训内容

从物流基础设施、物流人才、物流政策体系、物流服务水平等方面评价美国跨境电商物流发展现状，调研美国本土电商物流的运作流程、配送时间及消费者物流使用偏好，最终形成一份跨境物流发展现状调研报告。

实训提示：

（1）调研美国跨境电商物流整体发展现状。

（2）了解美国本土电商物流的运作流程等信息，并撰写调研报告。

同步测试

一、单项选择题

1. 物流的概念最早是在（　　）形成的，起源于20世纪30年代，原意为“实物分配”或“货物配送”。

A. 英国　　B. 日本　　C. 中国　　D. 美国

2. 跨境电子商务物流是指位于不同国家或地区的交易主体通过电子商务平台达成交易并进行支付清算后，通过（　　）送达商品进而完成交易的一种商务活动。

A. 国际物流　　B. 国内物流　　C. 跨境物流　　D. 邮政物流

3. 中国物流与采购联合会公布的物流运行数据显示，2020年全国社会物流总额（　　）万亿元，同比增长3.5%。

A. 300.1　　B. 543　　C. 120　　D. 1000

4. 2020年社会物流总费用与GDP的比率（　　），单位物流成本增速明显趋缓。

A. 9.7%　　B. 14.7%　　C. 5.4%　　D. 18%

5. 跨境电商物流是伴随着（　　）而产生的。

A. 跨境电商支付　　B. 跨境电商政策　　C. 跨境电商平台　　D. 跨境电子商务

二、多项选择题

1. 跨境电商物流活动的过程涉及的“三流”包括（　　）。

A. 商流　　B. 资金流　　C. 物流　　D. 信息流

2. 跨境电子商务物流的特征包括（　　）。

A. 运输成本低　　B. 形式多样化　　C. 服务多元化　　D. 流程信息化

3. 我国跨境电商物流的发展现状是（　　）。

A. 物流基础设置不完善

B. 物流专业化水平不高

C. 跨境电商物流发展速度与跨境电商需求吻合度较低

D. 物流人才缺乏

4. 下列关于我国跨境电商物流的发展趋势说法正确的是（　　）。

A. 跨境电商公司/平台自建物流管理体系　　B. 行业加速洗牌推动合规化发展

C. 行业竞争平缓　　D. 新技术配能提升行业效率

5. 随着（　　）等技术的加速普及，跨境电商物流行业的效率有望进一步提升。

A. 人工智能　　B. 大数据　　C. 云计算　　D. 射频识别

三、判断题

1. 物流配送直接关系到电子商务交易能否顺利完成，能否获得消费者的认可。（　　）

2. 跨境电商物流是跨境电商业务的重要组成部分。（　　）

3. 通过互联网，跨境电商可以完成信息流、资金流和物流等全过程。（　　）

4. 跨境电商物流的服务水平直接关系着跨境电商买家的消费体验，高标准的物流服务是几乎所有跨境电商企业追求的目标。（　　）

5. 对于跨境电商发展来说，一国的物流成本占 GDP 的比重越大越好。（　　）

四、案例分析题

跨境物流的喜与忧

随着跨境电商的火热，跨境物流也迎来了发展“新风口”，正扶摇直上。近日，不少跨境物流平台纷纷收获了新一轮融资：2021 年 5 月 25 日，“一站式”国际智慧物流平台“运去哪”完成 1 亿美元 D 轮融资；2021 年 6 月 7 日，俗称“非洲手机王”的跨境物流服务商 Speedaf 速达非宣布完成 A+轮融资；2021 年 6 月 9 日，“一站式”跨境卖家物流服务平台“跨境好运”宣布完成数亿元 A 轮融资。

跨境物流能够在当下受到资本热捧的原因主要表现在两个方面，一方面，跨境电商的火爆正在给予下游物流更多的增长驱动力。根据海关统计，2020 年跨境电商进出口 1.69 万亿元，同比增长 31.1%，分析预测，2021 年中国出口跨境电商交易规模将达 7.73 万亿元，预计在 2023 年交易规模或突破 9 万亿元。庞大的市场规模，预示着跨境电商赛道的火热，去年交出的漂亮业绩答卷，透露着行业正以较好的势态发展。另一方面，在某种意义上，跨境物流也赶上了政策红利。2020 年，国务院常务会议强调，畅通国际快件等航空货运，对国际货运航线给予政策支持；海关总署制定 50 条“清单”，保障外贸产业链、供应链畅通；银保监会下发通知，增加外贸信贷投放，为优质外贸企业建立“绿色通道”。

综上来看，跨境电商火爆之下，细分领域的跨境物流也迎来了机遇，市场利好，政策、资本偏好的情况下，跨境物流俨然成了如今的“香饽饽”，但大小玩家进场之后，行业格局又将发生另一番改变。

（资料来源：https://www.bilibili.com/read/cv11730962?from=search）

请根据以上案例回答下列问题。

1. 当下跨境物流能够受到资本热捧的原因有哪些？
2. 简述跨境电商物流的特点和重要性。

任务二　跨境电子商务的物流模式

在跨境电商交易中，跨境电商物流一直是制约整个跨境电商行业发展的关键性因素，配送速度和配送质量都会直接影响消费者的购物体验。随着跨境电商的迅速崛起，跨境电商物流模式逐步向正规化、合法化、多样化发展，从原先单一的传统物流模式演变成邮政物流、海外仓、国际专线物流等多元模式并存的新模式。面对诸多国际快递方式，卖家可以从运费、安全度、运送速度及买家的实际需要等方面进行分析，从而选择合适的物流方式。

任务描述

小雯通过调研，了解了跨境电商物流的发展现状和特点，知晓了跨境电商物流四大新模式。接下来，需要熟悉跨境电商物流四大新模式的运费计算方法、运送时效、重量体积限制、海关清关能力等内容，并结合店铺产品特征选择合适的物流方式。

任务分析

小雯想要选择合适的物流方式，首先要了解跨境电商物流模式的基本内容，如运费计算、运送时效等；其次，要结合店铺具体产品，如产品价值、重量、体积、是否特殊产品（带电、电池、液体、粉末等），并考虑目的国的清关能力、物流基础设施建设等情况，最终选择合适的物流方式出运。

相关知识

一、邮政物流

在介绍邮政物流之前，跨境电商经营者需先了解一个组织，即万国邮政联盟（Universal Postal Union，UPU），简称“万国邮联”或“邮联”。它是商定国际邮政事务的国际组织，宗旨是组织和改善国际邮政业务，发展邮政方面的国际合作，以及在力所能及的范围内给予会员邮政技术援助。万国邮联规定了国际邮件转运自由的原则，统一了国际邮件处理手续和资费标准，简化了国际邮政账务结算办法，确立了各国（地区）邮政部门争讼的仲裁程序。截至2021年6月，万国邮政联盟有192个成员，其中包括中国。正是由于这个组织的存在，我们可以通过万国邮政系统将一个包裹或信件从中国寄送到其他国家或地区。

在跨境电商邮政物流中，国际邮政包裹又以国际邮政小包居多。在万国邮政联盟中，跨境电商使用较多的有中国邮政、新加坡邮政等。国际邮政小包的优势较明显，其价格便宜且方便个人操作通关；但其劣势也较为显著，主要有递送时间久、包裹丢失率高、非挂号件难以查看进度等。国际邮政包裹适合轻、小型商品，在货物体积、重量、形状等方面的限制较多。

在一些国家通关政策变化的影响下，国际（地区间）邮政小包的优势受到挑战，如俄罗斯宣布 2015 年 1 月 15 日起停收邮政平常小包，美国自 2014 年 11 月起逐渐停止扫描国际邮政小包。

中国邮政物流根据运营主体不同分为两大业务种类，一是中国邮政局的中国邮政小包和大包；二是中国邮政速递物流分公司的 EMS 和 e 邮宝等。

（一）中国邮政小包

中国邮政小包，China Post Air Mail，即中国邮政航空小包，又称“中邮小包”“航空小包”“空邮小包”，是指单个邮件重量小于 2kg（寄往阿富汗限重 1kg），外包装长、宽、高之和不超过 90 厘米，最长边不超过 60 厘米，通过邮政空邮服务寄往国外的小包裹。按照是否提供国外段跟踪信息，中国邮政小包可分为中国邮政平常小包（China Post Ordinary Small Packet）和中国邮政挂号小包（China Post Registered Air Mail），其中平常小包又称“平邮”，与挂号小包基本一致，仅没有挂号服务，即产品出国后一般无法查询网上跟踪信息，更无妥投信息。

据不完全统计，跨境电商 70%的包裹都通过邮政系统投递，其中中国邮政占据 50%左右的份额，中国香港邮政、新加坡邮政等邮政小包也是跨境电商卖家常用的物流方式。

1. 优势：派送范围广、价格便宜、绿色清关

中邮小包是我国市面上最有价格优势的小包产品之一，被广泛运用。运费比较便宜，这是最大的优点。它运达大部分国家的时间并不长，属于性价比较高的物流方式。邮政的包裹在海关操作方面比快递简单很多，享用“绿色通道”，小包的清关能力很强，而且中国邮政是“万国邮联”的成员，因此其派送网络世界各地都有，覆盖面非常广。中邮小包本质上属于民用包裹，并不属于商业快递，该方式能邮寄的物品比较多。挂号小包业务是最早在主流电商平台上线的物流解决方案之一，可通过线上线下两种渠道发货。全国大部分地区可交寄挂号小包，线上渠道提供上门揽收、客户自送等多种交寄方式。总的来说，中邮小包属于性价比较高的物流方式，适合寄递质量较轻、数量大、价格要求实惠而且对时限和查询要求不高的商品。

2. 劣势：价格和时效不稳定，包裹限重

无论是价格还是时效，中邮小包都不稳定，发生状况较多。有些国家的运送时间比较长，如俄罗斯、巴西超过 40 天才显示买家签收都是正常现象。中邮小包限制重量为 2kg，阿富汗限重 1kg，这就导致如果重量超出 2kg，就要分成多个包裹寄递，甚至只能选择其他物流方式。

3. 派送范围

全球 210 多个国家和地区。

4. 时效

正常情况：16~35 天到达目的地。

特殊情况：35~60 天到达目的地。特殊情况包括：节假日、政策调整、偏远地区等，如巴西等南美洲国家，时效甚至可能超过 60 天。

5. 物流信息查询

中邮挂号小包物流详情查询平台：http://yjcx.chinapost.com.cn/qps/yjcx。

中国邮政官网提供国内段收寄、封发、交航以及目的国（地区）妥投等信息。中邮平常小包不提供国外段物流信息，也无妥投信息。

中国邮政速递物流报价查询

6. 计费

中国邮政官网提供的报价工具，可查询具体产品价格，查询结果仅供参考，以实际收寄计费为准，查询链接为 https://my.ems.com.cn/pcp-web/f/pcp/indexController/toquoteindex，亦可扫描二维码查询。重量及尺寸限制如表 5-1 所示。

表 5-1 中邮小包限重及尺寸规格

项目	详情
限重	2kg
尺寸规格	最大：长、宽、厚合计 900 毫米，最长一边不得超过 600 毫米，公差不超过 2 毫米。圆卷状的，直径的两倍和长度合计 1040 毫米，长度不得超过 900 毫米，公差 2 毫米。
	最小：至少有一面的长度不小于 140 毫米，宽度不小于 90 毫米，公差 2 毫米。圆卷状的，直径的两倍和长度合计 170 毫米，长度不得少于 100 毫米。

下面以速卖通平台为例，介绍中邮小包线上发货运费计算方法。

（1）线上发货中国邮政平常小包+

线上发货中国邮政平常小包+（以下简称平常小包+）是中国邮政针对订单金额 5 美元以下、重量 2kg 以下小件物品推出的空邮产品，运送范围通达全球 205 个国家和地区。正常情况下，16~35 天到达目的地，特殊情况需要 35~60 天，特殊情况包括：节假日、政策调整、偏远地区等。

平常小包+运费根据包裹重量按克计费。30g 及以下的包裹按照 30g 的标准计算运费，30g 以上的包裹按照实际重量计算运费。平常小包+的报价单，如表 5-2 所示。

举例：一件到俄罗斯的货物，重 79g，体积为 20cm×30cm×30cm，价值 5 美元，请计算平常小包+的运费。

已知，包裹价值在 5 美元以下，且重量、体积都在小包范围内，可以使用平常小包+。经查 79g 的货物到俄罗斯，30g 首重价格为 6.39 元，超过 30g 的重量按 66.71 元/kg 计算。

那么，平常小包+的运费＝6.39+（79−30）×66.71/1000＝9.66 元。

（2）线上发货中国邮政挂号小包

线上发货中国邮政挂号小包（以下简称挂号小包）是中国邮政针对 2kg 以下小件物品推出的空邮产品，运送范围为全球 176 个国家及地区。时效参考平常小包+。挂号小包运费根据包裹重量按克计费，1g 起重，单件包裹限重在 2kg 以内。挂号小包的运费＝标准运费×实际重量+挂号费。挂号小包的报价单，如表 5-3 所示。

举例：一件到美国的货物，重 100g，体积为 30cm×30cm×30cm，价值 8 美元，请计算挂号小包的运费。

已知，包裹重量和体积都在小包范围内，可以使用挂号小包。经查 100g 的货物到美国，标准运费为 53 元/kg，配送服务费 18 元/单。那么，挂号小包的运费＝53/1000×100+18＝23.3 元。

表 5-2 中国邮政平常小包+报价单

配送范围/目的地国家/地区列表 Destination			包裹重量为 0~30g	包裹重量为 30~80g		包裹重量为 80g 以上	
			首重价格（首重 30g）	首重价格（30g）	高出 30g 的配送服务费（根据包裹重要按克计费）	首重价格（首重 30g）	高出 30g 的配送服务费（根据包裹重要按克计费）
			元（RMB）	元（RMB）	元(RMB)/kg	元(RMB)	元(RMB)/kg
俄罗斯	Russian Federation	RU	6. 39	6. 39	66. 71	6. 39	50. 63
美国	United States	US	7. 21	7. 21	74. 96	7. 21	56. 79
法国	France	FR	7. 44	7. 44	73. 36	7. 44	54. 14
英国	United Kingdom	UK	7. 49	7. 49	73. 11	7. 49	53. 68
澳大利亚	Australia	AU	7. 45	7. 45	71. 62	7. 45	52. 19
德国	Germany	DE	7. 36	7. 36	71. 63	7. 36	52. 63
以色列	Israel	IL	7. 08	7. 08	73. 36	7. 08	55. 49
瑞典	Sweden	SE	7. 37	7. 37	71. 04	7. 37	51. 82
加拿大	Canada	CA	7. 59	7. 59	76. 40	7. 59	56. 97
荷兰	Netherlands	NL	7. 43	7. 43	72. 26	7. 43	52. 98
意大利	Italy	IT	6. 83	6. 83	67. 83	6. 83	50. 24
挪威	Norway	NO	7. 42	7. 42	71. 62	7. 42	52. 28
捷克	Czech Republic	CZ	6. 86	6. 86	67. 93	6. 86	50. 25
瑞士	Switzertand	CH	7. 45	7. 45	71. 80	7. 45	52. 37

（二）中国邮政大包

中国邮政大包，又称中国邮政航空大包，即 China Post Air Parcel，俗称“航空大包”或“中邮大包”。中国邮政大包服务是中国邮政区别于中国邮政小包的新业务，是中国邮政国际（地区间）普通邮政包裹 3 种服务（中国邮政航空大包、中国邮政水陆路大包、中国邮政海运大包）中的航空运输服务，可寄达全球 190 多个国家和地区。对时效要求不高且稍重的货物，可选择使用此方式发货。通常分为普通空邮（Normal Air Mail，又称非挂号）和挂号（Registered Air Mail）两种。前者费率较低，不提供跟踪查询服务；后者费率稍高，可提供网上跟踪查询服务。

1. 优势：成本相对较低

价格比国际 EMS 稍低。以首重 1kg、续重 1kg 的计费方式结算，没有偏远附加费和燃油费，成本低。相对于其他运输方式，如 EMS、DHL、UPS、FedEx、TNT 等来说，中国邮政大包有绝对的价格优势。采用此种发货方式可最大限度地降低成本，提升价格竞争力。通达国家多，中邮大包可通达全球大部分国家和地区，且清关能力强，运单操作简单且方便。

表 5-3 中国邮政挂号小包报价单

配送范围/目的地国家/地区列表 Destination			0~150g（含 150g）		151~300g（含 300g）		300~2000g		备注
			正向配送费（根据包裹重量按克计费）	挂号服务费 Cost by Parcel	正向配送费（根据包裹重量按克计费元/千克）	挂号服务费 Cost by Parcel	正向配送费（根据包裹重量按克计费元/千克）	挂号服务费 Cost by Parcel	
			元（RMB）/kg	元（RMB）/单	元（RMB）/kg	元（RMB）/单	元（RMB）/kg	元（RMB）/单	
俄罗斯	Russian Federation	RU	60. 00	21. 00	60. 00	20. 50	52. 50	21. 50	
美国	United States	US	53. 00	18. 00	53. 00	18. 00	53. 00	18. 00	
巴西	Brazil	BR	—	—	—	—	—	—	暂停服务
法国	France	FR	68. 00	12. 00	58. 00	13. 00	58. 00	13. 00	
英国	United Kingdom	UK	52. 00	15. 50	51. 00	15. 50	50. 00	15. 50	
澳大利亚	Australia	AU	65. 00	14. 50	54. 00	16. 00	54. 00	16. 00	
德国	Germany	DE	60. 00	15. 00	53. 00	16. 00	48. 00	17. 00	
以色列	Israel	IL	61. 00	16. 00	57. 00	16. 50	53. 00	17. 00	
瑞典	Sweden	SE	57. 00	22. 50	54. 00	22. 50	48. 00	23. 00	
西班牙	Spain	ES	50. 00	18. 00	50. 00	18. 00	50. 00	18. 00	
加拿大	Canada	CA	70. 00	15. 80	60. 00	16. 30	54. 00	18. 00	
荷兰	Netherlands	NL	50. 00	17. 50	50. 00	17. 50	48. 00	18. 00	
意大利	Italy	IT	55. 00	22. 00	49. 00	22. 50	47. 00	23. 00	
挪威	Norway	NO	55. 00	17. 00	50. 00	17. 50	48. 00	18. 00	
捷克	Czech Republic	CZ	75. 00	12. 80	55. 00	14. 50	52. 00	14. 50	

2. 劣势：时效性不高，退件有费用

由于大包在运输和处理上相对难于小包，所以妥递速度相对较慢，查询信息更新慢。中国邮政大包和中国香港包裹国外退件是有费用的。根据用户选择的退回方式收取相应的运费，邮局都会给发件人对应的收费凭据（中国包裹运单上可以选择经什么渠道退回）。部分国家限重10kg，最重也只能30kg。

3. 重量尺寸限制

重量限制：0.1kg≤重量≤30kg。部分国家不超过20kg，每票快件不能超过1件，即不接受一票多件。

体积限制：寄往各国包裹的最大尺寸限度分为两种，一种为单边≤1.5米，长度+长度以外的最大横周≤3米；另一种为单边≤1.05米，长度+长度以外的最大横周≤2米。横周的计算公式：横周=2×高+2×宽+长。

中国邮政大包最小尺寸限制：最小边长≥0.24米，宽≥0.16米。

4. 计费

使用报价工具查询具体产品价格，查询结果仅供参考，以实际收寄费用为准：https://my.ems.com.cn/pcp-web/f/pcp/indexController/toquoteindex（二维码）。

中国邮政速递物流报价查询

中国邮政大包以首重1kg、续重1kg的计费方式结算，运价可扫二维码查询。

举例：一票到俄罗斯的货物，重2600g，体积为40cm×30cm×30cm，价值20美元，从货代那里拿到运费折扣率为9折，请计算包裹用中邮航空大包寄送的运费。

已知，包裹重量和体积都不在小包范围内，不能使用中邮小包。经查2600g的货物到俄罗斯，首重1kg为标准运费170.2元，续重1kg按59.3元/kg计算。经计算该包裹有两个续重（不满1kg按1kg来计算），那么，中邮航空大包的运费=(170.2+59.3×2)×0.9=259.92元。

（三）国际EMS

国际（地区）特快专递（EMS），EMS即“Express Mail Service”，是中国邮政与各国（地区）邮政合作开办的中国大陆与其他国家和地区寄递邮件的快速直发服务，可为用户快速传递各类文件资料和物品，同时提供多种形式的邮件跟踪查询服务。该业务与各国（地区）邮政、海关、航空等部门紧密合作，打通绿色便利邮寄通道，这是EMS区别于很多商业快递的最根本的地方。此外，中国邮政还提供保价、代客包装、代客报关等一系列综合延伸服务。

1. 优势：覆盖面广、收费简单、全程跟踪、清关便捷

覆盖面广，揽收网点覆盖范围广，目的地投递网络覆盖能力强；收费简单，无燃油附加费、偏远附加费、个人地址投递费；全程跟踪，邮件信息全程跟踪，随时了解邮件状态；清关便捷，享受邮件便捷进出口清关服务。

2. 劣势：速度较慢、查新信息滞后、大货价格偏高

EMS相对于商业快递，速度偏慢；查询网站信息滞后，一旦出现问题，只能做书面查询，查询时间较长；不能一票多件，大货价格偏高。

3. 重量尺寸限制

重量限制：0.1kg≤重量≤50kg。部分国家不超过20kg，每票快件不能超过1件，即不接受一票多件。

体积限制：寄往各国包裹的尺寸限度有5个标准，各国对应其中的一个标准，大部分国家适用标准1。尺寸限度的5个标准分别是：

标准1：任何一边的尺寸都不得超过1.5米，长度和长度以外的最大横周合计不得超过3.0米。

标准2：任何一边的尺寸都不得超过1.05米，长度和长度以外的最大横周合计不得超过2.0米。

标准3：任何一边的尺寸都不得超过1.05米，长度和长度以外的最大横周合计不得超过2.5米。

标准4：任何一边的尺寸都不得超过1.05米，长度和长度以外的最大横周合计不得超过3.0米。

标准5：任何一边的尺寸都不得超过1.52米，长度和长度以外的最大横周合计不得超过2.74米。

其中，横周的计算公式：横周=2×高+2×宽+长。

4. 禁寄物品

国际快递EMS不可以邮寄带电池的物品、航空禁运的危险物品、液体、粉末等。国家明令禁止出口货物，如古董、货币及其他侵权产品也不可邮寄。

5. 计费

国际EMS运费计泡。计泡是指对包装后的邮件，取体积重量和实际重量中的较大者，作为计费重量，再按照资费标准计算应收邮费。国际EMS以500g为单位计算运费。对交寄的物品长、宽、高三边中任一单边达到40cm的特快物品进行计泡，计泡系数为6000，计泡公式：体积重量（kg）=长（cm）×宽（cm）×高（cm）/计泡系数，测量邮件的长、宽、高测量值精确到厘米，厘米以下去零取整。国际EMS资费及相关规定可扫二维码查询。

国际EMS运费查询

使用报价工具查询具体产品价格，查询结果仅供参考，以实际收寄计费为准：https://www.ems.com.cn/freight_prescription?type=second1。

举例：一票到美国的货物，重2500g，体积为45cm×30cm×30cm，价值30美元，请计算该包裹的国际EMS运费（货代给5折）。

步骤一：该包裹的体积重量=长×宽×高÷6000=45cm×30cm×30cm÷6000=6750g。由于该包裹的体积重量大于实际重量，故按体积重量计费。

步骤二：查询国际EMS运价表，该包裹6750g运至美国，按首重500g按240元计算，续重每500g按75元计算。经计算该包裹有13个续重，即（6750−500）/500=12.5，取整得13个续重（不满500g按500g计算）。

该包裹的国际EMS运费=（首重运价+续重运价×重量）×折扣率=（240+13×75）×0.5=607.5元。

（四）国际e邮宝

国际e邮宝（以下简称e邮宝），ePacket，是中国邮政速递物流为适应跨境电子商务轻小件物品寄递需要推出的跨境国际速递产品，该产品以EMS网络为主要发运渠道，出口至境外邮政后，通过目的国邮政轻小件网投递邮件。该业务依托邮政网络资源优势，境外邮政合作伙伴优先处理，为客户提供价格优惠、时效稳定的跨境轻小件寄递服务。目前e邮宝业务已通达俄罗斯、美国、巴西、西班牙等39个国家及地区。e邮宝主要寄递商品价值在15美元至50美元的 3C、服装、首饰等商品。

1. 优势：时效稳定，平台认可

在线打单，在线订单管理，方便快捷；时效稳定，重点路向全程平均时效（参考时效）7~15 个工作日，服务可靠；全程跟踪，提供主要跟踪节点扫描信息和妥投信息，安全放心；平台认可：主流电商平台认可和推荐的物流渠道之一，品牌保障。

2. 劣势：限重 2kg，运达的国家有限

e 邮宝运费根据包裹重量按克计费，单件包裹最高限重 2kg，一些国家的挂号费较贵，对重量特别轻的产品而言，运价不是很经济。此外，e 邮宝运达的国家有限，目前 e 邮宝只能寄送 39 个国家或地区，且暂不受理延误、丢失、破损、查验等附加服务。

3. 重量尺寸限制

单件包裹最高限重 2kg（部分国家例外，如英国、以色列限重 5kg，俄罗斯限重 3kg）。单件最大尺寸：长、宽、高合计不超过 90 厘米，最长一边不超过 60 厘米。圆卷邮件直径的两倍和长度合计不超过 104 厘米，长度不得超过 90 厘米。单件最小尺寸：长度不小于 14 厘米，宽度不小于 11 厘米。圆卷邮件直径的两倍和长度合计不小于 17 厘米，长度不小于 11 厘米。

4. 计费

使用报价工具查询具体产品价格，查询结果仅供参考，以实际收寄费用为准：https://my.ems.com.cn/pcp-web/f/pcp/indexController/toquoteindex。

中国邮政速递物流报价查询

e 邮宝运费根据包裹重量按克计费，最高不超过 2kg。其运费计算公式为：e 邮宝运费＝标准运费×实际重量+操作处理费。

举例：一票到澳大利亚的货物，重 81g，价值 20 美元，请计算该商品的国际 e 邮宝运费。

已知，该商品送达澳大利亚，且包裹重量小于 2kg，可以使用国际 e 邮宝。经查 81g 的货物到澳大利亚，标准运费为 65 元/kg，操作处理费为 19 元/包裹。

那么，该包裹的 e 邮宝的运费＝65×81/1000+19＝24.27 元。

（五）其他邮政小包

1. 中国香港邮政小包

中国香港邮政小包是香港邮政针对小件物品而设计空邮产品，又称“易网邮”，其前身为“大量投寄挂号空邮服务”，旨在为电子商务卖家提供更全面的邮递方案，并配合美国和欧盟成员国即将实施的新电子报关规定。特别适合网上卖家邮寄重量较轻，体积较小的物品。

（1）优势：综合质量较高，各个指标较稳

EDI 数据报关，大大缩短了清关的时间；预先报关可加快；网上邮件处理工具简化货物处理和投寄程序；以投寄数量及重量计算，大大节省邮件处理的时间；不计首重和续重，大大简化了运费核算与成本控制；可以网上查询投寄记录、追查邮件的派递情况、所需时间及邮件的赔偿。派递时要求收件人签收确认，安全更有保障。它适用于向跨境电商主要市场发货，客户体验更有保障，物流引发的售后问题相对较少。就综合质量而言，它是小包中的又一理想选择。

（2）劣势：价格相对略高，退件需费用

中国香港邮政小包价格总体上比中国邮政挂号小包略高，不仅单价总体略贵，挂号费一般都是 13 港元/票。另外，包裹退回后是直接退往香港，然后再从香港到内地。香港的小包退件收费是发出多少运费，退回来就收多少运费，退回内地还有进口费用。客户在填单的时候应填写是否要退回，没有填写的，邮局默认弃件。

（3）时效

香港是全世界物流最发达的地区，每天均有直飞航班到达全世界任意一个国家或地区。香港邮政小包，几乎都能做到当天投递，当天上飞机开始运送，大部分国家和地区只需要5~12个工作日，有时候3个工作日即可到达英国、爱尔兰、美国、加拿大。具体投递时间大致如下：亚洲为3~7个工作日，英国、爱尔兰为3~10个工作日，美国、加拿大、澳大利亚为5~12个工作日，西欧为7~21个工作日。值得注意的是，中国香港邮政小包发货，需要转运到香港，和内地的邮政发货不一样，上网时效是2~4个工作日，但不影响总体时效。

2. 新加坡邮政小包

新加坡邮政小包，即新加坡邮政航空小包裹，又叫新加坡挂号小包，是新加坡邮政推出的一项针对货物重量在2kg以下的邮政小包服务，具有时效好，通关能力强的特点，覆盖全球246个国家及地区，提供国内段交接，包裹经从新加坡发出及目的国妥投等跟踪信息。

（1）优势：价格低、速度快，可寄带电产品

价格低，相对于其他运输方式（如DHL、UPS、FedEx等）来说，小包服务有绝对的价格优势；速度快，到达多数国家的正常运输时间是7~15个工作日；安全性高，新加坡邮政提供的国际小包服务是世界认可的优质产品，丢包率低，既快速又安全。众所周知，大部分小包是不允许寄送带电产品的，而新加坡邮政小包可以寄送带电产品，因此一度让新加坡邮政小包成为其有别于其他小包的“王牌”。因为中国邮政小包和中国香港邮政小包都限制带电产品，新加坡邮政小包是主要出货渠道，其成本优势也仅次于中邮小包。

（2）劣势：退货麻烦

新加坡邮政小包价格略高于中国邮政小包，退件麻烦，是中国邮政小包以外其他小包的通病。

（3）时效

大多数国家和地区的正常运输时间为5~15个工作日，大部分跨境电商卖家还是认可其时效的。

二、国际商业快递

国际商业快递业务具有速度快、丢包率低的特点，尤其是发往欧美等发达国家非常方便，但是收费价格较高。传统B2C模式下，一般消费者购买的商品数量少，且要求商品的价格低，由于收费高的缘故，商业快递难以在B2C模式中普及，因而只是邮政业务的补充。国际商业快递目前主要有DHL、FedEx、UPS、Toll等，中国知名的快递公司也扩展了国际快递业务，包括顺丰速递、申通、韵达等。国际（地区间）快递在对货物计费时一般分为重量计算与体积计算，常以两者中费用较大的一项为最终计费方式，并在货物包装方面要求较高。国际（地区间）快递具有速递时效性高、丢包率低，可追溯查询等优点，国际（地区间）快递全球网络较完善，能够实现报关、报检、保险等辅助业务，支持货物包装与仓储等服务，可以实现门到门服务以及货物跟踪服务。但是，国际（地区间）快递的价格偏高，尤其对偏远国家或地区收取的附加费更是惊人。国际（地区间）快递也会遭遇某些限制，在一些国家或地区某些货物会成为禁运品或限运品。比如在美国，新鲜、罐装的肉类与肉制品，植物种子，蔬菜，水果，非罐装或腌制的鱼类及鱼子等被列为国际快递禁运品。

（一）DHL

DHL 由 3 位创始人姓氏的首字母组成（Dalsey、Hillblom 和 Lynn），公司创立于 1969 年，是全球著名的邮递和物流集团 Deutsche Post DHL 旗下的公司，隶属于德国邮政，是全球快递、洲际运输和航空货运的领导者，也是全球第一的海运和合同物流提供商。它的业务遍布全球，是全球国际化程度最高的公司，2020 年全球最具价值品牌 500 强排行榜中，DHL 排名第 181 位。跟中国的邮政和 EMS 一样，它也分邮政和速递，不过两者都叫 DHL。然而 DHL 速递并不等同于中国的 EMS。DHL 速递更像是一个商业化的国际快递公司，除了发出和接收与德国有关的国际快递，还在全球提供紧急文件和物品的输送服务。

1986 年 12 月 1 日，由敦豪国际（DHL）与中国对外贸易运输集团总公司，各注资 50%在北京正式成立的中外运——敦豪国际航空快件有限公司，是中国成立最早、经验最丰富的国际航空快递公司。合资公司将 DHL 作为国际快递业领导者的丰富经验和中国外运集团总公司在中国外贸运输市场的经营优势成功地结合在一起，为中国各主要城市提供航空快递服务。

1. 资费标准

计算运输货品的体积重量和实际重量，二者中取较大者来计费。体积重量计算公式为：体积重量（kg）= 长（cm）×宽（cm）×高（cm）÷5000。21kg 内的小货都是按首重续重计费，21kg 以上的大货按重量来计费。具体资费看货代的价格，或者在 DHL 官网查询。

2. 参考时效

上网时效：从客户交货之后第二天开始计算，1~2 个工作日会有上网信息。

妥投时效：3~7 个工作日（不包括清关时间，特殊情况除外）。

3. 重量尺寸限制

重量不超过 70kg（大部分国家和地区）；单件包裹最长不超过 1.2 米。部分国家和地区会有特殊要求，具体以 DHL 官方公布为准，或者咨询货代。

4. 优势：派送范围广，查询信息更新及时

欧美航线有优势；适合走大件，5.5kg 以上，或者 21kg 以上 70kg 以下货物；可送达目的地较多；网站查询信息更新及时，遇到问题解决速度快。

5. 劣势：小件商品价格较高，托运货品有限制

小件商品价格没有优势；对托运货品的限制比较严格，拒收许多特殊商品；有些国家没有 DHL 服务，如秘鲁、巴西、乌拉圭、阿根廷、巴拉圭、叙利亚、沙林、俄罗斯。

DHL 公布价格表 2021

DHL 的报价表可扫二维码（DHL 公布价格表 2021）查询。

（二）UPS

UPS，即 United Parcel Service，美国联合包裹运送服务公司，成立于 1907 年，总部设于美国佐治亚州亚特兰大市，是全球领先的物流企业，提供包裹和货物运输、国际贸易便利化、先进技术部署等多种旨在提高全球业务管理效率的解决方案。该公司业务网点遍布全球 220 多个国家和地区。2020 年世界品牌 500 强排行榜中，UPS 位列第 50 位。UPS 被福布斯评为交通运输领域最具价值的品牌，并且在 2020 JUST 100 社会责任名单、道琼斯可持续发展指数和给里斯民意测验等多项知名的排行榜与奖项中名列前茅。2012 年 9 月 6 日，国家邮政局批准优比速包裹运送（广东）有限公司（简称联合包裹）经营国内快递业务。

1. 四种快递服务

（1）UPS Worldwide Express Plus 全球特快加急服务；

（2）UPS Worldwide Express 全球特快服务；

（3）UPS Worldwide Saver 全球速快服务；

（4）UPS Worldwide Expedited 全球跨界服务。

在 UPS 的运单上，前 3 种快递服务都是用红色标记的，第 4 种是用蓝色标记的。但是，通常说的红单是第 3 种，即 UPS Worldwide Saver，蓝单是第 4 种，即 UPS Worldwide Expedited。第一种服务派送速度最快，资费最高；第 4 种速度最慢，资费最低。具体资费标准咨询 UPS 官方或者货代。

2. 重量尺寸限制

每件包裹的重量上限为 70kg，超过 70kg 的货物，可以考虑 UPS 全球特快货运，每件包裹的长度上限为 274 厘米，尺寸上限为 400 厘米，即包裹的长度+周长小于等于 400 厘米，其中，周长＝2×（高度+宽度）。每批货件总重量与包裹件数并无限制。

一般情况下，UPS 国际快递小型包裹服务不接受超过重量和尺寸标准的包裹。如果接收，须收取一定的超重超长附加费，且每个包裹最多收取一次。

3. 优劣势

优势：时效高、速度快、服务好；美洲线路优势明显，英国和日本优势也很明显；查询网站物流更新信息及时，遇到问题解决效率高。

劣势：运费较高，要计算产品包装后的体积重；托运物品有限制。

4. 计费

UPS 以包裹实际重量和体积重量较大者计费，包裹的体积重（kg）＝长（cm）×宽（cm）×高（cm）÷5000，不足或等于 0.5kg 的以 0.5kg 计费，超过 0.5kg 不足 1kg 的以 1kg 计费，依次类推。如果一票货物内含多件包裹，运费则以所有包裹计费重量总和计算。UPS 的运费计算过程大致是：首先确定目的国所在的区，然后比较产品的体积重和实际重，取较大者，并取整，最后根据物品重量确定对应区域的报价。

UPS 公布价格表 2021

UPS 的报价表可扫二维码查询（UPS 公布价 2021）。

（三）FedEx

联邦快递（FedEx）是一家国际性速递集团，提供隔夜快递、地面快递、重型货物运送、文件复印及物流服务，总部设于美国田纳西州孟菲斯，隶属于美国联邦快递集团（FedEx Corp）。2020 年世界品牌 500 强排行榜中，联邦快递位列第 72 位。2014 年 12 月 16 日，联邦快递公司同意收购逆向物流公司 Genco。这表示联邦快递在向电子商务领域进军。Genco 的年销售额为 16 亿美元，每年处理的退回产品达 6 亿件以上。2012 年 9 月 6 日，国家邮政局批准联邦快递（中国）有限公司（简称联邦快递）经营国内快递业务。2016 年 5 月，FedEx 收购了世界四大商业快递公司之一 TNT 后，成为世界第二大商业快递公司，仅次于 UPS。

1. 两种快递服务

（1）FedEx IP：指的是联邦快递优先服务，时效比较快，价格也比普通的高一些。该服务递送时效 2~5 个工作日，清关能力强，可派送的国家或地区达 200 多个。

（2）FedEx IE：指的是联邦快递经济服务，时效与 FedEx IP 相比要慢些，但价格要便宜。

该服务的递送时效约为 4~6 个工作日，可为全球 90 多个国家或地区提供快递服务。其实，说到底就是时效和价格的区别，FedEx IP 时效快价格高；FedEx IE 时效慢价格低。

2. 重量尺寸限制

重量限制：每件不大于 68kg。使用国际优先快递服务（IP）寄一票多件货件，且实际重量达 300 千克以上，或使用国际优先快递重货服务（IP）（无论其重量如何），须预先联络客户服务部预留舱位。

尺寸限制：最长边不大于 274cm，最长边+（高度+宽度）×2 不大于 330cm。

3. 计费

参考 UPS 计费方法。

FedEx 的报价表可扫二维码查询（FedEx 价格表 2021）。

Fedex 报价表 2021

（四）顺丰国际快递

随着跨境电商如火如荼地发展，以顺丰为代表的国内快递也渐渐加入跨境电商物流。2020 年世界品牌 500 强排行榜中，顺丰快递位列第 460 位。在国际物流服务领域，顺丰致力于为国内外制造企业、贸易企业、跨境电商以及消费者提供便捷可靠的国际快递、物流及供应链解决方案。面向中国市场，顺丰国际快递既帮助中国优秀企业“走出去”，亦将海外优质商品“引进来”。目前顺丰国际快递提供包括国际标快、国际特惠、国际小包、国际重货、保税仓储、海外仓储、转运等不同类型及时效标准的进出口服务，并可根据客户需求量身定制包括市场准入、运输、清关、派送在内的一体化进出口解决方案。

1. 产品优势

顺丰国际快递的主要优势在于国内网点分布广，服务意识强，价格具有一定竞争力。顺丰国际小包系列，如欧洲小包，是顺丰和荷兰邮政联手推出的优质区域小包，清关好，派送快，查询优，平邮也有跟踪轨迹。除欧洲小包，顺丰开通有美国小包、俄罗斯小包、澳大利亚小包，以及覆盖全球的经济小包，帮助卖家货通全球。若确认货件遗失，顺丰会在 8 个工作日内完成赔付。

顺丰也有和本土邮政合作的小包。本土邮政会开辟绿色通道，既享有邮政发达的网络覆盖系统，又能实现在本土优先清关、配送，整条线路畅通无阻。发往欧洲 5~10 个工作日即可妥投，美国、加拿大 7~12 个工作日妥投，时效较以往的普通小包有不小的提升，收费逼近邮政小包，是广大卖家又一个理想的选择。

2. 产品劣势

顺丰国际快递的劣势在于开通的国际（地区间）线路少，卖家可选择的国家（地区）相对较少，顺丰国际快递服务网络覆盖新加坡、韩国、马来西亚、日本、泰国、越南、蒙古、印尼、印度、柬埔寨、缅甸、文莱、阿联酋、斯里兰卡、孟加拉国、巴基斯坦、菲律宾、美国、加拿大、墨西哥、巴西、澳大利亚、新西兰、俄罗斯、欧盟各国。此外，揽收人员对于国际（地区间）快递的专业知识相对不足。

3. 资费标准

计算运输货品的体积重量和实际重量，二者中取较大者来计费。体积重量计算公式为：体积重量（kg）= 长（cm）×宽（cm）×高（cm）÷5000。20kg 以下，续重以 0.5kg 为计重单位，不足 0.5kg，按 0.5kg 计；20kg 及以上，以 1kg 为计重单位，小数点后尾数大于零的，向上进位至下一个 1kg。顺丰国际快运的报价表可扫二维码（顺丰国际价格表 2021）查询。

顺丰国际价格表 2021

4. 运送时效

国际时效查询可扫二维码。查询链接：https://www.sf-express.com/cn/sc/dynamic_function/price/time_internal.html。

国际时效查询

三、国际专线物流

国际专线物流一般是先以航空包舱方式将货物运输到国外，再通过合作公司进行目的地国国内的派送，是比较受欢迎的一种物流方式。目前，业内使用最普遍的专线物流产品是美国专线、欧洲专线、澳洲专线、俄罗斯专线等，也有不少物流公司推出了中东专线、南美专线、南非专线等。

国际专线物流其特征主要体现在“专”上，国际专线物流有其专门使用的物流运输工具、物流线路、物流起点与终点、物流运输周期及时间等，同时还有根据特定国家或地区跨境电商物流特点推出的物流专线。

国际专线通过规模效应降低成本，因此，价格比商业快递低；速度快于邮政小包，一般在一周左右就能到达目的地丢包率也比较低。同时，这种物流模式也能够在一定程度上规避通关及商检风险。但是专线物流也由于其“专”而存在一定的局限性，在国内的揽收范围相对有限，运达的目的国（地区）也有待扩大。

（一）中俄航空 Ruston

中俄航空 Ruston 又称“俄速通”，俄速通成立于 2013 年，是由黑龙江俄速通国际物流有限公司联合俄罗斯邮局提供的中俄航空小包专线服务，它支持发往俄罗斯邮局可到达区域，具有时效快、价格优惠、交寄便利的特点。俄速通跨境电商物流包括航空、陆运、铁运、海运全渠道物流方式，覆盖 B2C 和 B2B 的各种需求。对俄航空专线物流服务采用全货包机形式，时效高，渠道稳定，经济实惠；航空与陆运的组合运输方式，可发寄的商品基本涵盖了跨境电商主要商品品类，兼顾时效与成本的中欧班列铁路运输或海铁联运可以满足 B2B 贸易的各种需求。俄速通不但为全国超 10 万家的对俄跨境电商提供了优质的物流服务，同时也是速卖通、菜鸟、京东、环球易购等平台的主力对俄服务商。俄速通的跨境物流运输流程如图 5-2 所示。

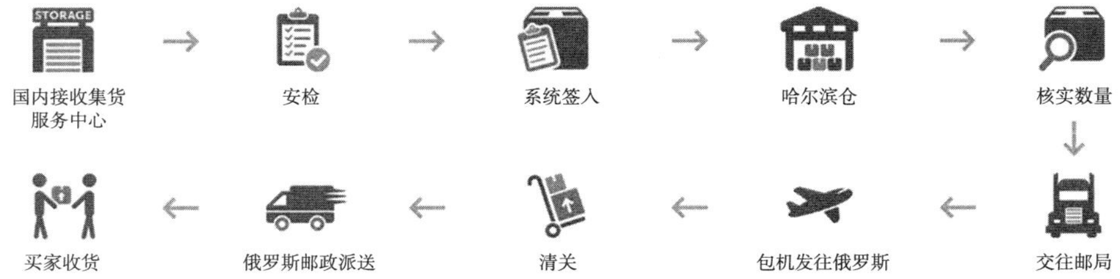

图 5-2 俄速通跨境物流运输流程

1. 时效及揽收范围

由于包机直达俄罗斯，80%以上包裹 25 天内到达俄罗斯邮局可到达区域。正常情况下，16~35 天到达目的地；特殊情况下，35~60 天到达目的地，特殊情况包括：节假日、特殊天气、政策调整、偏远地区等。

目前，俄速通揽收服务已覆盖北京、深圳、广州等 21 个城市。除以上注明揽收城市所在区域，其他省份及地区均不属于线上揽收范围，仍需卖家自行寄送至揽收仓库。

2. 重量体积限制

俄速通的包裹重量体积限制，如表 5-4 所示。

表 5-4　俄速通包裹重量体积限制

包裹形状	重量限制	最大体积限制	最小体积限制
方形包裹	小于 2kg（不包含）	长+宽+高<90cm，单边长度<60cm	至少有一面的长度>14cm，宽度>9cm
圆柱形包裹		2 倍直径及长度之和<104cm，单边长度<90cm	2 倍直径及长度之和>17cm，单边长度>10cm

3. 禁寄物品

俄速通的禁运品包括易燃易爆，化学产品，国家明令禁品，股票证券，贵重物品黄金珠宝，动植物毛皮，种子，含磁铁物品，仿真枪，管制刀具，带电池物品，毒品，光盘，食品，液体，颗粒，粉末，枪支弹药，带有反动图案及宗教信息的纪念币、木制品、烟花，书籍，铜线圈，不能穿透的重金属，充气物品（放气可以）。俄速通不能寄送的电子产品有手机、平板电脑等带电池的物品，或纯电池（含纽扣电池）。所有手表、键盘、鼠标、带电或者可以装电池的玩具、游戏手柄、会发光的手机壳，均需走带电渠道。

4. 计费

俄速通以克为单位精确计费，1g 起重，每个单件包裹限重在 2kg 以内。俄速通的报价：每件商品物流费用每克 0.0574 元外加 16.9 元的挂号费。

举例：速卖通店铺出了一单，包裹重量 88g，体积 20cm×30cm×30cm，若选择俄速通，请计算该包裹的运费。

则，该包裹的运费=0.0574×88+16.9=21.95 元。

（二）燕文航空挂号小包

燕文航空挂号小包（Special Line-YW）的物流商北京燕文物流有限公司是国内最大的物流服务商之一。目前，燕文航空挂号小包已开通拉美专线、俄罗斯专线、印尼专线。燕文航空挂号小包综合市场上优质邮政资源，推出一款通达 41 个国家及地区的标准型航空挂号产品。

1. 产品优势

（1）时效快。燕文航空挂号小包根据不同目的国家及地区选择服务最优质和派送时效最好的合作伙伴，在北京、上海和深圳 3 个口岸直飞各目的地，避免了国内转运时间的延误，并且和口岸仓航空公司签订协议保证稳定的仓位。正常情况下，10~35 天左右到达目的地；特殊情况下，35~60 天到达目的地，特殊情况包括节假日、特殊天气、政策调整、偏远地区等。燕文小包物流商承诺货物 60 天内必达。时效承诺以物流商揽收成功或签收成功开始计算。因物流商原因在承诺时间内未妥投而引起的限时达纠纷赔款，由物流商承担（按照订单在速卖通的实际成交价赔偿，最高不超过 300 元人民币）。

（2）交寄便利。北京、深圳、广州（含番禺）、东莞、佛山、杭州、金华、义乌、宁波、温州（含乐清）、上海、昆山、南京、苏州、无锡、郑州、泉州、武汉、成都、葫芦岛兴城、保定白沟提供免费上门揽收服务，揽收区域之外可以自行发货到指定揽收仓库。

（3）赔付保障。邮件丢失或损毁提供赔偿，可在线发起投诉，投诉成立后 1~3 个工作日完成赔付。

2. 重量体积限制

燕文航空挂号小包针对方形、圆柱状包裹的包装尺寸有不同的要求。方形包裹长、宽、高长度之和不超过 90cm，最长一边长度不超过 60cm，同时至少有一边的长度大于 14cm，宽度大于 9cm；圆柱状包裹 2 倍直径及长度之和不超过 104cm，长度不超过 90cm，同时 2 倍直径及长度之和大于 17cm，单边长度大于 10cm。

3. 计费

运费根据包裹重量按克计费，1g 起重，每个单件包裹限重在 2kg 以内。燕文航空小包运费=标准运费×实际重量+服务费。燕文航空挂号小包的报价单详见其官网。

举例：一名澳大利亚买家在速卖通下了一个订单，包裹重量 120g，若选择燕文航空挂号小包，请计算该包裹的运费。

经查，燕文航空到澳大利亚的配送服务运费为 78. 3 元/kg，Item 服务费为 24. 3 元，则燕文航空挂号小包的运费=78. 3×120/1000+24. 3=33. 70 元。

(三) 中欧班列 CRexpress

中欧班列（China Railway Express，CRexpress）是由中国铁路总公司组织，按照固定车次、线路等条件开行，往来于中国与欧洲及“一带一路”沿线国家和地区的集装箱国际铁路联运班列。目前，中欧班列有西、中、东 3 条通道：西部通道由我国中西部经阿拉山口（霍尔果斯）出境，中部通道由我国华北地区经二连浩特出境，东部通道由我国东南部沿海地区经满洲里（绥芬河）出境。近年来，中欧班列逐渐成长为国际物流陆路运输的骨干方式，成为沟通亚欧的桥梁纽带，稳步推动我国与“一带一路”沿线各国的双向贸易。截至 2020 年 9 月，中欧班列已累计开行超过 2. 1 万列，通达欧洲大陆 18 个国家的 57 座城市，成为重要的国际贸易和物流运输大通道。“跨境电商+中欧班列”，开启了国际贸易交通运输新模式，进一步解决了跨境电商的物流问题，加上通关便利化改革，将推动跨境电商进入发展的快车道。

1. 主要线路班列开行情况

中欧班列（重庆—杜伊斯堡）。从重庆团结村站始发，由新疆阿拉山口出境，途经哈萨克斯坦、俄罗斯、白俄罗斯、波兰至德国杜伊斯堡站，全程约 11000km，运行时间约 15 天。

中欧班列（成都—罗兹）。从成都城厢站始发，由新疆阿拉山口出境，途经哈萨克斯坦、俄罗斯、白俄罗斯至波兰罗兹站，全程 9965km，运行时间约 14 天。

中欧班列（郑州—汉堡）。从郑州圃田站始发，由新疆阿拉山口/内蒙古自治区二连浩特口岸出境，途经哈萨克斯坦/蒙古国、俄罗斯、白俄罗斯、波兰至德国汉堡站，全程 10245km，运行时间约 15 天。

中欧班列（苏州—华沙）。从苏州始发，由满洲里出境，途经俄罗斯、白俄罗斯至波兰华沙站，全程 11200km，运行时间约 15 天。

中欧班列（武汉—汉堡/帕尔杜比采）。从武汉吴家山站始发，由新疆阿拉山口出境，途经哈萨克斯坦、俄罗斯、白俄罗斯到达波兰、捷克、斯洛伐克等国家的相关城市，全程约 10700km，运行时间约 15 天。

中欧班列（义乌—马德里）。从义乌铁路西站始发，是铁路中欧班列的重要组成部分，中欧班列（义乌—马德里）的首发线路，贯穿新丝绸之路经济带，从义乌铁路西站到西班牙马德里，通过新疆阿拉山口口岸出境，途经哈萨克斯坦、俄罗斯、白俄罗斯、波兰、德国、法国、西班牙，全程 13052km，运行时间约 21 天，是目前我国行程最长、途经城市和国家最多、境外铁路换轨次数最多的班列。

中欧班列（长沙—汉堡）。从长沙霞凝货场始发，由满洲里出境，途经俄罗斯、白俄罗斯、波兰至德国汉堡站，全程 12521km，运行时间约 16 天。

中欧班列（广州—卡卢加）。从广州大朗站始发，由满洲里出境，至俄罗斯卡卢加州沃尔西诺站，全程 11398km，运行时间约 12 天。

中欧班列（合肥—汉堡）。从合肥北站始发，由新疆阿拉山口出境，途经哈萨克斯坦、俄罗斯、白俄罗斯、波兰至德国汉堡，全程 10647km，运行时间约 15 天。

2. 中欧班列的优劣势

优势：直达班列，相对于国际联运省去了换装的时间，更加安全便捷；全程使用标准海运集装箱，箱源优先保障；运输时间短，经济便捷；政府扶持力度大。

劣势：地方无序竞争激烈，班列回程货源不足，班列运营成本偏高，地方财政负担较重。

思政园地

山东首班跨境电商专列从上合示范区发出

近日，装载着出口跨境电商货物的 100 个标准集装箱乘坐中欧班列从上合示范区青岛多式联运中心发出，驶向白俄罗斯首都明斯克。这是山东省首班跨境电商货物专列，标志着上合示范区跨境电商监管中心正式投入运营。

据介绍，这次开行的跨境电商专列共 50 车、100 个标准集装箱，搭载出口小家电，家居用品，厨具、灯具、渔具、帐篷、雨伞等生活用品，货值约 430 万美元，预计 15~17 天到达白俄罗斯明斯克。

据了解，上合示范区跨境电商监管中心对这批货物以申报清单的方式进行通关，相比传统报关单申报模式更加便捷，通关成本进一步降低。同时，该监管中心还设立了中欧班列专门窗口办理申报、验放等通关手续，实现中欧班列快速通关，并根据班列发行计划优化监管人员配置，全天候保障班列通关顺畅。

据统计，2021 年前 5 个月，上合示范区青岛多式联运中心共发运中欧班列（齐鲁号）260 列、货物 2.1 万标箱，同比分别增长 83.1%和 118.4%。

中欧班列在打通跨境物流大通道的同时，日渐成为贯通中欧、中亚供应链的重要输运方式，为加深亚欧大陆各地区之间的全方位联系提供了重要保障。

（资料来源：人民日报（海外版），2021-07-08，记者于越）

（四）中东专线 Aramex

Aramex 作为中东地区最知名的快递公司，成立于 1982 年，是第一家在纳斯达克上市的中东国家公司，提供全球范围的综合物流和运输解决方案。在全球拥有超过 354 个分公司，17000 位员工。Aramex 与中国对外贸易运输集团总公司于 2012 年成立了中外运安迈世（上海）国际航空快递有限公司，提供“一站式”的跨境电商服务以及进出口中国的清关和派送服务。

1. 线路介绍

Aramex 服务目前支持中东、印度次大陆、东南亚、欧洲及非洲航线。目前平台上发货目的地有 36 个：阿联酋、印度、巴林、塞浦路斯、埃及、伊朗、约旦、科威特、黎巴嫩、阿曼、卡塔尔、沙特阿拉伯、土耳其、孟加拉国、巴基斯坦、斯里兰卡、新加坡、马来西亚、印度尼西亚、泰国、肯尼亚、尼日利亚、加纳、以色列、利比亚、纳米比亚、赞比亚、南非、美国、澳大利亚、贝宁、埃塞俄比亚、毛里求斯、摩洛哥、莫桑比克、坦桑尼亚，且均为全境服务。在目的地国家无异常情况下一般3~6天完成派送。

Aramex对接仓库包括上海佰首仓库、上海博丰仓库、杭州仓库、义乌仓库、深圳宝安仓库、温州仓库、青岛仓库、许昌仓库、广州仓库、东莞仓库、汕头仓库、江门仓库。

2. 重量体积限制

中东专线单件重量不能超过30kg；单边尺寸不超过120厘米，围长不超过330厘米。

3. 禁寄物品

涉及知识产权货物、电池以及带有电池货物、各寄达国或地区禁止寄递进口的物品、任何全部或部分含有液体、粉末、颗粒状、化工品、易燃、易爆违禁品，以及带有磁性的产品均不予接收。

4. Aramex线上发货操作流程

卖家接到交易订单后，可以使用Aramex线上发货服务。只需在线填写发货预报，并将货物发至阿里巴巴合作物流仓库，在线支付运费，仓库就能将货物递交给Aramex，由Aramex送至买家手中。

四、海外仓物流

对于跨境出口卖家来说，他们所面临的巨大挑战是如何掌握难以控制的物流，确保货物能及时完好到达，使消费者获得满意的购物体验。国内卖家大多采用传统物流方式将货物运送至海外市场，这种方式的缺点是费用较高、物流周期长、退换货不便，还可能出现海关查扣、快递拒收等难以预计的情况，严重影响客户的购物体验。建立海外仓能有效解决物流成本高、花费时间长等问题。

（一）海外仓的定义

海外仓是指由网络外贸交易平台、物流服务商单独或合作为卖家在物品销售目的地提供的货品仓储、分拣、包装、派送一站式控制与管理服务，简单来说，海外仓就是国内一公司在另一国家（地区）所建的仓库。整个流程包括头程运输、仓储管理、本地配送3个部分，即境内卖家将要销售的货物存储在当地的仓库，当境外买家需要时，仓库立即作出响应，并及时对货物进行分拣、包装以及递送。

（二）海外仓的优劣势

海外仓具有提升本土化服务、拓展选品范畴、降低清关障碍、减少转运流程、降低破损丢包率、增加退换货等增值服务的优势，能够大大改善买家的购物体验。所以很多跨境电商平台都会鼓励卖家开设海外仓。海外仓虽然有诸多优势，但不是所有产品都适合海外仓。适合海外仓的产品有："三高"产品（即体积超大、重量超限、价值超高的产品）；品牌产品，品牌产品需要用品质和服务来实现品牌溢价；低值易耗品，非常适合本地需求的、库存周转快的产品，以及需要快速送达的产品；国际小包、快递无法运送或运送受限的产品，如带电产品、液体、粉末、膏状类产品等。

（三）海外仓的运作流程

我们通常将海外仓的运作流程分为三步，如图5-3所示。第一步：卖家到国内仓库，即卖家将货物运输到海外仓服务商的国内集货仓中；第二步：头程运输，即国际仓到仓运输（国内港到目的港）工作人员根据要求整合货物，通过空运或海运将货物运输到海外的代理仓库；第三步：尾程派送，即海外代理仓库到海外买家。一旦产品产生订单，境外海外仓工作人员将货物挑拣给当地的物流人员，并由物流体系（最后一公里配送）将货物交付到海外买家手中。

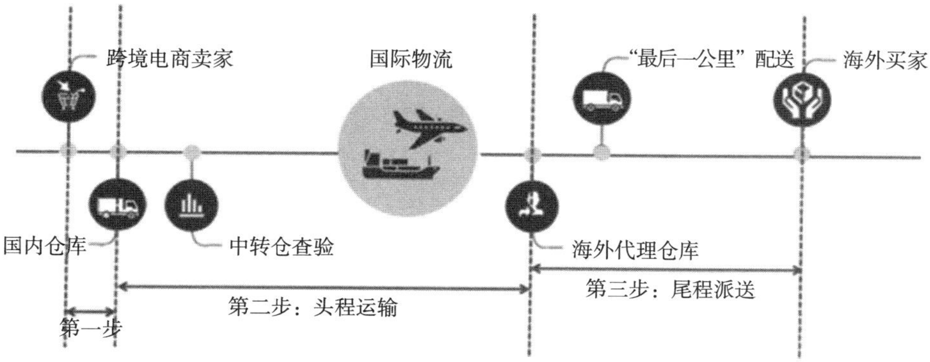

图 5-3 海外仓的运作流程

（四）海外仓运费计算

使用海外仓需要支付一定的海外仓储费用，海外仓储费用=头程费用+仓储及处理费+本地配送费用。其中，头程费用是把货物运送至海外仓过程中所产生的运费。常用的头程运输方式为海运和空运。海运可以分为集装箱拼箱和集装箱整箱，一般货运代理公司会根据拼箱或整箱来计算运费。空运头程费用包括运费、清关费、报关费、送货费等。仓储及处理费是货物储存在海外仓库和处理当地配送时产生的费用；本地配送费用是在海外仓当地对客户商品进行配送产生的本地快递费用。

举例 1：空运头程运费的计算方法。

湖州瑞丰电商公司打算空运 500 个电风扇到美国仓，每个电风扇重 0.5kg，包装尺寸为 20cm×10cm×15cm，运费报价如表 5-5 所示。请计算每个电风扇的空运头程运费。

表 5-5 美国仓空运头程运费报价表

运输方式	条目		价格（元）
普货空运	1000kg 以内		31（元/kg）
	1000kg 及以上		28（元/kg）
	4PX 代清关	清关费	300（元/票）
		提货费	2（元/kg）

第一步：计算 500 个电风扇的体积重量。

500 个电风扇的体积重量=长×宽×高/5000=20×10×15×500/5000=300kg

第二步：计算 500 个电风扇的实际重量。

500×0.5=250kg

可见，体积重量大于实际重量，按体积重量 300kg 计算运费。

第三步：查找运费报价表计算总运费。

重量 300kg 普货空运费是 31 元/kg，因此 500 个电风扇的运费=普货空运单价×重量+由 4PX 代理清关费+提货费=31×300+300+2×300=10200 元。

第四步：计算单个产品运费。

每个电风扇的运费=10200/500=20.4 元。

举例 2：海运头程运费的计算方法。

湖州瑞丰电商公司打算整箱海运一批音箱到英国仓，每个音箱重 2.5kg，包装尺寸为 30cm×30cm×30cm，共 1000 个，某物流商的运费报价，如表 5-6 所示，请计算每个音箱的海运头程运费。

表 5-6　海运整箱报价单

运输方式	规格	英国仓（RMB/m^3）
海运 FCL	20GP	2400.00
	40GP	3600.00
	40HQ	3600.00
时效（工作日）		24~27 天

表 5-7　集装箱规格表

柜型	规格	长×宽×高（m）	配货毛重（t）	体积（m^3）
普通货柜	20GP	内：5.898×2.342×2.385 外：6.058×2.438×2.591	17.5	33.1 （正常装 28m^3）
	40GP	内：12.032×2.352×2.385 外：12.192×2.438×2.591	22	67.5 （正常装 56m^3）
高货柜	40HQ	内：12.032×2.352×2.69 外：12.192×2.438×2.896	22	76.2 （正常装 56m^3）

第一步：计算货物的尺码吨和重量吨。

尺码吨：1000×30cm×30cm×30cm＝27 运费吨

重量吨：1000×2.5kg＝2500kg＝2.5 运费吨

货物的运费吨大于尺码吨，按尺码吨计算运费。

第二步：结合集装箱的规格表（见表 5-7）选择合适的货柜报价。

根据集装箱规格表可知，货物使用 20 英尺的普通货柜。根据运费表，20 英尺的普通货柜的报价为 2400 元/m^3，则运费＝27×2400＝64800 元。

第三步：计算单个产品的运费。

每个音箱的运费＝64800/1000＝64.8 元。

（五）我国海外仓的政策和建设模式

2014 年以来，我国出台了一系列海外仓物流扶持政策，2014 年国务院发布的《关于支持外贸稳定增长的若干意见》等系列跨境电商政策文件提及了海外仓，鼓励跨境电商企业通过规范的海外仓等模式，融入跨境零售体系。商务部于 2015 年发布《“互联网+流通”行动计划》，推动建设 100 个电子商务海外仓。2016 年政府工作报告明确提出“扩大跨境电子商务试点，支持企业建设一批出口产品海外仓，促进外贸综合服务企业发展”。2020 年 4 月，国务院新设 46 个跨境电商综试区，支持共建共享海外仓。

目前我国海外仓的建设主要有 3 种模式：自建模式，由大卖家自己在海外市场建设仓库或由电商企业转型而来，其特点是便于物流管理，提高库存周转率，控制长期成本，利于树立品牌形象。与第三方合作模式，指跨境电商企业与第三方公司，采用租用或合作建设的形式，特点是可以降低电商企业运营风险和资产投入，第三方物流更具专业性，解决了跨境电商企业的后顾之忧。“一站式”配套服务模式，以海外仓为基础，为电商企业提供跨境物流整体解决方案的模式，特点是有更好的服务体验，提供完善的跨境电商供应链，对跨境物流具有引领作用。

知识链接

新型跨境物流模式

1. 边境仓

边境仓是一个衍生于海外仓的概念与跨境物流模式。边境仓与海外仓的区别在于仓库所处的地理位置不同。海外仓是建设在跨境电商交易主体卖方所在国家（地区）之外的仓库，边境仓则是建设在跨境电商交易主体买方所在国家（地区）或邻国（相邻地区）的仓库。边境仓具体指的是在商品输入国家（地区）的邻国（相邻地区）边境，租赁或建设仓库，预先将商品送达该仓库，通过跨境电子商务平台进行商品的陈列，浏览、下单、处理、支付及客服等一系列活动，通过线下物流直接从该仓库进行跨境物流运输与配送。

按照仓库所处地理位置的差异，边境仓可以分为绝对边境仓与相对边境仓两类。绝对边境仓设在交易主体卖方所在国家（地区）内，该仓库所在地与买方所在国家相邻。如中国在中俄边境的城市（如哈尔滨等）设立仓库对接与俄罗斯的跨境电子商务。相对边境仓指的是跨境电商交易主体所在国家（地区）不接壤，仓库设在交易主体买方所在国家（地区）的邻国（相邻地区）的边境城市，用于应对跨境电商交易所产生的跨境物流业务需求。如中国与巴西的跨境电商交易，在与巴西接壤的阿根廷、哥伦比亚、巴拉圭、秘鲁等国家的临近巴西的边境城市设立仓库。相对边境仓是一个相对的概念，对交易主体中买方所在国家（地区）而言属于边境仓范畴，对交易主体的卖方所在国家（地区）而言又归属于海外仓范畴。

边境仓可以规避海外仓的一些风险，是针对本国（地区）保护主义以及跨境电商业务发展而产生的一种新型跨境物流模式。一些国家（地区）政局不稳定、税收政策苛刻、货币贬值及境内通货膨胀等因素，刺激了边境仓的出现与发展，如乌克兰政治危机，阿富汗国内政局动荡，巴西限制外来企业以及严格的税收政策。边境仓在一些自由贸易区极具优势，如巴西因为本土保护主义及苛刻的税收政策，制约了跨境电商与跨境物流的发展，但是利用南美自由贸易协定的优势，可以在巴西的邻国建立边境仓，从而规避风险，推动巴西及南美跨境电商业务发展。

2. 保税区、自贸区物流

在跨境电商发展背景下，自贸区与保税区价值凸显，全球各国（地区）加快了自贸区与保税区建设的步伐，依托保税区或自贸区的物流服务，成为跨境电商市场中一种新兴的跨境物流模式。保税区或自贸区物流是指通过国际（地区间）货运预先将商品运至保税区或自贸区仓库，通过跨境电子商务平台进行商品陈列、下单、处理、支付等活动，当处理完网络订单后，通过线下的保税区或自贸区仓库实现商品的分拣、包装、发货和终端配送等物流活动。自贸区或保税区物流模式集规模化物流、集货物流、本地化物流优势于一身，缩短了物流时间，提高了物流时效，降低了物流成本，还可以享受保税区或自贸区的资源优势。保税区或自贸区物流可以享受保税区或自贸区的优惠政策与综合优势，主要体现在物流、通关、商检、收付汇、退税等方面，也简化了跨境电商与跨境物流烦琐的流程与手续。如亚马逊在上海自贸区建立了自贸区物流仓库，预先将商品送至自贺区物流仓库。消费者下单后，商品由自贸区物流仓库发出，能够实现集中化的国际（地区间）货运、通关与商检，既降低了跨境物流成本，也缩短了物流时间，提高了物流与配送时效。

3. 集货物流

基于互联网络的跨时空界限特性，跨境电商消费较分散，单笔订单量小，产品种类繁多。

在快速发展的跨境电商的影响下，出现了集货物流。集货物流模式可以降低高额的跨境物流成本。集货物流指先将商品运输到本地或当地的仓储中心或集散中心，当积累到一定数量或达到一定规模后，通过与国际（地区间）物流公司合作将商品运至境外的买家手中，或者将各地发来的商品先进行聚集，然后再批量配送。成立共同的跨境物流运营中心，利用规模优化与互补优势等理念，实现降低跨境物流成本的目的。例如，米兰网在广州与成都自建了仓储中心，商品在仓储中心聚集后，通过与国际（地区间）快递公司合作将商品送至境外买家手中。大龙湾在深圳建立了仓储中心，采取集中发货方式满足跨境物流需求，既提高了跨境物流的整体效率，又降低了跨境物流成本。虽然保税区或自贸区物流模式类似于集货物流模式，大致可以归属于集货物流范畴，但是集货物流又不等同于保税区或自贸区物流模式。集货物流不仅可以集中仓储再进行跨境电子商务活动，还可以先进行跨境电子商务活动再集中物流与配送。

4. 第三方物流

第三方物流指的是由交易主体以外的第三方承担物流功能，由第三方物流企业采取合同委托模式，承担交易产生的商品物流需求。在境内电商交易中，自建物流可视为第一方物流，如中国的京东商城、阿里巴巴菜鸟物流、海尔日日顺物流，境外的 Ulmart 自建物流、亚马逊物流、沃尔玛物流等。第二方物流由买家来承担物流功能。第三方物流则由专业的第三方物流公司来承担，如中国的“四通一达”等。在跨境电商中，流程与环境更加复杂，自建物流投入多，要求高，风险大，虽然个别跨境电商也在采取自建物流模式，如京东商城、洋码头等，但是基于资金、跨境物流的复杂性以及诸多风险与障碍，绝大多数跨境电商除使用国际（地区间）邮政小包与际（地区间）快递外，逐渐转向第三方物流模式，与万国邮政联盟体系、国际快递公司等合作，或者与专业第三方跨境物流公司合作。在跨境物流中，也会存在多种模式或多个第三方物流公司合作的现象。此外，还存在自建物流与第三方物流共存的现象。如兰亭集势不仅自建跨境物流体系，还与国际（地区间）跨境物流资源合作，将商品销往全球 170 多个国家或地区。大批海运公司、航运公司、陆运公司、多式联运公司、国际货代公司拥有丰富的国际贸易经验、境外运作经验、境外业务网点及国际化实践经验，都是跨境电商或跨境物流公司合作的潜在对象。顺丰物流与荷兰邮政合作，推出欧洲小包业务，实现了中国境内物流与目的国（地区）物流的衔接，缩短了物流周期，降低了物流成本。在巴西，FedEx 与 UPS 等快递公司业务量无法满足其国内市场的需求，它们集中在城市区域，偏远地区则依托于巴西邮政以及其旗下的 Sedex。

5. 第四方物流

在跨境电商发展的刺激下，跨境物流需求也驱动第四方物流应用于跨境电商市场。第四方物流是独立于交易主体双方以及专业第三方物流商之外的主体，承担商品物流与配送业务。具体指为商品交易的买卖双方、第三方提供物流咨询、物流规划、商品运输、物流信息系统、供应链管理等综合性活动的供应链集成商，通过管理自身资源以及外部可协调资料、能力与技术，提供综合性的、全面的供应链解决方案。

第四方物流强调供应链资源整合能力，通过其在整个供应链中的影响力与话语权，以解决物流需求为基础，整合各类内部及外部资源，实现物流信息共享及社会物流资源充分利用。伴随着跨境电商的发展与成熟，跨境物流更加复杂，服务已不再局限于商品跨境空间位移需求，会产生许多增值服务需求，随之涌现出大批第四方物流公司，为跨境电商市场提供更丰富的跨境物流服务。如兰亭集势在 2015 年 1 月 26 日宣布正式启动“兰亭智通”全球跨境物流开放平台，通过整合全球各地配送服务资源，提供开放比价竞价、全球智能物流路径优化、多种物流协同配送、自动打单跟单、大数据智能分析等综合性服务。Axado 与全球 150 多个物流公司通力合作，通过整合碎片化跨境物流市场，为需求方提供一揽子物流解决方案。递四方和出口易也属于第四方跨境物流公司范畴，整合全球物流服务资源，不仅能够提供专线物流服务，还可以提供购物车建站、货源分销、在线推广渠道管理软件服务、在线收付、全球物流与仓储等一站式综合服务项目，并逐渐涉足大数据、信息技术及金融增值服务等。

思政园地

中欧班列，联通中欧势头足

2021 年 7 月 14 日上午，汽笛鸣响，1291 次中欧班列满载着 50 个集装箱的货物从内蒙古二连浩特铁路口岸启程，发往波兰马拉舍维奇，这是今年以来从该口岸出入境的第 1342 趟中欧班列。“5 年来，中欧班列数量越来越多，我们的工作也一天比一天忙，虽然累，但是特别有成就感。”二连浩特铁路口岸负责中欧班列在国内最后一次解编组工作的调车长康鹏说。

线路越来越多，班次越来越密，覆盖城市越来越广……中欧班列统一品牌 5 年来，累计开行超 4 万列，合计货值超 2000 亿美元，打通了 73 条运行线路，通达欧洲 23 个国家的 168 个城市，为中外数万家企业带来了商机，为沿线数亿民众带来了实惠，彰显了作为国际公共产品的地位和作用。

成为互利共赢的桥梁纽带。“5 年来，中欧班列（郑州）年均增长率 45.5%，郑欧进口商店已经在全国开了 100 多家，进口商品达 630 种，年销售额 10 亿余元，带动贸易、包装广告、运输等产业链中小企业上万家，形成‘以运带贸、以贸促运’的产业互补良性发展格局。”河南省政府口岸办负责人介绍，自 2016 年以来，依托中欧班列，河南与“一带一路”沿线的白俄罗斯、德国、比利时等 17 个国家建立进口商品贸易合作关系，开展郑欧进口商品进县区、进社区巡展活动 492 场，有效助力了国内消费升级。

迎进来，也走出去。依托中欧班列，河南开行东方红拖拉机、信阳茶叶、南阳香菇、商丘棉花等定制合作班列，推动省内特色农贸产品走出国门。2020 年，河南进出口总值达 6654.8 亿元，同比增长 16.4%，高于全国增速 14.5 个百分点。

河南只是依托中欧班列实现互利共赢的一个缩影。国家发展改革委数据显示，中欧班列运送货物价值占中欧货物贸易的比重逐年提升，从 2015 年的 1%增至 2020 年的 7%。新冠肺炎疫情发生以来，中欧班列累计向欧洲发运 1199 万件、9.4 万吨防疫物资。

在四川成都，中欧班列综合重箱率增至 2020 年的 96.3%，货源品类从手机、电脑等电子产品扩大到衣服鞋帽、汽车及配件等 40 多个品类。

“依靠中欧班列，我们累计向波兰、德国、荷兰等国发运防疫物资总重量 2.5 万吨、货值约 3 亿美元。”成都国际铁路港党工委书记郑泉峰介绍，中欧班列与跨境电商平台、物流平台、保税平台、自贸试验区等融合发展，推动国外产品“走进来”，我国产品“走出去”。2020 年，四川对“一带一路”沿线国家和地区进出口额达 2454.9 亿元，同比增长 24%。

在河北石家庄，首趟直通德国的中欧班列（石家庄）于 2021 年 4 月开行，约 18 天便可由石家庄国际陆港到达德国汉堡。“河北进出口企业需求旺盛，石家庄物流集散能力在快速增强。”中国铁路北京局集团有限公司邯郸货运中心副主任苗建军说，2020 年石家庄国际陆港开行班列 105 列，比 2019 年提高了 7 倍多，“随着疏运能力和通关效能不断提升，中欧班列为进出口企业搭建了一个河北直达欧洲腹地市场的便捷通道。”

带动沿线经济快速发展。2021年2月3日，满载着49车面粉和食用油的X9020次中欧班列（西安）年货返程班列抵达西安。这是2021年从哈萨克斯坦开出后抵达西安的首趟中欧班列（西安）年货返程班列，也是爱菊集团“走出去”又“送回来”的优质农产品。

依托中欧班列，爱菊集团在哈萨克斯坦投资建厂，成为中哈产能合作的农业项目，并通过“订单农业”模式与当地农场主建立长期合作关系。集团又在阿拉山口建设综合保税区农产品物流加工园区，承载精深加工和分拨中转的功能，并在西安国际港务区建设农产品物流加工园区，初步构建了粮油种植、收储、加工、贸易和物流的“一条龙”体系。“借力中欧班列，我们能更好利用国内国际两个市场、两种资源。”爱菊粮油工业集团党委副书记、集团副总经理刘冬萌说。爱菊集团的成长只是中欧班列拉动效应的缩影。5年来，中欧班列促进了口岸经济、枢纽经济的繁荣发展，为内陆城市对外开放拓展了新空间，同时也加速了要素资源跨国流通，降低了企业生产成本，提升了产品国际竞争力。

中欧班列“提速”口岸建设，促进了枢纽经济高质量发展。截至2021年6月底，经新疆霍尔果斯、阿拉山口口岸过境的中欧班列累计达21691列，占全国开行总量的一半以上。稳定的运行能力，离不开高质量口岸的建设。“十三五”以来，霍尔果斯铁路口岸累计投入8.8亿元，实施了新增换装线、铁路专用线及完善查验设施等项目，日交接车能力提升至26列；阿拉山口铁路口岸累计投入6.1亿元，建设了粮食专用线、室内换装线等项目，日交接车能力提升至30列。班列运行的“物理堵点”得到逐步缓解，更促进了跨境电商业务的发展。据了解，截至2021年6月底，阿拉山口口岸累计出口跨境电商包裹1880.69万件，已逐渐发展为口岸跨境电商集散中心。

中欧班列“聚拢”产业集群，助力内陆城市对外开放。借力中欧班列，重庆先后获批了国家铁路一类口岸、进口整车口岸、首次药品进口口岸等。博世、保时捷、LG、达能奶粉等重点企业纷纷在渝建立进口整车、液晶面板、进口奶粉等货值百亿级的保税分拨中心。“重庆汽车整车进口口岸的设立，带动长安、东风等品牌汽车整车及零部件出口，促进了重庆乃至西部汽车产业集群的发展壮大，开启了中国西部内陆整车进口新篇章，”董建国说，“中欧班列助推重庆由长江上游航运中心转变为内陆国际物流枢纽，从内陆城市逐步走向开放前沿。”

加强国际合作，坚持共商共建共享原则，中欧班列必将在构建新发展格局、推动高质量发展中发挥更重要作用，迎来更重大的发展机遇。

（资料来源：人民日报，2021-07-26）

任务实训

跨境物流运费计算

一、实训目的

了解不同跨境电商物流运费的收费标准，掌握不同重量、不同体积、不同配送目的国或地区的包裹运费计算方法，并能正确计算不同物流模式下的跨境物流运费。

二、实训内容和步骤

（一）中邮挂号小包运费计算

一票到俄罗斯的货物，重469g，体积为25cm×30cm×30cm，价值18美元，请计算该包裹的中邮挂号小包的运费。中国邮政挂号小包报价单如表 5-3 所示。

实训提示：

（1）物流方式为中邮挂号小包，包裹重 469g，该客户所在国为俄罗斯。

（2）按照中邮挂号小包运费报价计算该包裹的跨境物流运费。

实训步骤：

（1）查询中邮挂号小包俄罗斯运费表。由表可知，包裹重量在 300～2000g 的报价为：配送费 52.5 元/kg，挂号服务费为 21.5/单。

（2）根据所学计算该包裹的运费。

（二）国际 EMS 的运费计算

一票到日本的货物，重 3500g，体积为 45cm×30cm×30cm，价值 38 美元，请计算该包裹的国际 EMS 运费（货代给 34 折）。国际 EMS 的运费报价详见其官网。

实训提示：

（1）物流方式为国际 EMS，包裹重 3500g，运送至日本。

（2）按照国际 EMS 运费报价和货代给的折扣，计算该包裹的跨境物流运费。

实训步骤：

（1）查询国际 EMS 到日本的运费价格表。

由表可知，运至日本的物品报价为：首重 500g 为 180 元，续重每 500g 为 40 元。

（2）计算包裹的体积重并与实际重比较，取大者。根据重量计算产品续重，不满 500g 按 500g 计算。

（3）结合所学计算该包裹的 EMS 运费。

（三）DHL 的运费计算

一票到西班牙的货物，重 2.7kg，体积为 45cm×30cm×40cm，价值 40 美元，请计算该包裹的 DHL 运费（货代给 7 折）。DHL 运费报价详见其官网。

实训提示：

（1）物流方式为 DHL，包裹重 2.7kg，运送至西班牙。

（2）按照 DHL 运费报价和货代给的折扣，计算该包裹的跨境物流运费。

实训步骤：

（1）根据包裹体积，计算并比较体积重和实际重，取较大者。

（2）根据包裹重量查询包裹到西班牙的运费。

同步测试

一、单项选择题

1. 一票到俄罗斯的货物，价值 5 美元，重 100g，体积为 20cm×30cm×30cm，若该包裹用中邮平常小包寄送，其运费为（　　）。（平常小包到俄罗斯的报价为：首重 30g6.39 元，高出 30g 按 66.71 元/kg 计算）

   A. 4.67　　B. 11.06　　C. 6.39　　D. 6.67

2. 一票到澳大利亚的货物，价值 10 美元，重 88g，体积 20cm×30cm×30cm，若用燕文航空挂号小包运送，其运费为（　　）。（燕文航空挂号小包到澳大利亚的运费报价为：配送服务费：55.10RMB/kg，服务费：16.2RMB/包裹）

A. 4.85　　B. 21.05　　C. 165.3　　D. 181.5

3. (　　) 是全球覆盖面最广的物流渠道。

A. 邮政物流　　B. 海外仓物流　　C. 国际商业快递　　D. 国际专线物流

4. 中国邮政航空小包是指包裹重量在（　　）kg 以内，外包装长宽高之和小于 90 厘米，且最长边小于 60 厘米，通过邮政空邮服务寄往国外的小邮包。

A. 0.5　　B. 1　　C. 2　　D. 30

5. UPS 体积重量计算公式正确的是（　　）。

A. 长×宽×高/3000　　B. 长×宽×高/5000

C. 长×宽×高/6000　　D. 长×宽×高/8000

二、多项选择题

1. 下列哪些快递属于国际商业快递（　　）。

A. FedEx　　B. DHL　　C. EMS　　D. UPS

2. 中国邮政的国际物流产品主要有（　　）等。

A. 邮政大包　　B. 邮政小包　　C. e 邮宝　　D. e 速宝

3. 下列关于海外仓的劣势说法正确的是（　　）。

A. 适合一些特别定制的创意产品　　B. 对卖家有一定库存量的要求

C. 需要支付海外的仓储费用　　D. 仓储成本不同国家也不同

4. 跨境专线物流体现在“专”上的优点有（　　）。

A. 价格比商业快递低　　B. 速度快于邮政小包

C. 丢包率低　　D. 有效规避通关及商检风险

5. FedEx 禁寄物品有（　　）。

A. 涉及知识产权货物

B. 电源插座

C. 各寄达国（地区）禁止寄递进口的物品

D. 任何全部或部分含有液体、粉末、颗粒状、化工品、易燃、易爆违禁品

三、判断题

1. 国际 e 邮宝针对俄罗斯和乌克兰的运单首重为 10g。（　　）

2. 中国邮政平常小包+国内段邮件丢失或损毁由揽收服务商提供赔偿。（　　）

3. 中国邮政小包可以寄送各类带电产品。（　　）

4. DHL 寄送到西欧、北美有优势，适宜走小件，时效快，一般 2~4 个工作日可送达。（　　）

5. 在 UPS 运单上，UPS Worldwide Express plus、UPS Worldwide Express、UPS Worldwide Saver 都用红色标记，UPS Worldwide Expedited 用蓝色标记，但通常所说的红单是指 UPS Worldwide Express。（　　）

四、案例分析题

海外仓案例分析

福州瀚海主营特色小家具，产品为可自由组合形状的柜子和台子等，该类产品非常符合欧美人钟爱的 DIY。欧美人经常会有搬迁需求，需要便携拆装的生活用品。目前已有 10 多年的传统贸易经验。近年来，瀚海发现传统贸易的局限在于只能批量出口给目标国家的进口商，赚

取一些批发利润和获得一些出口退税。进口商却在当地进行高附加值的零售。久而久之，瀚海开始思量独立进行海外市场的零售业务。瀚海雷厉风行，短短一年时间就在亚马逊、eBay、速卖通等平台搭起了店铺，还自建了平台官网。受到了许多终端买家的关注，随之有了销售订单。然而一单单从国内进行直接派送，面临着瓶颈。

首先，家具属于出口需要商检产品，以前传统贸易整柜出口批量进行商检，而现在单件跨国件，单个商检的流程烦琐，耗时耗力。其次，每一票从国内直发海外的时效过长，经常引起客户抱怨，终端客户认为不如购买本国当地商家的产品更方便，至少时效更快。再次，到达目标国家后，如果清关产生关税，经常会寻找收件人进行支付，这使终端客户颇有意见。最后，万一遇到买家需要退货的案例，变得非常麻烦，好不容易运到国外，又要退回国内，还要重新发给客户，来回共计 3 次跨国运输，经历 6 次海关洗礼。

基于以上种种问题，海外直销之路走得并不顺畅。但携手“斑马海外仓”后，客户就得到了一套完善的跨境物流解决方案。首先，使用头程批量海运出口方式直发斑马海外仓，由于批次出口统一进行了商检，解决了商检烦琐等问题，并且也获得了原本传统贸易的出口退税（单件跨国快递件不能获得国内出口退税）。其次，商品存储于各国海外仓，一旦有订单，直接从当地仓库发给买家，比原本国内直发大大缩减了时间，并且进口关税已在头程端进行了处理。故终端买家不会再遇到被要求先付关税后拿货的情况，等同于和当地的同行站在了同一起跑线上。最后，退货服务也可以做得有声有色。终端买家不需要的商品可以退回海外仓，重新从海外仓发出一个买家需要的商品，而这个买家所不需要的商品依然可以重新进行销售，卖给其他买家，完全没有物流和清关的压力。

近两年来瀚海与斑马紧密合作，目前各地仓库都有大量的库存（国内仓库也不需要布置库存，变相减少了国内的成本支出）。斑马美西仓和美东仓的库存可辐射全美市场。由于美国购买力较强的市场区域主要在东西两线，故两边仓库的库存哪一边离终端买家更近，就从哪里发货；德国仓的库存可以辐射全欧盟市场；澳大利亚仓的库存可以辐射整个澳新市场。通过电商物流和跨境电商的完美配合，海外仓模式和海外零售业务有机结合，打造出了规模庞大的出口商——瀚海。

（资料来源：https://bbs.fobshanghai.com/thread-8036380-1-1.html）

请根据以上案例回答下列问题。

1. 福州瀚海公司在开展海外市场的零售业务时，遇到了哪些问题？如何解决的？
2. 请结合上述案例，简述海外仓的优劣势。

任务三 主流跨境电商平台的物流方式

对于跨境电商卖家来说，物流是一项占很大的支出，这是因为快件走的都是国际物流，而且物流非常容易引发争端和投诉。为确保卖家可以放心地在平台上经营，帮助卖家降低物流不可控因素，主流跨境电商平台都纷纷推出了自建物流方式，如亚马逊平台的 FBA 物流、全球速卖通平台的 AliExpress 无忧物流、eBay 平台的 SpeedPAK、Wish 平台的 Express 物流。跨境电商平台自建物流方式为卖家提供了包括稳定的国内揽收、国际配送、物流详情追踪、物流纠纷处理、售后赔付在内的“一站式”物流解决方案。

任务描述

小雯了解了跨境电商物流模式，学会了计算物流运费，并了解到主流跨境电商平台都纷纷建立了自己的物流方式。接下来，需要了解各大跨境电商平台自建物流的特点、服务类型、计费标准等，并结合产品的具体情况，与邮政物流、商业快递、专线物流和海外仓物流做一个对比，为店铺产品选择合适的物流方式。

任务分析

小雯想要将主流跨境电商平台的自建物流与邮政物流、商业快递、专线物流和海外仓物流等进行对比，就需要了解平台自建物流的配送服务范围、计费标准、重量尺寸限制、禁运产品范围、运输时效和售后服务等，然后结合店铺产品特征选择合适的物流方式出运。

相关知识

一、亚马逊的 FBA 物流

亚马逊物流，即 Fulfillment by Amazon，FBA，是指亚马逊提供的仓储及代发货服务。2007 年，亚马逊引入 FBA，即卖家把自己在亚马逊上销售的产品直接送到亚马逊当地的仓库中，客户下订单后，亚马逊提供拣货打包、配送、收款、客服、退货处理一条龙物流服务，并收取一定的费用。简单来说，亚马逊 FBA 就相当于亚马逊官方的海外仓。自投入使用以来，FBA 一直被誉为亚马逊最有保障的物流服务体系。

（一）亚马逊 FBA 的服务流程

FBA 是由亚马逊提供的包括仓储、拣货、打包、派送、收款、客服与退货处理的一条龙式物流服务，其服务主要包括 5 个流程，其主要包括发送货物（卖家通过 FBA 头程运输服务商将货物发送到亚马逊海外仓库）、接收并储存（亚马逊仓储接收并编录卖家货物信息）、买家下单、分拣打包产品（亚马逊利用先进的系统分拣、打包客户订单）、配送及跟踪服务（亚马逊使用买家选择的物流商配送产品，并为买家提供订单跟踪信息）。值得注意的是，亚马逊 FBA 是只在当地提供仓储和配送服务，所以一些国内卖家如果想将商品运往国外当地的 FBA 仓库的话，还需要另外借助 FBA 头程服务。

（二）亚马逊 FBA 的优劣势

作为一个全程的物流，FBA 具有自身的优点和缺点。优点表现在：提高 Listing 排名和客户的信任度，帮助卖家成为特色卖家和抢夺购物车，提升销售额；物流经验丰富，仓储遍布全球，管理智能化；仓库大多靠近机场，配送速度快；拥有亚马逊专业客服，帮助卖家减轻客服压力；由 FBA 引起的中差评符合亚马逊中移除中差评的政策，有助于改善账户表现；对于单价超过 $ 300 的产品可免运费。

但亚马逊物流也存在一些缺点，比如：费用偏高（尤其是非亚马逊平台的 FBA 发货）；灵活性差，其他第三方海外仓可以有中文客服处理一些问题，而 FBA 只能用英文与客户沟通，且邮件回复通常不太及时；清关不便，FBA 仓库不为卖家的头程发货提供清关服务；入库风险，如果前期工作没有做好，标签扫描出现问题会对货物入库造成影响，甚至无法入库；退货受限，使用美国站点的 FBA，退货只支持美国地区等。

（三）亚马逊 FBA 费用构成

一般而言，亚马逊 FBA 费用包括订单配送费、移除订单费、退货处理费、库存仓储费、计划外服务费 5 个部分。

订单配送费取决于商品包装后的净重量和规格。商品的分类、尺寸和重量不同，收费标准也不同。标准尺寸商品的配送费报价表，如表 5-8 所示。

表 5-8 亚马逊物流标准尺寸商品的配送费报价表

商品尺寸类型	配送费用	
	非服装类商品	服装类商品
小号标准尺寸（不超过 10 盎司）	$2.5	$2.92
小号标准尺寸［10~16 盎司（不含 10 盎司）］	$2.63	$3.11
大号标准尺寸（不超过 10 盎司）	$3.31	$3.70
大号标准尺寸［10~16 盎司（不含 10 盎司）］	$3.48	$3.81
大号标准尺寸［1~2 磅（不含 1 磅）］	$4.90	$5.35
大号标准尺寸［2~3 磅（不含 2 磅）］	$5.42	$5.95
大号标准尺寸［3~21 磅（不含 3 磅）］	$5.42+$0.38/磅（超出首重 3 磅的部分）	$5.95+$0.38/磅（超出首重 3 磅的部分）

我们可以看到，相同尺寸下，服装类商品配送费高于非服装类商品。亚马逊物流大件商品配送费报价表，如表 5-9 所示，该配送费用适用于核心亚马逊物流商品和服装商品。

表 5-9 亚马逊物流大件商品配送费报价表

	小号大件 不超过 71 磅	中号大件 不超过 151 磅	大号大件 不超过 151 磅	特殊大件
配送费用	$8.26+$0.38/磅（超出首重 2 磅的部分）	$11.37+$0.39/磅（超出首重 2 磅的部分）	$75.78+$0.79/磅（超出首重 90 磅的部分）	$137.32+$0.91/磅（超出首重 90 磅的部分）

移除订单费用是卖家让亚马逊退还或弃置储存在其运营中心库存而收取的费用。移除费用按移除的每件商品收取。通常情况下，移除订单会在 14 个工作日内处理完毕。但是，在节假日和移除高峰期，处理移除订单可能需要 30 个工作日或更长时间。亚马逊物流移除和弃置订单费用，如表 5-10 所示。每件商品的尺寸和重量不同，收取的移除或弃置费用不同。

表 5-10 亚马逊物流移除和弃置订单费用

尺寸分段	发货重量	每件商品的移除/弃置费用
标准尺寸	0~0.5 磅	$0.25
	0.5~1.0 磅	$0.30
	1.0~2.0 磅	$0.35
	超过 2 磅	$0.40+0.20/磅（超出首重 2 磅的部分）

续 表

尺寸分段	发货重量	每件商品的移除/弃置费用
大件商品和需要进行特殊处理的商品	0~1.0 磅	$0.60
	1.0~2.0 磅	$0.70
	2.0~4.0 磅	$0.90
	4.0~10.0 磅	$1.45
	超过 10.0 磅	$1.90+$0.20/磅（超出首重 10 磅的部分）

退货处理费是在亚马逊平台出售且属于为其提供免费退货配送分类的买家退货商品收取的退货处理费，这些分类包括服饰、钟表、珠宝首饰、鞋靴、手提包、太阳镜和箱包。比如，一件手提包，出库配送重量为 1 磅且亚马逊物流配送费用为 3.19 美元。如果买家决定退回该商品，则卖家需要支付 3.19 美元的退货处理费。

库存仓储费有两种形式，即月度库存仓储费和长期库存仓储费。月度库存仓储费是卖家储存在亚马逊运营中心的所有商品，亚马逊将根据日历月和日均库存量收取仓储费。一般会在每月的 7~15 日之间收取上个月的月度库存仓储费。费用因商品尺寸分段和一年中的不同时间而异。非危险品的月度库存仓储费收费按仓库淡旺季收费标准不同。1~9 月为淡季，标准尺寸每立方英尺 0.75 美元，大件每立方英尺 0.48 美元；10~12 月为旺季，收取的月度库存仓储费较高。标准尺寸每立方英尺 2.4 美元，大件每立方英尺 1.2 美元。

除月度仓储费外，亚马逊还会对亚马逊运营中心的库存收取长期仓储费。对在美国运营中心存放 365 天以上的库存收取长期仓储费。按每立方英尺 $6.90 或每件商品 $0.15 的标准（以较大值为准）。

计划外服务费用是货物抵达亚马逊运营中心后亚马逊对提供的适当的预处理或贴标服务所收取的费用。

进行亚马逊平台运营的成本核算可以借助亚马逊成本利润计算器。亚马逊成本利润计算器网址：https://www.amz123.com/tools-chengbenlirun。

二、AliExpress 的无忧物流

为确保卖家可以放心在速卖通平台经营，帮助卖家降低物流不可控因素的影响，2015 年 9 月阿里巴巴集团全球速卖通及菜鸟网络联合推出“AliExpress 无忧物流”服务，为卖家提供集稳定的国内揽收、国际配送、物流详情追踪、物流纠纷处理、售后赔付的“一站式”物流解决方案，降低物流因不可控因素对卖家造成的影响。

目前，AliExpress 无忧物流提供的物流方案类型包括简易服务、标准服务和优先服务，都是通过菜鸟网络与多家优质物流服务商合作搭建的全球物流网络进行配送，菜鸟智能分单系统会根据目的地、商品品类和重量选择最优的物流方案。

（一）AliExpress 无忧物流—简易服务

AliExpress 无忧物流—简易服务（AliExpress Saver Shipping），是专门针对速卖通卖家的小包货物推出的简易类物流服务，由平台承担售后和赔付，正常情况下的时效为 30 天左右。该服务涉及俄罗斯、英国等 28 个欧洲国家或地区。其物流运费根据包裹重量按克计费，1g 起重，每个单件包裹限重在 2000g 以内（西班牙单件包裹限重在 500g 以内），适用订单成交金额在 5~8 美元的小包货物。

承诺运达时间60天，因物流原因导致的纠纷退款由平台承担。赔付上限：俄罗斯、白俄罗斯、乌克兰35元人民币；西班牙70元人民币；智利、英国、波兰、比利时、德国、荷兰、捷克、葡萄牙、法国、斯洛伐克、匈牙利、罗马尼亚、保加利亚、希腊、芬兰、丹麦、奥地利、斯洛文尼亚、克罗地亚、塞浦路斯、瑞典、爱尔兰、马耳他、卢森堡60元人民币，具体报价请登录速卖通卖家后台下载。

（二）AliExpress 无忧物流—标准服务

AliExpress 无忧物流—标准服务（AliExpress Standard Shipping），是菜鸟网络与优质物流商合作，搭建覆盖全球的物流配送服务，可配送至全球200多个国家或地区。通过领先业内的智能分单系统，根据目的国、品类、重量等因素，匹配出最佳物流方案，核心国家预估时效16~35天。巴西承诺运达时间90天，其他国家承诺运达时间60天。

计费方式：小包1g起重，按克计费。大包，实际重量与体积重取大值计重，体积重（kg）=长（cm）×宽（cm）×高（cm）/8000；欧盟25国1g起重，按g计费；其余国家，0.5kg起重，每500g计费。小包普货、小包非普货及大包计费标准不同，部分国家不支持寄送大包货物。小包标准：包裹申报重量≤2kg，且包裹实际重量≤2kg，且包裹单边长度≤60cm，且包裹长+宽+高≤90cm；大包标准：包裹申报重量>2kg，或包裹实际重量>2kg，或包裹单边长度>60cm，或包裹长+宽+高>90cm，具体报价请登录速卖通卖家后台下载。

（三）AliExpress 无忧物流—优先服务

AliExpress 无忧物流—优先服务（AliExpress Premium Shipping）是菜鸟网络推出的优质物流服务，为速卖通卖家提供国内揽收、国际配送、物流详情追踪、物流纠纷处理，售后赔付“一站式”的物流解决方案。可配送至全球176个国家及地区。

计费方式：俄罗斯：首重100g，续重100g，最大支持到30kg，以实际重量计费（不收取燃油费）。俄罗斯以外其他国家及地区：30kg及以下，首重500g，续重500g；30~70kg按千克计费。俄罗斯以外其他国家，以体积重和实际重量的较大者为计费重，体积重量（kg）=长（cm）×宽（cm）×高（cm）/5000，计算后的单位为kg（此报价不含燃油费，燃油费另外收取），具体报价请登录速卖通卖家后台下载。

三、eBay 的 SpeedPAK 物流

SpeedPAK包裹服务是eBay联合物流战略合作伙伴橙联股份有限公司共同打造，以eBay平台物流政策为基础，为eBay大中华区跨境出口电商卖家量身定制的直发物流解决方案。本服务通过匹配平台物流政策，提供包含中国境内185个城市上门揽收、目的地预分拣、出口报关、国际运输、进口清关、终端配送及物流轨迹追踪等端到端的整体服务。旨在以提供优质稳定的物流服务，帮助卖家降低物流管理成本，提高物流派送时效，提升买家平台购买体验。卖家在eBay eDIS物流平台（网址：www. edisebay. com）下单，产品从揽收到完成派送平均时效8~12个工作日，

（一）SpeedPAK 的物流方案类型

1. SpeedPAK 标准型服务

SpeedPAK标准型服务（Standard Shipping）已实现北美、欧洲、大洋洲的多方位覆盖，可送达的目的地包括美国、德国、法国、澳大利亚、以色列、新西兰等22个国家或地区。SpeedPAK标准型服务提供端到端全程追踪服务，平均物流时效为8~12个工作日，其服务信息如表

5-11 所示。

表 5-11 SpeedPAK 标准型服务信息一览表

运送范围	计费方式	重量限制	包裹尺寸限制	订单金额限制	是否接受带电
美国	50g 起重 以 1g 计费	31.5kg 以内	最长边≤66cm， 长+（宽+高）×2≤274cm	≤800 美元	Y（不接受纯电）
德国、法国、西班牙、意大利、奥地利、比利时、瑞士、捷克、丹麦、匈牙利、爱尔兰、荷兰、波兰、葡萄牙、俄罗斯、瑞典	以 1g 计费	2kg 以内	最长边≤60cm， 长+宽+高≤90cm	≤1000 欧元	N
英国	以 1g 计费	10kg	最长边≤60cm， 长+宽+高≤90cm	≤900 英镑	N
澳大利亚	50g 起重 以 1g 计费	30kg	宽+高≤70cm， 最长边≤105cm， 体积≤0.25m^3	≤1000 澳元	N
加拿大	50g 起重 以 1g 计费	30kg	最长边≤200cm， 长+（宽+高）×2≤300cm	≤20 加币	N
以色列	50g 起重 以 1g 计费	20kg	最小尺寸：14×9×1cm； 最大尺寸：120×60×60cm， 长+周长（长+2×宽+2×高）<200cm	≤75 美元	N
新西兰	50g 起重 以 1g 计费	30kg	最长边≤150cm， 包裹体积≤0.123m^3	≤400 新西兰币	N

2. SpeedPAK 经济型服务

SpeedPAK 经济型服务（Economy Shipping）可到达英国、德国、澳大利亚、加拿大等 49 个国家或地区（见表 5-12）。SpeedPAK 经济型服务提供到目的地入境半程追踪的服务，无尾程妥投信息。平均物流时效为 10~15 个工作日。

表 5-12 SpeedPAK 经济型服务信息一览表

运送范围	计费方式	重量限制	包裹尺寸限制	订单金额限制	物流时效	是否接受带电
英国	以 1g 计费	≤2kg	最长边≤60cm， 长+宽+高≤90cm	≤900 英镑	10~15 工作日	N
英国经济轻小件	以 1g 计费	≤750g	长≤35.3cm， 宽≤25cm， 厚≤2.5cm	≤900 英镑	10~15 工作日	N
德国	以 1g 计费	≤2kg	最长边≤60cm， 长+宽+高≤90cm	≤1000 欧元	10~15 工作日	N

续表

运送范围	计费方式	重量限制	包裹尺寸限制	订单金额限制	物流时效	是否接受带电
德国经济轻小件	以1g计费	≤1000g	长≤35.3cm，宽≤25cm，厚≤5cm	≤22欧元	10~15工作日	N
法国、意大利、西班牙、奥地利、比利时、克罗地亚、捷克、丹麦、芬兰、希腊、匈牙利、爱尔兰、荷兰、挪威、波兰、葡萄牙、俄罗斯、斯洛伐克、斯洛文尼亚、瑞典、瑞士、土耳其、乌克兰、安道尔、阿尔巴尼亚、波黑、保加利亚、白俄罗斯、塞浦路斯、爱沙尼亚、法罗群岛、冰岛、列支敦士登、立陶宛、卢森堡、拉脱维亚、摩纳哥、塞尔维亚、圣马力诺、罗马尼亚、马耳他、摩尔多瓦、黑山、马其顿	以1g计费	≤2kg	最长边≤60cm，长+宽+高≤90cm	≤1000欧元	10~15工作日	N
澳大利亚	以1g计费	≤22kg	最长边≤105cm，宽+高≤70cm，包裹体积≤0.25m^3	≤1000澳元	10~15工作日	N
澳大利亚经济轻小件	以1g计费	≤250g	长≤36cm，宽≤26cm，厚≤2cm	≤1000澳元	10~15工作日	N
新西兰	以1g计费	≤3kg	长≤39.5cm，宽≤45.5cm，厚≤7cm	≤400新西兰币	10~15工作日	N
加拿大	以1g计费	≤2kg	最长边≤60cm，长+宽+高≤90cm	≤20加币	10~15工作日	N

（二）产品优势

政策支持：SpeedPAK以eBay平台政策为基础，推出高度契合eBay平台政策的物流服务。服务稳定：大数据智能监控物流服务质量，建立预警机制，保障全年服务稳定。透明跟踪：eDIS平台提供全程物流轨迹，自动同步至eBay主站，买卖双方可实时掌握货物运输进度。

（三）禁寄物品

以下类别物品SpeedPAK无法提供服务，如因提交该类违禁品等导致的相关费用以及法律责任，由寄件人自行承担。禁运物品包括：药品、粉末、液体、纯锂电池、内置电池、配套电池商品、刀具、危险品、烟酒、现金及有价证券、侵权产品等。

（四）计费标准

以实际核实重量计费，单件包裹60克起重，以克计费；包裹体积重量高于实际重量30%

以上的过抛货物将按照体积重量计费，体积重量（kg）= 长（cm）×宽（cm）×高（cm）/5000，计算后的单位为 kg。

（五）重量尺寸限制

包裹限重：单件包裹不超过 31.5kg。

尺寸限制：单边长不超过 66cm，周长不超过 274cm，其中周长 = 长+（宽+高）×2。

知识链接

跨境电商综合服务平台——阿里巴巴一达通

阿里巴巴一达通，是阿里巴巴旗下外贸综合服务平台，也是专门服务于中小微企业的外贸综合服务行业的开拓者和领军者，通过线上化操作及建立有效的信用数据系统，一达通一直致力于持续地推动传统外贸模式的革新，为中小企业提供专业、低成本的通关、外汇、退税及配套的物流和金融服务。目前，一达通是中国国内进出口额排名第一的外贸综合服务平台，也是全球领先的数智化跨境供应链服务平台。该平台累计出口金额超过 1000 亿美元，覆盖全球 190 多个国家或地区，服务买家数超 1000 万家，服务卖家数约 15 万家。

一、外贸综合服务

一达通提供"一站式"外贸综合服务，产品包括基础服务和增值服务。基础服务有两种形式：一种是出口综合服务"3+N"，"3"指代通关、外汇和退税服务；另一种是出口代理服务"2+N"，"2"指代通关和外汇服务。

（一）基础服务

1. 智能的通关服务

链路可视，报关数据状态全程可视跟踪，覆盖 300+口岸；智能高效，AI 智能秒归类、订单管理等"一站式"数智申报工具；极致服务，专业团队，优质服务商提供 7×24 小时便利贴心服务；便捷通关，享受 AEO 认证企业口岸通关优惠待遇。

2. 便捷的结汇服务

高效率，专属子账户收款，时效 T+0（本地 TT），提现资金秒到账；成本低；付款手续费 1 本币（本地 TT），结算费率 0 元（人民币对公）；汇率好，结汇方式多元，价格有保障，锁汇保规避汇率波动风险；资质优，享监管银行最优资质，国际收支秒申报，核查率低。

3. "一站式"税务服务

专业沉淀，19 年退税经验，子公司覆盖 11 个省市，50 多个税务局；便捷退税，满足条件，最快当天即可垫付退税款；降本增效，超低融资成本、简化监管侧沟通、降低企业高频用工成本；财税服务，40+本地服务商；服务可视；专属客服受理咨询和争议。

表 5-13　阿里巴巴一达通的出口综合服务与出口代理服务对照表

项目	出口综合服务	出口代理服务
基础服务	通关、外汇、退税	通关、外汇
准入条件	（1）出口产品非一达通出口综合服务禁止操作产品； （2）口产品开票人须为生产型一般纳税人企业且满足特定要求。如浙江省企业需符合一般纳税人工厂资质，具备出口产品的生产线，具备最后加工的环节。且开票人须为一般纳税人且一般纳税人认定时间需满 6 个月。	（1）出口产品非一达通出口代理服务禁止操作产品； （2）企业须具有《出口退（免）税资格认定》。

续 表

项目	出口综合服务	出口代理服务
税务操作	一达通代为退税	(1) 客户办理:《委托出口货物证明》; (2) 一达通办理:《代理出口货物证明》; (3) 客户自行进行退 (免) 税申报。
垫付退税条件	同时满足下述3个条件后，在3工作日内，一达通可先行垫付退税金额给实际开票方: (1) 外汇款收齐; (2) 若为我司报关，报关放行即可；若为客户自行报关，则结关状态为已结关; 备注：实施启运港退税政策的出口货物仍需提供纸质出口货物报关单证明联 (出口退税专用); 主要为以下8个港口：南京市龙潭港、苏州市太仓港、连云港市连云港港、芜湖市朱家桥港、九江市城西港、岳阳市城陵矶港、青岛前湾港、武汉市阳逻港。 (3) 增值税发票核票无误	——
外贸服务补贴	(1) 自助下单：出口1美元补贴3分人民币; (2) 人工下单：出口1美元补贴2分人民币。	(1) 自助下单：出口1美元补贴1分人民币; (2) 人工下单：无补贴。

(二) 增值服务

1. 金融服务

(1) 网商流水贷。网商流水贷面向使用一达通出口基础服务的用户，由阿里巴巴联合多家银行共同推出。它以一达通外贸综合服务平台的用户出口数据为授信依据，零抵押，零担保，简化了传统线下的复杂授信调查，申请人只要同时满足是企业法定代表人或个体工商户负责人，企业工商注册时间满半年，是阿里巴巴国际站付费会员或一达通会员3个条件便可申请网商流水贷。

(2) 超级信用证。由阿里巴巴专家团队审证、制单、交单，规避信用证软条款和不符点，同时对开证国家和银行做风险资质专业评估，全面把控风险。出货后，用户还可申请100%买断服务，将风险转让给阿里巴巴，提前收汇。

(3) 备货融资。备货融资是阿里巴巴联合网商银行推出的基于信用保障订单的低息短期贷款服务，可以满足出口商解决备货期间的生产、采购资金需求，提高企业接单能力。用户在信用保障订单收齐预付款 (或收到信用证正本) 后即可申请放款，且支持企业个人账户收还款。

2. 物流服务

一达通可以完成全国各口岸海关、商检的申报。它具有海关顶级资质，享受绿色通关通道，提供跨境物流服务、海运整柜和拼箱、跨境快递仓到仓和门到门服务、集港拖车等服务。一达通可实现在线查询船期、订舱操作，费用透明。

二、"一拍档"服务

"一拍档"即"一达通"的拍档，是阿里巴巴一达通基于外贸综合服务平台，为完善外贸服务生态探索的新模式。该模式旨在引入外贸生态链条上的各类第三方服务企业（如货代、外贸进出口代理、报关行、财税公司等）成为阿里巴巴一达通紧密的合作伙伴，为一达通客户提供本地化、贴身化、个性化的低成本出口配套服务，是当地的外贸综合服务中心。

"一拍档"的服务范围包括为用户提供使用一达通出口通关、结汇、退税、金融、物流等服务的相关咨询及制单、下单、跟单等外贸服务，同时，在这些过程中合作伙伴可根据自己的业务优势提供配套的物流定制、指导办理商检等个性化定制服务，为用户提供更加系统的外贸服务。

一达通的咨询及实际操作由"一拍档"承接，用户需要线上绑定"一拍档"并线上确认服务费，具体费用线下用户自行结算给"一拍档"。若用户需要代开服务费发票，则"一拍档"应根据其在外贸服务市场的发票说明向用户开具。

"一拍档"服务协助解决用户对阿里巴巴产品的问题（如一达通"3+N"、CGS、网商流水贷、P4P等），一达通运营顾问和用户经理也协助"一拍档"解决同类问题。"一拍档"服务自营模式下的代理服务方式保持不变，但发票抬头和收款账号统一换成一达通。

任务实训

撰写 WishPost 跨境物流解决方案报告

一、实训目的

了解 Wish 跨境电商平台 WishPost（Wish 邮）物流国内揽收、国际配送、物流详情追踪、物流纠纷处理、售后赔付在内的一站式物流解决方案。

二、实训内容

围绕 Wish 邮使用方法、Wish 邮资费情况、Wish 邮结算、Wish 邮后台服务商选择、Uni-Freight 联运服务、Uni-Inventory 联仓服务等方面，结合 Wish 邮物流国内揽收、国际配送、物流详情追踪、物流纠纷处理、售后赔付方式等撰写 WishPost 跨境物流解决方案报告。

实训提示：

（1）了解 Wish 邮资费情况、Wish 邮结算方式。

（2）了解 Wish 邮从国内揽收到售后赔付整个运作流程，并撰写报告。

同步测试

一、单项选择题

1. 带电商品可选择下列哪种物流（　　）。

A. AliExpress 无忧物流—简易服务　　B. AliExpress 无忧物流—标准服务

C. AliExpress 无忧物流—优先服务　　D. AliExpress 无忧物流—自提服务

2. （　　）包裹服务是 eBay 联合物流战略合作伙伴橙联股份有限公司共同打造的直发物流解决方案。

A. FBA　　B. 无忧物流　　C. SpeedPAK　　D. Wish Express

3.（ ）是中国国内进出口额排名第一的外贸综合服务平台，也是全球领先的数字智能化跨境供应链服务平台。

A. 一拍档　B. 一步达　C. 一达通　D. 阿里国际站

4.（ ）是专门针对速卖通卖家的小包货物推出的简易类物流服务，由平台承担售后和赔付，正常情况下的时效为 30 天左右。

A. AliExpress 无忧物流—简易服务　B. AliExpress 无忧物流—标准服务

C. AliExpress 无忧物流—优先服务　D. AliExpress 无忧物流—自提服务

5.（ ）是卖家让亚马逊退还或弃置储存在其运营中心库存而收取的费用。

A. 计划外服务费　B. 订单配送费　C. 退货处理费　D. 移除订单费

二、多项选择题

1. 亚马逊的 FBA 物流提供（ ）服务。

A. 仓储　B. 拣货打包　C. 派送

D. 付款　E. 客服与退货处理

2. 下列关于 Aliexpress 无忧物流的优点说法正确的是（ ）。

A. 时效性强　B. 平台承担售后和商品赔付

C. 运费较贵　D. 渠道稳定

3. 下列关于亚马逊 FBA 物流优点说法正确的是（ ）。

A. 提高 Listing 排名 B. 费用较便宜　C. 配送速度慢

D. 仓储遍布全球　E. 亚马逊专业客服

4. 亚马逊 FBA 费用包括（ ）。

A. 订单配送费　B. 移除订单费　C. 退货处理费

C. 库存仓储费　E. 计划外服务费

5. 下列属于 SpeedPAK 物流禁运物品的是（ ）。

A. 白加黑（氨酚伪麻美芬片Ⅱ）　B. SK—II 神仙水

C. 电源插座　D. 平板电脑

三、判断题

1. 一个内置电池的自行车铃铛运送到美国可以用 SpeedPAK 经济型服务（Standard Shipping）发货。（ ）

2. SpeedPAK 标准型服务提供门到目的地入境半程追踪的服务，无尾程妥投信息。（ ）

3. AliExpress 无忧物流—标准服务的小包普货、小包非普货及大包计费标准不同。（ ）

4. 亚马逊 FBA 提供 FBA 头程服务、仓储、配送服务。（ ）

5. SpeedPAK 经济型服务单件包裹不超过 30kg。（ ）

四、案例分析题

京东物流与万宁合作　提供跨境全链路物流服务

2019 年 10 月，京东物流宣布与亚洲最大零售集团——牛奶公司旗下健与美连锁品牌万宁 Mannings 达成合作，京东物流将为万宁提供跨境进口的国际运输、清关、分拣、配送等全链路物流服务。

据悉，此次万宁接入京东物流跨境服务网络，正值“双 11”备战前期，京东物流为万宁制订了大促期间的专项跨境物流方案。资料显示，京东物流国际供应链 2013 年开始建设，目前已形成包含10余个跨境口岸、110多个海外仓、近千条全球运输链路以及中国全境的配送网络。京东物流跨境进口网络在保税仓模式下，可实现10分钟内完成清关，90%海外商品隔日达。

京东物流启用位于成都亚洲一号和武汉亚洲一号的两个超大型分拣中心，备战“双11”，这两大分拣中心日订单处理能力均达到100万以上。得益于系统性的智能设备应用和订单的集中式、规模化处理，其整体分拣效率比传统作业方式提升5倍。

另据了解，2019年8月，京东物流发起“千县万镇24小时达”时效提速计划，该计划重点针对低线城市城区、县城以及周边乡镇，预计将于2020年正式落地。武汉亚洲一号和成都亚洲一号两个超大型智能分拣中心的启用，也是实现“千县万镇24小时达”时效提速计划的重要一环。

（资料来源：http://gdgz.spb.gov.cn）

请根据以上案例回答下列问题。

1. 在跨境电商物流体系的建设上，京东有哪些做法？
2. 京东自建物流体系有哪些优缺点？

任务四 跨境电子商务物流风险与防范

在跨境电子商务环境下，跨境物流服务涉及很多风险因素，例如：多种物流模式、海关清关、第三方支付平台以及互联网信息等，这些因素又会因为多个国家的政治、法律、经济以及所处的地理环境等多样化的特点，存在的风险隐患程度有很大的差异性。因此，合理分析跨境物流服务的潜在风险十分有必要。

任务描述

小雯了解了跨境电商物流现状及发展趋势，学习了四大跨境物流模式和3个主流跨境电商平台的自建物流体系。接下来，需要了解跨境电商物流可能存在的风险，并掌握防范措施，以便合理规避店铺运营风险。

任务分析

小雯想要了解跨境电商存在的风险，需要从跨境物流自身、跨境物流海关和不可抗力等方面进行分析，然后结合店铺产品特征，合理规避风险。

相关知识

一、与跨境物流自身相关的风险及防范

（一）与跨境物流自身相关的风险

跨境物流是指买家购买自己所需要的物品时，在跨境电商平台选择并付款，其物品可以是国外的卖家送至买家，也可以是国内的代购方将物品送至买家的一个物流过程。这个物流过程由3个部分构成：第一，境外物流公司的运输；第二，中间转运公司通关；第三，境内物流企业的运输。由于交易过程在两个国家或地区之间完成，物品的买卖双方距离较远，运输时间较

长。此外，跨境物流涉及多个主体，其存在的风险又会进一步加大，从而也间接地在物流成本、时效和损耗方面增添了一定的风险隐患。具体风险表现在以下几个方面。

1. 包裹无法实现全程追踪

得益于中国电商物流的高速发展，国内物流基本可实现包裹实时追踪查询。而跨境电商要跨越境内和境外两个阶段，包裹出境后很多就无法追踪。送往物流发达的英语系国家的包裹信息可以凭借单号在相关的英文网站获得，但是对于一些小语种国家以及通信、交通等基础设施较差、政局尚不稳定的国家来说，查询物流信息就异常困难。

2. 包裹破损、丢包或无法配送

在跨境物流中，从揽件到买家收到货物，往往要经过多次转运，因此很容易出现包裹破损的现象，而且无论何种物流，都存在一定的丢包率。这些都会降低消费者的购物体验，且也增加了卖家运费成本、货品丢失及买家流失的损失。此外，包裹在境外投递过程中，买家需要提供税号和护照号，有些买家不肯配合，导致包裹无法投递而退回。

（二）对应的防范措施

1. 选择可靠的物流

跨境电商寄送包裹时，尽量选择线上发货。对于货值较高的货物，可选择 UPS 等商业快递。选择有物流赔付的物流方式，如果发生丢包、破损等情况，可以得到相应赔偿。

2. 与客户保持联系

发出包裹后，及时跟踪物流信息，与客户保持密切沟通，告知其货物运输情况，如发生意外情况，便于得到客户谅解。同时也可以尽量避免由于客户不配合而导致货物无法投递状况发生。

二、跨境物流的海关通关风险及防范

（一）跨境物流的海关通关风险

海关通关风险是跨境电商不同于传统网购的特殊风险。由于跨境商品，海关需要对这些出入境商品进行商检和申报等工作，这些工作流程都可能导致跨境物流海关通关的风险。

海关商检效率方面受到东道国的商检电子化水平、清关时效、商品的本身特点、购买者信息等多种因素的影响。海关申报主要是对报关单上的货物特性、数量和重量进行核对，查看信息与实物是否一致，其知识产权和其商标有没有被侵犯等。

一些跨境电商客户由于不了解东道国的法律，不注意知识产权侵权等问题，容易发生跨境商品商标的知识产权侵权问题，这也导致商品无法申报，进而带来海关通关风险。此外，进口国可能存在贸易壁垒，对商品查验严格，一些进口国海关清关效率较低，延长了跨境物流的配送时间。

货物在通过目的国海关时常常会出现海关扣货查验的情况，一般会出现 3 种处理结果：商品被没收、货件退回发件地或补充文件资料再放行。商品被没收和货件退回都会给卖家带来巨大损失，而补充文件资料再放行则会使配送时间更长，可能会引起买家不满从而遭受投诉甚至拒付。

（二）对应的防范措施

跨境电商卖家要遵纪守法，按海关规定出口，备好需要的出口清单材料，如商检证明、报关文书等。同时卖家要了解产品在目的国的海关清关要求，避免涉嫌侵权仿冒产品尽量如实申报产品价值，申报品名要详细，避免只写“礼品”“配件”等。要注意的是，商业快递邮寄到巴西，一定要写上收件人的 VAT（增值税）税号，电子产品邮寄到欧洲尤其是意大利、西班牙一般需要 CE（欧洲统一）安全认证标准。

三、跨境物流的不可抗力风险及防范

（一）跨境物流的不可抗力风险

跨境物流的不可抗力风险是指在跨境物流过程中人力所不可抗拒的力量，包括某些自然现象（如地震、台风、洪水、海啸等）和某些社会现象（如政治、法律风险等）。跨境物流的不可抗力风险可以分为政治风险、法律风险和自然环境风险 3 个方面。第一，政治风险。受当地政治体系、监督管理制度的影响，涉外物流活动中出现突发性的事件时，不能得到及时而又恰当的解决，因此存在潜在又较强的政治风险。例如，某国发生大罢工事件，会导致该国快递运输效率下降。第二，法律风险。由于跨境电子商务涉及的地区较多，各个地区所处环境和政治体系相差较大，造成各自在法律体系和监督管理方面存在很大的不同。第三，自然环境风险。自然环境风险主要是指供应链在运行过程中，受自然灾害的影响。这种风险的主要源于自然环境质量的下降。不管是空运还是海运，其运输效率都可能遭遇天气、洋流等自然环境的影响，进而产生物流风险。

（二）对应的防范措施

针对不可抗力所带来的风险，卖家需要关注国际形势，及时了解相关国家或地区的政治经济局势，避免与政局动荡地区的客户进易，以免造成不必要的损失。

任务实训

撰写某类产品跨境物流风险报告

一、实训目的

了解产品在跨境物流中的各类风险。

二、实训内容

选择某一类你感兴趣的产品，分析该产品的跨境物流可能存在的风险，包括与跨境物流自身相关风险、海关通关风险和不可抗力风险，撰写该产品跨境物流风险报告。

实训提示：

（1）了解所选类目产品特征及相关物流政策。

（2）了解该产品可能存在的物流风险。

同步测试

一、单项选择题

1. （　　）是跨境电商不同于传统网购的特殊风险。由于跨境商品，海关需要对这些出入境商品进行商检和申报等工作，这些工作流程都可能导致跨境物流海关通关的风险。

   A. 海关通关风险　B. 物流自身风险　C. 不可抗力风险　D. 商检风险

2. 一些跨境电商客户由于不了解东道国的法律，不注意（　　）等问题，容易发生跨境商品商标的知识产权侵权问题，这也导致商品无法申报，进而带来海关通关风险。

A．商品的本身特点 B．清关时效　　C．知识产权侵权　　D．物流方式选择

3．进口国可能存在贸易壁垒，对商品查验严格，一些进口国海关清关效率较低，延长了（　　）的配送时间。

A．商品　　B．跨境物流　　C．货物　　D．产品

4．受当地政治体系、监督管理制度的影响，涉外物流活动中出现突发性的事件时，不能得到及时而又恰当的解决，因此存在潜在又较强的（　　）。

A．自然环境风险　B．经济风险　　C．法律风险　　D．政治风险

5．（　　）主要是指供应链在运行过程中，受自然灾害的影响。这种风险的主要源于自然环境质量的下降。不管是空运还是海运，其运输效率都可能遭遇天气、洋流等自然环境的影响，进而产生物流风险。

A．自然环境风险　B．经济风险　　C．法律风险　　D．政治风险

二、多项选择题

1．在跨境电子商务环境下，跨境物流服务涉及（　　）风险因素。

A．多种物流模式　B．海关清关　　C．第三方支付平台　D．互联网信息

2．海关商检效率方面受到东道国的（　　）等多种因素的影响。

A．商检电子化水平 B．清关时效　　C．商品的本身特点　D．购买者信息

3．跨境物流过程由 3 个部分构成：第一，（　　）；第二，（　　）；第三，（　　）。由于交易过程在两个国家或地区之间完成，物品的买卖双方距离较远，运输时间较长。

A．境外物流公司的运输　　B．中间转运公司通关

C．境内物流企业的运输　　D．国内物流企业的运输

4．货物在通过目的国海关时常常会出现海关扣货查验的情况，一般会出现下列哪些处理结果？（　　）

A．商品被销毁　　B．货件退回发件地

C．补充文件资料再放行　　D．商品被没收

5．跨境物流的不可抗力风险包括下列哪些风险？（　　）

A．政治风险　　B．经济风险　　C．法律风险　　D．自然环境风险

三、判断题

1．跨境物流是指买家购买自己所需要的物品时，在跨境电商平台选择并付款，其物品可以是国外的买家送至卖家，也可以是国内的代购方将物品送至买家的一个物流过程。（　　）

2．海关申报主要是对报关单上的货物特性、数量和重量进行核对，查看信息与实物是否一致，不需要查看知识产权和其商标是否被侵犯。（　　）

3．跨境物流的不可抗力风险是指在跨境物流过程中人力所不可抗拒的力量，包括某些自然现象（如地震、台风、洪水、海啸等）和某些社会现象（如政治、法律风险等）。（　　）

4．商业快递邮寄到巴西，一定要写上收件人 VAT（增值税）税号，电子产品邮寄到欧洲尤其是意大利、西班牙一般需要 CE（欧洲统一）安全认证标准。（　　）

5．跨境物流的不可抗力风险可以分为政治风险、法律风险和自然环境风险 3 个方面。（　　）

四、案例分析题

亚马逊销毁大量滞销商品

据英国《每日邮报》报道，亚马逊每年会“清理”一大批滞销在仓库里的商品，至少 300

万件全新商品会被销毁。这些货物包括价值不菲的商品，如电视机等家电以及日常用品，如尿不湿、玩具等。许多包装完好的货物被倾倒在垃圾填埋场或被焚烧掉。这些被亚马逊处理掉的商品，其实是属于商家的。这是由于亚马逊平台采用了 FBA、第三方海外仓和自发货这三种发货模式。FBA，即亚马逊提供的代发货业务，卖家需要提前备货至亚马逊仓库。客户在平台上下订单后，亚马逊会直接从客户当地的仓库发货给客户。亚马逊每个月都会向供货商收取仓储费，这个费用大概是每平方米 22 英镑（约 195 元）。而被亚马逊扔掉的商品，基本上都属于第一种由亚马逊物流提供代发货（FBA）的商品，这个费用会随着时间上涨。如果库存时间超过 6 个月，费用就会涨到每平方米 430 英镑（约 3813 元）。如果库存时间超过一年，则是每平方米为 860 英镑（约 7627 元）。所以，并不是供货商自愿放弃自己的商品，而是高昂的仓储费造成的。

（资料来源：搜狐网 https://www.sohu.com/a/314602920_401186）

请根据以上案例回答下列问题。

1. 亚马逊销毁滞销品的主要原因是什么？卖家应如何规避这一风险？
2. 结合本案例谈谈你对跨境电商物流风险的认识。

项目六

跨境电子商务支付

学习目标

【知识目标】

- 了解跨境电子商务支付的概念。
- 熟悉跨境电子商务支付的业务流程。
- 熟悉跨境电子商务主流支付工具。
- 掌握跨境电子商务支付风险与防范措施。

【能力目标】

- 能够使用跨境电子商务主流支付工具。
- 能够认识到跨境电子商务支付存在的风险。
- 能够对跨境电子商务支付风险进行防范。

【素质目标】

- 了解资金结算风险，树立资金风险防控意识。
- 培养学生遵纪守法的法律意识，合理合法获取跨境电商运营所得资金。

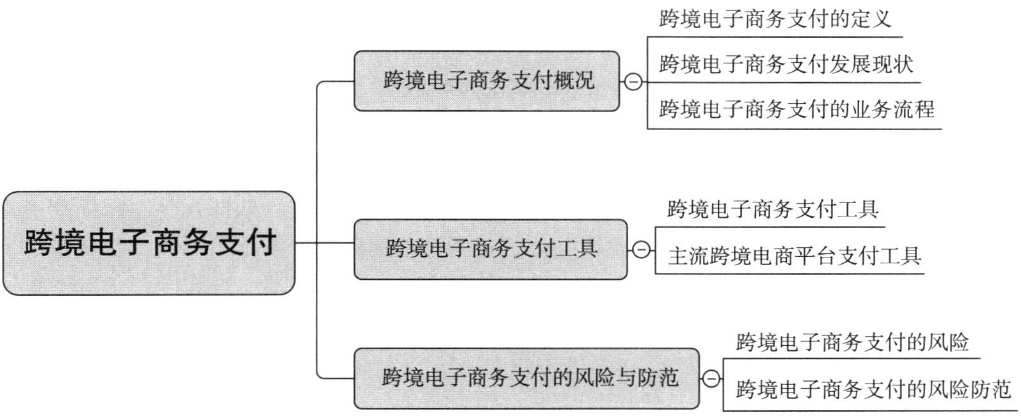

任务一　跨境电子商务支付概况

关于电子支付方式，不同国家或地区的人有不同的支付习惯、不同的支付偏好、不同的支付预期等，最终也会形成不同的支付需求、不同的支付市场、不同的支付方式、不同的支付工具。比如：美国人更喜欢用 PayPal 和信用卡支付，德国人常用 Klarna、Sofort 及 Giropay 支付，荷兰当地人则更喜欢用 iDEAL 网银转账。

任务描述

支付作为跨境电子商务的重要一环，实现了资金在买卖双方的转移，不同于国内的支付，跨境支付面临的不确定因素更多、链条更长，需要考虑的问题也会更多。青岛 ABC 电子商务有限公司的小雯在熟悉了跨境电子商务的选品、营销、物流等环节后，接下来需要调查跨境电子商务支付的发展情况，并形成调研报告。

任务分析

小雯想要完成一份跨境电子商务支付发展的调研报告，首先要了解什么是跨境电子商务支付，它的确切定义是什么；其次，要把握跨境电子商务支付的发展历程，包括它的产生背景，以及在可预见未来中的发展方向等；最后，需要熟悉跨境电子商务支付的具体业务流程。

相关知识

一、跨境电子商务支付的定义

跨境支付（Cross-border Payment）是指两个或两个以上国家或地区之间因国际贸易、国际投资及其他方面发生的国际债权债务，借助一定的结算工具和支付系统实现的资金跨国或跨地区转移的行为。

跨境电子商务支付（Cross-border E-commerce Payment，简称跨境电商支付）是指分属不同关境的交易主体，在跨境电子商务交易过程中通过跨境电商平台提供的与银行之间的支付接口或者利用第三方支付工具进行的即时跨境支付的行为。

相对于境内电子商务支付，跨境电子商务支付的不同主要在于两点，一是币种和语言的不同，支付过程中会涉及使用何种币种和何种语言显示等问题，币种的选择会受国际汇率变动的影响，语言的准确表达会影响沟通的流畅性；二是结算工具和支付系统的不同，跨境电子商务支付对接的是不同国家或地区的金融系统，考虑的是全球客户的需求，会在支付体验、安全性和支付效率上做一定的权衡。比如由于巴西当地的金融政策，买家选用 Boleto 支付时，每笔交易需 2~7 天左右的时间才能完成。

二、跨境电子商务支付发展现状

1. 传统跨境贸易较多选择直接支付方式

传统跨境贸易较多选用直接支付方式，如汇付、托收、信用证、国际保理等。常用的汇付一般用于金额较小的场合，而信用证方式由于对买卖双方都有可靠的保证，所以在大额支付场景中使用较多。

直接支付方式之一的汇付主要由银行完成。银行收到汇款人申请后，以环球银行金融电信协会（Society for Worldwide Interbank Financial Telecommunication，SWIFT）等多种形式将钱由境外汇入行解付给收款人。

在国际贸易活动中，买卖双方可能互相不信任，买方担心预付款后，卖方不按合同要求发货；卖方也担心发货或提交货运单据后，买方不付款。因此，就需要两家银行作为买卖双方的保证人。由于信用证方式对买卖双方都有保护，因此在传统跨境贸易中成为主要且常用的支付方式。

2. 第三方支付机构因其便捷高效更能满足新兴跨境电商贸易需求

由于综合型跨境 B2C 贸易参与者众多、单价较低且数量较大，所以直接支付方式已经不适用于此种跨境贸易模式。目前，国内持有跨境支付牌照的第三方支付机构、跨境收款企业及境外持牌支付机构，均已建立稳定且有效的渠道并形成稳定的模式。对于关键的换汇环节，国内持牌第三方支付机构可根据跨境电商平台数据对单换汇。跨境电商平台对支付的便捷性和及时性都提出了更高的要求，第三方支付机构更加适应新兴跨境电商小额、高频、便捷与及时的贸易需求。

境内企业要想开展跨境电商支付业务，一方面必须是支付机构，并持有中国人民银行颁发的支付业务许可证；另一方面需要具有国家外汇管理局准许其开展跨境电商外汇支付业务试点的批复文件。如果不涉及换汇，第三方支付机构只需持有各地中国人民银行分支机构颁发的人民币跨境支付牌照即可，不再需要国家外汇管理局的批复。

自营跨境电商 B2C 平台的支付方式主要是借助国内持牌第三方支付机构为平台换汇，自营跨境电商 B2C 平台一般拥有境外账户，方便境外第三方支付等金融机构为其办理收单业务。国内持牌第三方支付机构再为此类电商平台办理换汇转账等业务，将电商平台的资金从境外账户转入电商平台境内银行账户。跨境收款企业也可以通过连接各方通道完成此过程，最后电商平台再通过国内第三方支付机构将账款分发给制造企业。

3. 手续费和支付解决方案是第三方跨境电商支付的主要收入来源

目前，第三方支付机构的主要收入来自为客户办理支付的手续费、增值服务和汇兑差异。手续费收费方式一般按照交易规模收费或按照支付笔数收费。增值服务主要体现在 B 端支付解决方案，是支付机构对不同行业不同需求所提供一体化产品支持，收取项目开发费用。汇兑差异主要是支付机构换汇时锁定费率和实时汇率的价差以及离岸在岸的汇率价差。

三、跨境电子商务支付的业务流程

跨境电子商务的出现，促使以信用证、托收和汇付为代表的传统跨境支付方式发生了改变。跨境电商支付除了沿用传统的商业银行汇款模式外，第三方支付机构参与下的互联网支付模式也开始在国际结算领域崭露头角。

一般而言，跨境电商支付包括境外收单和外卡收单。从进口角度看，跨境电商支付表现为境外收单业务。境内消费者通过跨境电商平台从境外卖家处购买商品，支付机构为境内买家购置外币并支付给境外卖家。跨境电商进口支付过程如图 6-1 所示。

从出口角度看，跨境电商支付表现为外卡收单业务。境内卖家通过跨境电商平台将商品销售给境外买家，第三方支付机构为境内卖家收取外币并代理结汇。跨境电商出口支付过程如图 6-2 所示。

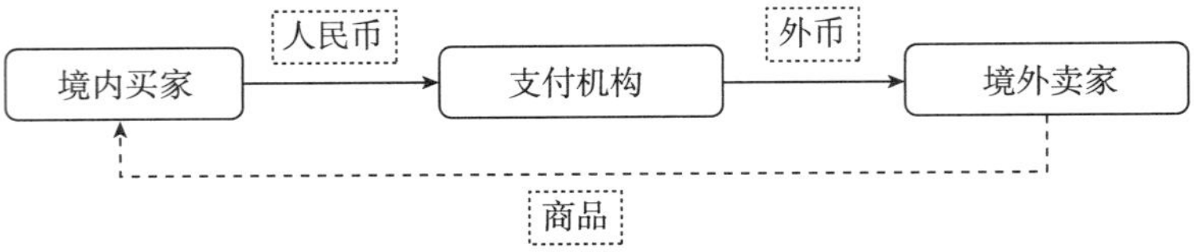

图 6-1　跨境电子商务进口支付过程

图 6-2　跨境电子商务出口支付过程

通过图 6-1 和图 6-2 可以看出，支付机构是跨境贸易的资金通道。从跨境电商支付的过程来看，支付机构主要有第三方支付机构和商业银行两种。

1. 第三方支付机构

第三方支付机构是指具备一定实力和信誉保障的独立机构，通过与银联或网联对接促成双方交易的网络支付模式。通过第三方支付机构交易时，买方选购商品，不是直接将款项打给卖方而是付给第三方支付机构，第三方支付机构通知卖方发货；买方收到商品后，通知付款，第三方支付机构将款项转至卖方账户。第三方支付机构是买方和卖方之间的一个安全的、可以信任的“中间平台”，可以对双方进行监督和约束，可以满足双方对信誉和安全的需求。第三方支付机构的运作实质是在收、付款人之间设立的中间过渡账户，使汇转款项实现可控性停顿。第三方支付机构具有中介保管及监督的职能，但并不承担相应的风险，通过支付托管实现支付保证。

在我国，第三方支付机构针对跨境电商提供的跨境支付主要包括购付汇和收结汇两类业务。

（1）购付汇

购付汇是指境内买家通过跨境电商平台购买商品时，第三方支付机构为买家提供的购汇及跨境付汇业务。购付汇主要针对进口跨境电商平台，具体流程如图 6-3 所示。

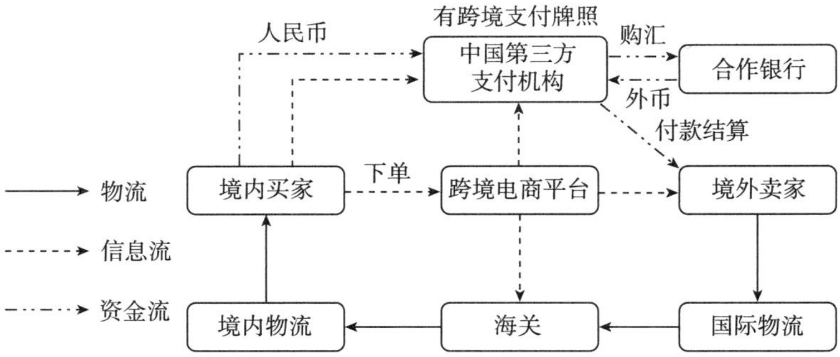

图 6-3　进口跨境电商平台第三方支付机构购付汇业务流程

当境内买家在跨境电商平台下单后，选择中国第三方支付机构进行支付，如支付宝、财付通等。订单信息在发到境外卖家的同时，也会发到中国第三方支付机构，中国第三方支付机构会通过境内买家所使用的与其合作的银行，将商品款项以购付汇模式支付给境外卖家。境外卖家收到中国第三方支付机构的支付信息后，通过跨境电商物流将商品运至境内买家手中。

（2）收结汇

收结汇是指第三方支付机构帮助境内卖家收取外币并兑换成人民币的业务，其主要针对出口跨境电商平台，具体流程如图 6-4 所示。

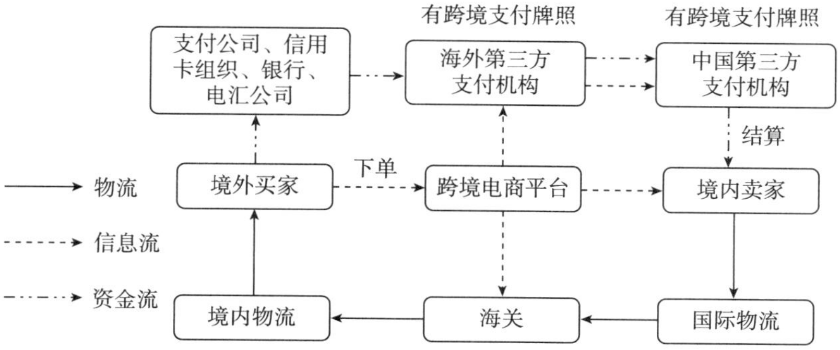

图 6-4　出口跨境电商平台第三方支付收结汇业务流程

境外买家通过跨境电商平台下单后，订单信息会同时发至境内卖家及境外第三方支付机构。境外买家通过支付公司、信用卡组织、银行、电汇公司等将商品款项支付给海外第三方支付机构，如 PayPal 等。境外第三方支付机构通过与其合作的中国第三方支付机构，以收结汇模式将商品款项支付给境内卖家，再通过跨境电商物流将商品送至境外买家手中，从而完成跨境电商交易活动。

2. 商业银行

很多跨境电商平台网站都支持 VISA、万事达、美国运通、JCB、银联等银行卡，用户只需在网上输入卡号、姓名等信息即可。例如，海淘族可以直接使用双币卡进行支付，境外消费者也可以通过 VSA 信用卡来购买兰亭集势上的商品。此外，用户也可以去银行的线下网点转账汇款支付。例如，外卡收单业务中的信用卡收款的具体流程如图 6-5 所示。

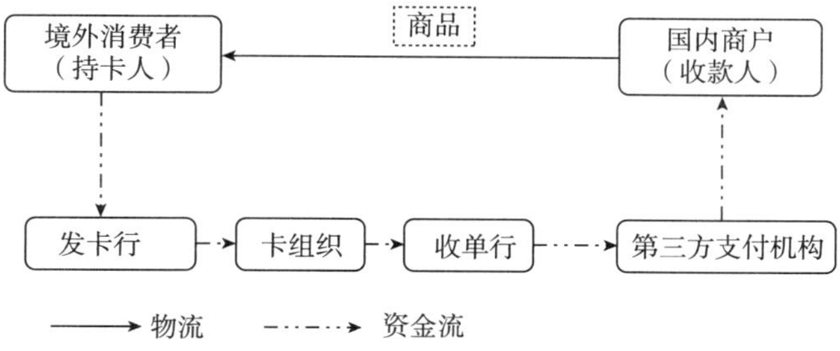

图 6-5　外卡收单业务中的信用卡收款的过程

知识链接

收单与结售汇

收单是容易让人忽视的一个领域，从消费者的角度来看，在买完商品付款后，支付环节就已经结束，不会感知到收单。实际上，收单模式在交易产生伊始就已经严格的展开了。收单主要完成的是信息流和资金流的转移，其中涉及授权和结算流程，主要包括外卡收单、境外收单和国际收单。简单来讲，国内商家收取国外消费者的货款称为外卡收单，例如国内商家在亚马逊北美站开店销售；国内消费者购买国外商家的商品则涉及境外收单，例如国内消费者购买 eBay 欧洲站点的商品；国际收单指的是消费者、商家、支付机构分属不同的国家（地区），例如派安盈（Payoneer）在中国开展跨境支付业务。

结售汇，具体分为结汇和售汇，但无论是结汇还是售汇，均是站在商业银行的角度来区分外汇的使用方向，比如售汇，指的是商业银行售出外汇，对应消费者就是消费者花钱购买外汇，再利用外汇购买国外的商品。而结汇，则指的是商业银行结转外汇，即把外汇换算成本币，银行的外汇来自消费者，所以对应的是消费者售出外汇，换算为本币后支付给国内商户。

任务实训

撰写跨境电子商务支付发展的调研报告

一、实训目的

了解跨境电商支付发展历史、现状以及未来的趋势，掌握调研报告的主要内容和撰写规则，并能对市场情况做出相应的分析与判断。

二、实训内容

此类调研报告往往基于数据操作来展开，一般包括积累数据、分析数据、利用数据进行展望等步骤，积累数据可以通过上网查询跨境支付的历史交易数据，也可通过某些工具的发展历程来积累，比如：跨境支付由贵金属到纸币现金清算，由现金清算到现金转账，再到 EDI 等。分析数据主要通过数据的变化来分析其迭代过程，可以注意一些关键的时间点。展望主要通过了解跨境支付的变化历程，可以预见的技术创新，人们心理、生活习惯的变化等预测跨境支付的发展趋势。

三、实训步骤

步骤一：熟悉市场调研报告的撰写方法。

步骤二：查询跨境支付的历史交易数据，可以到艾瑞咨询、跨境知道、亿邦动力网、AMZ123 等网站查询，进一步丰富调研报告。

同步测试

一、单项选择题

1. 结售汇，具体分为结汇和售汇，但无论是结汇还是售汇，均是站在（　　）的角度来区分外汇的使用方向。

A. 卖方 B. 买房 C. 第三方 D. 商业银行

2. 国内商家收取国外消费者的货款称为（ ）。

A. 外卡收单 B. 境外收单 C. 国内收单 D. 国际收单

3. 在跨境电商第三方支付领域，会经常涉及一对多的收款业务，这样的一对多业务被称为（ ）。

A. 清分 B. 收单 C. 结汇 D. 售汇

4. 通过专业汇款公司支付的业务流程中，汇款时直接通过（ ）汇款。

A. 银行 B. 第三方支付机构 C. B2C 平台 D. 专业汇款公司

5. 跨境支付是随着（ ）的持续发展而兴起的。

A. 国际产业分工及国际交往活动 B. 语言

C. 国际物流 D. eBay

二、多项选择题

1. 跨境电子商务支付的不同主要在于（ ）。

A. 币种不同 B. 语言不同 C. 结算工具不同 D. 支付系统不同

2. 德国比较常用的支付工具是（ ）。

A. Klarna B. Otto C. Sofort D. Giropay

3. 印度比较常用的支付工具是（ ）。

A. UPI B. Paytm C. Sofort D. Giropay

4. 全球跨境支付发展共分为 3 个时期，分别是（ ）。

A. 早期跨境支付 B. 电子转账跨境支付

C. 第三方跨境支付 D. 纸币支付

5. 一个完整的跨境支付流程包含（ ）。

A. 收单 B. 收款（清分） C. 结售汇 D. 汇款

三、判断题

1. 跨境电子商务支付对接的是不同国家或地区的金融系统，但金融系统的设置是完全一致的。 （ ）

2. 如今是互联网大数据时代，跨境电子商务支付均能实时到账。 （ ）

3. 跨境电子商务支付指的仅是买卖双方的资金转账。 （ ）

4. 跨境电子商务支付不会受到国际汇率变动的影响。 （ ）

5. 收单主要包括外卡收单、境外收单和国际收单。 （ ）

四、案例分析题

京东全球售携手 VISA，推动跨境业务合作新模式

2021 年 4 月 7 日，中国领先的技术驱动型电商和零售基础设施服务商京东旗下京东全球售与全球领先的支付技术公司 Visa（VisaInc.）签署了全面合作协议，双方承诺将在新模式、新基建、新机遇等维度开展深度合作。

为帮助商家尽快走出新冠疫情的阴霾，进一步优化跨境产品与服务，推动疫情后跨境电子商务的发展，京东全球售与 Visa 联手推出面向港澳台及海外地区消费者的补贴优惠活动，同时扶持出海品牌及商家更顺利开拓境外市场国际业务。通过特别定制的 Visa 专场活动连接京东全球用户，使消费者不仅可以轻松获得京东电商平台提供的丰富的产品与服务，亦能安心享

受快速安全和流畅的支付体验。此次合作将有助于双方进一步拓展港澳台地区市场，通过加强在该地区的基础建设和协同创新，满足港澳台地区用户对日益增长的跨境电商服务的需求。通过采用 Visa 令牌技术，京东全球售将积极推动用户“一键绑卡”业务的实现，使移动支付用户享受到更加便捷、安全和流畅的跨境购物体验。此外，双方还将面向京东平台的企业级用户开展合作探讨，为国内中小企业的数字化转型和跨境商务的拓展提供实用、安全、流畅的数字支付解决方案。

（资料来源：新浪财经）

请根据以上案例回答下列问题。

1. 什么是跨境电子商务支付？

2. 跨境电子商务支付相比传统支付有哪些优点？京东参与跨境电子商务支付的动力是什么？

任务二　跨境电子商务支付工具

跨境电子商务支付作为跨境电商业务流程的重要环节，其支付工具直接影响资金回流时间和利用效率，本任务主要了解跨境电商的线下、线上以及主流平台的主要支付工具。

任务描述

小雯已对跨境电子商务支付的发展现状进行了调研，了解了跨境电子商务支付的发展方向，基本明晰了不同支付流程的区别。但在确定公司采用的支付流程之前，小雯还需要对跨境电商支付工具等进行调研，掌握不同的渠道、不同的工具的特点，为决策提供参考，最后形成一份跨境电商支付工具报告，并结合某些工具进行针对性的分析。

任务分析

小雯想要完成一份跨境电商支付工具的调研报告，首先，确定有哪些跨境电商支付工具；其次，把握不同工具的差别在哪里；最后，对比分析不同渠道、不同工具，结合公司本身的实际情况，形成适合自己的分析报告。

相关知识

一、跨境电子商务支付工具

跨境电子商务支付工具（简称为“跨境电商支付工具”）种类繁多，各有特点，按照支付是否在互联网上进行，我们分为线下支付工具和线上支付工具。

（一）线下支付工具

指的是通过互联网之外的实体店面完成资金支付，主要有电汇、专业汇款公司支付等，详述如下。

1. 电汇

电汇也称为“TT”（Telegraph Transfer），是通过电报、电传或者 SWIFT 等电信方式办理汇兑。汇款人将一定款项交存汇款银行，汇款银行通过电报、电传等电信方式通知汇入行，告知汇入行向收款人支付一定金额的付款方式。

在支付过程中，买卖双方各自承担所在地的银行手续费。TT 电汇是传统 B2B 主要的付款模式，适合大额交易付款，收款迅速，到账较快。对卖家而言，先付款后发货的模式，可以保证商家利益不受损失，但是这种支付模式对买家不利，容易导致海外买家对整个交易不够信任。而且由于是 B 端交易，客户群体较小，限制了商家的交易量，另外，也常因单笔交易金额较大、对应的手续费较高而被诟病。

知识链接

什么是 SWIFT?

环球银行金融电信协会（Society for Worldwide Interbank Financial Telecommunication，SWIFT），或译为环球同业银行金融电讯协会，是一个国际合作组织，运营着世界级的金融报文网络，银行和其他金融机构通过该组织提供的安全、标准和可信的通道与同业交换报文（message），银行等金融机构通过协会彼此之间的信息传输，实现并完成金融交易。

需要注意的是，SWIFT 并不对银行账户做任何划拨，对银行账户进行资金划拨的是清算和结算业务，这在不同的国家由不同的系统来完成。例如，在美国，清算所银行间支付系统（CHIPS）负责这项工作，而中国则是由跨境人民币支付系统（CIPS）完成跨境结算。

具体而言，CHIPS 通过直参行（例如 A 银行和 B 银行）在其系统中的账户进行轧差，从而实现该交易的清算结算，即 B 银行在 CHIPS 的账户减少应付的资金量，而 C 银行在 CHIPS 中的账户增加相应的资金量。

2. 西联汇款

西联汇款（Western Union）是西联国际汇款公司的简称，它是世界上领先的特快汇款公司，可以在全球大多数国家的西联代理所在地汇出和提款。该公司成立于 1851 年，总部位于美国科罗拉多州丹佛市，是世界上领先的跨境货币快速汇款公司。

截至 2020 年末，西联汇款可以向除伊朗和朝鲜以外的其他所有国家汇款，零售网点超过 500000 个。西联手续费由买家承担，需要买卖双方到当地银行实地操作。在卖家取款之前，买家可以将支付的资金撤销。对于卖家来说，可以先提现再发货，安全性好，到账速度快。对买家来说，存在支付后卖家不发货的风险等。该种方式适合一万美元以下的小额支付订单。

3. 速汇金汇款

速汇金汇款，是 MoneyGram 公司推出的一种快捷、简单、可靠的国际汇款方式，是一种个人之间的环球快速汇款业务，可在较短时间内完成由汇款人到收款人的汇款过程，具有快捷、便利的特点。但该种方式要求汇款人与收款人必须为个人，而且如果是现钞账户汇款，需缴纳钞变汇手续费。另外对汇款金额也有限制，单笔最高汇款金额不超过 10000 美元（不含），同一汇款人每天累计汇出最高限额为 20000 美元（不含）。

目前该公司在全球 150 个国家和地区拥有总数超过 50000 个代理网点。收款人凭汇款人提供的编号即可收款。跟西联汇款比较相似，速汇金汇款业务目前仅限于美元办理速汇金汇出款业务。速汇金汇款在国内的合作银行有中国银行、工商银行、交通银行和中信银行。

（二）线上支付工具

线上支付工具指的是通过互联网完成的资金支付，主要包括信用卡支付、PayPal、

PingPong、派安盈（Payoneer）等，详述如下。

1. 国际信用卡

国际信用卡收款是在线支付的一种方式，通过国际信用卡进行支付，跨境电子商务网站可与威士 Visa、万事达 MasterCard 等国际信用卡组织合作，或直接与海外银行合作，开通接收海外银行信用卡支付的端口。目前国际上有六大信用卡品牌：威士 Visa、万事达卡 MasterCard、美国运通 AmericanExpress、日本国际信用卡 JCB、大莱信用卡 DinersClub、中国银联 UnionPay，其中前两个为大家广泛使用。

国际信用卡收款是欧美最流行的的支付方式，信用卡的用户人群非常庞大。但国际信用卡接入方式烦琐、需预存保证金、收费高昂、付款额度偏小。另外，还有黑卡蔓延的问题，存在拒付风险。该种方式多适用于从事跨境电子商务零售的平台和独立 B2C 平台。

2. PayPal 与贝宝

PayPal 是全球在线支付先驱，特别在北美地区占有垄断性的地位。PayPal 支持 200 多个国家，全球活跃用户接近 2 亿，支持付款货币超过 100 种，持有货币币种涵盖加元、欧元、英镑、美元、日元、澳元等 25 种，并成为首家获准在中国提供在线支付服务的境外支付平台。

贝宝是由上海网付易信息技术有限公司与 PayPal 公司通力合作为中国市场量身定做的网络支付服务。由于中国现行的外汇管制等政策限制，目前贝宝仅在中国地区受理人民币业务，也就是说它并不能处理国际业务，更不能进行多币种交易，所以跨境交易无法选择贝宝。

PayPal 的支付方式主要有无磁无密、账户支付两种。其中，无磁无密是用户绑定信用卡后，即可进行无密码消费。在进行交易时，双方都必须是 PayPal 用户，交易在完整的闭环内进行，以保障电子支付交易的安全。该种支付方式适用于跨境电子商务零售行业，几十到几百美元的小额交易更划算。账户支付则指的是允许在使用电子邮件标识身份的用户之间转移资金。

PayPal 交易完全在线上进行。该种方式适用范围广，尤其受美国用户信赖。但 PayPal 用户消费者（买家）利益大于商户（卖家）的利益，交易费用主要由商户提供，对买家过度保护。PayPal 对不同的平台适用不同的费率，对 eBay 平台，费率为 2.9%~3.9%；其他平台或传统外贸，费率为 3.4%~1.4%。PayPal 无开户费及使用费，每笔收取 0.3 美元银行系统占用费。此外，以美元形式提现至国内银行每笔收取 35 美元，以人民币形式提现至国内银行每笔收 1.2%的手续费。另，PayPal 账户容易被冻结，商家利益易受损失。

3. PingPong

PingPong 是一家中国的跨区域收款品牌，致力于为中国跨境电商卖家提供低成本的海外收款服务。PingPong 是服务于中国跨境电商卖家的专业平台，为中国跨境电商卖家提供低成本的跨境收款以及其他个性化定制的金融衍生服务。

PingPong 与国内跨境出口企业建立了紧密的合作关系，并成为中国（杭州）跨境电商综试区管委会官方合作伙伴以及上海自贸区跨境电子商务服务平台的战略合作伙伴。

4. 派安盈（Payoneer）

派安盈（Payoneer）是一家总部位于纽约的在线支付公司，主要业务是帮助其合作伙伴将资金下发到全球，同时也为全球客户提供美国银行/欧洲银行收款账户，用于接收欧美电商平台和企业的贸易款项。中国身份证即可完成派安盈账户在线注册，并自动绑定美国银行账户和欧洲银行账户，可以做到像欧美企业一样接收汇款，并通过与中国支付公司合作完成线上的外汇申报和结汇。

派安盈支付便捷，费率较低，电汇设置单笔封顶价，人民币结汇最多不超过2%。但受中国外汇管理局政策影响，转移到国内银行卡的资金不能以美元入账。适用于单笔资金额度小但是客户群分布广的跨境电商网站或卖家。

5. Cashpay

Cashpay 目前加快了偿付速度，2~3 天即可结算，且无开户费及使用费，无提现手续费及附加费。Cashpay 集成商城购物车通道，提供更多支付网关的选择，支持商家选择喜欢的币种提现，但在中国市场知名度不高。

Cashpay 有专门的风险控制防欺诈系统 Cash shield，而且一旦出现欺诈，Cashpay 保证100%赔付。通过该系统，Cashpay 进一步防范了欺诈风险，并降低了退款率，专注客户盈利，客户资料数据保管也更安全。

6. Moneybookers

Moneybookers 是以电子邮箱地址作为支付标识，相比信用卡等传统支付方式，付款人不需要暴露信用卡等个人信息。客户必须激活认证才可以进行交易，并可以通过网络实时地收付费，且收付免手续费，提现会收取少量费用，但不允许单一客户多账户，一个客户只能注册一个账户。目前不支持未成年人注册，买家、卖家需年满 18 岁才可以注册。

Moneybookers 登录时以变形的数字作为登录手续，以防止自动化登录程序对账户的攻击且只支持高安全性 128 位加密的行业标准。

7. Click and Buy

Click and Buy 是独立的第三方支付公司，收款人收到 Click and Buy 的汇款确认后，可以在3~4 个工作日内收到货款。每次交易金额最低 100 美元，每天最高交易金额 10000 美元。如果客户选择通过 Click and Buy 汇款，则卖家可以通过 Click kand Buy 提款。

8. Paysafe Card

Paysafe Card 主要是欧洲游戏玩家的网游支付手段，是一种银行汇票，购买手续简单而安全。PaysafeCard 在欧洲大多数国家可以用在报摊、加油站等场所。用户用 16 位数字账户完成付款。但是，要开通 PaysafeCard 支付，需要有企业营业执照。

9. WebMoney

WebMoney 是俄罗斯主流的电子支付方式之一，俄罗斯各大银行均可自主充值取款，俄罗斯当地的使用人数较多，使用范围广，且支持多币种支付。目前有包括中国在内的全球 70 多个国家或地区使用。

10. CashU

CashU 现已为中东和独联体广大网民所使用，是中东和北非地区运用最广泛的电子支付方式之一。CashU 主要用于支付在线游戏、VoIP 技术、电信和 IT 服务，以及实现外汇交易。该种支付方式允许使用任何货币进行支付，但账户始终以美元显示资金金额。

11. LIQPAY

LIQPAY 是一个小额支付系统。一次性付款不超过 2500 美元，且立即到账，无交易次数限制。LIQPAY 以客户的移动电话号码为标识。账户存款是美元，其他货币将根据 LIQPAY 内部的汇率进行折算，换算为美元显示。

12. Qiwiwallet

Qiwiwallet 是俄罗斯最大的第三方支付工具，类似于中国的支付宝。它使客户能够快速、方便地在线支付水电费、手机话费，以及网购费用，还可以用来偿付银行贷款。该种方式只要通过资金审核即可到账，不存在拒付风险。

二、主流跨境电商平台支付工具

(一) 亚马逊平台支付工具

1. 收款

亚马逊平台对支付工具进行了相应的整合，并发布 PSPP（支付服务商计划），计划在亚马逊平台应用支付工具的服务商必须加入 PSPP 才能提交申请。下面介绍最常见的几种亚马逊支付工具。

(1) 派安盈

派安盈，俗称 P 卡，目前是亚马逊收款类官方唯一的合作伙伴，提供全球支付解决方案，所有币种均支持多平台店铺，还可以像美国公司一样接收美国 B2B 资金。

(2) 万里汇（WorldFirst）

俗称 WF 账户，是一家注册于英国的顶级国际汇款公司，在英国、美国、澳大利亚、新加坡、中国香港有办公室，提供 24 小时中文电话服务。提现时 WF 会自行转账到卖家绑定的法人私人账户或者对公银行卡。

(3) PingPong

中国杭州初创企业，2016 年始推出跨境收付平台，专注为中国跨境电商提供亚马逊收款服务。

(4) 亚马逊全球收款

亚马逊全球收款服务与卖家平台进行整合，卖家在亚马逊平台上就能轻松管理全球贸易的收付款交易。亚马逊目前也在这一方向上不断地努力，亚马逊全球收款服务支持多个亚马逊海外站点（北美、欧洲、日本等）。

(5) CurrenciesDirect

CurrenciesDirect 于 2016 年进入中国，帮助跨境平台卖家收款结汇。CurrenciesDirect 与德意志银行、巴克莱银行等世界顶级银行紧密合作，为平台卖家提供美元、欧元、英镑、日元、加元收款账户，支持以原币种或人民币提现至公司、法人或任一股东个人银行账户，收款方式比较灵活。

2. 付款

付款方式主要有信用卡、借记卡、亚马逊礼品卡和折扣码、亚马逊卡、支票。

(1) 信用卡。指的是六大信用卡公司发行的贷记卡，发卡银行会根据申请人的资信状况、资产状况、经营收入等多项指标，按其相应的风控模型，计算申请人的信用额度。买家可以使用威士 Visa 及万事达 MasterCard 支付订单，如果买家使用此方式进行支付，平台将会将订单款项按照买家付款当天的汇率结算成人民币。另外，需要注意的是，海外信用卡支付是不需要输入密码的，所以在支付完成之后，要解除绑定，防止盗刷，保证账户安全。

（2）借记卡

国际通行的借记卡外表与信用卡一样，并于右下角印有国际支付卡机构的标识。它通行于所有接受信用卡的销售点。唯一的区别是，当使用借记卡时，用户没有信用额度，只能用账户的余额支付。

（3）亚马逊礼品卡或折扣码

亚马逊礼品卡或折扣码是网站中常用的折扣方法，可以在促销时作为福利或礼物，也可以现金购买。当亚马逊推出充值代码或促销折扣代码活动时，在购物过程中将直接看到用于输入促销折扣代码的输入框，输入折扣代码，然后选择送货地址和付款方式即可享受购物折扣。

（4）亚马逊卡

亚马逊卡是亚马逊和 SynchronyBank 一起联合发布的联名卡，不属于任何一张信用卡机构，只能用于亚马逊网站的消费，其样式如图 6-6 所示。该卡使用时有如下特性：①若消费者为 Prime 会员，则在亚马逊网站的所有消费按照 5%返现。②消费 149 美元以上即可享受 6 个月的分期付款，且在 6 个月内付清则无利息。③消费 599 美元以上即可享受 12 个月的分期付款，且在 12 个月内付清则无利息。④一些特定的由亚马逊出售的商品可以享受 24 个月的分期付款，且在 24 个月内付清则无利息。⑤该卡无年费，另外根据具体情况，亚马逊网站还会给予申请人一定的开卡奖励。

图 6-6 亚马逊卡样式

（5）支票

仅个人支票账户可以在亚马逊上使用，且支票账户必须具有 ACH 评级，也就是说，它必须是票据交换所（ACH）的一部分，才能转移电子资金。具体操作：输入姓名、地址和美国各州颁发的驾驶执照或身份证号，再输入帐号和路径号（通常在其正面左下角都印有该银行的路径号），即可从支票账户中进行支付，如图 6-7 所示。

（二）eBay 平台支付工具

1. 收款

eBay 平台收款工具主要是 PayPal，如图 6-8 所示。

图 6-7 亚马逊的付款界面

图 6-8 eBay 的收款界面

2. 付款

eBay 平台付款工具主要有 PayPal、威士 Visa、万事达 MasterCard 等，如图 6-9 所示。关于这几个工具的介绍，请参照本任务下二、跨境电商支付工具（二）线上支付工具内容，这里不再赘述。

（三）速卖通平台支付工具

1. 收款

速卖通平台收款工具主要有 PayPal 和国际支付宝，如图 6-10 所示，PayPal 参照本项目任务相关内容，这里不再赘述。

国际支付宝账户是支付宝为从事跨境交易的国内卖家建立的资金账户管理平台，是阿里巴巴国际站与支付宝联合为国际贸易买卖双方全新打造的在线安全支付解决方案，包括对交易的

图 6-9　eBay 的付款界面

收款、退款、提现等主要功能。

全球速卖通平台只是在买家端将国内支付宝（Alipay）改名为国际支付宝（Escrow）。支付宝国际账户是多币种账户，包含美元账户和人民币账户。目前只有速卖通与阿里巴巴国际站会员才能使用。

国际支付宝的服务模式与国内支付宝类似：交易过程中先由买家将货款打到第三方担保平台的国际支付宝账户，然后第三方担保平台通知卖家发货，买家收到商品后确认，货款转移至卖家，至此完成一笔网络交易。

国际支付宝保障卖家实现款到发货，买家将货款支付至支付宝后，卖家才需发货，全面保障卖家的交易安全。

图 6-10　速卖通的收款界面

在第三方跨境支付个人端场景中，支付宝主要通过全球合作、赋能当地合作伙伴获得发展。目前，与支付宝合作的数字钱包伙伴，都已成长为当地领先的数字支付服务商。

2. 付款

速卖通平台付款工具，主要有信用卡、借记卡、国际支付宝等，关于这几个工具的介绍，请参照本任务下二、跨境电商支付工具（二）线上支付工具和三、主流跨境电商平台支付工具内容，在此不再赘述。

（四）其他平台支付工具

Shopee 虾皮覆盖了中国台湾以及主要东南亚国家的电商市场，包括马来西亚电商市场、菲律宾电商市场、新加坡电商市场、越南电商市场、泰国电商市场、巴西电商市场，目前国内越来越多电商卖家进入这个平台经营。

目前 Shopee 对国内卖家的支付合作商是连连支付（Lianlian Pay）、派安盈和 PingPong，其中连连支付是虾皮官方合作收款平台，手续费 0.7%，无汇损，到账较快。在中国大陆的供应商申请海外跨境账号后，卖家均可以开通连连支付、派安盈或 PingPong 收款账户。在各站点店铺开通后，进入后台卖家中心操作，可以绑定公司账户或个人账户。

Shopee 汇款周期为两周一次，分别为月初和月中，汇款金额为汇款日期前两周内已完成的订单。新加坡站点用新币结算，越南站点用越南盾结算，其他站点均使用美元结算。

LazadaGroup 成立于 2012 年，是东南亚领先的电子商务平台，已在 6 个国家（印度尼西亚、马来西亚、菲律宾、新加坡、泰国和越南）开展业务。

Lazada 为卖家提供两种跨境支付方式：一是派安盈；二是万里汇（WorldFirst）。

随着这些数字支付企业的发展，当地无法获取金融服务或者金融服务不足的小微人群，也开始以数字支付为入口，获得更多更普惠的金融服务。在 2020 年全球新冠疫情期间，包括数字支付在内的数字生活服务渗透率进一步提升。在东盟和南亚约 78%的消费者开始更频繁的使用数字生活服务。在马来西亚、泰国、印尼和菲律宾，当地用户通过自己当地电子钱包，用零接触的方式捐款超过 60 万美元，为当地弱势群体购买食物和口罩。此外，巴基斯坦当地电子钱包 Easypaisa、孟加拉国的 bKash 等，都上线了当地政府发放补贴的功能，帮助低收入人群度过难关。

任务实训

撰写跨境电商支付渠道和工具分析报告

一、实训目的

熟悉跨境电商支付不同渠道的特点、工具的优劣点。

二、实训内容

通过课上学习的知识，归纳出不同渠道的特点，再通过网络查询或兼职实习等方式，对应到不同的渠道，从支付流程分析理解其特点。

试着找自己感兴趣的三种以上的支付工具，通过网络查询它们在产生和发展过程中解决了消费者的什么难题，解决的思路是什么。通过兼职实习等方式实际体验支付工具的使用情况。

三、实训步骤

参考本项目任务一实训步骤。

同步测试

一、单项选择题

1. Lazada为卖家提供两种跨境支付方式：万里汇（WorldFirst）和（　　）。
   A. 派安盈（Payoneer）　B. PayPal　C. 速汇金汇款　D. 国际支付宝
2. 虾皮官方合作收款平台是（　　）。
   A. 连连支付（Lianlian Pay）　B. PayPal
   C. 速汇金汇款　D. 国际支付宝
3. 支付宝国际账户是多币种账户，包含美元账户和（　　）。
   A. 比特币账户　B. 英镑账户　C. 法币账户　D. 人民币账户
4. （　　）目前是亚马逊收款类官方唯一的合作伙伴。
   A. 派安盈（Payoneer）　B. PayPal
   C. Lianlian Pay　D. Airwallex
5. （　　）是欧美最流行的的支付方式。
   A. 国际信用卡收款　B. 亚马逊收款　C. PayPal收款　D. Airwallex

二、多项选择题

1. 跨境电商支付渠道主要有（　　）。
   A. 通过商业银行等传统金融机构支付　B. 通过专业汇款公司支付
   C. 通过比特币网络支付　D. 通过第三方平台网络支付
2. 在商业银行等传统金融机构支付渠道中，具有代表性的有（　　）。
   A. 电汇　B. 国际信用卡　C. 西联汇款　D. 国际支付宝
3. 跨境电商支付工具种类繁多，各有特点，按照支付是否在互联网上进行，分为（　　）。
   A. 线下支付工具　B. 线上支付工具　C. 在线支付工具　D. 下线支付工具
4. 速卖通平台收款工具包括（　　）。
   A. PayPal　B. MoneyGram　C. 国际支付宝　D. 西联汇款
5. 速卖通平台付款工具包括（　　）。
   A. 信用卡　B. MoneyGram　C. 国际支付宝　D. 借记卡

三、判断题

1. 通过商业银行等传统金融机构支付指的就是信用卡支付。（　　）
2. 通过专业汇款公司支付指的是支付的所有流程均通过专业汇款公司办理，与商业银行没有关系。（　　）
3. Shopee所有站点均使用美元结算。（　　）
4. 亚马逊卡是Amazon和SynchronyBank一起联合发布的联名卡，不属于任何一张信用卡机构。（　　）
5. 亚马逊礼品卡或折扣码是网站中常用的折扣方法，可以在促销时作为福利或礼物，不可以现金购买。（　　）

四、案例分析题

Airwallex空中云汇在中国香港推出线上卡收单服务

近年来，随着电商行业的快速崛起，中国香港作为亚洲国际金融与贸易中心之一，其支付行业也在极速增长。香港的电商销售额预计在2021年增长11.1%，且未来几年仍将保持强劲增长势头。同时，商家在支付方式上希望更安全、高效和更加定制化的广泛需求也会进一步刺激支付市场的规模化增长。此外，粤港澳大湾区的发展也将为跨境支付的增长提供无限机遇。

作为Visa和MasterCard的主会员机构，Airwallex空中云汇此次推出的线上卡收单服务支持香港商户接收来自全球买家的Visa和MasterCard线上卡支付，实现资金流优化。Visa和MasterCard全球支付网络支持超过120种交易币种，并支持多种货币结算至Airwallex账户，无需额外费用。此外，香港商户只需以极低的、结构透明的费率，即可在优惠的中间市场汇率（Mid-MarketRate）的基础上兑换结算款项、并结汇至本地市场，达到低成本快速回笼资金的目的。这一服务为Airwallex空中云汇商户的全球线上收款提供了更加简单高效、成本低廉且费用透明的解决方案。

继2020年9月在英国和欧洲市场推出线上卡收单服务后，Airwallex空中云汇将该服务引入中国香港市场，向建立其基于云技术的专有全球支付平台再迈进一步，是Airwallex空中云汇“创建全球金融云服务，让企业在世界各地便捷运营”这一愿景的又一里程碑。现在，Airwallex空中云汇可以为香港商户提供端到端的便捷服务，支持中小企业客户接受全球买家的线上支付、通过虚拟银行账户低成本收款以及便捷汇兑等业务，并提供发卡与费用管理等增值服务，同时也为大型企业与机构定制API解决方案。

Airwallex空中云汇大中华区CEO吴恺表示，在各种技术与产品创新蓬勃发展的大背景下，企业运营各方面的数字化进程日新月异，企业对高效率、低成本解决方案的要求也水涨船高。我们推出的全球线上卡收单服务恰逢其时，强有力地支持香港商户接受全球买家的Visa和MasterCard线上支付，享受极其优惠的费率和汇率，以“一站式”平台整合线上收款、汇兑和支付等业务。由此，Airwallex空中云汇为各类企业，尤其是高新技术公司和跨境电商平台提供了一个优质而经济的解决方案。

（资料来源：中国日报网）

请根据以上案例回答下列问题。

1. 目前主流跨境电商支付工具有哪些？
2. Airwallex空中云汇与主流跨境电商支付工具相比的优劣势有哪些？

任务三　跨境电子商务支付的风险与防范

跨境电商支付参与者众多，不仅涉及跨境电商直接参与者，还涉及银行、支付机构、税务等间接参与者，面临国际汇率变动、买卖双方信用等多方面风险，因此要做好跨境电商支付的风险防范工作。

任务描述

小雯已经了解了跨境电子商务支付的常用工具及支付业务流程，她是不是就可以顺利进行跨境电子商务支付了呢？其实不然，小雯需要事先了解在跨境电子商务支付过程中存在的风险，并进行防范。

任务分析

小雯想要了解跨境支付的风险及其防范措施，首先需要明白跨境支付存在哪些风险；其次，要了解每种风险的内容和特点；最后，针对跨境电子商务支付的风险制定防范措施，确保跨境支付结算顺利进行。

相关知识

一、跨境电子商务支付的风险

跨境电子商务支付结算的风险主要体现在信用风险、真实性风险、网络风险、法律风险以及流动性风险等方面，具体如下。

（一）信用风险

由于跨境的货物贸易可能造成款项已付而货物未收，或者货物已发而款项未收等现象，第三方支付平台执行监管政策也多只是停留在形式的层面上，因此很难确定交易的实际情况。对交易双方而言，存在着一定的信用风险，可能发生对方违约的风险。另外，在防范信用风险时，平台介入也存在诸多困难。比如 PayPal 针对海外贸易纠纷，可能会对其他国家有意偏袒，使得我国企业在面对海外贸易产生的经济纠纷及信用风险时，相应权利可能得不到全面保障。

（二）真实性风险

跨境电子商务支付关系着买卖双方、平台以及相关金融机构的资金安全与信息安全，对稳定金融发展有着重要作用。由于跨境电子商务支付方式的特殊性，使得交易的真实性难以确定，而且虚拟化的交易带来了一系列单据审核的困难。在跨境业务中，在订单信息、支付信息、物流信息一致的前提下，才能付款放货。即跨境电商提供的交易订单信息，支付方的支付信息，物流方的物流信息一致且能够证明贸易的真实性，海关部门才会放货，第三方支付机构才能完成跨境付款流程。但部分违法客户可能会通过制造虚假交易或虚假贸易合同等方式非法转移资金，为反洗钱上游犯罪所得销赃。

由于第三方支付机构难以追踪上述跨境付款资金后续流动情况，且无法判断贸易定价是否合理、贸易是否真实，犯罪分子可以利用这一漏洞进行洗钱活动。在此类案件中，跨境电子商务交易平台、支付机构均无法真正识别资金去向，也难以识别交易双方交易行为的真实性，不利于社会金融稳定发展。所以说，我国跨境电子商务支付交易同样面临真实性识别风险，而这也不利于我国金融稳定发展。

（三）网络风险

跨境电子商务支付是通过互联网的渠道来支付钱款的，因此在交易转账的过程中会产生一系列网络安全问题，比如遭受黑客攻击，数据系统遭受损害，使得大量内部数据被泄露或者篡改。另外，由于支付的虚拟化，会使相关的交易单据审核产生困难。在实际操作中，已经发现过此类案例。

（四）法律风险

由于跨境电子商务支付涉及多个国家，因此在支付过程中，所产生的矛盾存在于不同的法律制度和监管体系中，不同的法律制度和监管体系会造成不同的参考和执行标准，而这会增加其跨境支付的法律风险。例如，在跨境电子商务中退货的问题，一般情况下各国的法律会偏向于保护本国的企业，这可能会造成交易中另一方的损失。

（五）流动性风险

跨境的支付结算会伴随着资金到账的时间问题，正常说来，资金不能立即到账，需要经过双方结算银行购汇或结汇支付，一般支付平台完成交易资金清算需要 7～10 天，这可能会导致企业的资金周转出现问题。例如，企业需要交易所得的货款来支付职工工资、生产产品、购买原材料等，但是由于资金在支付过程中周转停滞，如果是多笔交易或者单笔金额较大，那么就有可能会对企业的经营周转造成影响，并进一步形成了企业经营的流动性风险。

（六）逃避个人结售汇限制的风险

我国目前对于个人结售汇实行年度限额管理，个人年度结售汇限额不超过等值 5 万美元。个人通过商业银行或者专业汇款公司支付，由于在结售汇时已采集足够的信息，这两种方式便于监管部门对个人结售汇进行管理，能保证政策的落地。但通过第三方跨境支付则存在以下问题，一是第三方支付机构支付时采集的信息有限，对接的商业银行很难获得足够的个人信息，也就很难保证个人结售汇限额政策的落实；二是认定分拆结售汇有困难。从国家外汇管理局前期试点监测情况看，B2C、C2C 小额交易业务居多，平均结售汇金额不足 60 美元，几美元的交易同样不在少数。小额交易确实存在庞大的需求，监管机构很难通过限制金额来认定分拆结售汇。

二、跨境电子商务支付的风险防范

（一）事前防范

跨境电子商务同时面对的是境内和境外两种复杂的支付环境，我国跨境电子商务要想取得长足的发展，必须从宏观层面形成针对跨境电子商务的保护网，至少应做到在法律方面有法可依，在管理方面有专业机构负责。

具体到支付方面，立法机构应对交易各方真实性审核、市场准入条件、账户开立及使用，以及资金交易性质等进行深度规范管理，加强对支付风险的管控，进一步细化、规范支付业务流程，杜绝洗钱、网络赌博等风险发生。同时，鉴于跨境电子商务的高速发展，专业机构可以由行业的自律委员会等社会机构负责，政府实行负面清单管理，这样既可以做到监管，又不至于因为运营效率低，陷入机构形同虚设的漩涡中。

我们看到监管机构已经开始出台相应的政策来进行风险防范，比如对于个人结售汇业务，2016 年 9 月，国家外汇管理局下发《关于进一步完善个人结售汇业务管理的通知》，明确规定了分拆交易的类型，具体如下：5 个以上不同个人同日、隔日或连续多日分别购汇后，将外汇汇给境外同一个人或机构；个人在 7 日内从同一外汇储蓄账户 5 次以上提取接近等值 1 万美元的外币现钞；同一个人将其外汇储蓄账户内存款划转至 5 个以上直系亲属等情况。

（二）事中控制

监管机构在跨境电子商务中的事中防范中，应充分利用大数据、互联网等新兴技术提高监管效率，具体监管时可以从以下两个方面进行。

1. 系统审核

审核订单，主要审核交易订单中的业务类型、商品名称、商品规格、数量、金额、物流信息、业务编码、订单号、支付人姓名、支付人身份证号、商户下单日期、下单时间、支付时间等。

交易对手，主要审核收款方国家、收款行 SWIFT 代码、收款行名称地址、IBAN 号、收款方名称、收款方账号、付款币种、付款金额、汇款附言等。

审核业务材料，审核和境外收款方签订的供货合同或服务协议、境外收款方资料、上下游链条合作协议、订单后台详情、税务备案凭证、Invoice 清单等。

其他可辅助证明交易真实性的资料，如物流单及明细、报关单、留学相关材料（护照、入学通知书）、原始采购、分销订单、客户黑名单、单笔交易金额、单笔业务限额、主订单与还原明细金额（币种）一致性校验、B2C 个人买家实名认证、订单号重复校验、运单号重复校验、同类商品价格浮动校验、商户交易维度校验、商户交易额浮动校验以及交易数据监控、报警和基本处理等。

2. 人工审核

交易范围验证、交易合理性验证、交易平台状态验证、交易订单数量（金额验证）、交易标的逻辑验证、物流信息验证以及对应机器审核以后的高级处理等。

（三）事后监督

1. 建立信用机制，推行失信人名单策略

可以由客观中肯的政府机构或者自律委员会等，定期对交易的各方交易数据进行检查，对存在欺诈等行为的交易方严格按照失信人管理，采取停业整顿等措施限制其交易行为和业务发展，对违反法律的交易方严格落实法律法规，坚决予以追究。

2. 成立跨境电子商务的融资机制，防范流动性风险

由于流动性风险给实体经济会带来巨大的伤害，政府机构或自律委员会可以成立专门的融资机构，融资机构根据企业日常的经营状况以及信用评分等，对因为资金兑付引起的流动性风险企业，给予一定借款扶持。或通过在保险机构购买保险等措施，对冲流动性风险。

任务实训

一、实训目的

了解 PayPal 的申请流程、功能、提现方式。

二、实训内容和步骤

（一）申请并开通 PayPal 账户

（1）进入 PayPal 官网，点击“注册”，如图 6-11 所示。

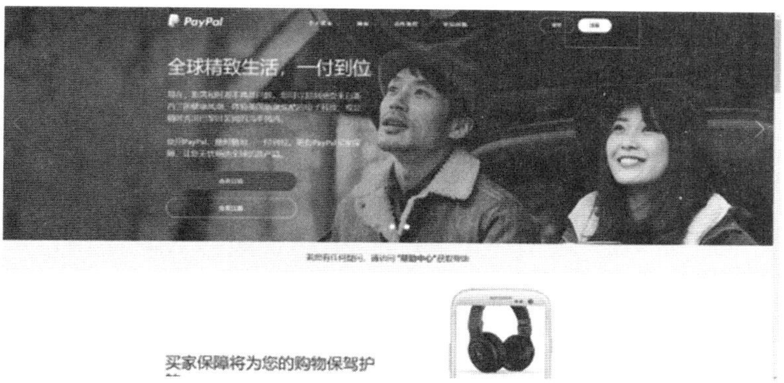

图 6-11 PayPal 的账号注册首页

（2）选择个人账户，点击“下一步”，如图 6-12 所示。

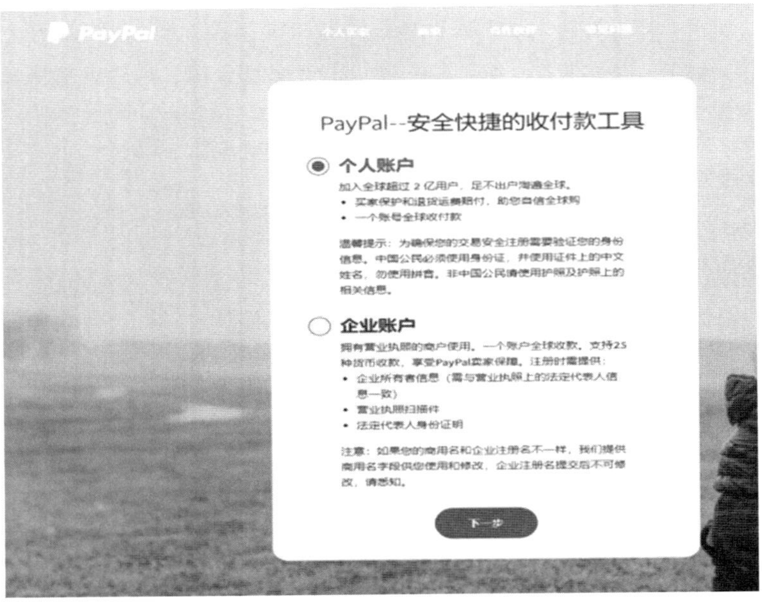

图 6-12　PayPal 注册个人账户

（3）按照提示，输入手机号码，用于账号信息检验，点击“下一步”，如图 6-13 所示。

（4）输入手机收到的验证码，如图 6-14 所示。

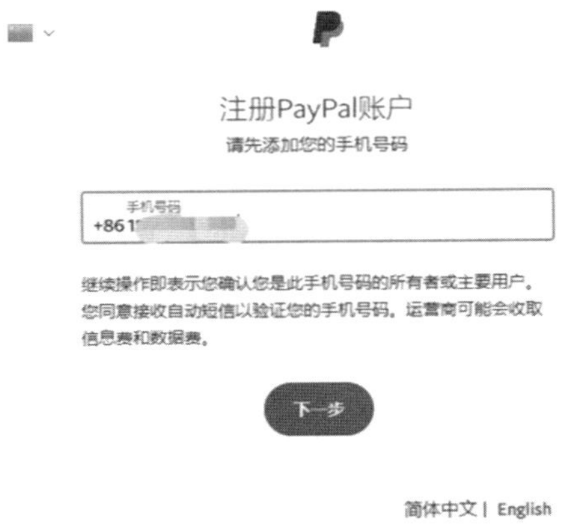

图 6-13　PayPal 账号添加手机号码页面

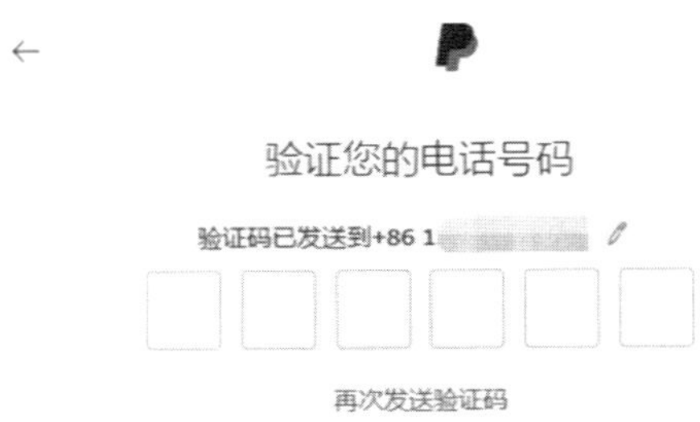

图 6-14　输入验证码

（5）按照提示输入你的用户信息，并点击“下一步”，如图 6-15 所示。

（6）继续按照提示添加其他信息，下面有 3 个选项，第一个是 PayPal 的 OneTouch 功能，指的是可让你在符合条件的应用和网店快速结账，只要使用 OneTouch，就会一直保持登录状态，无需在每次购物时都输入密码，直到关闭此功能为止。第二个即选择接受 PayPal 方法的促销和优惠。第三个是必选项。选择完毕后，点击“同意并创建账户”按钮，如图 6-16 所示。

图 6-15　输入用户信息

图 6-16　添加地址

（7）系统会提示你的账户已创建，可以根据提示绑定银行卡后进行购物或付款，如图 6-17 所示。

（8）以选择开始购物为例，绑定银行卡，填写卡号、卡类型等信息，这里的银行卡可以是信用卡或借记卡，系统会根据你输入的信息自动判定，并显示需进一步填写的信息。

（9）系统会进一步验证，输入手机收到的验证码，并点击“验证”按钮，如图 6-18 所示。

图 6-17　账户创建成功界面

图 6-18　绑定银行卡界面

（10）系统会反馈你的绑定结果，点击“已完成”按钮完成绑定，如图 6-19 所示。

（11）现在可以进入到自己的账户进行查看，如图 6-20 所示。

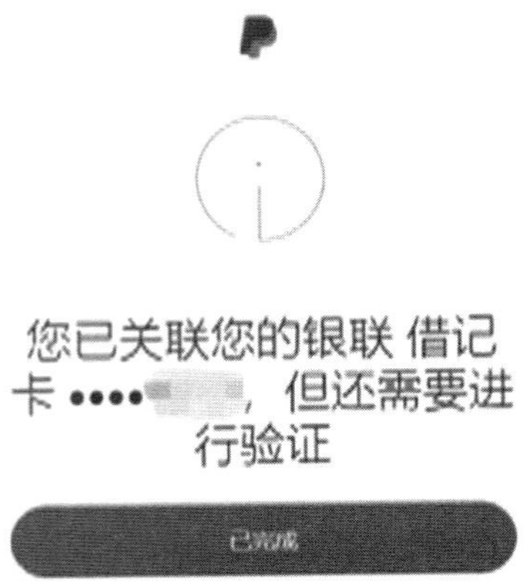

图 6-19　绑定银行卡成功界面

图 6-20　PayPal 账户首页界面

（二）PayPal 提现方式

（1）登录 PayPal 账号，点击“钱包”，选择“转账”按钮，如图 6-21 所示。

（2）选择一种方式来进行提现，如图 6-22 所示。

图 6-21　PayPal 账户钱包界面

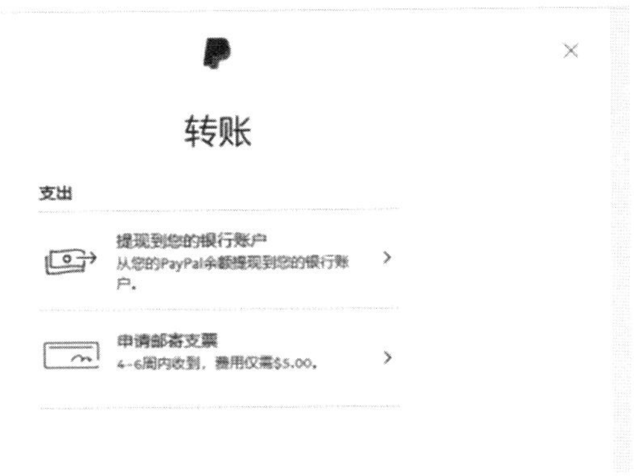

图 6-22　PayPal 账户转账界面

同步测试

一、单项选择题

1. 我国跨境电子商务及支付交易现状不包括（　　）。

　A. 跨境电子商务监管审查制度越来越苛刻

B. 跨境电子商务起步晚增速快
C. 跨境电子商务及支付将成为企业新的盈利点
D. 跨境电子支付结算方式多种多样

2. 全球速卖通在交易完成后对卖家收取的手续费，收取方式为（　　）。
A. 对卖家的每笔订单收取 5%的手续费　　B. 对卖家的每笔订单收取 7%的手续费
C. 对买家的每笔订单收取 5%的手续费　　D. 对买家的每笔订单收取 7%的手续费

3. 以下不属于跨境电子商务支付的风险防范措施的是（　　）。
A. 事前防范　　B. 事后防范
C. 事中监督　　D. 要求客户提供所有个人信息

4. 亚马逊的收款工具有（　　）。
A. 万里汇　　B. 信用卡　　C. 借记卡　　D. 亚马逊卡

5. 通过第三方平台网络支付的支付渠道是（　　）。
A. PayPal　　B. 商业银行　　C. 西联汇款　　D. 信用卡

二、多项选择题

1. 国际支付宝目前支持买家使用的币种有哪些？（　　）
A. 美元　　B. 英镑　　C. 欧元　　D. 卢布

2. 国际支付宝支持卖家收款方式有哪些？（　　）
A. 美元　　B. 英镑　　C. 欧元　　D. 人民币

3. 创建美元收款公司账户时，需要注意哪些问题？（　　）
A. 不要使用中文填写信息，否则将引起放款失败，从而产生重复放款，损失手续费
B. 设置的公司账户必须是美元账户或者能接收美元的外币账户
C. 在中国大陆地区开设的公司必须有进出口权才能接收美元并结汇
D. 使用公司账户收款的订单，必须办理正式报关手续，才能顺利结汇

4. 创建美元收款个人账户时，需要注意哪些问题？（　　）
A. 不要使用中文填写信息，否则将引起放款失败，从而产生重复放款，损失手续费
B. 创建的个人账户必须能接收海外银行（新加坡花旗银行）对个人的美元的打款
C. 收汇没有限制，个人账户年提款总额可以超过 5 万美元
D. 个人账户创建后发现有误，可以联系银行修改

5. 以下有关美元收款账户的问题，说法正确的有哪些？（　　）
A. 美元收款账户可以是中国的美元账户也可以是香港的美元账户
B. 只设置了美元收款账户，未设置人民币收款账户也是可以做交易的
C. SWIFTCode 是国际编号，相当于各个银行的身份证号
D. 美元体现手续费按提取次数计算，每笔提款手续费固定为 15 美元

三、判断题

1. 跨境电子商务的匿名性，给税务机关制造了麻烦。（　　）
2. 跨境电子商务的风控已经做到没有网络风险了。（　　）
3. Amazon 可以用 PayPal 收款。（　　）
4. eBay 可以用支票收款。（　　）
5. 亚马逊信用卡可适用于沃尔玛超市购物支付。（　　）

四、案例分析题

告别"无证驾驶"跨境支付迎来强监管时代

近年来，蓬勃发展的跨境支付业务终于迎来监管。近日，央行支付结算司召集银联、网联两大清算组织及部分支付机构召开了一场跨境业务研讨会，重申了跨境业务持牌经营的重要性："凡是没有取得监管许可而为中国境内居民提供跨境支付结算服务的，都属于跨境无证经营"，与此同时，强调"境内机构 6 个月内必须停止与无证跨境机构进行合作"。对于无证跨境支付机构，未来或者申请牌照，或者被国内持牌机构兼并，亦或者成为国内持牌机构的服务商，最严重的则是退出中国市场。

2018 年以来，跨境支付业务成为央行处罚支付机构的"重灾区"。2018 年 8 月，国付宝、联动优势两家支付公司因违反相应规定收到监管部门罚单，罚没金额分别为 4646 万元和 2640 万元。央行营管部公告称，国付宝公司和联动优势公司未能采取有效措施和技术手段对境内网络特约商户的交易情况进行检查，客观上为非法交易提供了网络支付服务。同一时期，智付由于凭虚假物流信息办理跨境外汇支付业务，构成逃汇行为，被监管罚款 1530.8 万元。央行深圳市中心支行曾表示，智付为境外多家非法黄金、炒汇类互联网交易平台提供支付服务，通过虚构货物贸易，办理无真实贸易背景跨境外汇支付业务。

有业内人士分析，为了防止支付渠道成为犯罪活动资金快速转移的通道，未来跨境支付领域监管将更加严格，特别是随着资本市场的进一步开放，跨境资本流动和资金支付更加频繁，未来还将会有规模更大的国际协作的反洗钱监管。

（资料来源：中国国际电子商务网）

请根据以上案例回答下列问题。

1. 跨境电子商务支付的风险有哪些？
2. 如何采取措施防范跨境支付风险？央行此次采取的监管措施主要有哪些？

项目七

跨境电子商务客户服务

学习目标

【知识目标】

- 了解跨境电商客服的职能。
- 熟悉客服沟通技巧。
- 掌握回复邮件的基本格式。

【能力目标】

- 能够在规定时间内回复客服问题。
- 能够按照邮件回复格式要求进行回复。
- 能够合理解决客户问题，赢得客户信任，促进订单转化。

【素质目标】

- 培养耐心、细致的习惯，良好的服务意识。
- 培养热情的工作态度，良好的敬业精神。
- 养成诚实守信的人格品质。

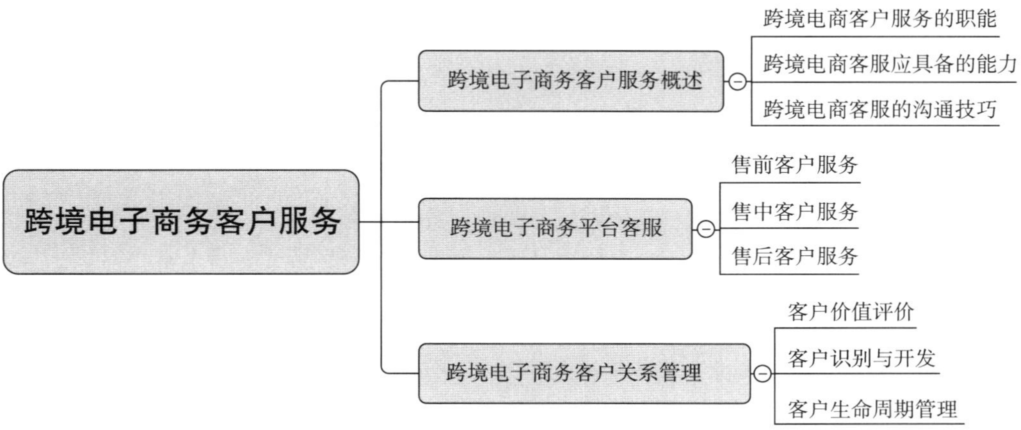

任务一　跨境电子商务客户服务概述

客服工作是电商销售流程的重要环节，也是企业联系消费者的重要窗口，订单小单化、碎片化以及订单数量增长迅速，是目前跨境电子商务的两大特点，这也意味着跨境电子商务客户服务的工作量、难度和复杂程度都很大。

就工作量而言，跨境电子商务客服大多时候都在处理客户的售后问题。具体而言，有“货不对版”“未在规定时间内送达”等问题，因为语言和文化的差异，沟通过程中客服容易出现缺乏耐心、不愿听卖家解释的现象，这对新手客服是很大的挑战。客服在遇到客户质疑或产生纠纷的时候，如果没有妥善处理，损失的不仅是产品和邮寄费，还会使纠纷率上升，影响好评率和评论。

任务描述

小雯通过不断的优化产品，辛勤的营销推广，店铺及产品的曝光量、访问量逐渐增加，在线咨询产品的客户也逐渐增多，部分客户已经下单支付，有的已经发货给买家，面临客户咨询的各种问题，小雯有些手足无措，向经理请教该如何处理这些问题，经理建议小雯，做好客户的追踪工作，客户服务的问题交给公司负责客户服务工作的小李去处理。

任务分析

小李作为专业的客服人员，首先需要了解跨境电商客服的职能、岗位标准和沟通技巧。

相关知识

一、跨境电商客户服务的职能

跨境电商客服工作的内容包括 4 个方面，分别是解答客户疑问、促进产品销售、监控管理产品运营、处理产品售后问题。

1. 解答客户的疑问

在跨境电商店铺运营过程中，客户的咨询主要有两个方面，一是关于产品的问题；二是关于产品服务的问题。

中国跨境电商行业的产品有自己的特点：第一，产品种类繁多，从 3C 电子产品、玩具到后期卖家们竞争激烈的服装、配饰、家居用品等，所涉及的产品品类不断丰富；第二，与国内电商平台重视店铺的特点不同，跨境电商平台重产品轻店铺，国外买家对“店铺”的概念很模糊，因此同一个跨境电商卖家往往会经营多个品类，这使得跨境电商客服的工作更复杂；第三，国内外产品的规格差距较大，比如服装品类，存在国内尺码、美国尺码和欧洲尺码的不同，电器品类各国的标规也不相同。基于以上因素，跨境电商客服在解决客户关于产品的问题时面临着较大的困难。

跨境电商行业的另一特点是服务实现更加复杂。因跨境电商面临国际物流运输、海关申报清关、产品安全等问题，处理过程比较复杂。国外客户收到产品后在使用过程中遇到问题也需要具备优秀的售后服务能力的客服人员，为其提供有效的解决方案。

2. 促进产品销售

在跨境电商运营过程中，如果客服人员能够充分发挥主动性，主动促成订单交易，将能为企业和团队带来巨大的销量。有不少国外买家习惯在跨境电商平台上寻找种类多样、质优价廉的中国产品，现在的跨境电商交易中小额的国外批发采购客户占有不小的比例。

这些买家的购物模式通常是先挑选几个中国卖家的店铺采购小额的样品，待确定样品的质量、款式以及卖家服务水平之后，会尝试订购单笔大额订单，随后逐渐与中国卖家发展为稳定的“采购—批发供应”关系。而这些买家与中国卖家的接触往往是通过客服进行。因此，优秀的客服人员需要具备营销意识和技巧，能够将零散买家中的潜在批发买家发展成为实际的、稳定的长期客户。

3. 监控管理产品运营

由于跨境电商具有跨国交易、订单零碎的特点，因此，在产品开发、采购、包装、仓储、物流、海关清关等环节容易出现混乱的情况。尤其是如果出现问题后由于环节众多企业和团队无法确认责任，更容易导致问题进一步恶化。如果企业和团队中存在的问题被长期忽视得不到有效的解决，它将会随时给团队带来损失。因此，对于一个企业和团队来说，必须建立一套完整的发现和解决问题的机制，以便在出现问题之后能够及时有效地进行处理。

在跨境电商运营过程中客服就担当着发现问题的责任。客服人员不一定要直接参与到团队的管理当中，他们作为直接接触广大客户的人，直接聆听客户反馈的问题，是团队最先发现所有问题的接触点。

因此，跨境团队中的客服人员必须发挥监控管理产品运营的职能，定期将客户提出的问题进行分类总结，并及时向销售、采购、仓储、物流等各个部分的主要负责人反馈，为这些部门决策者进行岗位调整和工作流程优化提供第一手参考资料。

4. 处理产品售后问题

在跨境电商交易中，客户在下单之前通常很少与卖家进行沟通。卖家要做的是在产品描述页面上借助文字、图片、视频等内容对产品进行详细透彻的介绍，并说明能够提供的售前和售后服务，而这些内容都将成为卖家向买家做出的不可改变、不可撤销的承诺。

在国内电商交易中，大多数买家下单前都会与客服人员进行沟通，咨询产品库存、产品是否可以提供折扣或赠品等问题，而在跨境电商中，买家往往是静默下单，即时付款，大大减轻了卖家的工作量。

在跨境电商交易中，买家联系卖家往往是产品或物流运输出现了问题，或者是其他服务方面出现了重大问题，而这些问题是买家无法自己解决的。因此在跨境电商交易中，一旦买家联系客服通常就是买家投诉。

经过统计发现，许多卖家每天收到的邮件有70%左右都是关于产品和服务的投诉，也就是说，跨境电商的客服人员日常最主要的工作就是解决各种售后问题。

二、跨境电商客服应具备的能力

1. 传统外贸的专业技能

第一，必须掌握国际贸易专业基本理论知识和技能，要通晓我国外贸政策和理论、国际外贸规则与惯例、进出口交易程序与合同条款、国际承包和劳务合作等。第二，由于国际贸易的交易双方处在不同的国家和地区，各国的政治制度、法律体系不同，文化背景互有差异，价值观念也有所不同，因此要求从业人员熟悉国际贸易法则，通晓国际经济、政治法律、社会文化等情况。第三，要求具有进行国际商务谈判、草拟和翻译国际商务函电、起草和签订国际贸易合同的能力，熟练掌握和运用国际贸易惯例、国际贸易法律，具有处理国际贸易纠纷的能力及一定的企业经营管理能力。

2. 对于产品供应链的理解能力

无论我们做传统外贸还是跨境电子商务，要把生意做好，就应该有优质特色的产品，同时作为一个在线客户服务，我们应该对自己的产品非常熟悉。只有对产品有充分的了解，才可以履行一个在线客服基本的职能，就是跟客户沟通，引导客户下单交易，对于供应链的理解也可以在后期的运营中更多层现自己的核心竞争力。

3. 对平台的熟悉程度，对贸易流程的理解能力

对很多小型的跨境电子商务创业团队而言，“在线客服”是身兼多职的，不仅仅是在线跟客户沟通，也需要兼顾平台运营。想要成为一名合格的跨境电子商务在线客服，首先就应该熟悉运用跨境电子商务平台的规章制度。其次，因为要直接面对客户，所以在线客服应该对跨境电子商务的整套流程都非常熟悉，比如说物流、各国的海关清关等。

4. 良好的语言沟通能力

跨境电商客服人员应具备较高的外语能力。外语能力，即能够利用外语及时有效地与外国客户进行沟通，包括书面交流（函电）和口头表达（口语、谈判）能力。如果要精细化地做好跨境电子商务运营，外语能力是非常重要的，不仅仅体现在详细的页面描述上，跟客户沟通，特别是在与客户存在消费纠纷时，有语言优势的客服，更能解决客户的问题。

5. 了解目的国消费者的能力

跨境电商客服人员应充分了解目的消费国的风土人情。只有了解不同国家人们的喜好和需求，才能针对不同国家进行选品，设置产品详情页，并推出相应的营销策略。掌握这些就可以更好地跟客户沟通，最终促进销售业绩的增长。

三、跨境电商客服的沟通技巧

做好客户服务工作是提升买家购物体验，提高转化率，促进客户二次购买的有效途径。这需要卖家掌握技巧提高买家满意度，并能有效地进行二次营销。

1. 提高买家满意度

买家满意度是指买家通过将一个产品的可感知效果与他的期望值相比较，所形成的愉悦或失望的感觉。较高的买家满意度会为店铺带来更多的重复购买，吸引买家更快下单，同时还能间接提高产品的排序，增加产品的曝光度，帮助卖家享受更好的资源。

在交易过程中，影响买家满意度的重要因素有商品质量、物流速度、物流服务、交易沟通、售后服务等。因此，卖家可以考虑从以下几个角度着手提升买家满意度，改善交易过程中买家的购物体验。

（1）产品信息描述尽量详细、完整

通常来说，买家希望从详细描述中了解的产品信息包括多个方面，主要内容如表 7-1 所示。

表 7-1　产品信息

产品的介绍	下单后的付款方式
产品实物图片	成交后的物流方式
产品具有的特点、优势、卖点	能享受的售后服务
产品的具体使用说明	产品纠纷、退款等方面的承诺
产品的包装信息、配件	卖家的实力背景、信誉情况

因此，卖家的产品信息描述中要尽可能地包含以上这些信息，这需要做好两个方面的工作：一是标题内容要详尽，尽可能包含售后服务、质量保证等信息，可以将产品的信用保证、产品材质及特点、产品名称、免邮等信息填写在标题中；二是产品描述要完整，产品详细描述要尽量包括产品的功能、参数、品类、使用方法等重要内容，售后服务、质量保证、承诺、注意事项等内容也尽可能表述得详细完整。

（2）快速及时地回复询盘

回复询盘要礼貌、简洁、清晰、直截了当，避免在来回沟通中错失商机。

（3）与买家保持良好沟通

交易中买卖双方的沟通是非常必要的，特别是如果买家对卖家的某件产品感兴趣时，就会多问一些问题以便更清楚地了解产品。当卖家遇到买家咨询时应积极回应，同时留意是否是因为产品描述没有说清楚等原因才造成买家对产品有疑问，并在随后重新修改和编辑产品页面。

如果在与买家的沟通中出现误会或争执，卖家一定要冷静地寻找原因。一般来说，可能是因为产品描述有歧义、多人操作店铺账号但没有对客户要求及时备案等细节造成的。而卖家与买家进行耐心沟通后，多数情况下可以消除误会并增进买家对产品的了解。

（4）为买家提供优质的物流体验

物流体验包括发货速度、物流运送时间、货物完整与否、送货员的服务态度等重要内容。为买家提供优质的物流体验，卖家可以从选择合适的物流、及时发货以及做好物流跟踪几个方面入手。

2. 做好二次营销

不论是亚马逊、eBay，还是速卖通，大卖家们的交易额中，老买家都会占据一半甚至更多的份额。要想保持稳定增长的交易额，并成长为大卖家，做好老买家的服务，做好二次营销是非常关键的。

（1）寻找重点客户

一次简单的交易从买家下单到买家确认并给予好评后就结束了，但一个优秀的卖家仍有很多事情可以做。卖家通过对买家交易数据的整理，可以识别出那些有潜力持续交易的买家和有机会做大单的买家，更有针对性地维系他们并推荐优质产品，从而使这些老买家持续稳定地下单。

（2）选择合适的二次营销时机

卖家开展二次营销的时机可以有 4 种选择，在感恩节、圣诞节等一些重要的节日；产品特价销售时；有新的优质产品上线时；转销型买家上一次转销已经完成，需要下一次采购时。在这些重要的时间点，主动出击展开对于买家的二次营销，将使卖家获得老客户稳定的交易，从而更好地增加交易量。

（3）注意沟通时间点

由于时差的缘故，在卖家日常工作的时候，会发现大部分国外买家的即时通信设备都是离线的。当然，即使国外买家不在线，卖家也可以通过留言的方式联系到买家。不过，建议卖家尽量选择买家在线的时候联系，这意味着卖家应该学会在晚上联系国外买家。

任务实训

情景模拟跨境电商客服沟通技巧

一、实训目的

掌握跨境电商客服的沟通技巧。

二、实训内容

两人一组进行情景模拟，一人扮演买家，一人扮演卖家，对设计的问题进行模拟。

三、实训步骤

步骤一：自由分组。
步骤二：小组抽签选择模拟的情景。
步骤三：上台模拟。
步骤四：小组间互评。
步骤五：教师点评。

同步测试

一、单项选择题

1. 跨境电商客服课程内容包括跨境电商售前客服、（　　）客服、跨境电商售后客服等。
   A. 跨境电商营销　B. 跨境电商售中　C. 跨境电商结算　D. 跨境电商物流
2. 跨境电商客服任职人员需掌握翻译软件、（　　）等工具的操作。
   A. 游戏软件　B. 编程软件　C. 沟通软件　D. 设计软件
3. 跨境电商 B 类业务客服岗位职责有：报价、推荐产品、（　　）等。
   A. 开发客户　B. 解答咨询　C. 处理差评　D. 处理纠纷
4. 学习跨境电商客服课程，除了参考教材以外，还可以选择（　　）、平台类等书籍作为参考。
   A. 英语类　B. 运营类　C. 编程类　设计类
5. 跨境电商客服常用的沟通工具一般有（　　）、即时通讯软件和电话等。
   A. 电子邮件　B. 淘宝旺旺　C. 微信　D. QQ

二、多项选择题

1. 跨境电商行业从业人员需要具备（　　）等意识。
   A. 品牌　B. 商标　C. 知识产权　D. 技术更新
2. 跨境电商客服常用的沟通工具一般有（　　）等。
   A. 电子邮件　B. 即时通讯软件　C. 电话　D. 淘宝旺旺
3. 在制作平台产品标题时，获取关键词的途径包括哪些？（　　）
   A. 产品　B. 平台产品类别
   C. 通用流量词　D. 文学影视作品 & 流行话题

4. 亚马逊平台删除差评的情况有（ ）。

A. 评价含有粗俗语言

B. 评价含有卖家私人身份信息，包括邮箱地址、姓名和电话号码

C. 评价全部都是评价产品

D. 评价全部是关于亚马逊物流或订单服务

5. 下面属于避免纠纷措施的有（ ）。

A. 产品描述应尽可能真实全面　　B. 严把质量关

C. 杜绝假货　　D. 与可靠的物流公司合作

三、判断题

1. 跨境电商客服初级岗位包括外贸主管、运营专员。（ ）

2. 跨境电商客服就是国际版的淘宝客服。（ ）

3. 在跨境电子商务业务中，任何能提高客户满意度的内容都属于客户服务的范围。（ ）

4. 跨境电商客服的广义概念是在跨境电子商务业务中，以客户为导向，为其提供服务并使之满意。（ ）

5. B2C 跨境电商平台上的买家大多不会讨价还价。（ ）

四、案例分析题

Alice 的成功路

Alice 从德国留学归来，当时摆在她面前有 3 条从业道路：翻译、教师、外贸。但骨子里就喜欢各种挑战的 Alice，毅然选择了外贸。"翻译和教师显然会比较安稳，但我喜欢更具有挑战性的工作。"

优势专业和海外留学经历，成为 Alice 进入职场的先天优势，初试身手她就成功拿到了天津广卓的 Offer，并进入了该公司亚马逊德国站客服组成为一名专职客服。

正如所有刚毕业的年轻人一样，刚进入职场的 Alice 对一切新鲜事物都充满了好奇，对所有工作也都报以满满的激情。从售前、售中到售后，Alice 用半年的时间把亚马逊客服的整个工作流程基本掌握，但同时她也发现，客服做的都是一些基础工作，并不能满足她所期待的各种挑战，月薪 2000 元的工资也让其倍感艰辛，而要想有所突破必须转向前端运营。

"我想要住在一个窗明几净的房间，想在同事相约聚餐的时候不再推脱有事，我想要赚更多的钱。但等真正开始做运营时，才发现这并不是一件简单的事，果真充满了挑战。如何让新上架的产品获取更多的流量和关注，如何提高转换率，如何提高消费者的重复购买欲，都需要做深入的研究，但当时的亚马逊还没有全球开店，且信息传播也不像现在这么方便快捷，只能摸着石头过河，靠逛论坛和帖子一步步摸索。" Alice 说道。

功夫不负有心人，经过几个月废寝忘食的研究摸索，每天流连于各大论坛、贴吧，着了魔一样的四处求教、交流，Alice 渐渐对亚马逊的运营有了更全面的认识，也逐步形成自己特有的一套运营、打法，在无任何差评的情况下，一个月的时间把一个新账户从 0 做到了月销 3000 欧元，她对运营的痴魔和突飞猛进的成绩，也让众人对这个"90 后"的小姑娘刮目相看。

请根据以上案例回答下列问题。

1. Alice 为什么能取得成功？

2. 一个优秀的跨境电商客服人员应该具备什么素质和能力？

任务二　跨境电子商务平台客服

一个完整的跨境电商客户服务流程应当至少包括售前服务、售中服务和售后服务 3 个部分。售前服务是企业在顾客未接触产品之前所开展的一系列刺激顾客购买欲望的服务工作。售前客户服务的工作尤为重要，直接决定着客户对卖家的第一印象。售中客户服务是指从买家下单到签收货物这个阶段。售后客户服务，就是在买家签收货物以后提供的各种服务活动。

任务描述

小李作为公司的客服人员，已经了解跨境电商客服的职能、岗位标准和沟通技巧，具体到客服工作流程中需要处理客户哪些问题及如何处理，是他亟待解决的问题。

任务分析

小李为尽快承担好跨境电商客服的工作，需要学习售前、售中和售后服务相关问题的处理技巧。

相关知识

一、售前客户服务

（一）售前信息推送

1. 问候寒暄

问候寒暄时，要亲切、礼貌、表现自然、热情，常用语句如下：

Thanks for your visiting to my onlinesrore!

What may I do for you?

Is there any thing you like?

询问进一步帮助的常用语如下：

If you can't find anything you like, you can tell us, and we will help you to find the sourse!

Thanks again!

2. 产品推荐信

产品推荐信为商务信函的一种，典型的产品推荐信有些固定的内容，内容包括称呼、正文、信尾敬语、签名。正文部分要提出产品名，概括新产品是什么，简要列出产品特点。在英文推荐信中，由于客户关心的更多是产品以及成本，所以我们一定要抓住重点。把产品特性放在英文推荐信的首位，同时，要指出客户的利益点。

接下来看一篇推荐信范文，试着去感受下产品推荐信的结构和正文每段的典型表达方式。

Dear XXX:

Our * * * * * * （产品名）can provide excellent benefits to your company.

People with little or no art experience can still create their own masterpieces themselves!（一句话概括新产品是什么）

Products Features（简要列出产品特点）:

- Brand new and creative concept for DIY crafts.
- Easy to handle, amazing decor effects & exciting user experience.
- Great gifts for birthday, anniversaries, Christmas and Valentine's Day.
- Multi-purpose available: Scratchboard art could also be used as a clock and photo frame.
- Affordable High quality and museum class scratchboard, no toxic and environmentally friendly.

I look forward to hearing from you soon.

Yours sincerely!

Website:

Tel.:

Fax.:

(二) 产品相关问题咨询

售前客户服务面对的是潜在的客户，与客户的对话内容大部分是围绕商品本身进行的，所以在沟通交流的过程中，客户很可能会问及关于商品的专业问题。一个清晰明了的产品描述意味着能够让客户快速获取所需要的信息，并且没有多余的疑问。客户服务人员需要了解相应产品的特点、重要的参数、支付方式与物流等相关信息，并且最好熟知消费者心理，可以为客户提供恰到好处的信息，打消客户的疑虑，鼓励其下单购买。

1. 咨询议价

一般不接受客户议价，除非客户需批量购买，批量购买议价的，需要核算利润，给出合适价格。针对先前有承诺给予优惠的老客户，则给予相应承诺的优惠价格。如果买家出价过低，不要直接拒绝，采用婉拒或者询问买家邮编，告知他这是最优价格，让买家感觉，你确实给的是最优价格，而不是凭空编造的。

参考邮件一：

Buyer: Can you give me some discount, if I buy more?

Seller:

Dear friend,

Thank you for your mail.

Could youpls tell us your location? We'll calculated it and could you pls tell us how many do you need?

Waiting for your reply.

Have a nice day.

参考邮件二：

Buyer: Hello, I can give 100 dollars for it. Is it OK?

产品标价 $ 132。

Seller:

Dear friend,

Thank you for your email and your attention,

Perhaps we can't offer you that low price you bargained. I'm sorry for that. In fact the price listed is reasonable and been carefully calculated. It leaves me limited profit already.

But, we'd like to offer you some discounts on multiple items. If you purchase more than 5 pieces in one order, ________________ discount will be given to you on amount.

Any further questions please let me know. Thanks.

Yours Sincerely!

2. 咨询支付方式

首先感谢买家对产品的兴趣与咨询，理解买家的顾虑，解释付款方式的优势。跨境电商B2C交易中，常用的是信用卡支付、PayPal、Cashpay、Moneybookers、Payoneer等第三方收款工具。以下模板以PayPal为例，PayPal的优点是安全、快速、普及。

参考邮件：

Buyer：Do you accept check or bank transfer? I do not have a PayPal account.

Seller：

Dear friend,

Thank you for your inquiry.

For simplifying the process sake, I suggest that you pay through PayPal. As you know, it always takes at least 2~3 months to clear international check so that the dealing and shipping time will cost too much time.

PayPal is a faster, easier and safer payment method. It is widely used in international online business. Even if you do not want to register a PayPal account, you can still use your credit card to go through PayPal checkout process without any extra steps.

Hope my answer is helpful to you.

Yours Sincerely!

3. 咨询产品

在产品咨询方面，常常遇到的是材质、规格尺寸、使用方法等问题。卖家在跟客户沟通这方面时需要据实相告，避免造成纠纷。

参考邮件：

Dear friend,

Thank you for your inquiry.

About your problem, I have checked the item information for you.

____________________(问题回答). Hope it can help you.

Any other questions, feel free to let me know.

Nice day.

4. 咨询物流方式、发货时间

这类咨询要根据刊登详情进行回答，准确即可。

参考邮件：

Buyer：What's the carrier you ship to France? And how long it will take?

Seller：

Dear friend,

Thank you for your inquiry.

Normally it will take 21~50 days to arrive you since it is an international shipment from Shen Zhen China. Hope your understanding and support.

If you cannot get it within the scheduled time limit, please be sure contact back.

We must take further actions for you.

Have a nice day!

二、售中客户服务

（一）订单处理

订单处理是跨境电子商务的核心业务流程。订单处理过程包括的细节和关键点较多。因此，优化订单处理过程，缩短订单处理周期，提高订单满足率和供货的准确率，可以进一步提高客户服务人员的服务水准，并提升客户满意度。良好的订单处理能力在店铺运营中可以节省大量的人力、物力、时间和金钱。

1. 客户未付款

未付款订单指买家已经拍下商品，但尚未付款的订单。对于未付款订单，建议在12~24小时内去信询问买家不能付款原因，也可以通过提醒折扣到期，或者库存不多来刺激买家尽快下单。

参考邮件：

Dear customer,

We appreciated your purchase from us. However, we noticed you that haven't made the payment yet. This is a friendly reminder to you to complete the payment transaction as soon as possible. Instant payments are very important, the earlier you pay, the sooner you will get the item.

If you have any problems making the payment, or if you don't want to go through with this order, please let us know. We can help you to resolve the payment problems or cancel the order.

Thanks again!

Looking forward to hearing from you soon.

Best Regards!

(Your name)

（1）提醒客户及时付款

一般情况下，如果客户下单后未及时付款，卖家可以通过询问客户是否对产品还存在什么问题，使用委婉方式提醒客户付款，并承诺付款后尽快发货。

参考邮件：

Dear customer,

We have got your order of * * *. But it seems that the order is still unpaid.

If there's anything I can help with the price, size, etc., please feel free to contact me.

Once the payment is confirmed, I will process the order and ship it out as soon as possible.

Thanks!

Best Regards!

(Your name)

（2）客户半天内未付款的情况

客户拍下产品半天内未付款的客户可能正在犹豫不决，卖家可以抓住机会强化客户对产品和服务的信心，打消客户对产品质量或者服务的疑虑，促进订单转化。

参考邮件：

Dear customer,

Half a day has passed, and we think that you probably found some other shop whose product is cheaper than ours.

Our company has four-year experience of bags, shoes & accessories business in China, and we have our own factory with more than 100 employees. We will carefully examine the product again before the shipment, and try to avoid your loss. If there is quality problem, take pictures and send them to us. Once confirmed, the problem product will be replaced for free by a new one we offer. Because we believe that thoughtful service is the foundation of business cooperation. We sincerely hope that we can become a good business partner of yours soon.

Best Regards!

(Your name)

(3) 客户下单后2天未付款的情况

若客户下单后2天内还未付款，且之前发送的邮件也没有回复，则有可能是客户觉得价格高了或者找到了更便宜的卖家。此时可以告知客户产品利润很薄，但是愿意给予一定的折扣以促成交易，以下是参考邮件：

参考邮件：

Dear friend,

We found you haven't paid for the order you placed several days ago. The payment process has already been sent to you and I think you have already known how to pay.

Our profit margin for this product is very limited. But if you think the price is too high, we can give you a discount of 3%. Hope you are happy with it and you are welcome to contact me if there is anything else I can help with.

Best Regards!

(Your name)

2. 客户已付款

(1) 买方已付款，但库存无货

可直接向客户推荐类似的产品，并提供相应的链接。如果客户经过考虑后决定取消购买，可以告诉客户取消流程。

(2) 资金未通过风控审核

当买家的订单因为未通过风控部门的审核被关闭后，卖家要给买家留言，告诉他/她可以尝试另下一个新的订单，然后用别的支付方式付款，要尽量留住客户。

(二) 特殊订单处理

跨境电商卖家越来越多，当开始有订单时，首要考虑的问题就是怎么选择快递物流把货发到国外去。一般来讲，作为跨境电商中基数最大的小卖家，可以通过平台发货，也可以选择国际小包等渠道。不过，对于大卖家或者独立平台的卖家而言，需要优化物流成本，还需要考虑客户体验，整合物流资源并探索新的物流形式，具体物流选择请参照项目五中的物流内容。

三、售后客户服务

(一) 产品质量问题

价格优势无法做产品永远的保护伞，尤其当产品以电商平台的形式面向全球市场的消费者展示时，产品质量成为一道“大坎”。在售后问题中，一般遇到产品质量问题，要根据产品货值，买家态度等情况解决。

1. 质量问题不影响使用

质量问题不影响使用，应该和买家协商部分退款，并且承诺会做好出库检查或者会换质量更好的供应商。

案例：

Buyer：Hello. The T-shirt has arrived. Unfortunately it has stains and the seams have different colors. Kind regards!

买家发来商品质量问题图片，如图 7-1、图 7-2 所示。

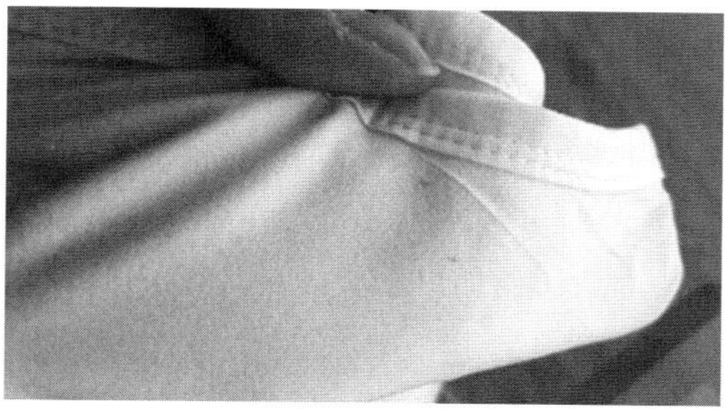

图 7-1　商品质量问题（一）

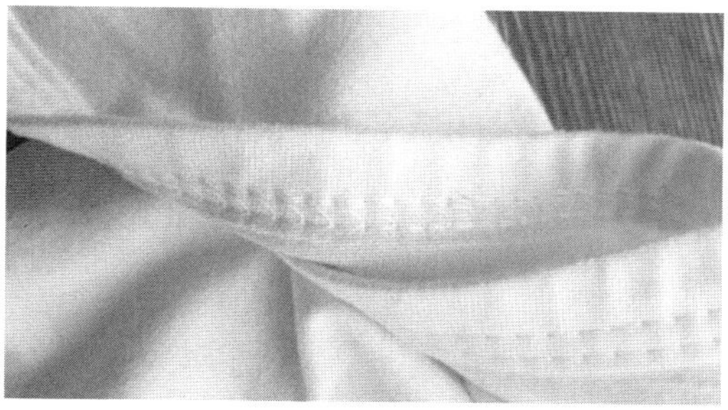

图 7-2　商品质量问题（二）

Dear customer,

Thank you for your email, we sincerely apologize for the trouble, we are willing to take the responsibility and more stick on quality inspection.

About your issue could you please allow us offer you　$ as a compensation? Is that an acceptable solution? Or what is your idea?

Whatever we will try our best to solve it for you

Look forward to hearing from you.

Best Regards!

2. 质量问题影响使用，小额建议直接退款

案例：

Buyer：Hi, please fit attached pictures showing damage to both items – 1 has a hole in the water tank, other has broken nozzle.

I have now ordered replacement items so please can I receive a refund.

买家发来商品质量问题图片，如图 7-3、图 7-4 所示。

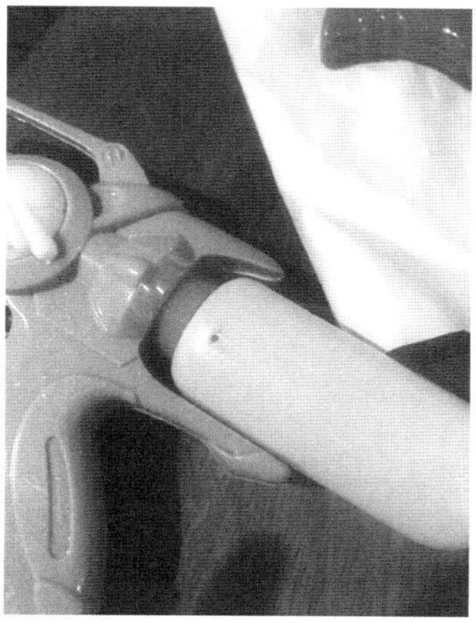

图 7-3　商品质量问题（三）

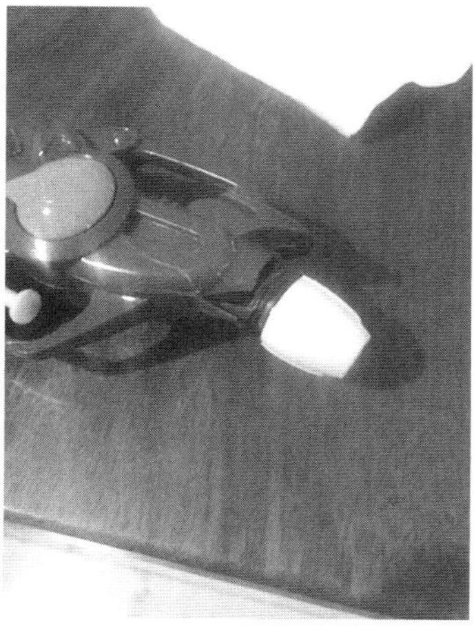

图 7-4　商品质量问题（四）

商品信息，如图 7-5 所示。

图 7-5　商品详情页

Dear customer,

So sorry for the trouble, we sincerely apologize about this matter. We would like to offer you a full refund for the issue right away. pls have a check.

If any questionpls contact us.

Best Regards!

3. 质量问题影响使用，金额较大

当遇到这种情况，退回对于卖家来说费用过高，而且不能二次上架，建议买家在当地进行维修。

参考邮件：

Dear friend,

Thank you for your mail and sorry for all the trouble.

As for the problem you mentioned, can you repair it in your country?

If so, we can refund you partial money as compensation, do you agree?

Waiting for your reply!

Thanks and Regards!

（二）物流问题

1. 跟踪号有物流信息，但出现延误

参考邮件：

Dear friend,

Thank you for purchasing (item ID or item title). We have shipped your item on ________ （日期）.

We shipped it by ________ （物流商）, and the tracking number is________. However with the busy season shipping time, there may be a delay for delivery times. We promise we will provide a satisfactory solution for you if the item is not delivered. Your satisfaction is our most priority, please contact us if you have any concerns.

We apologize for any inconvenience. Your understanding is greatly appreciated.

Best Regards!

2. 平邮，跟踪号无物流信息

参考邮件：

Dear friend,

Sorry to hear that you still have not received the item. We indeed have sent your item out on May 24th. Usually, it takes 2～4 weeks to arrive you. Since it has been a long time, it must stuck or lost somewhere. We would like to refund you first so not to make you worry. But would you like to repay for it when you receive your item in the future, because we only make a little profit on the item, hopefully get your understanding.

Wait for your reply. We promise we will give you a satisfied solution once we get your answer.

Have a nice day!

3. 物流异常，不更新或丢件

参考邮件：

Dear friend,

Sorry for all the trouble. We checked the tracking infos again for you. It has been struck at ______ (地点). Could you pls wait 2～3 days more? We'll check it with logistic company. If still doesn't any updated, we'd like reship or refund you for this matter.

Hope your understanding.

Waiting for your reply.

Best Regards!

4. 节假日/旺季导致物流延误（如春节、国庆）

参考邮件：

Dear Customer,

Thank you for your purchase and prompt payment. China will be observing a public holiday from October 1st through October 7th. As such, all shipping services will be unavailable during this time and may cause a delay in the delivery of your item for several days.

We will promptly ship your item when the post office re-opens on October 8th.

If you have any concerns, please contact us through

message. Thank you for your understanding and patience.

Yours Sincerely!

5. 天气等不可抗力因素造成的延误

参考邮件：

Dear Customer,

Thank you for purchasing an item from our store. We are sorry to inform you that the delivery of your item may be delayed due to Hurricane Sandy.

We shipped your item on ________ （日期） but unfortunately, we were notified by the post office that all parcels will be delayed due to this natural disaster.

Your patience is much appreciated. If you have any concerns, please contact us through message so that we can respond promptly.

Yours Sincerely!

(三) 退换货问题

跨境电商不同于国内电商，由于距离远、运输时间长、运输成本高，当商品服务出现问题时，售后处理的方案往往会比国内电商的处理方案成本高，尤其在退换货方面，最常见的处理方式就是免费重发或者退款等。优秀的售后服务就是在多种处理方法中引导客户选择对卖家而言成本最低的处理方案。

1. 买家原因退货（比如：产品不合适、改变主意、发现更低价、就是不喜欢、买错）

参考邮件：

Dear friend,

We're so sorry to hear that you want to return it. If you really don't like it, we could provide you the return address, and we will give you the full refund as soon as we get the item. But you should pay for the returned shipping fee. Is it ok for you?

Looking forward to hear you soon.

Nice day!

2. 卖家原因退货

（1）顾客发来图片，根据情况引导退部分或全额款

参考邮件：

Dear friend,

We're so sorry for the unsatisfied purchase. We're willing to solve the problem.

Sorry for the poor quality, this kind of the product what you bought is too hot, maybe somethings go wrong in production. We have contacted manufacturer, tell them to improve as soon as possible.

As an honest seller, we are not willing to let our dear valued customer suffer any losses. We are willing to offer a partial /full refund to you as our sincere apology, is that ok for you?

Or if you have any other ideas, pls feel free to tell me. I will try my best to satisfy you.

Looking forward to hear you soon.

Once again, we send our sincere apology.

Have a nice day!

（2）货损

参考邮件：

Dear friend,

We are terribly sorry for the broken item, we understand how disappointed you will be about getting a broken item after waiting for so long. The item might be damaged during the shipment. The shipment is also something we can hardly control, but we are willing to refund all the payment to you as our sincere apology and hope you are not too disappointed. Is that sounds acceptable to you?

Or if you have any other ideas that can compensate you, please feel free to tell us.

We just want to ensure you a satisfactory buying experience from our store.

Looking forward to your reply.

（四）纠纷问题

纠纷常常给卖家带来许多烦恼，虽然各个 B2C 平台的具体规则有所不同，但是各平台的常见纠纷、处理流程以及相应的解决策略是可以通用的。目前常见的纠纷主要有产品未收到和产品与描述不符纠纷。而如何处理纠纷，避免纠纷的最差结果，不让客户给予差评是我们需要关注的。

1）主要纠纷内容

1. 产品未收到纠纷

（1）在处理产品未收到纠纷之前应先了解会造成产品未收到的原因，如表 7-2 所示

表 7-2　产品未收到原因

产品未收到原因	①海关扣押
	②物流显示货物还在运输途中
	③包裹被退回
	④包裹被妥投在非买家地址
	⑤物流显示已经妥投，未上传物流信息
	⑥无法查到物流信息或者物流异常
	⑦买家拒签
	⑧产品实际未发货

（2）针对表 7-2 中情况的具体处理方法

①海关扣押：联系货代查询扣押原因，积极配合买家清关。

②货物在途：发货后告诉买家正确单号、英文查询网址、大概妥投时间，安抚买家耐心等待，并联系货代查询包裹。

③包裹被退回：卖家原因，及时退款。买家自身原因导致包裹退回，可以安排重发，但是要建议买家补偿发货运费。

④妥投错误地址：卖家原因，贴错标签、打印错误等，及时安排退款并安抚买家。买家自身原因可以建议买家联系邮局更换地址。

⑤妥投正确地址，未上传物流信息：及时上传物流信息，并将单号、物流商等信息给到买家，让买家联系当地邮局询问情况。

⑥物流异常：重点在于安抚买家，可以和买家沟通先退款，收到产品后再还钱。

⑦买家拒签：查看产品状态，是否已退回仓库，及时给买家进行退款。

⑧未发货：及时给买家退款。需要重新发货的话，先和买家协商。

2. 描述不符纠纷

（1）货物与描述不符原因，如表 7-3 所示

表 7-3　货物与描述不符原因

货物与描述不符原因	①货不对板
	②质量问题
	③假货
	④产品破损
	⑤少发、漏发

（2）针对表 7-3 中情况的处理方法

①请买家提供产品或视频证据，清楚了解问题。

②给买家专业指导和操作说明。

③提供有效的解决方案，部分退款/全额退款/重发/换货/退货。

2）纠纷处理流程

1. 强制沟通期限阶段

一般来说，卖家开启纠纷后会有一个强制沟通期限，这是平台留给买卖双方协商的时间，卖家尽量在这个阶段与买家达成共识。这个时间内卖家必须做出相应回应，否则系统会自动执行买家选择的方案进行处理，或者买家可以对纠纷进行升级。

若卖家在强制沟通期限内，做出响应，并接受买家要求，则买卖双方达成协议，按照流程处理。若卖家不同意买家要求，双方沟通其他解决方案，买家同意新的建议，纠纷结束；若买家不同意，在超出强制沟通期限后便可升级纠纷。

2. 纠纷升级阶段

当纠纷升级时，针对未收到货情况，卖家需要给平台提供证据进行申诉，调解中心会参照证据判定是买卖双方哪方的过错，进行退款等。

针对货物描述不符的情况，卖家也需要提供有效证据，由平台判定责任方做出裁决。强制卖家退款，或要求买家退货等。

纠纷一般会经历 3 个阶段：协议阶段、纠纷开启阶段以及平台裁决阶段。无论在哪个阶段，卖家都要配合平台和买家及时响应、积极协商，确保纠纷能够妥善解决，能够让客户满意。

3）避免纠纷产生的技巧

1. 未收到货纠纷避免技巧

（1）选择最优的物流方式

选择物流方式时应该权衡交易中的风险与成本，尽可能选择能够提供有效追踪信息的物流公司。

（2）与买家有效沟通

卖家要及时向买家提供物流跟踪信息，一旦物流方面出现问题一定要积极主动的与买家进行沟通。

2. 货物与描述不符避免技巧

（1）规范描述

颜色、尺寸、材质、描述完整准确（属性及详细描述对应准确，加备注），数量单位合理，产品图片选用恰当。

（2）严把发货关

严格甄选质量，合理包装避免破损，核对检查拍照，避免瑕疵。

（3）遵守承诺

承诺如有赠品，无理由退货，就要做到。

（4）杜绝假货

未经授权使用他人的知识产权是非法的，尤其在操作国外平台时，各平台对于侵权问题的监管尤为严格。

3. 合理处理中差评

买家留下的评论既可能促进卖家店铺的发展，也可能毁了卖家的业务。研究证明，5 星好评能促进卖家业务增长高达 10%，而一个差评可能会让卖家亏损数万美元，所以买家评论至关重要。作为卖家必须知道如何使用好评来增加自己的优势，同时要知道如何处理中差评，因为它可能会影响店铺的流量，有些店铺甚至因差评过多而闭店。在处理电商业务之前，要记住商业黄金法则：顾客至上。通过以下几个步骤处理中差评将能产生积极的效果。

（1）道歉

一些失误、错误或沟通不畅都可能导致买家给差评，卖家可以在评论页面外与买家沟通并道歉。不管如何，站在买家的对立面都是失败的做法，并可能会毁掉卖家的声誉。

如果卖家给买家发邮件或者站内信买家不予回复，那么可以直接在评论下面回复，表示非常抱歉，并表示希望给他们提供最好的用户体验。卖家可以花点时间来加强品牌客服，然后告诉消费者你将如何尽快解决问题。向客户伸出援手，展示自己正在解决问题非常有效果，这也是在向潜在客户展示他们能获得什么样的服务。

根据以往经验最佳的做法之一是先道歉，然后部分退款或重发。承认错误，给客户实实在在的解决方案，并说明："We appreciate your patience and value your business."，表示很重视买家。

（2）解决问题

一旦卖家向买家道歉并发送了提议，就要兑现自己的承诺，解决问题。付诸行动会让消费者更信任卖家，他们会觉得你确实在解决问题，也勇于承担责任，这会对卖家声誉的提升起到积极的推动作用。即使有时候问题并不出在卖家身上，卖家也要尽力解决买家遇到的问题，这样能让用户更加信任卖家，并让他们知道遇到有问题可以随时与你联系。而且，一旦消费者信任卖家，他们也会少发差评，因为他们可以直接与你联系，从而解决问题。

（3）跟进并要求移除差评

如果卖家认真道歉并解决了问题，那么就可以与买家联系看他们现在是否愿意删除差评，大多数情况下，买家都愿意这么做。通过跟进订单，卖家可以推动买家删除差评，让他们感受到关注。这样他们可能会给你更多的反馈，甚至将差评修改为好评。

处理中差评重要的是卖家要向买家和其他查看产品评论的人证明，卖家很抱歉并致力于尽快地解决问题。如果卖家在评论部分让买家感到自己的声音被听到并被重视，那么其他买家看到也相信卖家会为他们做同样的事。卖家要让未来潜在用户看到卖家的积极态度，并认为卖家值得信赖，即使他们还没有向你购买产品。通过专业地处理差评，卖家还有可能将现有客户转变成回头客。

任务实训

正确处理跨境售前、售中、售后问题

一、实训目的

能够处理跨境电商运营过程中出现的售前、售中和售后问题。

二、实训内容

面对下图中的问题（见图 7-6、图 7-7、图 7-8），王晓明同学该如何处理呢？

1sheli 針對物品編號 283 05 提出問題，結束時間為 2020-01-04 16:04:56-17 Keys EQ kalimba Acacia Thumb Piano Link Speaker Electric Pickup Party Gift

From: 1sheli
To: rongrao_
Sent: De -19 07:27

新訊息：Hi, I paid for this item on Dec 13th. I was s...

ebay

新訊息寄件人：1shel 3 (444 ★)

Hi, I paid for this item on Dec 13th. I was supposed to be here by today, Christmas gift! It hasn't even been shipped! What's up??

回覆

图 7-6　售后物流问题

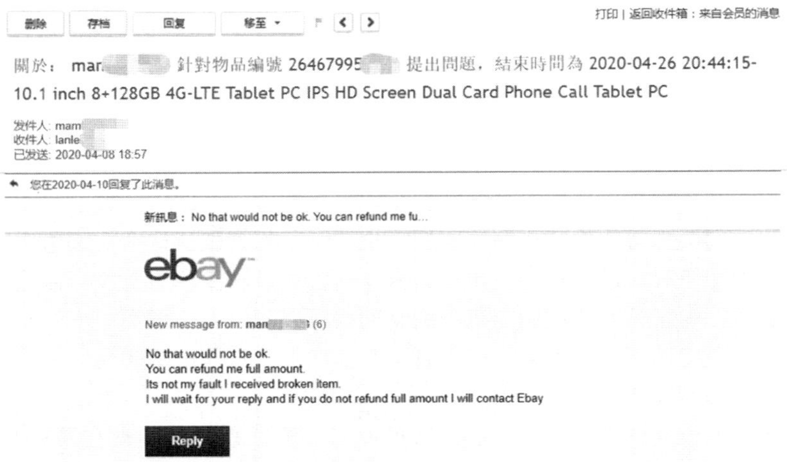
删除 存档 回复 移至 打印 | 返回收件箱：来自会员的消息

關於：mar 針對物品編號 26467995 提出問題，結束時間為 2020-04-26 20:44:15-10.1 inch 8+128GB 4G-LTE Tablet PC IPS HD Screen Dual Card Phone Call Tablet PC

发件人: mam
收件人: lanle
已发送: 2020-04-08 18:57

您在2020-04-10回复了此消息。

新訊息：No that would not be ok. You can refund me fu...

ebay

New message from: man 3 (6)

No that would not be ok.
You can refund me full amount.
Its not my fault I received broken item.
I will wait for your reply and if you do not refund full amount I will contact Ebay

Reply

图 7-7　售后退货退款

關於：mcri7 針對物品編號 26467995 提出問題，結束時間為 2020-04-26 20:44:15-10.1 inch 8+128GB 4G-LTE Tablet PC IPS HD Screen Dual Card Phone Call Tablet PC

发件人: mcri7
收件人: lanle
已发送: 2020-0 :57

您在2020-04-11回复了此消息。

新訊息：I am truly sorry but this is not a product th...

ebay

New message from: mcri7 (174 ★)

I am truly sorry but this is not a product that is worth that price either. I am not trying to get this cheaper but not happy with this. I don't use when charging but the battery life is one hour and a half which is not acceptable. I have removed all the apps beside two to see if that work faster. It is very dim to save the battery time. I have the return label and will be sending it back. Again very sorry.

Reply

图 7-8　售后产品质量

三、实训步骤

步骤 1：打开 eBay 平台系统登录界面，输入账号密码，进行登录，如图 7-9 所示。

图 7-9　登录界面

步骤 2：进入收件箱，查收买家邮件，了解买家售后问题，如图 7-10、图 7-11 所示。

图 7-10　查收买家邮件

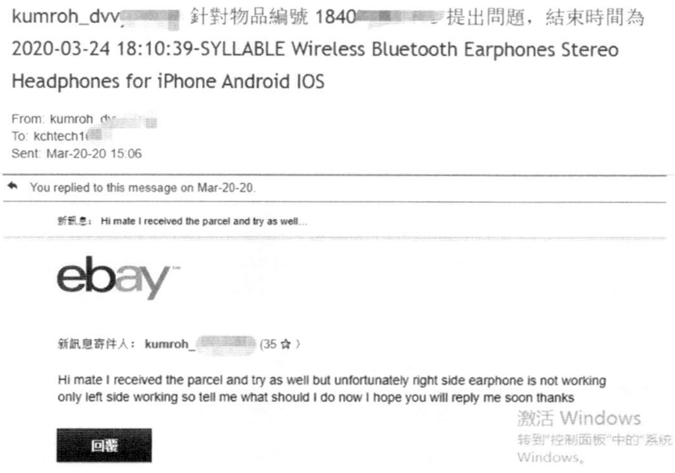

图 7-11　了解售后问题

步骤 3：分析买家售后问题产生原因，回复邮件给出解决方案，买卖双方对解决方案进行反复沟通，直至解决问题。

（1）客服需要了解详细信息，希望买家发来图片或视频确认，如图 7-12 所示。

你之前的訊息

"dear friend,
thanks for your mail and sorry for the trouble.
In fact, before we send out every item, our staff have carefully checked.
as the issue,could you please take some pictures of the item that you received for us?
we would like to confirm the problem, and we will give you a corresponding satisfactory reply.
thank you for your support and understanding.
waiting for your reply soon.
have a nice day.
best regards"

图 7-12　客服回复信息

（2）买家发来使用中的耳机照片，一侧指示灯不亮，如图 7-13 所示。

關於： kum 針對物品編號 1840 3 提出問題，结束時間為 2020-03-24 18:10:39-SYLLABLE Wireless Bluetooth Earphones Stereo Headphones for iPhone Android IOS

From: kumro
To: kchtech16
Sent: Mar-23-20 16:15

You replied to this message on Mar-24-20.

As per your request I am attaching a picture ...

ebay

New message from: kumroh_dv e (35 ☆)

As per your request I am attaching a picture of earphone only 1 side is working another side is not working its not turning on.

Do these photos violate eBay policies? Let us know

Reply

激活 Windows

图 7-13　买家反馈问题及附图

（3）客服给买家提供使用方法，让买家重新试试，如图 7-14 所示。

你之前的訊息

"Dear friend,
Thank you for your letter. We are very sorry for the inconvenience.
The following is a solution to the link problem of this headset:
It may be that the customer did not pair the left and right earphones before Bluetooth connection:
Press the left and right buttons at the same time to turn on the phone, the two blue lights flash, and then double-click on one earpiece button at will, indicating that the pairing is successful.
Then turn on the mobile phone Bluetooth search pair again and both earphones will work normally.
Can you try this method?
If the problem is not solved or has been solved, please make sure to contact us.
Thank you very much for your support and understanding.
Looking forward to your quick reply.
I wish you a happy life."

图 7-14　客服提供使用方法

（4）买家说已经按照说明使用，还是不能正常开启，如图 7-15 所示。

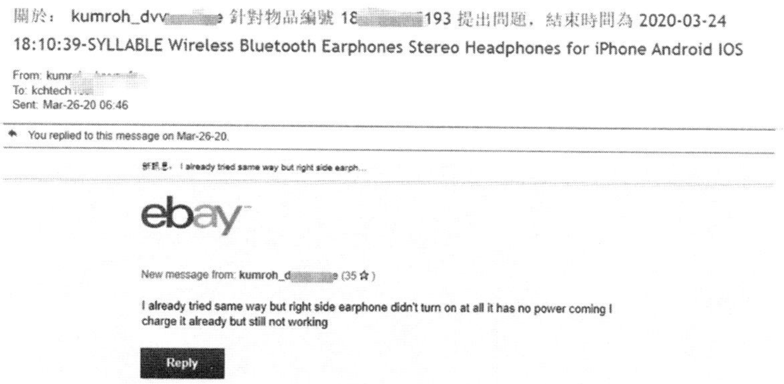
關於： kumroh_dvv 針對物品編號 18 193 提出問題，結束時間為 2020-03-24 18:10:39-SYLLABLE Wireless Bluetooth Earphones Stereo Headphones for iPhone Android IOS

From: kumr
To: kchtech
Sent: Mar-26-20 06:46

You replied to this message on Mar-26-20.

新訊息： I already tried same way but right side earph...

ebay

New message from: kumroh_d e (35 ☆)

I already tried same way but right side earphone didn't turn on at all it has no power coming I charge it already but still not working

Reply

图 7-15　买家回复

（5）客服询问买家是否接受半额退款不退回产品，如图 7-16 所示。

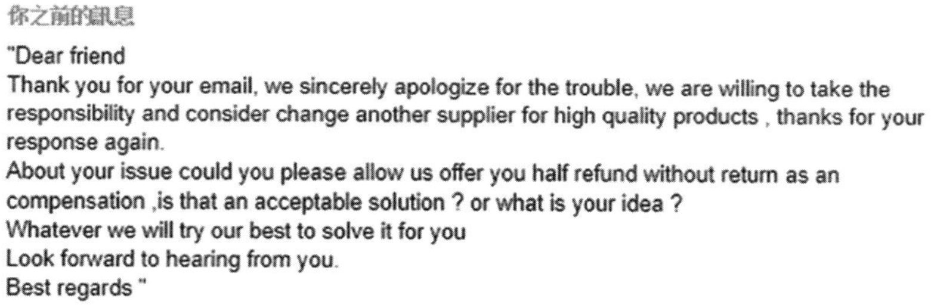
你之前的訊息

"Dear friend
Thank you for your email, we sincerely apologize for the trouble, we are willing to take the responsibility and consider change another supplier for high quality products , thanks for your response again.
About your issue could you please allow us offer you half refund without return as an compensation ,is that an acceptable solution ? or what is your idea ?
Whatever we will try our best to solve it for you
Look forward to hearing from you.
Best regards "

图 7-16　客服回信解决

（6）买家不接受解决方案，如图 7-17 所示。

關於： kumroh_dvvy 針對物品編號 18409680 提出問題，結束時間為 2020-03-24 18:10:39-SYLLABLE Wireless Bluetooth Earphones Stereo Headphones for iPhone Android IOS

From: kumro
To: kchtech16
Sent: Mar-27-20 08:24

You replied to this message on Mar-27-20.

新訊息： Half refund is not good idea because I want t...

ebay

New message from: kumroh_dvvy (35 ☆)

Half refund is not good idea because I want to use the product but it's only work 1 side so how I can use the other one and this time I can't order out of Australia as you know border is closed so I don't need refund I need new earphone pair please send me asap thanks

Reply

图 7-17　买家不接受解决方案

（7）货值不高，退回资费超过产品本身价值，客服同意全额退款，如图 7-18 所示，买家接受全额退款，并愿意再次购买，如图 7-19 所示。

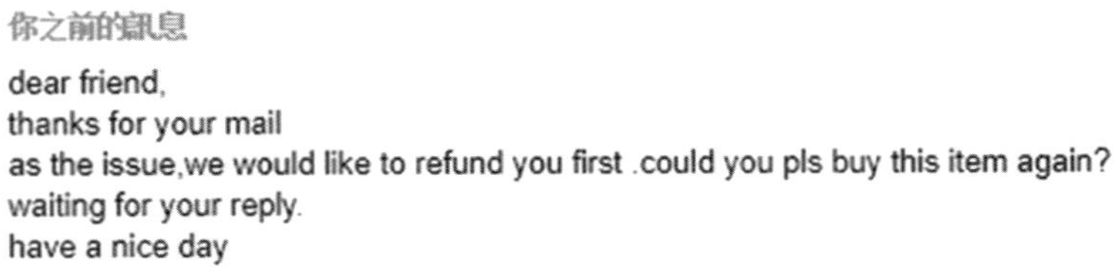

你之前的訊息

dear friend,
thanks for your mail
as the issue,we would like to refund you first .could you pls buy this item again?
waiting for your reply.
have a nice day

图 7-18　客服提出全额退款方案

關於：kumroh_dvv 針對物品編號 184096 提出問題，結束時間為 2020-03-24 18:10:39-SYLLABLE Wireless Bluetooth Earphones Stereo Headphones for iPhone Android IOS

From: kum fqe
To: kchtech
Sent: Mar-28-20 17:59

You replied to this message on Mar-30-20.

新訊息：Yes please refund me full amount then I can b...

ebay

New message from: kumroh_d (35 ☆)

Yes please refund me full amount then I can buy again thanks

Reply

图 7-19　买家接受退款方案

同步测试

一、单项选择题

1. @candel.co.jp 是哪个国家的常用邮箱？（　　）。
   A. 英国　　B. 新西兰　　C. 日本　　D. 越南
2. 询盘回复时效最长的是（　　）。
   A. 传真　　B. 邮件　　C. 电话　　D. 留言
3. 买家已付款但卖家尚未发货的订单 Status 为“Unshipped”，处理这类订单的方式是（　　）。
   A. Print Packing Slip　　B. Confirm Shipment
   C. Buy Shipping　　D. Cancel Order
4. 订单管理界面中的“Confirm Shipment”指什么？（　　）
   A. 打印快递单　　B. 确认发货　　C. 预约取货　　D. 取消发货
5. 在中国，实用新型专利权的保护期限为（　　）年。
   A. 5　　B. 10　　C. 15　　D. 20

二、多项选择题

1. 平台产品标题制作三段法是指（　　）。
   A. 核心词　　B. 属性词　　C. 流量词　　D. 类别词
2. 在撰写客户开发信时应遵守 AIDAS 法则，也就是 Attention、Interest、Desire、（　　）。
   A. Safety　　B. Solution　　C. Action　　D. Satisfaction
3. We could seek potential clients through（　　）。

A. Yellow Page　　B. Search Engine
C. Industry Associations　　D. Exhibitions

4. 小语种询盘的特点有（　　）。
A. 通常会直接问价格
B. 多为垃圾询盘
C. 由于时差关系，很难及时回复，容易错失良机
D. 有时询盘中同时出现小语种和英语

5. 诈骗询盘的特点有（　　）。
A. 只关注样品　　B. 不关注产品本身和交易条件
C. 一味强调信用　　D. 对来自印度、非洲的询盘要重点甄别

三、判断题

1. 了解了中国产品在海外的形象之后，撰写客户开发信时应注意扬长避短。（　　）
2. 在撰写客户开发信之前应找准自身定位，如外贸公司的特点是信息快、关系广、服务深。（　　）
3. 在速卖通平台上禁止销售法律禁止或限制销售的产品。（　　）
4. 产品成本既包括生产成本，还包括物流成本、销售成本等。（　　）
5. 当产品供大于求时，产品不能定高价；当供小于求时，产品可适当提高价格。（　　）

四、案例分析题

留住对服务不满的客户

阿里巴巴网站上有一个做新潮服装批发的公司，由于自身的努力，网络销售的势头越来越好，常常出现断货和客服代表回答不及时的情况，遭到个别经销商的抱怨。公司总经理知道后特别重视，亲自书写博客回答客户问题，告诉客户断货是因为原来的服装虽然热销，但已经被模仿，市场已经达到饱和，公司又开发了新款的服装推向市场，并且马上上市，这样做是为了不让经销商压货，更好地为经销商利润考虑，同时总公司不存货也是为了节约库存成本，使批发价格更低，让经销商能以更低的价格销售产品，从而更快地售出产品，达到双赢。对于服务的问题，他告诉经销商已经在解决，新招收的客服人员正在培训，为了做到对客户更专业、更优质的服务，他们都是在集体培训的同时到现场跟老员工学习，只有达到公司规定的服务标准才能正式上岗，并把培训现场的照片发到公司的博客让大家见证。同时，该公司在博客上广泛征集对该公司各方面的意见，对采用的建议将给予奖励。经过总经理亲自在博客中回答客户问题，很多原来保持沉默的经销商也对该公司的这种处处为经销商着想的做法留言表示赞赏，这个时段的留言暴涨，比任何时候都多。经销商消除了疑虑，公司也发现了更多的问题。同时，通过这个方式还为公司带来了更多的经销商，有新来的经销商直接就说是看见了公司的博客和经销商的回复，打消了很多顾虑才来的。

请思考：你从这个案例中得到了哪些启示？

任务三　跨境电子商务客户关系管理

在跨境电商运营过程中，客服不仅需要掌握售前、售中和售后问题处理技巧，还要了解如何进行客户管理和维护，以此保证店铺能够长久运营。

任务描述

小李已经了解客服工作岗位职责及具备的能力，掌握售前、售中和售需要重点处理哪些问题及其处理技巧，已经顺利地解决了客户问题，随着店铺运营越来越好，客户越来越多，如何做好客户服务工作？

任务分析

负责客服工作的小李已经掌握了跨境电商售前、售中和售后服务过程中需要处理的问题，还需要了解与跨境电商客户维护相关的内容。

相关知识

一、客户价值评价

客户价值是20世纪90年代以来西方营销学者和企业经理人共同关注的焦点，并被看作企业获得竞争优势的来源。企业的经营过程是一条价值链，因此可以将企业的活动看作一个创造价值的过程，客户价值是企业价值创造活动的出发点。

1. 客户价值的概念

“客户价值”的定义是由美国营销学教授罗伯特·伍德拉夫提出的。伍德拉夫通过实证研究，提出客户价值是客户在一定的使用情景中对产品属性、产品功效及使用结果达成（或阻碍）其目的和意图的感知的偏好和评价。

2. 客户价值的特征

通过对客户价值概念的分析，可以总结出客户价值具有以下三大特征。

（1）主观判断性

客户价值是客户在接触企业提供的产品或服务后对企业产品的一种评价，是与企业提供的产品挂钩的。因此，客户价值是客户个人的主观判断。

（2）得失权衡性

客户感知价值的核心是客户对所得到的东西与所付出的东西的一种权衡，即利得与利失之间的权衡。

（3）层次性

客户的所得与所失比较复杂，都由很多具体的要素组成。分析客户价值往往要从产品的属性、属性带来的效用及期望结果等方面来考虑，具有层次性。

二、客户识别与开发

（一）客户识别

客户识别就是通过一系列技术手段，根据大量客户的特征、购买记录等可得数据，找出谁是企业的潜在客户、客户的需求是什么、哪类客户最有价值等，并把这些客户作为企业客户关系管理的实施对象，为企业成功实施客户关系管理提供保障。客户识别的内容包括识别潜在客户和识别有价值的客户。

1. 识别潜在客户

潜在客户是指对企业的商品和服务有需求，但尚未与企业进行交易的客户，因此具有“尚未发现”的特点，是经营性组织机构的产品或服务的可能购买者，是企业应该尽力争取的客户。

企业发展过程中，无论客户满意度多高，只要存在竞争对手，必然会流失一部分客户。漏斗原理告诉我们，要想保证企业原有客户份额，流失的老客户需要用新客户来代替。新客户的加入，将大大提高企业的盈利水平。

在获取新客户的过程中，由于客服人员需要花大力气和时间向新客户介绍其商品和服务，甚至可能要三番五次地和客户讨价还价，或者还要接受客户试用企业产品的要求等，导致获取新客户的成本大大高于维护老客户的成本。若客服人员能够有效识别潜在客户，并有针对性地开展新客户公关，必将大大节省企业的新客户获取成本。因此，客户识别可以有效降低企业客户关系管理的实施成本，提升企业的竞争优势。

2. 识别有价值的客户

识别有价值的客户是指企业根据一定的标准，将客户划分为高价值客户和中低价值客户，并为其提供差异化的服务。

识别有价值的客户时，可从两个维度来进行：客户价值、客户与企业的战略匹配度。客户价值是客户购买、客户口碑、客户信息、客户知识、客户交易 5 种价值的总和。客户与企业的战略匹配度是定位匹配、能力匹配、价值观匹配 3 个匹配度的总和。综合上述两个维度考量，客户可分为战略客户、利润客户、潜力客户及普通客户四类。

（1）战略客户是客户价值高、战略匹配度也高的一类客户。企业应该重点关注这类客户，与其保持长期稳定的关系。

（2）利润客户是客户价值高但战略匹配度低的一类客户。这类客户能够为企业带来可观的利润，可适当采取激励政策，提高其在企业购买产品或服务的份额。

（3）潜力客户是战略匹配度高但客户价值低的一类客户。

（4）普通客户是战略匹配度与客户价值都低的一类客户。这类客户约占企业客户总数的 50%，他们能为企业带来一定的利润，但正在失去价值。企业需要维护这类客户，但不需要特别关照。

（二）客户开发

客户开发通常是客服人员通过市场调查，初步了解市场和客户情况，与有实力和有意向的客户重点沟通的行为。客户开发是一项非常具有挑战性、开拓性和艰巨性的工作。下面介绍一些跨境电子商务平台适用的客户开发方法。

1. 利用搜索引擎开发客户

全球著名的搜索引擎主要有 Google、百度、MSN、Yahoo、Bing 和 Altavista 等，每个国家或地区都有不同的搜索引擎。

利用搜索引擎搜索是跨境电子商务开发客户的有效办法之一。企业可根据产品类别进行搜索。例如，企业想出口 T 恤衫，而 T 恤衫属于服装，则可搜索“服装进口经销商”，如图 7-20 所示。在这些搜索结果中，能找到各地区服装进口商、采购商和经销商名录。

对于跨境电子商务人员来说，各个搜索引擎网站前三页包含的信息内容和广告内容是最有价值的。若只使用其中一个，那将会错过许多市场机会。每个搜索网站每天都会收录其他网站

图 7-20 利用搜索引擎搜索示例

更新的信息，如买家在阿里巴巴上发布了新的采购信息，Google 几小时后就能搜索到这个采购信息，而这些最新收录的信息包含了很多商机。

2. 利用邮件开发客户

每个国家或地区都有自己的公共电子邮箱系统，每个公司几乎都有在国家或地区公共邮箱系统下的电子邮箱。要通过公共邮箱系统寻找各国或地区客户，必须了解各国或地区公共邮箱系统的规则，以便最大限度地利用规则通过互联网找到客户邮箱。

3. 利用社交媒体开发客户

企业可以充分利用社交媒体，结合其特点，开发跨境电子商务客户。

三、客户生命周期管理

在跨境电商时代，客户生命周期管理对企业的建设和运营有很大影响，以客户为中心，维系好客户关系成为跨境电子商务企业获利的必要条件。

1. 客户生命周期管理

客户生命周期是指从一个客户开始了解企业或企业欲对某一客户进行开发，直到客户与企业的业务关系完全终止且与之相关的事宜完全处理完毕的这段时间。客户的生命周期是企业商品生命周期的演变，对企业来讲，客户的生命周期比某个商品的生命周期重要得多。客户生命周期描述的是客户关系从一种状态（一个阶段）向另一种状态（另一个阶段）运动的总体特征。

从客户产生的交易额和给企业带来的利润的视角来看，客户生命周期可以划分为考察期、形成期、稳定期、衰退期 4 个阶段。考察期、形成期、稳定期的客户关系水平依次增高，其中稳定期是企业希望达到的理想阶段。

2. 客户生命周期各阶段特征及创造利润的差异

客户生命周期各阶段体现出不同的客户行为特征，其为企业带来的利润也有所差异，如表 7-4 所示。

表 7-4　客户生命周期各阶段特征及创造的利润差异

客户生命周期阶段	具体表现特征及其利润差异
考察期	客户关系的孕育期。买卖双方相互了解不足，充满不确定性，这种不确定性成为考察期的基本特征。在这一时期，企业的目标是评估客户的潜在价值和降低不确定性。该阶段，客户会下一些尝试性的订单，企业获得的利润较小
形成期	客户关系的快速发展时期。买卖双方的关系能进入这一阶段，表明双方在考察期是互相满意的，彼此增进了解，建立了一定的信任关系，双方的风险承受意愿增加，由此双方获得的回报日趋增多
稳定期	客户关系的成熟期。这一时期是客户关系发展的最佳阶段，买卖双方的相互信任水平达到整个客户生命周期的最高点，双方都高度满意对方提供的价值，客户关系处于相对稳定的状态。此外，由于彼此了解程度的加深及服务经验的积累，服务效率也达到最高，服务成本随着客户关系的发展明显下降，此时客户带给企业的利润较大
衰退期	双方关系在发展过程中发生逆转的时期。引起双方关系衰退的因素较多，例如一方或双方需求发生变化、合作经历不愉快等。衰退期的主要特征表现为交易量下降；一方或双方考虑结束关系，甚至重新物色关系伙伴；双方开始交流结束关系的意向等。在衰退期，客户对企业提供的价值不满意，交易量回落，客户给企业创造的利润快速下降

3. 基于客户生命周期的客户关系管理策略

客户关系管理策略是企业针对不同阶段的客户关系的长期价值进行有效的投入，在客户生命周期不同阶段以最优成本维护与客户的关系。

（1）考察期的客户关系管理策略

考察期是客户关系的探索和实验阶段。买卖双方了解不多，双方都在评价对方的潜在价值及建立伙伴关系的可能性。在这一阶段，跨境电子商务企业的首要任务是帮助客户了解企业的商品和服务，特别是让客户了解本企业的商品或服务与其他企业相比有哪些优势，从而激发客户对商品或服务的兴趣及购买欲望。同时，为了避免潜在客户的流失，企业要立足于客户视角分析客户对商品或服务的需求，使潜在客户变成企业的现实客户。

（2）形成期的客户关系管理策略

在这一阶段，客户对企业有了一定的了解，企业与客户初步建立了合作关系，此时企业的任务是进行品牌宣传引导客户需求，最大限度地挖掘和满足客户的要求。在这一时期，企业应加大营销力度，逐渐增加广告宣传等的投入，突出自身商品的优势，提高营销质量和效率，满足客户的个性化需求，促进客户关系由形成阶段尽快过渡到稳定阶段。

（3）稳定期的客户关系管理策略

在客户生命周期的稳定阶段，跨境电子商务企业可以采取以下管理策略。

①保持稳定关系。

②提高企业的沟通效能。

③发挥口碑效应。

（4）衰退期的客户关系管理策略

①加大资源投入，对客户进行二次开发。在企业的竞争对手尚未与客户建立业务关系前，企业加大资源投入，对客户进行二次开发，重新恢复与客户的关系，尽可能地挽留客户。

②减少资源投入，进行收缩营销策略。如果客户已经决定与企业的竞争对手正式建立合作

关系，企业应采取收缩营销策略，减少对客户的资源投入，只安排少量工作人员跟踪客户的发展情况。

③停止资源投入，采用放弃营销策略。对于无法再给企业带来利润的客户，企业应该及时采取风险控制措施，停止对该客户的资源投入，关注客户经营状态，慎重处理善后工作。

任务实训

掌握售后纠纷处理技巧

一、实训目的

了解跨境电子商务售后纠纷产生的原因，掌握售后纠纷处理的技巧和方法，以便更好地服务客户。

二、实训内容

假如你是某跨境电子商务平台的售后服务人员，收到客户投诉称未收到商品。针对这种情况，请回答下列问题。

（1）售后纠纷处理流程的原则有哪些？

（2）商品未收到的原因一般有哪些，分别应该如何处理？

三、实训步骤

产生纠纷之后，一定要把握住以下几点：第一，确认客户提出的问题；第二，抓紧时间联系客户，了解投诉的细节；第三，积极沟通，提出合理方案，尽量协商一致；第四，在响应期内回复纠纷（拒绝、答应或调整方案）。

商品未收到的情况包括以下原因：

（1）包裹无跟踪信息。若采用的跨境物流方式不提供挂号服务，则会出现此种情况。此时客服可向客户提供发货时间和预计到货时间供其参考，安抚客户，并请他耐心等待。若超过一定期限仍未收到，可以根据客户的意愿选择退款或重发。

（2）包裹显示签收，但卖家投诉说未收到货。在这种情况下，客服人员应联系物流公司找到签收信息，核对签收人是否与邮件上的收货人一致。若不一致，应尽快将查到的签收信息截图发给客户，询问其是否认识签收人，并再一次确认运送地址和联系方式是否正确等。

（3）用户填写的运送地址有误。在这种情况下，货物一般会由于地址不详或不正确无法成功投递而被退回。

同步测试

一、单项选择题

1. 下列关于跨境电子商务客服人员需要具备的素质说法错误的是（　　）。

A. 了解境外消费者网络购物的消费理念和文化

B. 有关知识产权和法律知识以本国为准

C. 熟悉跨境电子商务平台的运营规则

D. 具备“当地化/本地化”思维

2. RFM 分析法的主要思想是通过某个客户近期的 3 个指标来描述客户的价值状态，下列不属于 RFM 分析法的指标的是（ ）。

A. 购买动机 B. 购买频率 C. 消费金额 D. 购买行为

3. 下列关于跨境电子商务在线客户争议解决方案说法错误的是（ ）。

A. 让客户体会到卖家解决争议的诚意 B. 真正了解订单争议的来龙去脉

C. 积极正面引导客户的负面情绪 D. 不问任何原因，直接全额退款

4. 按照客户流失原因分析，可以将客户流失分为自然流失、需求变化流失、趋利流失和失望流失 4 种类型，下列情况属于趋利流失的是（ ）。

A. 由于企业竞争对手的营销活动诱惑，客户终止与该企业的客户关系

B. 客户破产、身故、移民或迁徙等，使客户无法再享受企业的产品或服务

C. 客户自身的需求发生了变化导致的客户流失

D. 因对该企业的产品或服务不满意，客户终止与该企业的客户关系

5. 跨境电子商务中买卖关系的建立始于交易的开始阶段，且很容易随着时间的推移而淡化。简单地说，从交易开始，就进入了（ ），随之是沉默期、睡眠期、流失期、消亡期。

A. 导入期 B. 活跃期 C. 饱和期 D. 成熟期

二、多项选择题

1. 跨境电子商务在线客服的工作职能包括（ ）。

A. 帮助客户了解产品信息 B. 解决客户在选择产品时遇到的问题

C. 与客户实时交流沟通 D. 解决一些客户在订单方面的纠纷

2. 跨境电子商务客服工作流程中容易出现的问题包括（ ）。

A. 不理解网站英文说明，导致客户产生焦躁心态

B. 遇到问题时，解决方案单一或者由客户提出

C. 行文沟通技巧欠缺，惹怒客户导致一星差评

D. 无证据的敷衍回复加剧客户的烦躁情绪

3. 关于售后的正确引导，以下描述正确的是（ ）。

A. 做好货物的运输跟踪

B. 定时给客户汇报，并为二次销售做准备

C. 客户收到货后，如满意，立即进行二次销售或者寻求转介绍客户

D. 客户收到货后，如不满意，应根据实际情况，尽力配合解决

4. 跨境电子商务老客户流失的原因包括（ ）。

A. 产品质量不稳定 B. 产品缺乏创新度

C. 客户遇到新“诱惑” D. 客户的自然流失

5. 跨境电子商务客服工具包括站内信、订单留言以及其他辅助工具。下列属于跨境电子商务客服其他辅助工具的是（ ）。

A. Skype B. Whatsapp C. Facebook D. PayPal

三、判断题

1. 报价时应重点参考竞争对手的价格，比竞争对手价格报得越低越好。（ ）

2. 如果客户询盘的邮箱是企业邮箱，则是实盘的可能性大。（ ）

3. 询盘通常会索要价目表和产品目录等材料，需要对商品做进一步了解。（ ）

4. 相对于产品价格，日本人、美国人更注重产品的质量和包装，故价格可以尽情往高了报。 （ ）

5. 往往大批量订单（bulk）能获得更优惠的价格。 （ ）

四、案例分析题

诚信发货赢口碑

2016年，在全国高校举办的创新创业大赛中，有一个团队在经营自己的速卖通平台进行了一次营销活动，在营销活动尚未终止的情况下，该团队发放了100张10美元的优惠券。第二天，接到77个订单，但是惊讶地发现，每个订单的金额只有零点几美元。77个订单总额也只有50多美元，该平台经营的是女士皮包，这个结果显然是不正常的。经过团队的分析，发现优惠券虽然是针对几十美元的包，但是定价在十几美元的钱包也可以使用，而这些十几美元的钱包打完折后就不足1美元了，作为消费者，当然不会放过这个机会，于是就有了这77个订单。当然，这个创业团队面临着亏损，对于团队的打击无疑是巨大的，但是他们选择面对，承担了这77个订单的损失，而他们也得到了买家的一致好评和良好的反馈，其中一位买家回复道：你们这次活动一定有很大的损失，但是你们真实地发货了，你们是诚实的卖家。这次失败的促销活动即使团队有了意想不到的收获，就是建立了自己的口碑和品牌影响力。

请思考：如何留住客户？

项目八

跨境电子商务法律问题与知识产权

学习目标

【知识目标】

- 了解我国跨境电子商务法律法规。
- 熟悉主流跨境电子商务平台规则。
- 掌握跨境电子商务的风险防范与争端解决法律制度。

【能力目标】

- 能熟练掌握我国跨境电子商务的相关法律法规。
- 能够了解相关主流跨境电子商务平台的规则。
- 能够在从事跨境电子商务工作中加强风险防范意识，并能熟练运用相关法律制度解决争端。

【素质目标】

- 培养与跨境电商平台运营相关的法律法规知识，提高风险防范意识。
- 帮助学生明确跨境电商经营主体的合法性，树立合法经营意识，遵守跨境法律法规。
- 树立知识产权意识，不侵权，规避知识产权风险。
- 提升服务意识与品质观念，坚定文化自信。

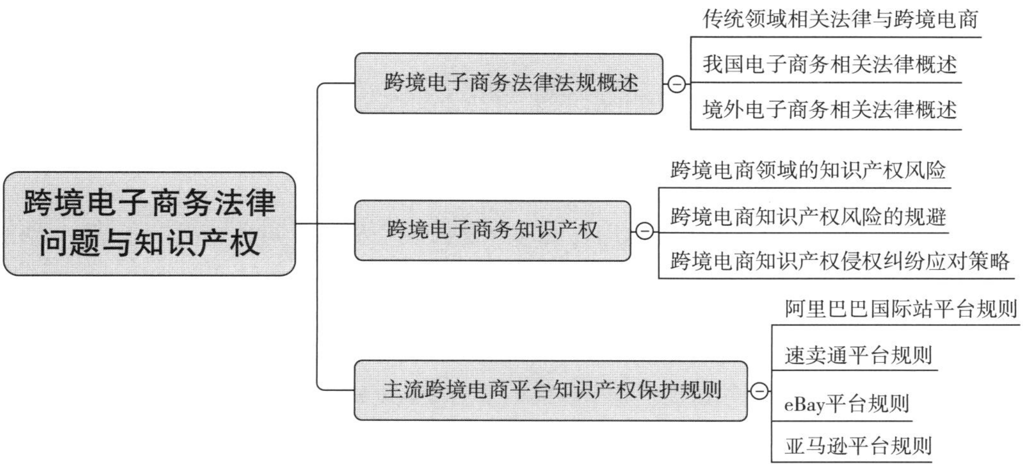

任务一 跨境电子商务法律法规概述

2019年1月1日，《中华人民共和国电子商务法》正式生效施行，该法填补了电子商务行业的法律空白，明确了电商平台的义务并规范了电子商务经营主体的行为，加强了电子商务交易服务监督管理，强化了电子商务交易保障，促进和规范了跨境电商发展。海关总署发布最新数据显示，在2020年新冠病毒疫情背景下，跨境电商进出口增长31.1%，其中进口增长16.5%。然而，跨境电商的迅猛发展为社会带来可观经济效益的同时，因社会跨境相关主体对国际、国内相关电商法律法规认识不足与国家跨境电子商务相关法律法规不够完善导致近年来触碰《刑法》、民事法律与行政法律的案例增多。因此，跨境电子商务企业想要更好地从事跨境电商行业，必须更好地了解整个跨境电子商务的行业动态以及国内相关电商政策和法律法规。

任务描述

跨境电子商务行业的迅速发展，为跨境电商企业带来了巨大的发展机会，但与此同时因对跨境电商相关法律法规的不清楚，让企业遭受了风险和损失。为更好规避国际、国内跨境电商法律法规问题给企业带来风险和损失，青岛ABC电子商务有限公司的总经理Jenny Zhou让小雯学习与电商相关的法律法规，特别是近期出台的电子商务法中常见的风险类型与规避措施。

任务分析

小雯想要提高自己的工作效率并学以致用，首先应该学习国内外电商相关法律知识，特别是跨境电商交易环节的法律知识；其次对跨境电商知识产权特别是商标、专利和著作权相关知识要了解，规避跨境电商触碰《刑法》、民事法律和行政法律的风险；最后务必掌握主流跨境平台的运营规则和产权保护相关知识务必掌握，从而提高自己职业能力和专业度，树立助力中国中小企业品牌出海的意识，为企业创造更多的价值做出更大的贡献。

相关知识

一、传统领域相关法律与跨境电商

跨境电子商务对《中华人民共和国合同法》(以下简称《合同法》)提出的挑战会给作为商法基础的《合同法》带来严峻的考验，涉及电子合同的法律规定、电子签名等问题。

(一) 交易双方的识别与认证

这主要是针对B2B而言。电子合同与书面合同的一个很大不同是交易双方不一定见面，而是通过互联网签订电子合同。通过互联网订立电子合同的最大难点就是交易双方的身份确认问题。这个问题可以通过认证中心来解决，并且很多国家都已经实行了该项措施。由于认证中心所处的位置，要求它必须具有公正、权威、可信赖性，并且它所承担的义务和责任必须得到法律的承认。我国应完善立法以促使电子签名的使用及认证机构运作的标准化。

(二) 交易的合法与合同的生效

电子商务中许多交易是在互联网上进行的，并不需要现实的实物交割。这就涉及交易是否合法以及相关的交易监管的问题。电子合同的效用问题也与此有关，如果合同违法，那么必然不受合同法保护。同时合同的生效还涉及如何才算生效的问题。电子商务的交易要符合法律的要求，不能是采取非法手段牟利的商业行为。所以首先商家应做到避免违法的行为发生。另外国家也应该加大对互联网的监管力度，制定相应的法律法规，防患于未然。在合同生效问题上，现在基本也达成了一致。电子承诺速度很快，投邮和到达几乎同时，因此在生效时间上一般不会存在很大分歧。对于生效地点问题，因为数据电文的接受地点比较容易确定，所以联合国国际贸易法委员会制定的《联合国国际贸易法委员会电子商务法》（以下简称《电子商务示范法》）就是以承诺到达地点作为生效地点。

（三）电子签名的有效性

我国虽在《合同法》中用“功能等同”原则对电子签名的有效性予以承认，但是在证据法中却没有提及，存在着一定的法律漏洞。电子签名采取什么形式才算有效，我们可以借鉴美国电子签名法中的技术中立原则，即电子商务法对传统的口令法、非对称性公开密钥加密法、智能卡法以及生物鉴别法等，都不可厚此薄彼，产生任何歧视性要求；同时还要给未来技术的发展留下法律空间，不能停止于现状。

（四）电子合同的确认

电子合同虽具有方便、快捷、成本低等优点，但是也存在着一定的风险。网络安全只是一个相对的概念，无论以什么方式加密或利用其他网络安全防范技术，理论上都有被攻破的可能。而且网络病毒或其他人为因素，都可能导致电子合同丢失，所以应尽量采取书面合同的形式来确认电子合同。

二、我国电子商务相关法律概述

近年来，我国跨境电商取得爆发式增长，跨境电商行业的高速发展离不开政策的支持，自从 2012 年 8 月商务部颁布《关于利用电子商务平台开展对外贸易的若干意见》，国家多个重要部门相继颁布相应政策支持跨境出口电商的发展。国务院作为跨境电商政策指导性意见的制定方，自 2013 年我国跨境电商发展元年起，就相继颁布政策文件批准跨境电商综合试验区，要求各部门落实跨境电商基础设施建设、监管设施，并优化完善支付、税收、收结汇、检验、通关等过程，如表 8-1 所示。

表 8-1 国务院制定的政策

发文时间	主题	政策名称	意义
2013 年 8 月	对各部门要求	《关于实施支持跨境电子商务零售出口有关政策意见的通知》	政策指导
2014 年 5 月	基础设施	《关于支持外贸稳定增长的若干意见》	政策指导
2015 年 3 月	批准试验区	《国务院关于同意设立中国（杭州）跨境电子商务综合试验区的批复》	政策支持
2015 年 5 月	效率提高	《关于大力发展电子商务加快培育经济新动力的意见》	政策指导
2015 年 6 月	基础设施	《关于促进跨境电子商务健康快速发展的指导意见》	政策指导
2016 年 1 月	批准试验区	《国务院关于同意在天津等 12 个城市设立跨境电子商务综合试验区的批复》	政策支持
2016 年 5 月	支持新业态	《国务院关于促进外贸回稳向好的若干意见》	政策指导
2017 年 11 月	降进口税率	《国务院关税税则委员会关于调整部分消费品进口关税的通知》	政策支持

2019年1月1日，备受瞩目的《中华人民共和国电子商务法》（以下简称《电子商务法》）正式施行。作为我国电子商务领域的首部综合性法律，其颁布实施有助于消除当前电子商务领域的乱象，有利于营造公平竞争的电子商务市场秩序，对全面保护消费者合法权益，促进行业健康发展有着深远影响。

（一）《电子商务法》的解读

《电子商务法》科学界定电子商务法调整的主体对象，对于促进我国电商发展规范和可持续发展具有重要的意义。

1. 立法亮点

（1）促进发展、包容审慎

在总则部分旗帜鲜明地强调“国家鼓励发展电子商务新业态，创新商业模式”“营造有利于电子商务创新发展的市场环境”，在第五章专设“电子商务促进”内容，这些既显示了国家对业态的高度重视，也传达出了“包容审慎监管”的新理念，为始终求新求变的电子商务行业发展预留了足够空间。

（2）平等对待、融合发展

确立了“线上线下平等对待”的原则，解决了此前线上与线下、线上不同主体间“准入登记”“税收征缴”“许可审批”等差别待遇的问题，有助于推进电子商务与实体经济的深度融合，有助于遏制“劣币驱逐良币”的趋势，营造更加公平和富有活力的市场环境。

（3）协同管理、多方参与

厘清了政府监管、行业自律与主体责任之间的权责边界，针对电子商务的特点，建立了职能部门、行业协会、经营者、消费者共同参与的管理体系。

（4）廓清概念、新旧衔接

对“电子商务”“电子商务经营者”“电子商务平台经营者”“平台内经营者”等基础概念进行了明确，明晰了《电子商务法》的调整对象和适用范围，在体例上完整表达了“管什么”“管谁”“如何管”；另外，作为电子商务领域的基础性法律，通盘考虑了“一般与特殊”“新与旧”“体系与局部”的衔接，以弥补现有制度不足为出发点，重点规定其他法律没有涉及的问题，如“市场准入与商事法律制度的衔接”“数据文本与合同法和电子签名法的衔接”“纠纷解决与消费者权益保护法的衔接”“电商税收与税收征管法的衔接”“跨境电子商务与国际电子商务规范的衔接”等。

2. 重点解读

（1）电子商务及从业主体

第二条、第九条对电子商务及相关从业主体的规定，基本涵盖了通过互联网进行营销活动的所有经营主体，除了传统电商，微商、代购、网络直播、互联网零售终端、论坛社区等一并纳入了调整范围，且在表述上预留了新型电子商务类型的空间。虽然在判断社交媒体“是否介入且为具体交易提供服务”上依然存有争议，但从政府监管的角度，已不存在明显的盲区和空白。

（2）主体准入与税收征缴

相比此前的《网络交易管理办法》第七条“具备登记注册条件的，依法办理工商登记”，《电子商务法》没有太大弹性空间，除“个人销售自产农副产品、家庭手工业产品，个人利用技能从事无须取得许可的便民劳务和零星小额交易活动”外，其他均应办理市场主体登记，且为确保登记能够落实，配套了第二十八条电商平台向市场监督部门报送平台内经营者身份信息、提示登记、配合主管机关提供登记便利的规定。与此相应地，第十一条明确了电子商务经营者普遍的纳税义务，并配套了第二十八条平台报送税务信息、进行提示的规定。

（3）互联网反垄断

内容不多，只有第二十二条涉及，但值得高度关注，其意义在于：将“技术优势、用户数量、对相关行业的控制能力以及其他经营者对该电子商务经营者在交易上的依赖程度”等因素作为认定市场支配地位的考量要素，弥补了现行反垄断法的不足，解决了“通过市场份额认定电商领域支配地位难以操作”的问题。该条文对大型电商企业影响巨大，因为反垄断案件的影响力非普通案件所能比拟，一旦在某个判例中被认定为垄断，将带来“输不起”的后果。

（4）电子商务数据的合理使用

第二十三条规定收集、使用用户个人信息，应当遵守有关法律、行政法规，对个人信息作了宣示性的保护要求；第二十四条规定了用户查询、更正、删除信息的权利，保障用户对信息的有效控制；第六十九条规定鼓励开发应用电子商务数据，保障电子商务数据依法有序自由流动，上述3条虽然分处不同章节，但有着紧密的联系。用户信息和行为数据已成为电子商务的基础性资源，但其获取和使用也必然面临合法边界问题，在保护个人信息安全的前提下，通过剥离用户个人信息而形成的纯商业用户数据，是可以自由流动的。这一制度安排符合交易法的角色定位，对大数据产业发展有着至关重要的推动作用。

（5）知识产权保护

第四十二条和第四十五条分别规定了“避风港规则”和“红旗规则”，这在知识产权保护及制度设计上是一次非常大的进步，弥补了《侵权责任法》《信息网络传播权保护条例》原则化、适用范围窄（限于信传权）的缺陷。同时，平衡了权利人与被投诉商家之间的权利义务，规定平台经过通知—反通知的标准动作后，可以告知权利人向主管部门投诉或者向法院起诉，权利人15日内不投诉或起诉的（或者没有将维权行动告知平台），平台终止采取的措施，避免因权利人不积极维权而导致被投诉商家始终无法正常经营的问题，一定程度上能够遏制权利人滥用规则达成非法目的的现象，例如清理渠道、打击竞争对手等。

（6）电子合同规范体系

为“电子商务合同的订立与履行”安排了整整一章十一条的篇幅，对自动信息系统完成的合同效力、当事人民事行为能力推定、合同成立的条件、合同的充分接触权、订单修改权、格式条款无效情形、合同履行等诸多关键问题都做了明确规定，电子商务场景下的电子合同有了系统的规范，交易主体在这个高频的应用场景中有了清晰的行为指南。

（7）强化平台经营者责任

《电子商务法》除要求平台履行一般义务外，还设专节进行特殊规制，如平台内经营者监控义务（第二十七条、第二十八条），网络安全保护及应急处置义务（第三十条），信息记录及保存义务（第三十一条），平台服务协议和交易规则公示及修改义务（第三十二~三十四条），公平竞争义务（第三十五条）区分标记自营业务义务（第三十七条），信用评价维护义务（第三十九条），竞价排名广告明示义务（第四十条），知识产权保护义务（第四十一~四十五条）等，另有3处连带责任（第三十八条、第四十二条、第四十五条）和一处“相应责任”（视不同情形，可能承担按份、补充或者连带责任）的规定，该制度设计源于长期的电子商务监管实践，内在逻辑是“政府抓平台、平台管经营者”，通过反复强化平台责任实现集约化、效能化监管。

3. 合规应对

（1）正确认识合规经营

合规经营既是企业不得不担的义务，也是企业永续健康发展的保障，正确认识并妥善处理合规与企业发展的关系，不仅可以守护企业的成长，还可以为企业发展创造巨大无形价值，赢得发展先机。电商行业里做得不错的标杆企业，在他们秉持的发展理念和发展文化中都一定有合规要素，企业和企业家要充分理解和认同合规作为企业生命线的根本价值，变“被动等待监管”为“主动拥抱合规”。

（2）准确识别合规义务

如前面所述，考虑到电子商务的行业特性，《电子商务法》在立法时就关注了法律衔接问题，所以电子商务经营主体的合规义务来源除了《电子商务法》外，还包括消费者权益保护、反不正当竞争、知识产权保护、主体准入登记、网络安全与个人信息保护、产品质量、侵权责任等有关法律法规，电子商务经营主体的合规义务要高于一般经营主体，所以在识别和确定合规义务时，不能把目光局限在《电子商务法》上，而是要根据行为和交易去梳理关涉到的所有法律法规，如此方能无遗漏。

（3）精确筛查合规风险

合规风险是未履行或违反合规义务的不确定性导致的，其与合规义务呈现一一对应的关系，合规义务与主体类型密切相关，不同主体的合规义务有着显著不同。在筛查合规风险之前，首先要确定自己属于“电子商务平台经营者”“平台内经营者”“通过自建网站、其他网络服务销售商品或者提供服务的电子商务经营者”中的哪一种，然后才能有的放矢地排查隐患。另外，风险筛查有赖于系统化的管理制度，企业要围绕重要经营环节，形成适合本企业特点的业务流程标准、人财物监管制度以及风险预警体系，做到事前决策、事中监督、事后评价的无缝对接，消除合规管理盲区和死角。

（4）建立合规管理体系

GB/T35770-2017《合规管理体系指南》为企业建立、制定、实施、评价、维护和改进合规管理体系提供了明确指引，电子商务经营主体在筹划自身的合规管理体系时，既要遵从该指南的框架性要求，也要兼顾电子商务行业特性，从企业自身规模、发展阶段等实际情况出发，量体裁衣地建立合规管理体系，具体操作时不必追求面面俱到，只求契合企业需求、可操作性强、融入企业日常管理即可。合规管理不能毕其功于一役，需要持续关注监管调整、法律更新、行业变化等，通过不断修正和完善相关制度来实现动态合规。

（二）跨境电商交易环节的法律问题

跨境电商交易环节会遇到很多问题，这些问题或多或少都与法律有关，需参考法律来解决，以推动跨境电子商务相关环节发展。

1. 跨境电商平台责任

电商平台作为跨境电子商务交易的核心环节，其责任与义务非常重要。电商平台是交易活动的第一责任人，需要承担起主体责任。电商平台作为商业交易主体，对平台经营者应开展经营资格审查、登记、公示等工作。电商平台还需与经营者签订合同或协议，明确双方在电商平台进入和退出、商品和服务质量安全保障、消费者权益保护等方面的权利、义务与责任。

2. 消费者权益保护

消费者权益主要包括安全保障权、知悉真情权、自主选择权、公平交易权、依法求偿权、求教获知权、依法结社权、维护尊严权、监督批评权等。从事跨境电子商务交易时，应尽可能参照消费者所在国（地区）对消费者的服务标准，提供消费者权益保护。

3. 跨境物流

跨境物流因物流环节的复杂性，会产生诸多法律问题，包括合同签订与履行、商品运输安全、时间与成本矛盾、退换货纠纷、信息安全与保护等，跨境运输与退换货物流方面问题更加突出。现有法律法规仍存在规范不完整、可操作性不强等问题，制约着跨境物流行业进一步良性有序发展。退换货流程比境内物流更复杂，物流时间长，物流痕迹无法查询，物流成本有时会超过商品价值，成为消费者投诉的重点领域，建立与完善适合跨境电商退换货物流法律体系，也成为重点工作。

4. 跨境支付

跨境支付涉及跨境第三方支付与跨境人民币支付两种。跨境第三方支付依托中华人民共和国国家外汇管理局发布的《支付机构跨境电子商务外汇支付业务试点指导意见》，消费者使用本国货币在跨境电商平台购买商品，通过试点的支付机构转化成外币支付给商品卖家。跨境人民币支付依托中国人民银行的《关于金融支持中国（上海）自由贸易试验区建设的意见》和中国人民银行上海总部的《关于上海市支付机构开展跨境人民币支付业务的实施意见》，以人民币作为跨境电子商务商品交易的结算方式，省去了币种兑换环节，缩短了支付周期，避免了汇率差额损失。

5. 通关与商检

在通关方面，主要有《中华人民共和国海关法》《中华人民共和国海关对进出境快件监管办法》等法律法规，此外，还探索建立了“负面清单”管理模式。所谓“负面清单”，亦称“否定清单”“负面列表”“否定列表”，在投资协定中通常是“不符措施”的代称，即在外资市场准入（设立）阶段不适用国民待遇原则的特别管理措施规定的总汇。“负面清单”制度属于黑名单，遵循的是“除非法律禁止的，否则就是允许的”解释逻辑，体现的是法无禁止即自由的法律理念。为了推动跨境电子商务发展，我国近几年实施了一系列有关通关方面的政策。代表性政策主要有增列海关监管方式代码“1210”“9610”，对电子商务出口经营主体分类，建立适应电子商务出口的新型海关监管模式并进行专项统计，建立相适应的检验监管模式，建立跨境电子商务清单管理制度，构建跨境电子商务风险监控和质量追溯体系，创新跨境电子商务检验检疫监管模式等。

6. 税收

跨境电商在纳税主体、课税对象、归属关系、课税标准、缴纳程序等方面，都面临着新问题与挑战。其全球性、无国界性、高技术性、电子商务属性促使跨境电商成为企业避税的温床，也为国际避税提供了前所未有的土壤。跨境电商引发了国际税收管辖权冲突，产生重复征税，加剧了偷税、漏税与避税。伴随着《关于跨境电子商务零售进口税收政策的通知》的发布，跨境电商行邮税终止，在税收上跨境电商已等同于普通贸易，但是普通贸易多为实体经济形式，而跨境电商属于网络虚拟经济形式，在一定程度上加剧了灰色清关，海关也将在征税方面迎来巨大的挑战。

7. 信息安全

信息安全伴随着网络发展，跨境电商依托于网络，无法回避信息安全问题。信息安全既包括跨境电商交易数据安全、网络安全，也包括消费者隐私安全、支付及金融安全等。每年因为跨境电商出现的信用卡不安全事件层出不穷，信用卡安全问题也成为网络安全监管的重点。信息收集与使用成为《中华人民共和国消费者权益保护法》的重要条款。

电子商务发展迅猛，已成为推动经济增长的重要因素，但规范与发展并重才能行稳致远，希望中国的电子商务行业、从业主体能够以《电子商务法》的颁布实施为契机，在规范中走向合规，在合规中赢得发展。

三、境外电子商务相关法律概述

（一）世界电子商务立法现状

20 世纪 90 年代初，互联网商业化和社会化的发展，从根本上改变了传统的产业结构和市场的运作方式，电子商务出现了前所未有的增长势头。联合国贸易法委员会在 EDI（电子数据交换）规则研究与发展的基础上，于 1996 年 6 月通过了《电子商务示范法》。这个示范法为各国立法人员提供了一整套国际上能够接受的电子商务规则。例如，如何消除一系列以无纸方式交流重要法律信息的法律障碍，其中包括这些信息的法律效力或合法性的不确定性；如何为电子商务创造一个更加安全的运作环境等。示范法也可用来解释妨碍电子商务的现有国际公约和其他国际机制。示范法的颁布为解决电子商务的法律问题奠定了基础，为各国制定本国电子商务法规提供了框架和示范文本。

自 1996 年以来，在联合国《电子商务示范法》制定之后，一些国际组织与国家纷纷合作，制订各种法律规范，国际电子商务立法开始高速发展，其成果主要体现在 4 个方面。

1. WTO 的三大突破性协议

1986 年开始的关贸总协定乌拉圭回合谈判最终制定了《服务贸易总协定》。《服务贸易总协定》的谈判产生了一个《电信业附录》。这一附录的制定开放了全球的电信市场开放。WTO（世界贸易组织）建立后，立即开展了信息技术的谈判，并先后达成了三大协议，即：

（1）《全球基础电信协议》，于 1997 年 2 月 15 日达成，主要内容是要求各成员方向外国公司开放其电信市场并结束垄断行为。

（2）《信息技术协议（ITA）》，于 1997 年 3 月 26 日达成，要求所有参加方自 1997 年 7 月 1 日起至 2000 年 1 月 1 日将主要的信息技术产品的关税降为零。

（3）《开放全球金融服务市场协议》，于 1997 年 12 月 31 日达成，要求成员方对外开放银行、保险、证券和金融信息市场。在 WTO 历史上，一年内制定三项重要协议是史无前例的，这三项协议为电子商务和信息技术的稳步有序发展奠定了新的法律基础。

2. 国际性组织加快制定电子商务指导性交易规则

随着电子商务的发展，现有的国际商务惯例已远远不能满足商业往来的需要。近年来，国际商会正集中精力制定有关电子商务的交易规则，以促进国际贸易的安全进行。目前，国际商会已于 1997 年 11 月 6 日通过《国际数字保证商务通则（GUIDEC）》，试图平衡不同法律体系，为电子商务提供指导性政策，并统一有关术语。国际商会目前正在制定的还有《电子贸易和结算规则》等交易规则。

WTO 对贸易领域的电子商务已提出了需要工作计划，特别针对服务贸易提出了需要重点解决的几个问题，如电子商务定义、司法管辖权、电子商务分类、协议签署等，至于其他如关税、个人隐私、安全保证、国民待遇、公共道德等问题也在积极开展讨论和研析。

3. 地区性组织积极制定各项电子商务的政策

目前已经或正在制定电子商务政策的主要是经济合作与发展组织（OECD）、欧盟等地区性组织和国家。1997 年 4 月 15 日，欧盟委员会提出了《欧盟电子商务动议》（*A European Initiative in Electronic Commence*），就发展电子商务的问题阐明了欧盟的观点。该文件强调在欧盟范围内建立一个适于电子商务的法律与管制框架，管制应该深入商业活动的每一个环节中，任何影响电子商务活动的问题都应该予以重视。这些问题包括数据安全、隐私、知识产权保护，以及透明和温和的税收环境。欧盟应该积极与国际组织及其他国家的政府加强对话，确保形成全球一致的法律环境，共同打击网络国际犯罪。

1998 年月 10 月，OECD 公布了 3 个重要文件：《OECD 电子商务行动计划》《有关国际组织和地区组织的报告：电子商务的活动和计划》《工商界全球商务行动计划》，作为 OECD 发展电子商务的指导性文件。欧盟则于 1997 年提出《关于电子商务的欧洲建议》，1998 年又发表了《欧盟电子签字法律框架指南》和《欧盟关于处理个人数据及其自由流动中保护个人的指令》（或称《欧盟隐私保护指令》），1999 年发布了《数字签名统一规则草案》。这些地区性组织通过制定电子商务政策，努力协调内部关系，并积极将其影响扩展到全球。

4. 世界各国积极制定电子商务的法律法规

为解决网络发展带来的种种法律问题，许多国家在立法上采取了措施。一方面对原有法律进行修订和补充；另一方面针对电子商务产生的新问题，制定新的法律。后一方面的工作最初是从电子签字开始的，即通过立法确认数字签名的法律效力。1995 年，美国犹他州制定了世界上第一部《数字签名法》，随后英国、新加坡、泰国、德国等也开展了这方面的立法。此后，各国针对电子商务的有关问题，如公司注册、税收、交易安全等都制定了相应的单项法律和政策规则。

随着网络经济的迅猛发展，电子商务立法引起了各国政府的重视。许多国家开始制定综合性的法律以促进和规范电子商务的发展。据 UNCITRAL 统计，截至 2000 年 9 月底，已经有 10 余个国家和地区通过了综合性的电子商务立法。分别是：新加坡《电子商务法》（1998）、美国伊利诺伊州《电子商务安全法》（1998）、美国《统一电子商务法》（1999）、加拿大《统一电子商务法》（1999）、韩国《电子商务基本法》（1999）、百慕大群岛《电子交易法》（1999）、哥伦比亚《电子商务法》（1999）、澳大利亚《电子交易法》（1999）、中国香港特别行政区《电子交易法令》（1999）、法国《信息技术法》（2000）、菲律宾《电子商务法》（2000）、爱尔兰《电子商务法》、斯洛文尼亚《电子商务和电子签字法》等。

任务实训

搜集《电子商务法》中涉及跨境电商相关的法律法规

一、实训目的

了解《电子商务法》中与跨境电商相关法律法规，让学生在以后从事跨境电商岗位工作中能规避相应的风险，提升自己的岗位工作能力。

二、实训内容

简述《电子商务法》对中国跨境电商企业的意义。

三、实训步骤

步骤一：仔细阅读《电子商务法》。

步骤二：简单叙述《电子商务法》对中国跨境电商企业发展的意义。

同步测试

一、单项选择题

1. 下列哪个不完全属于《电子商务法》的调整范围？(　　)。

A. 数据电文　B. 网站建设

C. 消费者权益保护　D. 网上无形财务保护

2. 当前，让从事电子商务交易的当事人最担心的是电子交易中的（　　）问题。

A. 支付　B. 安全　C. 财产保护　D. 身份认证

3.《电子商务基本法》是由（　　）制定并颁布实施的。

A. 美国　B. 日本　C. 韩国　D. 日本

4.《电子商务法》的调整对象是（　　）。

A. 商家与消费者之间的服务关系

B. 电子商务交易活动中发生的各种社会关系

C. 实体社会中的各种商事活动的法律法规

D. 企业与员工之间的劳务关系

5. 电子商务立法要排除多种技术的影响，这符合《电子商务法》的（　　）。

A. 全球协调一致原则　B. 技术中立原则

C. 促进电子商务发展原则　D. 安全原则

二、多项选择题

1. 电子商务中法律关系的要素主要包括（　　）。

A. 主体　B. 内容　C. 物　D. 客体　E. 行为

2. 国际电子商务立法的主要内容包括（　　）。

A. 税收　B. 市场准入　C. 电子合同

D. 电子签名　E. 电子支付

3.《电子商务法》的基本框架应当由《电子商务法》与配套的法律法规构成，配套法律法规大致包括（　　）。

A. 电子商务经营法律法规　B. 电子支付法律法规

C. 电子签名法律法规　D. 安全认证法律法规

4. 电子商务立法的原则有（　　）。

A. 打击黑客的原则　B. 促进电子商务发展的原则

C. 技术中立原则　D. 全球协调一致原则

5. 电子商务法律关系的构成要素有（　　）。

A. 电子商务法律关系主体　B. 电子商务法律关系客体

C. 电子商务法律关系内容　D. 电子商务法律关系对象

三、判断题

1.《电子商务法》的开放性特征主要是针对因特网的国际开放性而言。（　　）

2.《电子商务法》的调整对象是电子商务立法的指导方针，是一切电子商务主题应遵循的行为准则。（　　）

3. 在我国，平等主体间的财产关系和人身关系的调整主要有电子商务法律来进行。（　　）

4. 目前，电子商务涉及的技术标准实质上是由发达国家的工商垄断企业制定的。（　　）

5. OECD 是联合国贸易法律委员会的英文缩写。（　　）

四、案例分析题

浙江阿里小贷诉郑国华借款合同纠纷一案在杭州市滨江区人民法院开庭。该案系网络小额贷款纠纷的第一例生效判决。经法院调查，原告、被告通过网络在线订立了一份《贷款合同》，约定：授信额度为35万元；借款人同意原告将每次申请的贷款划入支付宝公司的结算账户；使用支付宝账号和密码登录阿里贷款网站的所有行为均视为借款人本人行为；还款方式为按月付息，到期还本等。在授信期限内，被告向原告申请支用贷款总计人民币35万元。截至2011年3月9日，被告有7笔贷款到期未清偿。原告随后诉至法院。

请根据以上案例并回答以下问题。

1. 法院应该如何判决？
2. 法院做出判决的依据是什么？

任务二　跨境电子商务知识产权

知识产权（Intellectual Property）是指权利人对其所创作的智力劳动成果所享有的权利，一般只有在规定时期内有效。各种智力创造比如发明、文学和艺术作品，或在商业中使用的标识、名称、图像以及外观设计，都可被认为是某一个人或组织所有的知识产权。在从事跨境电子商务的过程中会遇到各种各样的侵权问题，知识产权就是其中比较重要的一类。各跨境电商企业应该了解电子商务中存在的一些常见的侵权方式和如何对侵权行为进行保护。与此同时要了解跨境电商知识产权保护的相关法律法规、建议和措施，规避因知识产权侵权造成的损失，维护企业在跨境电商过程中的权益。

任务描述

跨境电商的迅速发展，使越来越多的企业和产品涌入市场，与此同时，繁杂的同类产品会带来更多的侵权问题。如何在市场上、在同行面前更好的维权和规避侵权问题，将是跨境电商企业需要深入思考的问题。正是鉴于此，小雯需要熟读相关知识产权的法律法规，了解常见的几种侵权方式以及相应的应对措施，应对可能出现的知识产权侵权风险。

任务分析

小雯要想避免在工作中出现知识产权侵权风险，首先需要了解在从事跨境电商过程中存在的主要知识产权侵权类型；其次，要多学习相关案例风险的知识，了解如何处理跨境电商知识产权侵权纠纷问题。

相关知识

一、跨境电商领域的知识产权风险

（一）跨境电商行业的发展现状及知识产权保护情况

在互联网技术和全球化发展的推动下，跨境电商已经成为当今社会主流的经济贸易方式之一。作为新兴的贸易模式，其集结了全球性、即时性、便捷性、无纸化等多种优势与特点。因此，在阿里巴巴揭开跨境电商模式的序幕后，我国的跨境电商业务规模就在不断地攀升。2020

年全球电子商务大会对外发布的《中国电子商务发展报告（2019—2020）》显示，2019 年我国跨境电商零售进出口总值继续走高至 1862.1 亿元，较上年增长 38.3%。其中，跨境电商零售进口总值增加至 917 亿元，零售出口总值为 943.5 亿元。

近年来，随着我国跨境电商交易规模的快速增长，跨境电商领域的纠纷，尤其是知识产权类纠纷也日渐增多，知识产权已经成为境外企业制约我国跨境电商从业者的重要竞争手段之一。2015 年初，由于涉嫌销售仿冒产品，中国 5000 余名商户使用的 PayPal 账户被美国法院的临时限制令冻结，涉及金额高达 5000 万美元，最终因应诉维权成本高、法律意识淡薄等原因，不少商户 PayPal 账户被清零，中国企业无故遭受了巨大的经济损失；无独有偶，在 2018—2019 年，小猪佩奇商标及著作权权利人娱乐壹英国有限公司聘请美国律师，以相同的“钓鱼取证”方式，再次利用法院的临时限制令，冻结了中国上千家企业的 PayPal 账户。

为进一步规范跨境电商行业的合规运作，减少跨境贸易中的纠纷与矛盾，促进跨境电商行业的健康发展，国家工商总局联合相关部门开展了网络市场监管专项活动，严厉打击假冒仿造行为，海关总署积极采取知识产权保护措施，严厉打击跨境电商领域的知识产权侵权行为。与此同时，我国于 2018 年 8 月 31 日出台了电子商务领域首部综合性法律——《电子商务法》，对电子商务平台的卖家、平台的相关责任做了明确的界定与划分，明确了电子商务平台经营者在知识产权保护中的法定责任与义务，提高了跨境电商从业者的知识产权保护意识。此后，由商务部、发展改革委、财政部、海关总署、税务总局、市场监管总局出台的《关于完善跨境电子商务零售进口监管有关工作的通知》，进一步明确了包括跨境电商零售进口的参与主体，细化了包括跨境电商企业、跨境电商平台、境内服务商以及政府在内的各类主体的知识产权保护义务。然而，由于跨境电商领域涉及的知识产权存在地域性保护，加之国内知识产权保护意识淡薄、管理制度尚未完善等原因，跨境电商中的知识产权保护问题仍然面临着巨大挑战。

（二）跨境电商的知识产权的分类与侵权风险

1. 著作权侵权

相较于作品传统的存储及传播方式，当今社会大部分作品主要以电子化形式进行存储与传播，而电子化后的作品更容易被复制与传播，大大降低了侵权人的侵权成本，实施侵权行为更为便利，也造成了著作权侵权涉及的相关权利的主要集中在复制权、传播权与发行权等权利上的现象。从表现形式来看，普通跨境电商经营活动中的著作权侵权行为主要存在以下 3 种情况：一是未经著作权人许可擅自使用权利人的图片、宣传语、音乐等进行宣传，较为典型的行为就是“盗图”。二是未经权利人同意擅自出售、传播作品的行为。三是未经权利人同意，擅自修改他人作品。此类行为往往与不正当竞争行为挂钩，一般表现为侵权人故意对权利人享有著作权的美术作品、卡通形象等进行小幅度修改，形成与原作品有区别却神似的新“作品”，以期鱼目混珠、搭上原作品的“便车”来扩展销售市场。

2. 商标权侵权

商标侵权是跨境电商经营活动中知识产权侵权“高风险区”。中国海关总署的统计数据显示，在跨境电子商务贸易中，侵犯商标权的产品已占据了所有侵权产品总量的 98.48%，属于侵权“重灾区”。这是由于跨境电商交易活动是通过线上平台完成的，除了卖家在平台披露、介绍的信息外，境外买家在收到货物之前，均无法判断所购商品的真伪、质量优劣，而只能通过对品牌的信任与依赖来实现对商品的判断所造成的。正因如此，不少跨境电商企业往往会利用他人知名商标或品牌已有的影响力，来混淆消费者的视听。实践中，企业侵害商标权行为多种多样，主要包括将店铺名称或网站域名注册成与商标权人的商标一致或近似、在产品介绍时使用与商标权人相同或近似的商标、售卖标有他人注册商标的产品、销售仿冒产品等行为。

在商标侵权类案件中，最为著名的是2016年美国婚纱业协会以销售假冒产品、侵犯知识产权为由在美国新泽西地区法院起诉了中国3000多家跨境电商独立站，控告中国企业假冒商标、商标侵权，不公平竞争和使用虚假原产地名称的行为。与此同时，近些年来，境外权利人维权的战场已慢慢燃烧至国内。

3. 专利权侵权

相较于著作权侵权与商标侵权，专利侵权在知识产权侵权案件中所占的比例并不大，这是由于专利侵权确认的复杂性与专业性所导致的。在跨境电商活动中，专利侵权行为主要表现为未经授权假冒、销售专利权人的产品；未经权利人许可、许诺，销售、销售、进口、制造他人享有专利权的产品；未经权利人许可，利用专利方案制造、销售、许诺销售专利产品等。虽然专利侵权的占比不高，但一旦被认定为存在侵权行为，就会掀起不小的波澜。

知识链接

跨境电子商务中主要涉及的《刑法》风险

跨境电子商务中主要涉及的《刑法》风险主要包括以下4个方面：

1. 刷单亦称伪报贸易

将应当以一般贸易进口的货物拆分伪报成跨境电商零售进口商品走私入境。通过跨境电商渠道将本应按一般贸易进口的产品，以化整为零的方式伪报成消费者个人自用物品进口，逃避海关监管，违反海关规定，走私普通货物入境偷应缴税款，构成走私普通货物罪。

2. 低报分格构成走私普通货物

根据财关税［2018］49号《关于完善跨境电子商务零售进口税收政策的通知》，规定了跨境电商零售进口有单次交易5000元、年度交易26000元的限值要求。因此，部分跨境电商企业为偷逃税款或不正当享受跨境电商零售的税收优惠政策，或者报低价格等方式将不应当以跨境电商零售方式进口的商品低报至交易限值内，逃避海关监管，偷逃应缴款，构成走私普通货物罪。

3. 退货漏税易被认定故意偷逃税款

发生退货，相应税款不予征收，并调整个人年度交易累计金额，但实践中，因为各种原因超出规定的30天才退货，或者电商企业未退回原保税区仓库，这种情况下跨境电商企业仍需按时向海关办理纳税手续，否则也可能被认定为故意偷逃税款。

4. 截单亦称退货截单

其指消费者在电商平台上下单后，商家会备货，并将订单推送给海关审核，同时扣税。由于从推单到海关审核出海关特殊监管区域（或B型保税物流中心）需要1~3天不等的时间，这期间，许多消费者因各种事由会选择退货退款。如严格按照规定操作，需要将货物退回特殊监管区域（中心），并办理退税手续。然而，将货物退回特殊监管区域（中心）的手续费远远大于货物的金额，所以许多电商只将货款退回消费者，而将货物留在境内的仓库，其实质上是将以跨境电商模式低税率进口的商品进行二次销售。

5. 经营者进出口侵犯中华人民共和国法律、行政法规保护的知识产权的货物的，将可能构成假冒注册商标罪、假冒专利罪、侵犯著作权罪。

知识链接

1. 跨境电子商务的《民事法律》风险

跨境电商的民事法律风险主要是民事侵权风险，集中为知名产品商标侵权、外观或者专利侵权、著作权侵权等；知识产权权利人可以依法对进出口企业进出口侵权货物的行为向人民法院起诉，要求承担民事侵权责任。

2. 跨境电子商务的《行政法律》风险及案例

跨境电商的行政法律风险主要涉及进口商品质量安全、个人身份等数据合规、失信企业面临严格监管和知识产品侵权处罚4个方面，具体如下。

（1）进口商品质量安全风险

海关对跨境电商零售进口商品实施质量安全风险检测，在商品销售前按照法律法规实施必要的检疫，并视情发布风险警示。存在质量问题、安全隐患的，由海关督促跨境电商企业和跨境电商平台消除已销售商品安全隐患，依法实施召回，责令相关企业对不合格或存在质量安全问题的商品采取风险消减措施，对尚未销售的货物实施监管，并依法追究相关经营主体责任。

（2）个人身份信息等数据合规风险

海关对违反规定参与制造或者传播虚假“三单”信息、为二次销售提供便利、未尽责审核订购人身份信息真实性等，导致出现个人身份信息或者年度购买额度被盗用，进行二次销售及其他海关监管规定情况的企业进行处罚。

（3）失信企业面临严格监管

海关将跨境电商零售进口相关企业纳入海关信用管理系统，根据信用等级的不同对认定为诚信的企业，依法实施通关便利；对认定为失信的企业依法实施严格监管措施。同时，海关将高级认证企业信息和失信企业信息共享至全国信用信息共享平台，向社会公示。

（4）识产权侵权罚款

被扣留的侵权嫌疑货物，经海关调查认定构成知识产权侵权的，由海关予以没收并对进出口企业处以货物价值30%以下的罚款。

（三）跨境电商知识产权纠纷频发的原因

1. 跨境电商的无界性与知识产权的地域性的矛盾

相较于传统的知识产权纠纷，跨境电子商务领域内的知识产权纠纷问题具有明显“无界性”。所谓“无界性”，是指跨境电商往往是发生在2个或以上国家、地区主体之间的贸易，该类交易涉及的跨境往往不受地域、国界限制，交易对象也不仅限于境外的单一的国家或地区。而知识产权却具有明显的地域性，受政治、文化及经济发展水平影响，各个国家对本国知识产权的立法、保护内容、保护力度等方面存在着诸多差异，且其权利的保护范围也仅在该国有效。因此，在跨境电商贸易中，尤其是B2C模式下，即便跨境电商经营者在本国就所销售的产品享有合法的知识产权，也无法确保其在产品所销售到的国家拥有合法的知识产权。因为这样做不仅很难实现，而且会大大增加经营成本，降低经济效率。这种跨境电商的无界性和知识产权保护的地域性特征之间的矛盾，是跨境电商领域知识产权纠纷产生的根本原因。

2. 跨境电商在知识产权领域的贸易保护政策

近年来，随着我国企业“走出去”步伐的加快，跨境电商模式由传统的B2B模式逐渐衍生发展出了B2C、C2C等模式。其中，B2B模式下，由于订单金额大、数量多，交易双方均会通过书面合同的方式，较为规范地对相关知识产权问题进行约定，且一般此类模式下的卖家均为大型企业，既有严格的知识产权保护及风险防范意识，又有充足的资金和专业的团队进行前期产品的知识产权调查以规避潜在的侵权风险，因此B2B模式下产生的知识产权纠纷也相对较少。

然而，在B2C、C2C模式下，跨境电商出口商往往通过第三方平台网站进行销售，而用户网购的产品一般是基于生活所需，具有品种多样、单笔交易额低、交易单数量大等特点，一旦发生知识产权纠纷，往往会通过第三方平台网站的交易规则解决纠纷，而很少会通过单独起诉的方式解决，因此，平台交易规则是否公平公正也影响着知识产权纠纷的产生。然而，平台规则的制定往往还受制于平台所在国法律，如所在国过分保护本国交易者的权利，那通过平台规则或平台所在国法律裁决出来的结果往往对我国卖家不利。

就目前而言，除阿里巴巴外，亚马逊、eBay等大型跨境电商平台的经营者大部分是美国、欧洲企业，对知识产权侵权纠纷案件的解决有着主导权。以亚马逊平台为例，依照该平台规则，一旦发现涉嫌侵害知识产权的行为，在未得到法院有效裁决前，平台有权下架、冻结电商用户的账户，一旦采取下架产品、冻结账户的措施，对卖家来说一方面增加了维权及应诉压力；另一方面也意味着长时间地错失交易机会。

3. 跨境电商企业的知识产权意识薄弱

就目前跨境电商企业主体来看，虽然我国跨境出口企业数量多，但企业间经济实力相差悬殊，主要以中小企业为主。由于知识产权保护在前期需要投入大量人力与财力，而大部分中小企业自身资金能力弱，交易品种多样但额度小，没有足够的资源和能力去防范潜在的知识产权风险，因此不少企业在发展前期均未将知识产权保护作为跨境贸易的“先锋”，不愿意在知识产权上投入过多的成本。

与此同时，一些企业亦缺乏对国内外知识产权法律保护意识，一味以“拿来主义”开拓国外市场，售卖仿冒产品，一旦被发现侵权，就立马更换平台账号或销售主体再次售卖，导致知识产权侵权问题频频爆发，损失惨重，也极大地影响了中国卖家的整体形象。

4. 跨境电商企业的合规意识不足

现阶段我国跨境出口电商领域中，卖家主要以中小企业和自然人为主，知识产权法律意识相对薄弱，作为人口大国，我国具有强大的生产制造能力，产品成本低带来的价格差异能够形成巨大的经济效益，加之汇率差异导致了部分企业贪图短期利润实施侵犯知识产权的不法行为。因此，低成本的仿冒、伪造带来的知识产权问题在跨境电商领域显得尤为突出。随着“一带一路”倡议的提出以及“互联网+”模式的深入发展，我国与美国、欧洲以及东南亚国家或地区的贸易合作更加紧密，跨境电商空前发展。在知识产权保护意识相对较高、法律规范较为完备的美国以及欧洲国家，针对知识产权侵权行为的打击力度较大，权利人一旦维权成功，不但可以降低跨境卖家带来的市场的冲击，还可以获得较为可观的经济效益。因此，在维护自身合法权益、维护市场份额以及维权利益的促动下，境外权利人一旦发现知识产权侵权行为，就会纷纷拿起法律武器进行维权，这在一定程度上也加剧了跨境电商领域知识产权纠纷的产生。

而在跨境进口电商领域，近年来由于我国消费者对海外商品的需求量日益增大，消费能力及水平不断提高，不少跨境电商经营者与平台也纷纷转向跨境进口电商领域，出现了代购、海淘等方式的跨境交易。在跨境进口时，同样因为合规意识不足存在仿冒、侵害国内知识产权人的合法权益的不法行为。

二、跨境电商知识产权风险的规避

（一）跨境电商卖家受到知识产权阻击的主要类型

1. 跟风性销售

电商平台上总是充斥着良莠不齐的卖家，经常存在“爆款”产品的“拿来主义”，就是大家常说的“山寨”，在这些“山寨”产品的跟风销售下，卖家往往没有注意到原创产品本身是具有知识产权保护的，这类卖家在遭到知识产权人投诉后往往束手无策，此时会存在产品下架甚至店铺关停的情况，严重影响电商平台上的销售活动。“拿来主义”的卖家在海外跨境电商平台上还可能会遭遇钓鱼圈套，主要是由一些海外律所或品牌商雇用团队为牟取暴利而精心策划的“钓鱼圈套”。他们先是以买家身份与中国卖家在线聊天，表示愿意高价购买仿冒品，从而获得卖家的 PayPal 账号。然后，他们再以聊天记录为证据去法院提起诉讼。被起诉后，卖家的 PayPal 账号就会被冻结。因此，对于喜欢“拿来主义”的卖家，产品上架前的知识产权风险排查、风险规避以及对产品销售地的知识产权政策法规的了解是不能跨越的步骤。

2. 自主产品品牌缺乏 IP 保护意识

跟上述情况截然不同的是，卖家本身销售的是自主研发的产品并且具有自主品牌，这种卖家往往就是被“山寨”的对象。其中“山寨”的最多的就是产品外观以及品牌商标，这类知识产权也是卖家和卖家产品在电商平台上最有辨识度，最具有维权可视度的地方。但是大部分商家都没有或者没有及时进行销售前的知识产权保护，导致存在维权的真空时期，无法及时有效的阻止产品被“山寨”以及商标被跟卖的情况。因此，对于具有自主品牌以及自主研发的卖家，一定要尽早及时地进行销售产品的知识产权布局，最好是在产品上线销售前就拿到相应的商标权或者专利权。

（二）海外跨境电商平台的主要维权方式

目前海外四大跨境平台亚马逊、eBay、Wish 以及速卖通均设置有知识产权投诉侵权途径，它们和国内阿里巴巴知识产权保护平台的投诉机制比较相同。

投诉方首先要是平台认可的知识产权所有人，即在投诉前需要在平台进行相应知识产权备案，之后遇到侵权的话，只要进入侵权投诉页面然后进行相应的投诉就可以了，上述平台对没有下证的知识产权基本不持积极的态度，这种情况基本不会投诉成功。因此，还是建议电商平台的卖家在上架产品前最好已经获得了产品知识产权的相应证书。

（三）跨境电商卖家规避知识产权阻击的方向

1. 加强权利管理

跨境电子商务中知识产权权利人主要通过 3 种方式进行权利管理。一是直接管理和运用自身知识产权，及自身就是供应方（卖家），直接开展跨境电子商务。二是许可供应方（卖家）综合运用知识产权。三是仅授权供应方（卖家）代为销售知识产权产品。在知识产权取得上，可以积极获取各类商品的知识产权（不限于专利商标）。在知识产权运用上，跨境电子商务平台知识产权权利人可以根据具体情况选择性的运用各种许可手段。在知识产权保护上，跨境电子商务知识产权权利人在防止产品被侵权的同时，还需要关注商标反淡化、商业秘密保护、版权作品权利固定等，不仅关注不特定的使用者是否侵权，也关注被许可方是否遵守知识产权合同约定。

2. 积极推进私力救济

现实中，跨境电子商务知识产权权利人存在不同的市场地位，可以采用不同的私力救济途径，本文主要针对相对处于弱势的知识产权权利人进行说明。由于跨境电子商务具有跨境、量小、高频等特征，这类权利人监控知识产权侵权能力弱，维权成本常常高于实际收益，因此除了可以直接向侵权者警告、实施网络公告等救济手段外，还可以借助例如跨境电商平台知识产权体系、集体力量（行业协会、跨境电商协会等集体成员之间的互助）以及利用自身知识产权（如交叉许可等）与其上下游企业联合扩大市场影响力等。

三、跨境电商知识产权侵权纠纷应对策略

提高跨境电商企业的知识产权保护意识、提升企业自主创新能力、完善企业知识产权制度建设是应对普通跨境电商知识产权侵权风险的根本性措施。在我国跨境电商企业“走出去”的过程中，企业应当充分注重知识产权的保护，在拓展海外市场前，充分了解进口国相关知识产权法律规定；提前做好知识产权布局，视产品的市场需求及企业资金状况，在全球主要市场提前注册、申请相关知识产权；做好知识产权风险排查与预警工作，在产品生产、采购、营销环节尽可能避免知识产权侵权行为的发生。

此外，在遭遇到被控侵犯知识产权的纠纷时，建议企业冷静分析案件情况，针对个案采取不同措施。如确属侵权的，企业则应主动删除、下架被控侵权产品链接，及时将 PayPal 账号提现，减少财产损失。与此同时，企业可以利用平台或通过 Google 找到权利人网站或查找权利人 Facebook 的公司页面等，获取权利人的联系方式，主动沟通协商和解事宜，争取尽快达成和解方案，以早日解封账户，顺利开展后期的企业经营活动。无法联系到权利人或无法得到权利人回应的，跨境电商企业可以考虑委托境外当地律师协助处理、应对纠纷。当和解金额过高、条件过于苛刻时，跨境企业可以考虑在律师的帮助下积极应诉，以便在诉讼中争取将赔偿金降低至合理金额。需要提醒广大跨境电商企业的是，如果企业认为被法院冻结的资金不多，做好不和解也不应诉，甚至放弃店铺打算的，那么在法院下达缺席判决后，企业 PayPal 账户的钱还是会被划走，店铺也就无法运营了。新店铺的注册及账户的开立一定要注意使用全新的资料，只要是和之前店铺存在关联的信息，都可能会有再次被追诉的风险。如果属于恶意投诉的，跨境电商企业可以在查清楚对方的知识产权权利状况后，向平台提供资料证明所售产品不构成侵权并与平台进行交涉，要求平台恢复产品链接。如平台不同意重新上架产品，企业可以考虑对竞争对手的知识产权提出无效申请，通过诉讼手段以迫使其自动撤诉，必要时企业还可以聘请律师与竞争对手进行沟通协商，以促进产品早日上架。

任务实训

搜集跨境电商知识产权侵权风险案例

一、实训目的

通过让学生知识产权侵权的形式学习，结合跨境电商知识产品产权侵权风险案例搜集，不仅能提高学生的岗位工作能力，还能提升他们的职业使命感。

二、实训内容

搜集知识产权的商标、专利与著作权侵权案例，并通过案例来源、案例类型、侵权类型以及案例评析 4 个方面整理成表格 8-2。

表 8-2　搜集侵权取案例

案例来源	案例类型	侵权类型	案例评析
	民事	商标	
	刑事	著作权	
	行政	专利	

三、实训步骤

步骤一：系统学习了解知识产权及其类型和涉及的法律类型。

步骤二：通过互联网寻找相关案例并按要求整理。

同步测试

一、单项选择题

1. 通过（　　）搭名牌企业或名牌产品的“便车”，是电子商务中常见的一种不正当竞争。

A. 挂牌经营　　B. 贴牌生产　　C. 仿冒商标　　D. 主体混同

2. 不正当竞争行为是指违反法律规定和（　　）的、损害其他经营者的行为。

A. 市场竞争　　B. 竞争原则　　C. 竞争法则　　D. 行政法规

3. 下列属于金融机构在电子支付中的权利的是（　　）。

A. 返回本金，支付利息　　B. 偿还余额、补足差额

C. 赔偿相关损失　　D. 赔礼道歉

4. 两个权威的知识产权国际保护管理机构是世界知识产权组织和（　　）。

A. 世界贸易组织　　B. 亚洲经合组织　　C. 亚太贸易组织　　D. 中国海关

5. 著作权法规定，受委托创作的作品，著作权的归属由委托人和受委托人通过合同约定的，著作权属于（　　）。

A. 受托人　　B. 委托人　　C. 以上都不是　　D. 以上都是

二、多项选择题

1. 对于各种模仿他人网页设计的行为，司法实践中主要适用于（　　）。

A.《著作权法》　　B.《反不正当法》

C.《消费者权益法》　　D.《计算机软件保护条例》

2. 网上消费者的选择包括（　　）的选择权。

A. 商品　　B. 浏览信息　　C. 支付方式　　D. 交易条款

3. 著作权人的人身权利主要包括（　　）。

A. 发表权　　B. 署名权　　C. 修改权　　D. 保护作品完整权

4. 专利侵权行为的解决方式有（　　）。

A. 协商解决　　B. 行政处理　　C. 行政调解　　D. 司法解决

5. 录音录像制作者使用他人作品制作录音录像制品，应当（　　）。

A. 取得著作权人许可　　B. 支付报酬

C. 直接使用　　D. 法律申请

三、判断题

1. 数字化商品与普通商品一样，消费者可以要求经营者退货。（　　）

2. 以低于成本价出售商品属于不正当竞争行为。（　　）

3. 发放电子证书既是电子认证服务机构的权力，又是电子认证服务机构的义务。（　　）

4. 作为网络交易凭条的提供者，其所承担责任的前提条件是对违法商品及其提供者的“明知”。（　　）

5. 我国的电子合同违约的原则主要采用过错责任原则。（　　）

四、案例分析题

福建某公司在阿里巴巴速卖通网站注册并售卖服装，展示的产品图片中有一张与国际某知名服装品牌 B 商标相似。ID 线上来自美国的一个买家拍下 20 件涉嫌侵权图片对应的产品，福建某公司收到订单后随机告知该美国买家产品没有库存。美国买家又拍下另外一批未涉嫌侵权的产品，并向福建某公司索要了 PayPal 账号。几天后，该福建公司发现其 PayPal 账号被冻结，经与 PayPal 客服人员联系，了解到该冻结涉及由国际知名服装品牌 B 在美国伊利诺伊州法院（U. S. District Court for the NORTHERN DISTRICT OF ILLINOIS）正在进行的一个商标侵权诉讼。福建该公司可与服装品牌 B 的代理律师联系商量和解事宜。

请根据以上案例回答以下问题。

1. 福建某公司是否涉及侵权商标权？
2. 福建某公司可以采取怎样的方式解决？

任务三　主流跨境电商平台知识产权保护规则

随着跨境电商的规范发展，跨境电商平台制定了越来越规范的平台规则，特别是对于知识产权侵权现象越来越零容忍。尊重知识产权、保护知识产权，已经成为包括跨境电商在内的任何一个行业所需恪守的原则。每位跨境电商的商家学会打好知识产权这把出海“保护伞”，不仅能够避开知识产权雷区，还可以为自己的品牌保驾护航。

任务描述

跨境电商的迅速发展，各大主流跨境电商平台也变得越来越规范；不同的跨境平台有不同平台的规则，但大多都离不开知识产权的保护。因此，跨境平台运营助理小雯需要了解各大跨境平台规则及常见的侵权方式以及相应的应对措施。

任务分析

为了规范进行跨境电商平台产品运营和规避知识产权侵权风险，小雯需要对各主流的平台如以阿里巴巴国际站为代表的 B2B 平台和以速卖通、亚马逊和 eBay 为代表的 B2C 平台规则、知识产权保护和禁限售规则等进行学习和了解。

相关知识

一、阿里巴巴国际站平台规则

阿里巴巴国际站（Alibaba.com）成立于 1999 年，是阿里巴巴集团的第一个业务板块，现已成为全球最大的数字化贸易出口平台。阿里巴巴国际站累计服务 200 余个国家和地区的超过 2600 万活跃企业买家，近 3 年支付买家的复合增长超过 100%。

阿里巴巴国际站致力于让所有的中小企业成为跨国公司，打造更公平、绿色、可持续的贸易规则，提供更简单、可信、有保障的生意平台。它始终以创新技术为内核，高效链接生意全链路，用数字能力普惠广大外贸中小企业，加速全球贸易行业数字化转型升级。

(一)《阿里巴巴国际站知识产权规则》介绍

阿里巴巴国际站（简称“国际站”）致力于知识产权保护，严禁用户未经授权发布、销售涉嫌侵犯第三方知识产权的产品。该平台主要侧重于商标侵权、专利侵权和著作权侵权三方面的内容，详细侵权内容与处条例如表 8-2 所示。

表 8-2 阿里巴巴国际站侵权类型以及处罚一览表

侵权类型	定义	处罚规则
商标侵权	严重违规：未经权利人许可，在所发布、销售的同一种产品上使用与其注册商标相同或相似的商标以及其他商标性使用的情况	累积被记振次数，3 次违规者关闭账号。
	一般违规：其他未经权利人许可，不当使用他人注册商标的行为	（1）首次违规扣 0 分； （2）其后每次重复违规扣 6 分； （3）累达 48 分者关闭账号
著作权侵权	未经著作权人许可，擅自发布、复制、销售受著作权保护的产品（如书籍、文字、图片、电子出版物、音像制品、软件、工艺品等），以及其他未经著作权人许可不当使用他人著作权的行为。 具体场景说明如下（仅做示例，详细内容见解读）： （1）发布或销售的产品或其包装是侵权复制品； （2）发布或销售的产品或其包装非侵权复制品，但包含未经授权的受著作权保护的内容或图片； （3）在详情页上未经授权被使用权利人图片作品； （4）在详情页上未经授权使用权利人文字作品	（1）首次违规扣 0 分； （2）其后每次重复违规扣 6 分； （3）累达 48 分者关闭账号
专利侵权	严重违规：判定视个案情节而定	累积被记振次数，3 次违规者关闭账号
	一般违规：未经权利人许可，擅自发布、销售包含他人专利（包含外观设计专利、实用新型专利或发明专利等）的产品，以及其他未经专利权人许可，不当使用他人专利的行为	（1）首次违规扣 0 分； （2）其后每次重复违规扣 6 分； （3）累达 48 分者关闭账号

备注：

1. 国际站将按照侵权产品投诉被受理时的状态，对违规用户实施处罚。

2. 同一天内所有一般违规及著作权侵权投诉即投诉成立，扣分累计不超过 6 分。对于商标权或专利权的一般违规，此处所指的“投诉成立”指被投诉方被同一知识产权投诉，在规定期限内未发起反通知，或虽发起反通知，但反通知不成立；对于著作权侵权违规，此处所指的“投诉成立”指被投诉方被同一著作权人投诉，在规定期限内未发起反通知，或虽发起反通知，但反通知不成立。

3. 用户被首次投诉后 5 天之内的，基于同一知识产权针对商标权一般违规及专利权一般违规的投诉，或来自同一著作权人的著作权侵权违规投诉，应视为一次投诉。

4. 3 天内所有严重违规投诉成立应视为一次违规计算。

5. 国际站抽样检查，每次扣 2 分，一天内扣分不超过 6 分；如一般违规情节严重的（包括但不仅限于销售假冒商品纠纷），每次扣 4 分，一天内扣分不超过 12 分。

6. 国际站有权对用户产品违规及侵权行为及用户店铺采取处罚，包括但不限于（i）退回或删除商品/信息；（ii）限制商品发布；（iii）暂时冻结账户及（iv）关闭账号。对于关闭账号的用户，阿里巴巴国际站有权采取措施防止该用户再次在国际站上进行登记。

7. 当情况特别显著或极端时，国际站保留对用户单方面解除会员协议或服务合同、直接关闭用户账号以及国际站酌情判断与其相关联的所有账号及/或实施其他国际站认为合适措施的权利，“情况特别显著或极端”包括但不限于：

（1）用户重复侵权，情节严重。

（2）权利人针对国际站提起诉讼或法律要求。

（3）卖家因侵权行为被权利人起诉，被司法、执法或行政机关立案处理。

（4）因司法、执法或行政机关要求国际站处置账号或采取其他相关措施。

8. 每项违规行为自处罚之日起有效 365 天。互联网时代的电商运营，知识产权侵权时有发生。阿里巴巴国际站平台运营商家如果遇到知识产权被投诉的问题，首先查看了解投诉的详情、申诉反通知相应投诉和清理排查违规信息。

（二）阿里巴巴国际站禁限售规则

为更好地符合国内外相关法律法规规定，促进阿里巴巴国际站的持续健康发展，平台将于2021年4月28日起禁止销售药品以及相关产品。

1. 禁售的药品范围

此次禁止销售的药品及相关产品包含但不限于处方药、非处方药、原料药、药物中间体、人/兽共用药、兽用药、激素、类固醇、可合成代谢类固醇或有类似作用的产品、放射类药品、抗生素、疫苗、违禁成分、含有违禁成分的产品、特殊药制品、中药、中药材、中药饮剂、口服/注射性药、非保健品类减肥药，以及所有可制作、生成上述产品的原料或成分物质。

2. 禁售时间节奏

（1）4月20日发布公告（原有的禁限售规则将持续治理）。

（2）4月28日对违反公告的行为进行治理或处罚。

3. 待屏蔽的4个药品相关类目

（1）Health & Medical >> Medicine。

（2）Health & Medical >> Pharmaceutical。

（3）Health & Medical >> Animal & Veterinary >> Veterinary Medicine。

（4）Health & Medical >> Chinese Medicine >> Herbal Medicine。

其他类目下的药品及相关产品均不得销售。

4. 加大植提/化工行业治理力度

除上述禁售品外，针对植提/化工行业一直存在的产品属性不清、用途不合规等行业乱象，后续平台也将加大治理力度。

植提/化工行业商家对上述禁售的药品相关产品进行自检自查，主动下架违禁品；平台将于2021年5月28日起，对违规产品按照规则进行清理，对于反复违规，在询盘、直播、旺旺等交互场景发布违禁信息、被监管点名或重要媒体通报的商家加大处置力度，包括删除产品、扣分等，最严重可至关闭账号。

出于保护商家的考虑，平台或将综合评估贸易风险和目的国监管或法律法规的要求后，对商家或产品进行国别管控。请关注规则频道公告 & 邮件通知。

6. 对历史违规行为进行追溯

平台会对历史成交订单中出现的违规行为依据规则和违规情节进行扣分、限制使用网站产品功能甚至关闭账号等处罚。对于涉及违法，例如向制毒团伙、非法药品合成提供便利等行为进行严厉打击，平台将会留存相关证据并保留移送司法机构的权利。

知识链接

《阿里巴巴国际站禁限售规则》：https://rule.alibaba.com/rule/detail/1992.htm

《阿里巴巴国际站禁限售商品名录》：https://rule.alibaba.com/rule/detail/1993.htm

禁限售规则解读：https://rule.alibaba.com/rule/rule_list/184.htm

二、速卖通平台规则

速卖通创建于2009年，正式上线于2010年4月，是阿里巴巴旗下唯一面向全球市场打造的在线交易平台，被广大卖家称为“国际版淘宝”。也是阿里巴巴帮助中小企业接触终端批发零售商，小批量多批次快速销售，拓展利润空间而全力打造的融合订单、支付、物流于一体的外贸在线交易平台。经过 8 年的发展，覆盖全球 240 多个国家及地区，海量资源助力中国品牌出海。速卖通中交易额最高的 5 个国家分别是美国、俄罗斯、西班牙、法国、英国。

（一）认证、准入及开通店铺

速卖通平台接受依法注册并正常存续的个体工商户或公司，并有权对卖家的主体状态进行核查、认证，包括但不限于委托支付宝进行实名认证。通过支付宝实名认证进行认证的卖家，在对速卖通账号与支付宝账户绑定过程中，应提供真实有效的法定代表人姓名身份信息、联系地址、注册地址、营业执照等信息。

若已通过认证，卖家需选择销售计划类型，速卖通有两种销售计划类型：标准销售计划（Standard）和基础销售计划（Basic），一个店铺只能选择一种销售计划类型。标准销售计划店铺的注册主体为企业，基础销售计划的注册主体为个体工商户或企业。注册主体为个体工商户的卖家店铺，仅可申请“基础销售计划”，当“基础销售计划”不能满足经营需求时，满足一定条件可申请并转换为“标准销售计划”。选择“标准销售计划”的店铺，店铺内在线商品数量上限为 3000 个；选择“基础销售计划”的店铺，店铺内在线商品数量上限为 300 个；特殊类目（Special Category）下每个类目在线商品数量上限 5 个。平台保留为行业发展、消费者利益而不时调整可发布商品数的权利。

商品发布后，卖家将在平台自动开通店铺，即基于速卖通技术服务、用于展示商品的虚拟空间（店铺）。除本规则或其他协议约定外，完成认证的卖家在速卖通可最多开设 6 个虚拟店铺。店铺不具独立性或可分性，是平台提供的技术服务，卖家不得就店铺进行转让或任何交易。卖家可自主选择发货采用的物流服务，包括但不限于菜鸟平台的线上物流服务商、菜鸟无忧物流或其他的线下物流方式。但向部分国家发货平台有特殊规定的，卖家应按照该规定进行。

（二）营销规则

为了促进卖家成长，增加更多的交易机会，在平台定期或不定期可以组织卖家的促销活动或者卖家自主进行促销活动。卖家在速卖通平台的交易情况需满足以下条件，才有权申请加入平台组织的促销活动：针对有交易记录的卖家，需满足如下条件：①好评率≥90%；②店铺 DSR 商品描述平均分≥4.5；③速卖通平台对特定促销活动设定的其他条件。针对无交易记录的卖家：由速卖通平台根据实际活动需求和商品特征制定具体卖家准入标准。

（三）违规及处罚规则

速卖通平台将违规行为根据违规性质归类分为知识产权禁限售违规、交易违规及其他、商品信息质量违规、知识产权严重违规 4 套积分制。4 套积分分别扣分、分别累计、处罚分别执行。知识产权禁限售违规包括：知识产权侵权一般违规、禁限售商品发布违法行为；积分累计达 48 分，账号将执行关闭。知识产权严重违规包括：知识产权侵权严重违规行为；侵权严重违规行为实行 3 次违规关闭账号（侵权情节特别严重者直接关闭账号）。交易违规及其他包括：交易违规行为及其他平台杜绝的违规行为；积分累计达 48 分，账号将执行关闭。商品信息质量违规包括：搜索作弊等商品发布违规行为；积分累计达 12 分及 12 分倍数，账号将执行冻结 7 天。积分清零逻辑：4 套积分的每个违规行为的分数按行为年累计计算，行为年是指每项扣分都会被记 365 天，比如 2013 年 2 月 1 日 12 点被扣了 6 分，这个 6 分要到 2014 年 2 月 1 日 12 点才被清零。具体处罚规则如表 8-3 所示。

表 8-3　速卖通 4 套积分体系处罚节点一览表

违规类型	违规节点	处罚
知识产权严重违规	第一次违规	冻结（以违规记录展示为准）
	第二次违规	冻结（以违规记录展示为准）
	第三次违规	关闭
知识产权禁售违规	2 分	警告
	6 分	限制商品操作 3 天
	12 分	冻结账号 7 天
	24 分	冻结账号 14 天
	36 分	冻结账号 30 天
	48 分	关闭
交易违规及其他	12 分	冻结账号 7 天
	24 分	冻结账号 14 天
	36 分	冻结账号 30 天
	48 分	关闭
商品信息质量违规	12 分及 12 分倍数	冻结账号 7 天

卖家在促销活动中，应该遵守国家法律、法规、政策及速卖通规则，不得发生涉嫌损害消费者、速卖通及任何第三方正当权益，或从事任何涉嫌违反相关法律法规的行为。卖家在促销活动中有违规行为的，速卖通平台有权根据违规情节，禁止或限制卖家参加平台各类活动，情节严重的，速卖通平台有权对卖家账号进行冻结、关闭或采取其他限制措施。具体规定如表 8-4 所示。

表 8-4　速卖通营销违规处罚一览表

违规行为	违规行为定义	违规处罚
出售侵权商品	指促销活动中，卖家出售假冒商品、盗版商品等违反第 7.2 条规定的产品或其他侵权产品	取消当前活动参与权；根据速卖通相应规则
违反促销承诺	指卖家商品从参加报名活动开始到活动结束之前，要求退出促销活动，或者要求降低促销库存量、提高折扣、提高商品和物流价格、修改商品描述等行为	取消当前活动参与权，根据情节严重程度确定禁止参加促销活动 3~9 个月；根据速卖通相应规则进行处罚
提价销售	指在买家下单后，卖家未经买家许可，单方面提高商品和物流价格的行为	取消当前活动参与权，根据情节严重程度确定禁止参加促销活动 3~9 个月；根据速卖通相应规则进行处罚
成交不卖	指在买家下单后，卖家拒绝发货的行为	根据情节严重程度的情况，禁止参加促销活动 6 个月

续 表

违规行为	违规行为定义	违规处罚
强制搭售	指卖家在促销活动中，强制要求买家必须买下其他商品或服务，方可购买本促销商品的行为	禁止参加促销活动12个月
不正当谋利	指卖家采用不正当手段谋取利益的行为，包括： （1）向速卖通工作人员及/或其他关联人士提供财物、消费、款待或商业机会等； （2）会员通过其他手段向速卖通工作人员谋取不正当利益的行为	根据不正当谋利的规则执行处罚，关闭商家店铺

三、eBay平台规则

eBay（中文名：电子湾、亿贝、易贝）是一个可让全球民众上网买卖物品的线上拍卖及购物网站。eBay于1995年9月4日由Pierre Omidyar以Auctionweb的名称创立于加利福尼亚州圣荷西。

（一）知识产权违规规则

复制品、赝品和未经授权的复制品政策。eBay绝不允许任何伪造物品、赝品、复制品，或未经授权的复制版本。未经授权的版本复制包括备份、私售、复制、盗版等均是违法的，会侵害其他人的知识产权或商标。

以下物品可能会涉及侵犯第三方知识产权或其他所有权问题，因而eBay限制或禁止以下物品的刊登：

（1）复制品、仿造品和未经授权的模仿品。

（2）学术软件、测试版软件、OEM软件等相关物品。

（3）名人产权物品，包括肖像、照片、姓名、签名及亲笔签名。

（4）特定品牌的配饰、包装、保证书等其他未与该品牌产品一起出售的物品。

（5）媒体类物品，包括数字化产品、电影胶片、盗版唱片、宣传品及可录制媒体等。

（6）私制盗版录像或录音。

（7）可制作非法复制品的设备，包括可让会员复制版权产品的软件或硬件、芯片、游戏改装设置和启动盘。

（二）刊登物品的规则

eBay规定，以下类型的物品刊登，如果刊登的是相同的物品，即使刊登形式或内容描述不同，也将被视为重复刊登：

（1）以拍卖形式刊登相同的物品，仅仅是结束时间，起拍价格等不同；

（2）相同的物品，分别以带有一口价选项的拍卖形式和不带一口价选项的拍卖形式来刊登；

（3）以一口价形式和带一口价选项的拍卖形式刊登相同的物品。

eBay禁止刊登物品时滥用关键字，卖家在刊登物品中设置的文字内容必须与所售物品直接相关。为了避免操纵搜索及滥用关键字，在刊登物品设置关键字时不得罗列词语，不得滥用品牌名称，不得恶意隐藏HTML文本，不得利用产品兼容性滥设关键词，不得包含下拉框，不得将与赠品相关关键词放入产品关键词，不得在产品名称中将产品与其他物品进行比较。

（三）交易行为规范

（1）严禁卖家成交不卖。当卖家刊登在 eBay 上的物品有买家成功竞标，买卖双方相当于签订了交易合同，双方必须在诚信的基础上完成交易。根据这一合约，当网上成功竞标后卖家不可以拒绝实际成交或收到货款不发货。

（2）禁止卖家自我抬价。“自我抬价”是指人为抬高物品价格，以提高物品价格或增大需求为目的的出价行为，或者是能够获得一般大众无法获得的卖家物品信息的个人的出价。也就是卖家在竞拍的过程中，通过注册或操纵其他用户名虚假出价，或者是由卖家本人或与卖家有关联的人进行，从而达到将价格抬高的目的。自我抬价以不公平的手段提高物品价格，会造成买家不信任出价系统，为 eBay 全球网络交易带来负面的影响。此外，这种行为在全球很多地方都是被法律所禁止的，为确保 eBay 全球交易的公平公正，eBay 禁止抬价。

四、亚马逊平台规则

亚马逊公司（Amazon，简称亚马逊）成立于 1995 年，是美国最大的一家网络电子商务公司，位于华盛顿州的西雅图。亚马逊不断在全球市场拓展，也使其成为中国消费者跨境网购的摇篮。

（一）卖家身份验证规则

公司卖家“Company Seller”所需材料：

（1）公司法人身份证

①身份证上的姓名必须与营业执照上法定代表人的姓名一致。

②必须由中国大陆，香港，台湾出具。

③提供正反两面的彩色照片/扫描件，不接受黑白复印件。

④图片必须清晰可读。

⑤身份证应在有效期内。

（2）营业执照

①必须由中国大陆、香港、台湾出具。

②提供彩色照片/扫描件，不接受黑白复印件，图片必须清晰可读。

③中国大陆营业执照距离过期日期应超过 45 天，香港商业登记条例距离过期日期应超过 45 天。

（二）确保商品质量规则

影响商品质量的违规行为可大致分为“严重不符”的违规行为和“知识产权”违规行为。“严重不符”的商品违规行为是指发布和配送的商品必须与相应商品详情页面上的描述和图片完全一致；侵犯知识产权是指亚马逊卖家负责确保提供的商品合法且已授权，可进行销售或转售，并且这些商品没有侵犯他人的知识产权，例如版权、专利权、商标权以及宣传的权利。

亚马逊针对卖家商品质量的违规行为，根据违规行为的严重程度，可能会对卖家采取的措施包括取消商品，限制发布权限，暂停发布权限，取消或冻结发布权限。

亚马逊针对 Amazon.com 上提供的商品强制施行相关政策。强制施行政策的主要方法包括：

（1）权利所有者投诉：权利所有者能够在卖家涉嫌侵犯其知识产权时通知亚马逊，亚马逊会对违反亚马逊知识产权政策的卖家采取措施。

（2）假冒伪劣商品投诉：使用假冒伪劣商品投诉这种方式来确定可能存在的商品质量问题。亚马逊会对发布假冒伪劣商品的卖家采取措施。

(3) 严重不符投诉：如果商品与所发布的详情页面上的描述不同，则可以投诉，亚马逊会对发布严重不符商品的卖家采取措施。

(三) 侵犯知识产权规则

卖家有责任确保他们提供的商品合法，且自身已获得相关的销售或转售授权。若亚马逊认为商品详情页面或商品信息的内容属于违禁、涉嫌违法或者不当内容，则可能会予以删除或修改。

禁售商品示例：

(1) 假冒商品。卖家在亚马逊上出售的商品必须是正品。禁止非法复制、复印或制造的任何商品。

(2) 商标：商标是用于标示商品来源的字样、标识、颜色、声音或以上各项的任意组合。商标用于将自己的商品和服务与他人提供的商品和服务区分开来，同时用于表明商品或服务的来源。任何与商品或服务相关的名称或设计都可能是商标。亚马逊禁止发布侵犯他人商标的商品和商品信息。卖家必须先获取他人的适当许可才能使用其商标。

(3) 经格式转换的媒介类商品：禁止将媒介类商品从一种格式转换为另一种格式。这包括但不限于：从 NTSC 制式转换为 Pal 制式、从 Pal 制式转换为 NTSC 制式、激光光盘转换为视频、电视节目转换为视频、CD-ROM 转换为磁带，以及从网络转换为任何数字式等。

(4) 促销媒介类商品：禁止媒介类商品的促销版，包括图书（试读副本和未校对样稿）、音乐和视频（试看录像）。这些产品仅用于推广目的，一般不授权零售分销或销售。

任务实训

主流跨境电商平台运营规则与知识产权调研报告

一、实训目的

让学生对主流的跨境 B2B 和 B2C 的运营规则与相关知识产权进行对比分析，然后完成调研报告，提升学生分析分析问题和解决问题的职业能力。

二、实训内容

通过对比阿里巴巴国际站、亚马逊、速卖通和 eBay 的平台运营规则及相关知识产权侵权风险，分析跨境 B2B 与 B2C 平台规则的异同、知识产权风险及处罚，最后形成规避风险的应对策略。

三、实训步骤

步骤一：学习阿里巴巴国际站、亚马逊、速卖通和 eBay 运营规则及知识产权风险。

步骤二：结合互联网、自我理解和团队讨论，撰写调研报告。

同步测试

一、单项选择题

1. 阿里巴巴国际站所涉及的知识产权不包括（　　）。

A. 商标权　　B. 专利权

C. 著作权　　D. 以上说法都不对

2. 速卖通平台产品发布中涉及三次知识产权侵权将受到（　　）处罚。

A. 冻结（以违规展示为准）　B. 警告

C. 关闭　D. 限制操作 3 天

3. eBay 平台限制销售的产品包括（　　）。

A. 复制品　B. 仿造品　C. 学术软件　D. 以上都是

4. 关于亚马逊全球开店计划描述中说法正确的是（　　）。

A. 在全球每一个国家开一个单独账号　B. 亚马逊的一项卖家加入服务

C. 没有相关客户经理的帮助　D. 可以自由参加与该计划不需审核

5. 个人账号注册的时候应该注意（　　）。

A. 计算好汇损　B. 产品存量准备好

C. 电话随时保持畅通　D. 产品信息资料打印完整

二、多项选择题

1. eBay 绝不允许任何伪造物品、赝品、复制品，或未经授权的复制版本。下列哪些物品是 eBay 限制或禁止售卖？（　　）

A. 复制品、仿造品和未经授权的模仿品　B. 名人产权物品

C. 媒体类物品　D. 私制盗版录像或录音

2. 亚马逊对卖家商品质量存在的违规行为，根据违规行为的严重程度，可能会对卖家采取的措施包括（　　）。

A. 取消商品　B. 限制发布权限

C. 关闭店铺　D. 取消或冻结发布权限

3. 亚马逊针对 Amazon. com 上提供的商品强制施行相关政策。下列属于亚马逊强制施行政策的主要方法的有（　　）。

A. 权利所有者投诉　B. 假冒伪劣商品投诉

C. 严重不符投诉　D. 商品图片不清晰反馈

4. 阿里巴巴国际站平台侧重于知识产权的（　　）。

A. 商标侵权　B. 专利侵权　C. 著作权侵权　D 以上都不是

5. 亚马逊品牌侵权规则有（　　）。

A. 卖家身份验证规则　B. 确保商品质量规则

C. 侵犯知识产权规则　D. 以上都不是

三、判断题

1. 外观专利侵权不属于知识侵权范围。（　　）

2. 武器和医疗器械不可以在阿里巴巴国际站销售。（　　）

3. 未校对的样稿和试听音乐可以直接在亚马逊进行销售。（　　）

4. 用户被首次投诉后 5 天之内的，基于同一知识产权针对商标权一般违规及专利权一般违规的投诉，或来自同一著作权人的著作权侵权违规投诉，应视为一次投诉。（　　）

5. 国际站抽样检查，每次扣 2 分，一天内扣分不超过 6 分；如一般违规情节严重的（包括但不仅限于销售假冒商品纠纷），每次扣 4 分，一天内扣分不超过 12 分。（　　）

四、案例分析题

某跨境电商企业采用 B 型保税物流中心模式向海关申报进境一批 Nike 鞋，在进境货物备案清单下，启运地、原产地为美国，经查验，实际原产地为印度尼西亚，海关按《中华人民共

和国海关行政处罚实施条例》(以下简称《条例》)第十五条第(一)项之规定，罚款 2000 元，另外某跨境供应链公司也采用同种模式申报进口洁面膏，但是由于操作员不够仔细，在进境货物备案清单下，误将品名“洁面膏”申报成“乳液”。海关按《条例》第十五条第(一)项之规定，罚款 1000 元。

请根据以上案例回答以下问题。

1. 根据《中华人民共和国海关法》规定，该跨境企业有哪些违规行为？
2. 如果上述违规行为仅影响海关统计或监管，会参照《条例》中哪项进行处罚？

参考文献

[1] 何晓兵. 关于关境概念的再认识 [J]. 国际商务（对外经济贸易大学学报），1999（3）：30-32.
[2] 张函. 跨境电子商务基础 [M]. 北京：人民邮电出版社，2019.
[3] 邓志超，崔慧勇，莫川川. 跨境电商基础与实务 [M]. 北京：人民邮电出版社，2017.
[4] 刘敏，高田歌. 跨境电子商务沟通与客服 [M]. 北京：电子工业出版社，2017.
[5] 金毓，陈旭华. 跨境电商实务 [M]. 北京：中国商务出版社，2017.
[6] 孟盛，陈文静，杜作阳. 跨境电商基础 [M]. 北京：中国人民大学出版社，2020.
[7] 刘瑶. 跨境电商运营实务 [M]. 北京：人民邮电出版社，2020.
[8] 邓志超，莫川川. 跨境电商基础与实务 [M]. 北京：人民邮电出版社，2021.
[9] 宋艳萍. 跨境电子商务基础 [M]. 北京：北京邮电大学出版社，2021.
[10] 韩玲冰，胡一波. 跨境电商物流 [M]. 北京：人民邮电出版社，2018.
[11] 肖旭，乔哲. 跨境电子商务 [M]. 北京：高等教育出版社，2018.
[12] 刘颖君. 跨境电子商务基础 [M]. 北京：电子工业出版社，2020.
[13] 郑红花. 跨境电子商务法律法规 [M]. 北京：电子工业出版社，2017.
[14]《电子商务法》解读，兼谈电商合规. https://zhuanlan.zhihu.com/p/56710058.
[15]《电子商务立法：现状与趋势》. https://max.book118.com/html/2017/0115/84019822.shtm.
[16] 跨境电商法律问题与知识产权. https://mp.weixin.qq.com.
[17] 跨境电商的知识产权侵权风险及防范措施. http://www.zhonglun.com/Content/2020/11-16/1351282225.html.
[18] 哔哩哔哩.https://space.bilibili.com.
[19] 潘百翔，李琦. 跨境网络营销 [M]. 北京：人民邮电出版社，2018.
[20] 伍蓓. 跨境电商理论与实务 [M]. 北京：人民邮电出版社，2021.
[21] 中国人民共和国商务部网站. http://www.mofcom.gov.cn.
[22] 速卖通网站. https://www.aliexpress.com.
[23] 亚马逊网站. http://www.amazon.com.
[24] eBay 网站. http://www.ebay.com.
[25] 雨果网. https://www.cifnews.com.
[26] 鲜军，王昂. 跨境电子商务 [M]. 北京：人民邮电出版社，2021.